毛氏汲古閣鈔本研究

樊長遠 著

北京大學出版社

圖書在版編目(CIP)數據

毛氏汲古閣鈔本研究/樊長遠著.—北京:北京大學出版社,2024.5
ISBN 978-7-301-34923-6

Ⅰ.①毛⋯ Ⅱ.①樊⋯ Ⅲ.①古籍－彙編－中國 Ⅳ.①Z121.7

中國國家版本館CIP數據核字(2024)第058443號

書　　　名	毛氏汲古閣鈔本研究
	MAOSHI JIGUGE CHAOBEN YANJIU
著作責任者	樊長遠　著
責任編輯	王　應
標準書號	ISBN 978-7-301-34923-6
出版發行	北京大學出版社
地　　　址	北京市海淀區成府路205號　100871
網　　　址	http://www.pup.cn　新浪微博:@北京大學出版社
電子郵箱	編輯部 dj@pup.cn　總編室 zpup@pup.cn
電　　　話	郵購部010-62752015　發行部010-62750672　編輯部010-62756449
印　刷　者	三河市北燕印裝有限公司
經　銷　者	新華書店
	650毫米×980毫米　16開本　30.75印張　440千字
	2024年5月第1版　2024年5月第1次印刷
定　　　價	150.00元

未經許可,不得以任何方式複製或抄襲本書之部分或全部內容。
版權所有,侵權必究

舉報電話:010-62752024　電子郵箱:fd@pup.cn
圖書如有印裝質量問題,請與出版部聯繫,電話:010-62756370

目　　録

隱湖之濱藏古書，臨瓊汲古研舊籍 ………………… 陳紅彥　1
第一章　緒論 ……………………………………………………… 1
　第一節　選題意義 …………………………………………… 1
　第二節　毛晉父子及汲古閣概述 …………………………… 6
　　一、家世生平 ……………………………………………… 6
　　二、藏書之富 ……………………………………………… 8
　　三、刻書之多 ……………………………………………… 10
　　四、著書之勤 ……………………………………………… 13
　　五、鈔書之精 ……………………………………………… 15
第二章　汲古閣鈔本的特點 …………………………………… 19
　第一節　形式特點 …………………………………………… 20
　　一、紙墨裝幀 ……………………………………………… 20
　　二、版式特徵 ……………………………………………… 22
　第二節　鈔工寫手 …………………………………………… 24
　　一、毛氏父子及其子弟 …………………………………… 25
　　二、僮僕 …………………………………………………… 29
　　三、僱工 …………………………………………………… 31
　　四、師友 …………………………………………………… 32
　第三節　覆校改錯 …………………………………………… 34
　第四節　"影鈔"辨析 ………………………………………… 35
　　一、影鈔本的產生和流行 ………………………………… 35
　　二、影鈔本的傳統著錄 …………………………………… 38
　　三、影鈔本的製作方法 …………………………………… 41
　　四、小結 …………………………………………………… 53
第三章　毛氏汲古閣鈔本流傳佚存考 ………………………… 55
　第一節　汲古閣鈔本之流傳與存藏 ………………………… 55

一、藏書流散 …………………………………………… 55
　　二、康熙時期 …………………………………………… 59
　　三、乾嘉時期 …………………………………………… 64
　　四、清末民國及其他 …………………………………… 68
　第二節　存世毛氏汲古閣鈔本知見目錄 ………………… 76
　　一、經部 ………………………………………………… 79
　　二、史部 ………………………………………………… 89
　　三、子部 ………………………………………………… 93
　　四、集部 ……………………………………………… 108
　　附錄一 ………………………………………………… 152
　　附錄二 ………………………………………………… 165
　第三節　見於著録而存佚不詳之毛鈔本目錄 ………… 168
　　一、經部 ……………………………………………… 168
　　二、史部 ……………………………………………… 178
　　三、子部 ……………………………………………… 187
　　四、集部 ……………………………………………… 199
　第四節　毛鈔配補之書 ………………………………… 223
　第五節　存疑各本 ……………………………………… 232
第四章　毛氏汲古閣鈔本的價值 ………………………… 274
　第一節　毛鈔各書現存版本對比 ……………………… 274
　　一、底本尚存 ………………………………………… 282
　　二、底本失傳 ………………………………………… 283
　　三、孤本單傳 ………………………………………… 285
　第二節　敘録 …………………………………………… 285
　　一、瑟譜 ……………………………………………… 285
　　二、班馬字類 ………………………………………… 287
　　三、集韻 ……………………………………………… 289
　　四、六藝綱目 ………………………………………… 294
　　五、牛羊日曆 ………………………………………… 296
　　六、虞鄉雜誌 ………………………………………… 298
　　七、幽蘭居士東京夢華録 …………………………… 299

八、浦江鄭氏家範 ………………………………… 307
　　九、藏一話腴 ……………………………………… 309
　　十、清塞詩集 ……………………………………… 311
　　十一、汲古閣集 …………………………………… 312
　　十二、西崑酬唱集 ………………………………… 314
　　十三、增廣聖宋高僧詩選 ………………………… 318
　　十四、十家宮詞 …………………………………… 324
　　十五、存悔齋詩 …………………………………… 332
　　十六、南宋六十家小集 …………………………… 335
　　十七、閑齋琴趣外篇 ……………………………… 341
　　十八、酒邊集 ……………………………………… 343
　　十九、虛齋樂府 …………………………………… 344
　　二十、可齋雜稿詞 ………………………………… 345
　　二十一、稼軒詞 …………………………………… 347
　　二十二、絕妙好詞 ………………………………… 348
　第三節　毛鈔本之文物價值略述 ………………… 350
　第四節　小結 ……………………………………… 356
書名索引 ……………………………………………… 357
參考文獻 ……………………………………………… 368
附一　各章插圖 ……………………………………… 381
附二　毛氏汲古閣印鑒輯考 ………………………… 398
　一、毛晉之印 ……………………………………… 401
　二、毛襃之印 ……………………………………… 428
　三、毛表之印 ……………………………………… 430
　四、毛扆之印 ……………………………………… 439
　五、疑僞印 ………………………………………… 443
後記 …………………………………………………… 480

隱湖之濱藏古書，臨瓊汲古研舊籍

陳紅彥

2010年，我在國家古籍保護中心辦公室做主任，樊長遠北京大學中文系古典文獻專業碩士畢業進館，成爲我的同事。初來的小樊有點腼腆，但是在評審和整理國家珍貴古籍名錄等業務中表現出了文獻學的扎實基礎和踏實嚴謹的工作作風。

2011年根據工作需要，我回到古籍館，樊長遠告訴我，希望能到古籍館做具體工作，爲今後的發展打下基礎。於是，徵得館裏同意，樊長遠又成爲我在古籍館的同事。

樊長遠在普通古籍組成爲採編人員，先是跟著老同志做編目清點，之後又參與採訪鑒定，幾年下來，迅速提升，並對汲古閣藏書產生了濃厚的興趣。時間過得很快，樊長遠突然跟我談，還想在職讀博士，以完善自己的知識結構，提高研究能力和水準。年輕人有進步的願望，理應支持。小樊如願考上了北大中文系古文獻專業高路明老師的博士，博士論文的題目也就確定了汲古閣藏書。

四百年前的毛氏汲古閣，爲常熟的藏書樓和刻書機構，因雕版印書品質高、珍藏秘笈量大質優、精校與影宋元本多聞名享譽當時，亦因文化傳播的功績名垂後世，在中國古代出版史和藏書史上有著顯著的地位。

汲古閣主人毛晉（1599—1659），原名鳳苞，字子九，後改字子晉，號潛在，別號汲古主人。常熟人。毛晉酷愛藏書，鍾愛宋本，一遇宋本便不惜重金購置。藏書的數量，據清葉德輝《書林清話》記載，有七八千部，八萬四千餘冊。王咸應毛晉之托作《虞山毛氏汲古閣圖》，圖上題："子晉社主結藏書閣於隱湖之濱，顏曰汲古。次以甲乙，分以四庫，非宋元繡梓不在列焉。牙籤玉題，風至則琅琅有聲也。予寓讀湖齋，遂盈一紀，所得於翻閱者逾半。"

汲古之名，據與毛晉同時的趙士春考證，出自唐韓愈《秋懷》

詩中"歸愚識夷塗，汲古得脩綆"。汲古閣中廣聚宋、元舊刻與名家鈔稿本及明代善本，據毛晉好友陳瑚（1613—1675）《爲毛潛在隱居乞言小傳》描述："其制上下三楹，始子訖亥，分十二架，中藏四庫及釋道兩藏，皆南北宋內府所遺，紙理縝滑，墨光騰刻。又有金元人本，多好事家所未見。"

毛晉因藏書而刻書，以廣流傳，其刻書規模相當大，據記載，"汲古閣後有樓九間，多藏書板，樓下兩廊及前後，俱爲刻書匠所居"。毛晉刻書多用宋刻本作底本，許多宋版書因翻刻而保存下來。毛晉注重校勘，不僅自己校勘，而且延請著名學者到汲古閣校書。汲古閣精刻精印之書，向爲版本學家、藏書家所津津樂道。因毛晉影刻之宋元本，之後若干年其所用底本又多有散亡，所以毛晉實際保存下來的許多是宋元本的原貌，加之精刻精印，素爲後世研習版本、收藏古籍者所重。據統計，汲古閣刻書數量近 900 種。

汲古閣刻書外，最受後世藏家和學者看重的是汲古閣鈔本，習稱"毛鈔"，特別是其中的影宋、影元、影明鈔本最爲珍貴，因保留原本面貌被稱"下真蹟一等"，備受藏家和學術界重視。毛晉及其子侄、童僕均擅長鈔書，據統計汲古閣鈔書近 400 種。

一邊工作一邊讀書非常不易，選取的題目一是涉及汲古閣，其鈔本尚無人全面研究，但關注的人多，已經有一些成果，出新不易；二是藏書分散各處，難以一一寓目；三是鈔本的鑒定及其傳承體系的研究需要花費巨大心力。小樊知難而進，先是潛心調查館藏毛鈔，以及存世毛鈔本，基本確定存世 130 餘部，國家圖書館藏近 80 部。確定範圍後，他爬梳整理，從汲古閣鈔本特點、流傳佚存、價值分析評判方面分析研究，並遴選其中特點突出的 22 種撰寫了敘錄，還配了圖版，爲讀者全面瞭解汲古閣鈔本提供了詳實的資料。汲古閣最爲人稱道的是影鈔本，他在文中仔細辨析了影鈔的概念及其製作方法，明確了傳統的"覆紙影鈔法"是可信的。古籍鈔本中作僞情況極多，汲古閣鈔本尤甚，有些僞本長年被作爲真蹟著錄，混淆視聽，此番這些僞本得到了比較全面的清理。

國家圖書館庋藏《虞山毛氏汲古閣圖》上，見多識廣的黃丕烈在題詩中歎道："積書大小酉，杳渺無由躋。汲古富藏弆，囊盛多綠綈。高閣嗟已廢，雲煙仰楱題。幸有此圖畫，門徑猶可稽。賓主互賞析，講習如分畦。遺卷偶逸獲，照讀思然藜。至今藏書者，誰能與之齊？"汲古閣刻書與藏書的地位，爲歷代學者和藏書家特別珍視此畫的原因之一，汲古閣藏書中鈔本更值得珍視。

　　國圖藏古籍特藏近300萬冊件，這些珍貴的典籍一方面承襲南宋以來皇家珍藏，與南宋緝熙殿、元翰林國史院、明文淵閣、清翰林院及内閣大庫等一脈相承，益之新中國成立後中央政府向國家圖書館的多次調撥，成爲國家圖書館藏珍貴典籍的基礎；一方面來自歷代藏家畢生積聚的慷慨捐讓，瞿氏鐵琴銅劍樓、傅氏雙鑑樓、潘氏寳禮堂、周叔弢自莊嚴堪、常熟翁氏、涵芬樓等明清以來累世寳藏，著名的公私藏書，如百川歸海，陸續入藏國家圖書館；再一方面是百年國圖人不遺餘力的積極搜求，多方面的努力形成今天國家圖書館典籍的洋洋大觀。這些負載着中華文明，凝聚着民族智慧，記錄着中外文化歷史交融的典籍，在中國國家總書庫，以一個不可分割的有機整體的形象，述説着一個個動人的故事，印證着文化作爲人類共同語言的生生不息。

　　我們的前輩和我們一直致力於保護好、傳承好古籍，也深入挖掘其内涵，使之便於利用，趙萬里、冀淑英、李致忠等前輩都是行業的引領者。新一代的研究者從目録、書皮一步步深入，展開了對内容的挖掘，其視野更加廣闊。樊長遠在幾年中承擔的芝加哥大學訪問學者任務，完成了芝加哥大學東亞圖書館藏史部古籍善本書志，還在社科基金重大課題"國家圖書館藏未刊稿整理與研究"項目中承擔整理《黄陶樓先生日記》等工作，也已出版；發表的論文《試談古籍影鈔本及其製作方法》等顯示出不俗的學養。

　　過去説圖書館員是片子手，研究的是"書皮學"，在目録大規模編纂已經完成的今天，新一代國家圖書館古籍館員已經繼承了前輩學人的精神，不但守護珍貴典籍，也擔負起了研究"書瓤兒"、推進學術的使命，樊長遠可以説是這一代人中的突出代表。祝願他一步一個腳印，有更多的成果問世。也希望這部書能爲學界提供更多的珍貴文獻資料，也爲古書收藏者提供參考資料，更爲讀者對毛鈔本和毛藏鈔本進行研究及寫本學研究提供新資料。

北京大學出版社和國家圖書館古籍館合作由來已久，之前出版了國家圖書館古籍館蘇曉君老師撰寫的《汲古閣匯紀》，又合作出版了48册之巨的《國家圖書館藏汲古閣鈔本叢書》。樊長遠的《毛氏汲古閣鈔本研究》我也建議在北京大學出版社出版，一則成體系，二則北大博士和北大出版社匹配程度高。和編輯部主任馬辛民老師商量，馬老師欣然同意，於是又有了這次合作。在此也向馬老師和編輯王應老師表示衷心感謝。

第一章 緒　論

第一節　選題意義

雕版印刷技術産生之前，圖書主要以鈔寫的方式流通。兩宋時期，雕版印刷術初步盛行，刻本逐漸取代鈔本成爲古代書籍傳播的主要形式，但鈔本並未因此而退出歷史舞臺，仍然是圖書製作流傳不可或缺的載體。

明代嘉靖、萬曆以後，刻印書籍的數量較前代劇增，[①] 與此同時，鈔書風氣仍十分興盛。這是因爲：一則古人本就有鈔書閱讀的傳統習慣，很多學者以鈔書爲日課；二則宋元刻本日漸稀見難得，其文物價值和文獻價值都受到空前重視，好古之風興起；三則某些品類的文獻（如宋金元著述）在明末清初流傳甚罕，主要靠傳鈔傳播[②]；四則明末一些刻本大量生産又往往不顧質量，飽受詬病，學者、藏書家不得不輾轉借鈔古刻善本。現存古籍善本書的總目録《中國古籍善本書目》中著録的明鈔本大約有兩千五百部之多，絶大部分是明代中後期的鈔本，清初鈔本有八百多部，而以鈔配形式存在於刻本中的就更多了。鈔本在以雕版印刷爲主導的書籍世界中占有相當重的分量。

明末清初鈔本存世量大，所據底本往往是後世難以見到的宋元舊本，文獻價值高，因此向來都受到藏書家和學者的充分關注。清康熙間孫從添《藏書紀要》"鈔録"一則、清末葉德輝《書林清話》卷十"明以來之鈔本"條都曾列舉明末清初的鈔書名家。在各家鈔本中，毛氏汲古閣鈔本存世量多而鈔寫精良、影響最大，是明末清初名家鈔本的典型代表。"毛鈔本"在版本學上已成爲專有名詞。統

---

① 可參看［日］大木康《明末江南的出版文化》第一章"明末江南書籍出版狀況"，周保雄譯，上海古籍出版社，2020年。
② 詳參徐雁平《清代的書籍流轉與社會文化》第二章"清代抄本書籍數量的推測與抄寫宋金元人著述的風氣"一節，南京大學出版社，2021年。

計現存毛鈔本的數量，勾稽見於記載而存佚不詳的毛鈔本並編纂詳細目錄，可以充分揭示毛氏汲古閣在古籍傳承過程中所作的貢獻；毛氏汲古閣影鈔本最爲後世稱道，有"下真蹟一等"之美譽，釐清影鈔的概念，辨析影鈔本製作的方法，是版本學研究的重要任務；同時，辨別毛氏汲古閣鈔本的真僞，梳理各書的版本源流，深入探討其文獻價值，也將推動版本目錄學的研究進展。

毛氏汲古閣鈔本流傳於世，歷來受到重視。清代的研究成果，大多散見於各藏書家所撰的提要式版本目錄及相關個人著述中。以嘉慶、道光時期大藏書家黃丕烈爲例，黃氏藏書宏富，每得一書，好撰寫藏書題識，"其題識於版本之後先、篇第之多寡、音訓之異同、字畫之增損、授受之源流、繙摹之本末，下至行幅之疏密廣狹、裝綴之精粗敝好，莫不心營目識，條分縷析。跋一書而其書之形狀如在目前"。① 凡新得或經眼、過手之毛鈔本，亦皆細心研讀，精審細校，撰寫題識。如元刊本《〈宋朝南渡十將傳〉不分卷跋》云：

> 余初見此書，遍檢諸家書目，皆無其書。偶訪周香嚴丈，云晁公武《讀書志》中有之，歸家檢衢本，無其書，後檢袁本，有之，然止《四將傳》，蓋劉錡、岳飛、李顯忠、魏勝也，亦出於史官章穎所撰而上之者。今香嚴所藏毛氏舊鈔本，先之以种諤傳，趙起撰者，此刻所無。後列韓世忠、劉錡、岳飛、李顯忠、魏勝傳，行款與此刻同。每卷不排次第，但云某人傳，無"重刊宋朝南渡十將傳"字樣，又無"宋朝南渡十將列傳"字樣，是必從宋時雕本出也。其不分卷第者，晁《志》本云《四將傳》，可無容別標卷第矣。韓世忠本不在四將列，故毛鈔本在《劉錡傳》前；《劉錡傳》前有《進劉岳李魏傳表》，此《十將傳》，故無之也。傳惟劉、岳、李、魏有"史官章穎纂"五字，韓世忠以下皆無之，是必非章穎所纂矣。不知何時合編爲十將，而題曰"重刊"，又曰"宋朝南渡"，是必元人爲之矣。余因其爲祕本，出番錢二十枚購之。其同購者，尚

---

① 繆荃孫《蕘圃藏書題識序》，見〔清〕黃丕烈撰，余鳴鴻、占旭東點校《黃丕烈藏書題跋集》，上海古籍出版社，2015年，第3頁。

有舊刻《楊鐵崖古樂府》,書估居奇,不肯獨售,此種以彼爲副爾。時嘉慶十年乙丑春三月二十有六日,黃丕烈識。①

此跋將《宋朝南渡十將傳》之元刊本與毛鈔本對勘,詳述兩本卷底之異,得出毛鈔本"必從宋時雕本出"的結論;且此毛鈔本已不存世,黃跋幾爲了解此本特點之唯一憑藉。清人所撰藏書題跋,多爲此類。對清代學術影響最大的毛鈔本當推影宋鈔本《集韻》,此本經段玉裁以棟亭本校勘,流播甚廣。

民國時期,藏園老人傅增湘在古籍版本鑒定、校勘等方面達到了很高水平,所撰《藏園群書經眼録》《藏園訂補邵亭知見傳本書目》中記録了很多毛鈔本的信息。傅氏一生丹黄不去手,所校舊刻名鈔達一萬數千餘卷,"每讀一書,輒爲題跋一首,敘板本之同異,辨字句之訛謬,燭照數計,既精且博"(余嘉錫《藏園群書題記序》)。試舉校毛鈔本一例:

  影宋本謝宣城集跋
  《謝宣城詩集》五卷,汲古閣毛氏影宋本,半葉十行,每行十八字。目録次行題銜爲"齊尚書吏部郎陳郡謝朓玄暉",卷一第二行低三格題"賦"一字,三行低四格題"酬德賦"。後有紹興丁丑秋七月東陽樓炤題,又嘉定庚辰冬十二月望鄱陽洪伋識八行。此二跋半葉八行,行十五字。卷中印記凡八方,曰"宋本"、曰"甲"、曰"汲古閣"、曰"東吳毛氏圖書"、曰"毛氏子晉"、曰"子晉書印"、曰"汲古主人"、曰"汲古得脩綆",皆毛氏所鈐也。用薄綿紙畫烏絲欄,按宋刊點畫摹出,其筆墨未爲精麗,在汲古影寫本中尚非上選。然氣息雅静,後來錢、席諸家精心仿造,顧猶未必逮此也。
  按:《宣城集》吳氏拜經樓所刻據盧抱經宋本校訂,余前據劉氏所藏宋刻殘本覆勘,其目録次敘及結銜之不同既已詳舉之矣。兹據影宋本以校後三卷,則異字又復迭見。即以卷三言之,

---

① 〔清〕黃丕烈《蕘圃藏書題識》卷二,《黃丕烈藏書題跋集》,第86—87頁。

如:"其如離別何",影宋本作"別離";"江海含瀾波",影宋本作"合瀾波";"宸景厭昭臨",影宋本作"照臨";"奔壁帶苔蘚",影宋本作"奔壁";"會是共治情",影宋本"治"下注"一作怡";"涼蒹乘暮晰",影宋本作"涼薰";"風振蕉蓬裂",影宋本作"蕉逵"。豈抱經所見爲別一宋本耶?抑盧氏臨校有疏謬耶?且檢拜經後跋,曾於刊成後親見蕘圃所藏嘉定鄱陽本,其行款固與此影本正同,乃吴氏僅言其體格較此稍異,祇取序跋補刊之,而於文字之誤乃不置一詞又何耶?余嘗恨《謝集》宋本世人多不得見,而吴氏重刊又不可盡據如此,因縱臾劉氏取宋刊殘本覆諸貞石,其殘佚後三卷又請於德化李椒微師,假此汲古影本以足之。六朝名家從此多得一善本,以供循諷,余亦得藉手以奏煉石補天之妙績。不意垂老有此奇遇,寧非幸哉!寧非幸哉!八月初五藏園老人記。①

此跋詳述毛氏影宋鈔本《謝宣城詩集》的版式特徵,又與是書之通行本拜經樓刻本對勘,充分揭示了毛鈔本的版本價值。(圖1-1)

此外,清末民國時期,詞集編選、刊刻蔚然成風,朱孝臧、吴昌綬、陶湘等校勘者大規模搜集、整理唐宋金元詞集,而毛氏汲古閣所鈔數十家詞集或爲孤本,或爲重要參校本,爲朱孝臧等人所重視,取得了豐富的校勘成果。

1950年,爲給大藏書家自莊嚴堪主人周叔弢先生賀壽,著名書賈王文進特撰《明毛氏寫本書目》一文,② 文中"按《汲古閣秘本目》所載鈔本一百十種,其外見於各家者百有三十",是全面輯錄汲古閣鈔本目録的最早的文章。文中所開列的有些書經王氏目驗甚至

---

① 傅增湘《藏園群書題記》,上海古籍出版社,1989年,第559—560頁。
② 王文進(1894—1960),字晉卿,一作搢青,河北任丘人。民國十五年(1926)在北平東南園路北開書店,二十二年遷琉璃廠路南,經營古書業務十餘年。精通鑒别宋、元版古籍,時人將其與王子霖、王富晉並稱"書業三王",頗有影響。與弢翁交往較密。著有《文禄堂訪書記》五卷、《文禄堂書影》一卷。雷夢水有《版本學家王晉卿先生傳略》,見《書林瑣記》,人民日報出版社,1988年,第16—18頁。《明毛氏寫本書目》收入《周叔弢先生六十生日紀念論文集》中,1950年代自印本。

倒手轉賣過，但大部分條目來源於《天禄琳琅書目》及《後編》《愛日精廬藏書志》《上善堂書目》《邵亭知見傳本書目》《楹書隅録》《皕宋樓藏書志》等諸家藏書目録之所載，並未親見其書，故而注釋極簡單，且排列順序頗有失當之處，書之真僞、實存與否、存藏何處等詳情不得而知。但此目不無篳路藍縷之功。瞿冕良撰《常熟先哲藏書考略》，① 其中"汲古閣"條所輯毛鈔目録較王氏所輯有增廣，但僅羅列書名而已，無所考證。

　　近代以來，隨着版本學研究的深入，鈔本越來越受到關注。葉德輝名著《書林清話》卷十有"明以來之鈔本""古人鈔書用舊紙""鈔書工價之廉""女子鈔書"各節，已開始對明清鈔本進行總結性研究。今人論著有國家圖書館冀淑英先生的幾篇論文《鈔書不倦的藏書家孫道明》《關於穴研齋鈔本》《辛勤鈔書的藏書家錢穀父子》，② 爲鈔本的深入細緻研究樹立了典範。上海圖書館陳先行等編著的《明清稿鈔校本鑒定》《中國古籍稿鈔校本圖録》二書，是目前最全面系統揭示明清時期古籍稿本、鈔本、校本面貌、價值及鑒定方法的著作。徐雁平《清代的書籍流轉與社會文化》有專章深入討論清代的鈔書與書籍生產及流動。古籍版本學的通論性著作如曹之《中國古籍版本學》，姚伯岳《中國圖書版本學》，程千帆、徐有富《校讎廣義·版本編》，毛春翔《古籍版本常談》等都設有相關章節對鈔本作整體概述。專門研究古代鈔書、鈔本的單篇論文以及碩博學位論文亦有不少，從書籍史、文化史、版本源流等各個角度有所探討，成果豐富。具體到毛氏汲古閣鈔本，個案研究的單篇論文有不少，討論某一

---

① 瞿冕良（1924—2012），名崇堦，別名冠群，江蘇常熟人，中國民主同盟盟員，1953年進入蘇南師院（今蘇州大學）圖書館，從事中外文圖書分類、采編、資料及古籍整理等工作。著有《版刻質疑》《中國古籍版刻辭典》及《清代怡府藏書小議》《略論古籍善本的公文紙印鈔本》《豐富多彩的藏書專印》等論文二十餘篇。《常熟先哲藏書考略》原名《琴川書志》，收入徐雁、王燕均主編《中國歷史藏書論著讀本》（四川大學出版社，1990年），後又修訂收入瞿冕良編著《中國古籍版刻辭典》（蘇州大學出版社，2009年）。所輯毛鈔本目録見《中國古籍版刻辭典》第180頁"汲古閣"條。
② 冀淑英《冀淑英文集》，上海科學技術文獻出版社、北京圖書館出版社，2004年，第114—129頁。

書之版本源流時亦多會涉及該書的汲古閣鈔本，但綜合性的研究還没有。近年蘇曉君出版《汲古閣匯紀》一書，是關於汲古閣刻書、鈔書、藏書相關資料的比較全的匯總，但不可諱言，其中訛誤之處不少。汲古閣的刻書、鈔書、藏書都很有繼續深入研究的必要。

第二節　毛晉父子及汲古閣概述

汲古閣主人毛晉父子一生致力於藏書、刻書、鈔書、校書事業，對後世影響極大。汲古閣是古文獻流轉的一大樞紐，在古籍文獻的整理和出版流通史上佔有非常重要的地位。這裏首先對毛晉父子的生平及汲古閣作一概述。①

一、家世生平

毛晉（1599—1659），初名鳳苞，字子九，後更名晉，字子晉。因尊崇東晉陶潛，又家住在虞山東湖之濱，故别號潛在、隱湖。江蘇常熟人，世居迎春門外之七星橋。生於明萬曆二十七年，卒於清順治十六年，享年六十一歲。其父清以孝悌力田起家，有幹識，爲鄉三老。毛晉幼年聰敏好學，早歲爲諸生，入郡學後受業於高伯瑋，十九歲時從魏沖學詩，交遊日廣。壯年師從著名學者錢謙益。後屢試不第，乃放棄舉業，專意讀書並從事文獻典籍的搜集、整理、刊刻事業。其爲人"孝友恭謹，遲重不洩"；② 家資富饒，"有巨才

---

① 毛晉與友人唱和之作輯爲《隱湖唱和詩》三卷，毛晉六十壽辰時其詩社社友爲之祝壽的詩詞彙集爲《以介編》二卷，兩書中毛晉生平資料最多，其中如陳瑚《爲毛潛在隱居乞言小傳》（又見陳氏《確庵文稿》卷十六）及趙士春、諸士儼等的題辭詩文最常被引用。毛晉逝世後，其師錢謙益撰《隱湖毛君墓志銘》（見《牧齋有學集》卷三十一），蕭士瑋爲毛晉之母撰《毛母戈孺人墓志銘》（見蕭氏《春浮園集》文集卷下）、朱彝尊爲毛晉之妻撰《嚴孺人墓志銘》（見《曝書亭集》卷七十九）及陳瑚《從遊集》《確庵文稿》中的相關資料，都是當時人的記載，史料價值甚高。南京圖書館收藏有民國間鈔本《東湖汲古閣毛氏世譜》，爲毛晉第四子毛表一系所傳，雖是殘譜，詳略不一，也很有參考價值。今人根據上述資料及汲古閣刻書諸題跋對毛晉父子生平作了不少考辨，此不具列。當代鄭偉章撰《毛晉毛扆父子年譜》（中華書局，2022年），最爲詳備。

② 〔清〕錢謙益《隱湖毛君墓志銘》。

（財），家畜奴婢二千指"，① 居鄉好行善，捐資修水道橋樑；饑荒歉收時，則連舟載米，分給鄰里貧家。慷慨好客，與常熟、蘇州等地的文人學者有廣泛密切的交往，常結社吟詠。②

毛晉刊經刻史，頗受其母戈氏孺人之教誨與督促，其下決心重鐫大部頭的《十三經》《十七史》就首先得到了母親的支持。③ 娶妻范氏、康氏，繼配嚴氏，嚴氏夫人勤儉持家，安排汲古閣刻書工作亦井井有條，"分命傭僕各執其役，讎勘之賓，剞劂之工，裝潢、熟紙之匠，各從其宜"，④ 是十分得力的賢內助。毛晉去世後，嚴氏主持汲古閣事業二十餘年，功勛卓著。毛晉有五子，襄、褒、袞、表、扆，襄出自范夫人，其餘四子皆嚴夫人所生。又有四女，孫男女十一人。襄、袞皆年僅二十餘歲而卒，先於毛晉去世。毛褒（約1631—1677），字華伯，號質庵，邑庠生，藏書處名西爽齋，今存詩若干首。毛表（1638—1700），字奏叔，號正庵，以醫謀生，業醫之餘，亦從事於藏書、校書活動，今世傳其校跋之書不少，喜在藏書上鈐印，朱痕累累。毛扆（1640—1713），⑤ 字斧季，一作黼季，號省庵，嗜古不減其父，最爲知名。毛扆精於小學，尤耽校讎，一生埋首書堆，自少年時即孜孜校書，垂老而丹黃不去手，耗費大量精力校補重印或鈔補汲古閣已刊諸書，是汲古閣文獻事業的主要繼承者。毛扆爲校書之需，多方訪書、盡力鈔書，今存汲古閣鈔本很多是毛扆主持汲古閣時的鈔本。毛扆兄弟五人都是詩人陳瑚的弟子。⑥

毛晉諸孫雅好藏書、校書者有：毛文光，不詳所出，或爲毛褒

---

① 〔清〕陳瑚《爲毛潛在隱居乞言小傳》。
② 參〔日〕三浦理一郎《毛晉交遊研究》，華東師範大學出版社，2012 年。
③ 〔清〕毛晉《重鐫十三經十七史緣起》，〔清〕毛晉撰，潘景鄭校訂《汲古閣書跋》，古典文學出版社，1958 年，第 122 頁。
④ 見《嚴孺人墓誌銘》。
⑤ 國圖藏明萬曆十二年北京鐵匠胡衕葉鋪刻藍印本《新刊真楷大字全號縉紳便覽》上鈐有 "毛斧季六月廿六日生我與之同" 朱文長方印，印主不詳何人。
⑥ 關於毛扆兄弟生平的研究可參考潘天禎《汲古閣主人毛晉諸子生卒年試考》，見《潘天禎文集》，北京圖書館出版社、上海科學技術文獻出版社，2002 年，第 268 頁；鄭偉章《汲古閣毛氏諸子孫及戚友傳略》，《書志》第 1 輯，中華書局，2017 年，第 61 頁；劉奉文《汲古後人毛斧季行年事跡考》，《北京圖書館館刊》1993 年第 Z2 期。

之子;毛綏萬,字嘉年,號破崖,毛表長子;毛綏福,字景思,毛扆次子。綏萬最知名。

毛晉自稱"汲古主人",諸子孫則自稱"汲古後人""汲古後裔"。

二、藏書之富

明代中後期,私家藏書活動十分繁盛,藏書種類、規模超越前代,且圖書典藏、流通理論更加細緻、系統化,爲保存、傳播文獻典籍作出了巨大貢獻。這一時期,藏書家主要分布於江浙兩省,尤以江蘇常熟爲著。趙用賢、趙琦美父子之脈望館,錢謙益之絳雲樓,錢曾之述古堂,毛晉父子之汲古閣,雄視東南,爲全國諸藏家之翹楚。所謂"方汲古閣之炳峙於七星橋也,南去十里爲唐市,楊彝鳳基樓在焉。東去二十里爲白茆市,某公(即錢謙益)紅豆莊在焉。是時海内勝流至常熟者,無不以三處爲歸。江干車馬,時時不絶。而應酬賓客如恐不及,汲古閣主人爲最"。①

毛氏家資殷實豐饒,"有田數千畝,質庫若干所,一時盡售去,即以爲買書、刻書之用",② 收藏、整理典籍有雄厚的經濟基礎。毛晉一生博覽勤搜,購求古籍珍本不遺餘力,"於書無所不窺,聞一奇書,旁搜冥探,不限近遠,期必得之爲快",③ "凡人有未見書,百方購訪,如縋海鑿山,以求寶藏"。④ 乾隆間滎陽悔道人《汲古閣主人小傳》追述其求書事跡云:

(毛晉)性嗜卷軸,榜於門曰:"有以宋槧本至者,門内主人計葉酬錢,每葉出二佰;有以舊鈔本至者,每葉出四十;有以時下善本至者,别家出一千,主人出一千二佰。"於是湖州書舶雲集於七星橋毛氏之門矣。邑中爲之諺曰:"三百六十行生

---

① 〔清〕滎陽悔道人《汲古閣主人小傳》,《汲古閣書跋》,第2頁。
② 〔清〕錢泳《履園叢話》二十二"汲古閣"條,清道光十八年(1838)勾吴錢氏刻本。
③ 〔清〕王象晉《隱湖題跋引》,《汲古閣書跋》,第8頁。
④ 〔清〕陳繼儒《隱湖題跋敘》,《汲古閣書跋》,第5頁。

意,不如鬻書於毛氏。"前後積至八萬四千册,構汲古閣、目耕樓以庋之。

不惜重金,慷慨以求,於是善本佳槧雲集而來。崇禎十五年(1642),好友王咸爲之繪《汲古閣圖》,① 有題識記其藏書之富云:

> 子晉社主結藏書閣於隱湖之濱,顔曰"汲古"。次以甲乙,分以四庫,非宋元繡梓不在列焉。牙籤玉題,風至則琅琅有聲也。予寓讀湖齋,遂盈一紀,所得於翻閱者迨半。壬午秋,子晉出鵝溪素絹,命予作圖。因繪此以贈,並繫一詩,聊補點染之未備云爾。
>
> 傑閣閟深扃,不許凡庸躋。藏書比石室,一一函緗綈。甲乙列四庫,古香溢標題。居恒每共登,魚亥相雠稽。推窗昒緑野,瓜疇接秔畦。百城真自雄,丙夜吹青藜。爲君寫其炤,東璧光應齊。長洲社弟王咸請政。

毛晉好友吴偉業、陳瑚等皆曾登閣閱書,吴氏有詩句云:"扁舟訪奇書,夜月南湖宿。主人開東軒,磊落三萬軸。別庋加收藏,前賢矜手録。北堂學士鈔,南宋遺民牘。"② 陳氏對閣中插架亦有詳細描述:

> 江南藏書之富,自玉峰菉竹堂、婁東萬卷樓後,近屈指海虞。然庚寅十月絳雲不戒於火,而巋然獨存者,惟毛氏汲古閣。登其閣者,如入龍宫鮫肆,既怖急又踴躍焉。其制上下三楹,始於子迄於亥,分十二架,中藏四庫及釋道兩藏,皆南北宋内府所遺,紙理縝滑,墨光騰剡;又有金元人本,多好事家所未見。子晉日坐閣下,手繙諸部,讎其訛謬,次第行世。至滇南

---

① 此圖今藏國家圖書館(09656),迭經名家題識。本書凡提及某館,括注號碼,均指索書號,謹此説明。
② 〔清〕吴偉業《毛子晉齋中讀吴匏庵手鈔宋謝翱西臺慟哭記》,《吴梅村全集》卷一,上海古籍出版社,2016年,第10頁。

官長,萬里遺幣,以購毛氏書,一時載籍之盛,近古未有也。①

求書如此之勤,藏書如此之富,但毛晉生前並未編纂藏書目録,在其逝世後,汲古閣藏書、書版等財産分授子孫,二十年後再傳遂星散。② 臺北故宫博物院有原國立北平圖書館舊藏之清鈔本《汲古閣毛氏藏書目録》一帙(平圖 010715 – 010716),據王重民考證乃係僞書。③ 如今可以信據的書目只有毛扆晚年所編《汲古閣珍藏秘本書目》,是其準備將部分藏書賣給潘耒的售書單,僅著録五百多種,並且只是毛扆繼承、搜集的部分,遠非毛晉時期汲古閣鼎盛時的藏書全貌。現存某書是否汲古閣舊藏,只能根據書中是否有毛氏父子校跋或鈐有其印鑒來確定。

三、刻書之多

毛晉早年奮起爲儒,通明好古,强記博覽,轉而從事刻書乃是認爲:"經術之學原本漢唐,儒者遠祖新安,近考餘姚,不復知古人先河後海之義。代各有史,史各有事有文,雖東萊、武進以鉅儒事鉤纂,要以歧枝割剥,使人不得見宇宙之大全,故於經史全書勘讎流布,務使學者窮其源流,瀋其津涉。其他訪佚典、搜秘文,皆用以裨輔其正學。經史既竣,則有事於佛藏。"④ 其心中有流布經史之使命感在。毛晉自青年時代起即喜好刻書,家境優越,無後顧之憂,又得到其母戈孺人大力支持,遂"創汲古閣於隱湖,又招延海内名士校書,十三人任經部,十七人任史部,更有欲益四人,并合二十一部者,因此大爲營造,凡三所:汲古閣在湖南七星橋載德堂西,以延文士;又有雙蓮閣在問漁莊,以延緇流;又一閣在曹溪口,以

---

① 〔清〕陳瑚《爲毛潛在隱居乞言小傳》,《確庵文稿》卷十六。
② 毛扆《中吳紀聞跋》云:"先君藏書,自經分析,廿年之内,散爲雲煙。"見《汲古閣書跋》,第 130 頁。
③ 王重民《辨北平圖書館善本書庫中僞書三種》,《圖書季刊》新第 5 卷 4 期,民國三十三年(1944)十二月。民國二十四年(1935)燕京大學圖書館曾據此書傳鈔一帙,今藏北京大學圖書館(NC9627/3447)。
④ 〔清〕錢謙益《隱湖毛君墓志銘》,《牧齋有學集》卷三十一。

延道流。汲古閣後有樓九間，多藏書板，樓下兩廊及前後，俱爲刻書匠所居"。① "有印書作，聚印匠二十人，刷印經籍。"② 汲古閣四周有緑君亭、二如亭，亦招延天下名士校書其中。早年刻書版心下鐫 "緑君亭" 三字，如萬曆四十六年（1618）所刻《屈子》七卷（後附毛晉所輯《評》一卷、《楚譯》一卷、《參疑》一卷）及之後所刻《二家宫詞》《三家宫詞》《浣花集》皆如是。天啓五年（1625），毛晉將緑君亭所刻《屈子》與新刻《陶靖節集》合印，取名爲《屈陶合刻》，此時已出現汲古閣之題名，之後刻書主要用 "汲古閣" 的名義。其另一室名 "世美堂" 偶爾也被用於刻書，如明崇禎元年（1628）世美堂刻《楊大洪先生忠烈實録》即是。

毛晉從不足二十歲開始刻書，"節衣縮食，惶惶然以刻書爲急務"，③ 圖書出版活動持續四十餘年，終其一生兢兢業業，所刻經史子集四部書達六百多種，尤以集部書、大部頭叢書爲多，另曾助刻《徑山藏》二百餘種，總計刻書近九百種，雕版十餘萬塊。所刻《十三經》《十七史》《説文解字》《津逮秘書》《文選》《宋名家詞》《六十種曲》等書通行於後世，都成爲清代人閱讀、治學最常用的基礎讀本。錢謙益稱 "毛氏之書走天下"，可謂實録而非虚譽。朱彝尊云："（毛晉）中年自群經、十七史以及詩詞曲本、唐宋金元别集、稗官小説靡不發雕，公諸海内，其有功於藝苑甚鉅。"④ 汲古閣刻書量大，質量難免參差不齊，或遭人詬病，其傳布文獻之功，則舉世皆稱道之。

毛晉家道中落後，始有典賣書版之舉，如《十七史》版，"以逋賦質之故糧道盧澹岩，得四千金。已而盧負官庫將還，以子晉無以償也，乃再質之洞庭席氏"。⑤ 書版分授諸子，待毛晉去世後，汲古閣書版遂逐漸流散，可考者如：《十三經注疏》歸洞庭席氏掃葉山

---

① 〔清〕錢泳《履園叢話》卷二十一《汲古閣》，清道光十八年述德堂刻本。
② 〔清〕毛扆《五經文字九經字樣跋》，國家圖書館藏清初影宋鈔本。
③ 同上。
④ 〔清〕朱彝尊《静志居詩話》卷二十二。
⑤ 鄧之誠《骨董瑣記全編》卷七 "汲古閣十七史" 條引 "淄川唐濟武《日記》"，中華書局，2008年，第256頁。

房,《三唐人集》《六十家詞》歸常熟小東門邵氏,《八唐人詩》歸山東趙秋谷執信,《陸放翁集》歸常熟張氏,《十元人集》歸無錫華氏,《詩詞雜俎》《詞苑英華》歸揚州商家,《説文解字》歸蘇州錢景開萃古齋書鋪。①

汲古閣傳刻古書,流布天下,存世量很大,現今各圖書館插架多有。毛晉生前已編寫過刻書目録,清吴壽暘《拜經樓藏書題跋記》卷三著録"汲古閣刊書細目、珍藏秘本書目",云:"《汲古閣刊書細目》,子晉先生所記,每部皆記頁數,每類又記總頁數。先君子(吴騫)有補遺一紙夾書中。……簡莊徵君(陳鱣)又書《群芳清玩》種數及頁數細目一紙。"傅增湘《藏園訂補邵亭知見傳本書目》卷六載《汲古閣珍藏秘本書目》一卷、《汲古閣刊書細目》一卷,清乾隆五十七年吴震手寫本,即吴壽暘所記之本,傅氏云:"版心下手寫'拜經齋吴氏鈔藏'七字。有錢天樹等跋。據跋,震字東白,吴中書估,與諸名家友善,亦陶藴輝、錢聽默之流也。"② 後爲黄裳所得,《來燕榭書跋》載吴氏拜經樓鈔本汲古毛氏書目二種(《汲古閣刊書細目》《汲古閣珍藏秘本書目》),云寫手工雅,有吴氏朱筆淡墨校字,收藏印記累累,曾經龔氏玉玲瓏閣、馬氏紅藥山房、朱氏槐廬遞藏。③ 黄氏又曾收得錢天樹批校舊鈔本。今併不知歸於何處。吴氏本有清陳鱣向山閣傳鈔並校跋本,今藏四川省圖書館(《第六批國家珍貴古籍名録》12630 號)。乾隆間常熟陳秉鑰輯《汲古閣所刻書目》一卷,亦每部皆記頁數,每類又記總頁數,後附滎陽悔道人(鄭德懋)輯《補遺》及《汲古閣刻板存亡考》一卷,國家圖書館藏有清抄本一帙(02846)。清道光間,王振聲跋鐵琴銅劍樓所藏毛鈔本《汲古閣集》,提及《汲古閣家塾藏板目》,今不詳存世與否。顧湘於書肆中得舊鈔本《汲古閣校刻書目》一册,有"毛子晉""汲古閣"朱印,審定爲毛氏原本,又得鄭德懋輯本一卷,遂

---

① 參《汲古閣刻板存亡考》。
② 〔清〕莫友芝撰,傅增湘訂補,傅熹年整理《藏園訂補邵亭知見傳本書目》,中華書局,2009 年,第 447 頁。
③ 黄裳《汲古閣書目兩種》,《來燕榭書跋》,上海古籍出版社,1999 年,第 183 頁。

將兩本整齊排比付刊,並附鄭德懋所撰《補遺》一卷,總結汲古閣所刻書有五百七十八種。清末姚振宗纂《重編汲古閣刊書細目》,分上編(叢刻)、下編(單行本)兩部分,統計汲古閣刻書總凡五百六十二部。此目今藏杭州圖書館(善 238/297)。陳秉鑰輯《汲古閣所刻書目》一卷,今有鈔本一帙,藏國家圖書館(02846)。民國時,藏書、刻書家陶湘雅嗜收藏汲古閣刻本,根據自家藏書編有《明毛氏汲古閣刻書目錄》一卷,共收書六百二十三種(包括"知而未得者目錄"七十五種)。葉德輝《書林清話》卷七有七個小節總結毛晉汲古閣所刻書,十分詳盡,亦可供參閱。當代學者輯錄汲古閣刻書目錄也做了很多工作,對毛晉的校刻書活動進行了比較全面的整理,綜合考察其校刻書之特點、方法及規模,並評述其貢獻及得失,此不具列。

四、著書之勤

毛晉自幼敏而好學,轉益多師,師從錢謙益之後,得以深知學問之指意。早歲為諸生,入太學,但屢試南闈而不得志,遂摒棄舉業,絕意仕途,一意為古人之學,讀書治生之外,致力於整理刊刻文獻典籍,依託汲古閣收藏的珍本舊籍,完成了大量著述。汲古閣每刻一書,毛晉"必手自讎較,親為題評,無憾於心而始行於世",①"自甲子(1624)以來,校刻經史子集及唐宋元名人詩詞凡二百餘種,每刻必求宋元善本而折衷焉,或爭勝於前哲,或兼俟之後人,輒跋數語於篇終,俾讀者考其世、知其人,非僅僅清言冷語逞詞翰之機鋒已也",② 故汲古閣所刻書後常附有其所撰刻書題跋。毛晉又好遊山玩水,廣交天下名士,吟詩作賦,明清鼎革之後,"杜門卻掃,著書自娛,無矯矯之跡,而有淵明、樂天之風。與耆儒故老、黃冠緇衲十數輩,為佳日社,又為尚齒社,烹葵剪鞠,朝夕唱和以為樂"。③ 有數種唱和詩結集行世。

---

① 〔清〕王象晉《隱湖書跋引》,《汲古閣書跋》,第 8 頁。
② 〔清〕李毂《隱湖題跋敘》,《汲古閣書跋》,第 6 頁。
③ 〔清〕陳瑚《為毛潛在隱居乞言小傳》。

其詩社友人陳瑚《爲毛潛在隱居乞言小傳》云："（毛晉）所著有《和古人詩》《和今人詩》《和友人詩》《野外詩》若干卷，《題跋》若干卷，《虞鄉雜記》若干卷，《隱湖小識》若干卷。所輯有《方輿勝覽》若干卷，《明詩紀事》若干卷，《國秀》《隱秀》《弘秀》《閨秀》等集，《海虞古文苑》《今文苑》若干卷。"這是在傳記之中大概撮舉其著述。清末廬江劉聲木《萇楚齋三筆》卷二有"毛晉撰述未刊"一條，云：

> 常熟毛潛在□□晉席屢世餘業，藏書甚富，校書甚精，刊書又最宏。前人遺業，賴其搜羅校刊，永傳於世，不可勝計。不朽之業，即在於是，故汲古閣之名，照耀海内，垂數百年，實爲目錄學中一大家。聲木謹案：《小石山房叢書》中有《汲古閣校刊書目》一卷《補遺》一卷《刻板存亡考》一卷。其中汲古閣主人自撰而自刊者，僅有《香國》二卷、《隱湖題跋》二卷。尚有《明四秀集》□卷、《明詩紀事》□卷、《明方輿勝覽錄》□卷、《明詞苑英華》□卷、《海虞古文苑》□卷、《海虞今文苑》□卷、《虞鄉雜記》□卷、《昔友詩存》□卷、《救荒四說》□卷、《隱湖小識》□卷、《隱湖唱和詩》□卷、《永思錄》□卷、《宗譜》□卷、《先賢隱湖遺稿》□卷，共十四種，未刊。以汲古閣刊書之精且富，自撰之書，何難刊刻，其未刊者，仍有如此之多，猶見篤實之遺。以視後世鹵莽滅裂，以撰述刊行，自矜學問者，其用心之相去，有不可以道里計者矣。①

從陳、劉兩家所舉來看，毛晉可謂是勤於著述的文獻家、出版家，而今能見到的只有幾種而已：

《毛詩草木鳥獸蟲魚疏廣要》（一名"毛詩陸疏廣要""詩疏廣要"）二卷，明崇禎間毛氏汲古閣刻《津逮秘書》本。

《隱湖題跋》二卷，明崇禎間毛氏汲古閣刻本，又民國八年

---

① 劉聲木《萇楚齋三筆》，清末鉛印《直介堂叢刻》本。

（1919）常熟丁祖蔭輯刻《虞山叢刻》本。

《虞鄉雜志》一卷，毛氏汲古閣鈔本，民國間丁祖蔭收入《虞山叢刻》，改題爲《虞山雜記》。

《香國》二卷，明崇禎三年（1630）毛氏汲古閣刻《群芳清玩》十二種本。

《汲古閣集》，含《和古人詩》《和今人詩》《和友人詩》《野外詩》各一卷，毛氏汲古閣鈔本，亦收入《虞山叢刻》。

《隱湖唱和詩》三卷，毛晉等撰，陳瑚輯，清康熙汲古閣刻本。

《詞海評林》三卷，明末鈔本。

五、鈔書之精

清乾隆時，孫從添撰《藏書記要》，系統總結歷代藏書家關於圖書購求、鑒定、校讎、分類編目、保管、借閱及保護等工作的實踐經驗，是全面論述藏書理論的一部專著。其第三則"鈔録"談明代及清初鈔書名家云：

> 明人鈔本，吳門朱性甫、錢叔寶、子允治手鈔本最富，後歸錢牧翁，絳雲焚後，僅見一二矣。吳寬、柳僉、吳岫、孫岫、太倉王元美、崑山葉文莊、連江陳氏、嘉興項子京、虞山趙清常、洞庭葉石君諸家鈔本，俱好而多，但要完全校正、題跋者方爲珍重。王雅宜、文待詔、陸師道、徐髯翁、祝京兆、沈石田、王賓、王穉登、史鑑、邢參、楊儀、楊循吉、彭年、陳眉公、李日華、顧元慶、都穆、俞貞木、董文敏、趙凡夫、文三橋、湖州沈氏、寧波范氏、吳氏、金陵焦氏、桑悦、孫西川，皆有鈔本甚精。新鈔，馮己蒼、馮定遠、毛子晉、馬人伯、陸敕先、錢遵王、毛斧季各家，俱從好底本鈔録。惟汲古閣印宋精鈔，古今絕作，字畫紙張，烏絲圖章，追摹宋刻，爲近世無有能繼其作者，所鈔甚少。

又云：

> 明人鈔本，各家美惡不一，然必有用之書，或有不同常本之處，亦皆錄而藏之。然須細心紬繹，乃知其美也。吳匏庵鈔本用紅印格，其手書者佳。吳岫、孫岫鈔用綠印格，甚有奇書，惜不多見。葉文莊公鈔本用綠、墨二色格，校對有跋者少，未對草率者多；間有無刻本者亦精。①

孫氏從數量、底本、内容、流傳等多角度對所見數十家特色鮮明的名家鈔本作了評價，而尤稱道毛氏汲古閣"印宋（即影宋）精鈔，古今絶作"，可見毛鈔本在藏書家心目中地位之高。

毛晉好友吳偉業撰《汲古閣歌》詠之云：

> 嘉隆以後藏書家，天下毗陵與琅琊。整齊舊聞收放失，後來好事知誰及。比聞充棟虞山翁，里中又得小毛公。搜求遺逸懸金購，繕寫精能鏤板工。②

毛氏汲古閣影鈔本在清代幾乎受到與宋元刻本同等的重視，《天禄琳琅書目》及其《後編》在宋版、金版、元版、明版之外，特闢"影宋鈔"一目，以唐臨晉帖視之。黃丕烈"意欲輯《所見古書録》，將所藏爲正編，所見而未藏者爲附録，一宋槧，二元槧，三毛鈔，四舊鈔，五雜舊刻"，③亦將毛鈔單列一類，可見毛鈔幾乎成爲了一個單獨的版本品類。段玉裁云"凡汲古閣所鈔散在人間者無不精善"，④自是十分誇張的説法，但乾嘉之後，毛氏汲古閣鈔本的確有了"下真跡一等"之美譽，名揚書林。

後世藏書家追摹毛氏做法的很多。黃丕烈從周錫瓚處借得殘宋本《孫尚書大全文集》，"用舊紙委門僕張泰影摹，兩匝月而竣事，藏諸讀未見書齋，居然影宋鈔本矣。雖不及毛鈔之精，而一時好事

---

① 〔清〕孫從添《藏書記要》，見祁承㸁等《澹生堂藏書約（外八種）》，上海古籍出版社，2005年，第38—39頁。
② 〔清〕吳偉業《汲古閣歌》，《吳梅村全集》卷三，第69頁。
③ 繆荃孫《蕘圃藏書題識序》，見《黃丕烈藏書題跋集》，第3頁。
④ 毛氏汲古閣影宋鈔本《集韻》跋。

之所爲，以視汲古閣中'入門僮僕盡鈔書'者，其風致何多讓焉？"① 對汲古閣鈔書的做法可謂亦步亦趨。

　　毛鈔本逐漸成爲衡量鈔本古籍水平的一個標準，黃丕烈從好友顧抱沖家借得殘宋本《和靖先生集》，請顧千里用舊紙影摹，自題籤至跋語共三十四葉，稱"與抱沖本無纖毫之異，恐汲古精鈔無以過是矣"。② 跋舊鈔本《古逸民先生集》云："（鮑廷博）取其家鈔傳秘册贈余，得《古逸民先生集》一卷，精妙絶倫，他日珍之，當不减汲古鈔本矣。"③ 楊以增在友人處見到黃丕烈舊藏宋本《三曆撮要》，因不能將此孤本秘笈收歸己有，乃屬幕友顔士欽影録一過，其子楊紹和云："雖未能如汲古閣之精，然亦規模略具矣。"④ 傅增湘得見影宋鈔本《晉書》，云"影寫絶精，卷首有汪閬源兩印，當是藝芸精舍所寫，然其美好乃不減毛鈔"。⑤ 跋影元鈔《尚書纂傳》跋云："摹寫精妙，闌界工細，有清初汲古、述古二家之風。"⑥ 王國維《傳書堂藏書志》卷四載影宋鈔本《陶淵明集》，云："此本作粘葉裝，影寫精絶，視毛子晉、錢遵王家寫本有過之無不及，真所謂下宋本一等者。"⑦ 又評影宋鈔本《丁卯集》云："此錢遵王家影宋本，精美不如毛鈔而雅秀過之。"⑧ 鈔寫精美之本則有時會被誤認爲是毛鈔。舊鈔本《閑閑老人滏水文集》卷末有清章碩卿題記一行云："汲古主人精鈔本，無上妙品。"清劉疏雨跋亦云："觀其字畫之峻潔，烏絲之明淨，非毛鈔不能，是可寶也。……繹其諱令，定爲國初所録。且通幅結構多帖體，與今行世本《中州集》如出一手，爲

---

① 〔清〕陸心源編，許静波點校《皕宋樓藏書志》，浙江古籍出版社，2016年，第1455頁。
② 〔清〕黃丕烈《蕘圃藏書題識》卷八，《黃丕烈藏書題跋集》，第455頁。
③ 〔清〕陸心源《皕宋樓藏書志》，第1658頁。
④ 〔清〕楊紹和撰，傅增湘批注，朱振華整理《藏園批注楹書隅録》卷三，中華書局，2017年，第136頁。
⑤ 傅增湘《藏園群書經眼録》，第181頁。
⑥ 傅增湘《藏園群書題記》，第11頁。
⑦ 王國維《傳書堂藏書志》，上海古籍出版社，2014年，第849頁。此影宋鈔本今藏國圖（07608）。
⑧ 王國維《傳書堂藏書志》，第910頁。

汲古寫樣無疑。"① 此本無毛氏印記，定爲毛鈔本證據不足，但可見鈔寫精美，已達到藏家心中毛鈔的標準。

民國時期，毛鈔本已是如宋本一樣珍稀名貴，不僅有其文獻價值，而且有獨特的觀賞價值。傅增湘得見德化李氏所藏汲古閣影宋鈔本《謝宣城詩集》，評云："用薄棉紙畫烏絲欄，按宋刊點畫摹出，其筆墨未爲精麗，在汲古影摹本中尚非上選，然氣息雅靜，後來錢、席諸家精心仿造，顧猶未畢逮此也。"② 跋《閑齋琴趣外篇》云："此書字畫精湛，楮墨明麗，與真宋刻無異，真銘心絶品。"③ 吳梅跋毛氏影宋鈔本《梅屋詩餘》云："余嘗謂毛鈔之精，實與宋槧相等。"④ 王國維謂毛鈔《漢上易傳》"精雅絶倫，三百年來未經名人收藏，誠罕見之秘籍矣"。⑤

藏書家鄧邦述曾收藏汲古閣影鈔最精本之一《南宋六十家小集》，跋云：

> 隱湖毛子晉父子當明季鼎革之際，獨以好書馳聲於東南間。其所刻書極多，雖讎校未盡精審，而世競寶之，然猶不及其景鈔之美善爲千秋絶業也。……原有缺葉至十葉者，悉仍其舊，無竄改臆斷之習，乃至序後圖印亦俱摹寫酷肖，令人一見輒疑爲原板初印，不知出於寫官，技能工巧至此而極，後人雖雅慕深思，苦難企及，於是毛鈔乃成一種版本之學，足見一藝之成，卓爾千古，未可目爲小道而忽視之也。⑥

毛鈔本特色鮮明，風格獨具，存世量多而鈔寫精、影響大，爲後世稱道，雖不能說已經"成一種版本之學"，但作爲名家鈔本的典型代表，其各方面的價值是值得深入探討的。

---

① 〔清〕施國祁《汲古寫本〈滏水集〉說》，《禮耕堂叢說》，清道光間刻本。
② 傅增湘《藏園群書題記》，第559頁。
③ 傅增湘《藏園群書經眼錄》，第1337頁。
④ 《梅屋詩餘跋》，見臺北世界書局1970年影印本。
⑤ 王國維《傳書堂藏書志》，第4頁。
⑥ 《南宋六十家小集跋》，臺北"國家圖書館"藏汲古閣影鈔本。

第二章　汲古閣鈔本的特點

　　古籍鈔本的鑒定難度比刻本高。其方法首先是"觀風望氣"，觀摩鈔寫風格，憑經驗作出判斷，見多識廣的名家如傅增湘、張元濟等，常有"筆致疏古，是嘉、萬時風氣"①"鈔手極舊""鈔筆審在乾隆前"之類的鑒定意見。② 羅振常跋鈔本《陵陽先生詩》云："鈔本書，康熙時猶類明鈔，其後字體乃變。此書頗似乾隆鈔，然以兩家藏書時代論之，且'玄'字又不缺筆，至遲亦在順治間。凡事未可一概而論，於書亦何獨不然耶。"③ 羅氏久在書林，閱歷豐富，心中有對明鈔、康熙及乾隆鈔的整體印象，所以也能做大致推斷。古人寫字、鈔書千人千面，惟有"觀千劍而後識器"，才能辨別不同時代的不同鈔寫風格。二是看紙墨版式，明清藏書家有慣用的鈔書紙，學者已有總結，可以參考《明清藏書家稿鈔本用紙特徵表》。④ 三是看藏書印，名家鈔書一般會同時鈐蓋其印記，是十分重要的客觀依據。鈔寫風格、用紙都可以模仿或做舊，易使人迷惑，藏書印記偽作亦多，但可以跟其他書上所鈐真跡比對，真偽立判。四是結合書中的題識跋文等輔助信息，再參考古籍書目的著錄，做出綜合判斷。毛氏汲古閣鈔本存世量很大，綜合觀察這些鈔本，可以總結一些形式、內容上的特點，爲判斷某些鈔本是否毛鈔提供一定依據。

---

① 傅增湘《明鈔本宋五家詞跋》，《藏園群書題記》，第1009頁。
② 傅增湘《藏園群書經眼錄》卷六"西漢貫制叢錄"條、卷十三"唐眉山詩集"條，第404、1004頁。
③ 《陵陽先生詩》，臺北"國家圖書館"藏（10415）。
④ 陳先行、石菲《明清稿鈔校本鑒定》，上海古籍出版社，2009年，第74頁。

第一節　形式特點

一、紙墨裝幀

1. 用紙

毛扆晚年，擬將部分家藏書售予潘耒（1646—1708，號稼堂），編著《汲古閣珍藏秘本書目》，雖然只是一份售書單，但提供的信息極爲豐富。此目每本書下都有小注，標明版本、價格，並附簡單解題，舉出如此定價的理由。毛扆在卷末有説明云：

> 鈔本書看字之工拙、筆貲之貴賤、本之厚薄、其書之秘否，然後定價。就宋元板而言，亦看板之工拙、紙之精粗、印之前後、書之秘否，不可一例。所以有極貴極賤之不同。至於精鈔之書，每本有費四兩之外者，今不敢多開，所謂"裁衣不值緞子價"也。在當年鈔時豈料有今日哉！然余之初心本欲刊刻行世，與天下後世共之。今此心并以託之太史矣。

"紙之精粗"是影響宋元板定價的重要因素之一，鈔本亦然。小注所開列的用紙材質有"綿紙舊鈔""綿紙精鈔""竹鈔""竹紙鈔"等不同名目，綿紙即所謂的"白棉紙"，色白質柔，纖維多，韌性強。明代中期以後，竹紙的生產技術較前代有很大改進，質量上乘，是大量生產普及使用的紙張。竹紙經過反復漂白、打漿等技術處理，能達到紙質透明度高且紙面光滑的效果。汲古閣所刻印、鈔寫的古籍，用紙也大多是這幾類。《（光緒）常昭合志稿》及《清史列傳》稱毛晉每年特地從江西造紙，厚者稱"毛邊"，薄者稱"毛太"。此説流傳極廣，多認爲這兩種紙始於毛晉。其實毛邊紙至少在明代中期已經出現，[①] 毛晉只是去訂購來用於汲古閣刻印書而已。

[①] 孔毅《〈清史列傳·毛晉傳〉辨正》已辨明之，《貴圖學刊》1987年03期。又參潘吉星《中國科學技術史·造紙與印刷卷》第六章第一節，科學出版社，2016年。

現存毛鈔各書，如《漢上易傳》，用開化紙格紙鈔；①《四書通證》，王文進云係用"竹紙"；《集韻》，用潔白如玉、表面砑光的宮廷桃花紙鈔錄；②《浦江鄭氏家範》，《孝慈堂書目》著錄云"綿紙"；③《石藥爾雅》，傅增湘舊藏，傅氏云"用砑光白紙仿宋刊歐體字精寫"④ 等等，皆係前輩版本學家傅增湘、魏隱儒等所鑒定者。

2. 用墨

毛鈔本的用墨情況，可以觀察現存本得些感性認識。《天禄琳琅書目》卷四論毛鈔《金壺記》云"墨色不尚濃厚，取其勻淨"，很多毛鈔本都有這一特點。影鈔本常落筆較輕而墨色淺淡，如《剪綃集》《梅花衲》《增廣聖宋高僧詩選》等，因爲紙薄，濃墨恐洇透紙背。然而如《酒邊集》《小學五書》《東家雜記》之類影鈔本都是墨色濃厚，可當得起"墨如點漆"之類的評價。影鈔之外的一般鈔本則墨色濃淡比較隨意。

3. 裝幀

汲古閣精心鈔就的書裝幀也很考究，多配以"藏經紙面"，所謂"宣綾包角藏經箋"，十分華麗。書套"用伏天糊裱，厚襯料，壓平伏，裱面用灑金墨箋，或石青、石綠、棕色、紫箋，俱妙"，⑤ 後世藏書家喜好自誇所得書是"汲古原裝"，蓋因其古香可愛，與鈔寫之精良相得益彰，稱得上是藝術品。趙萬里云："赤蠟箋作封皮，藏經紙作書箋，凡汲古閣影宋元寫本裝式皆如此，殊古雅可玩。"⑥ 葉德

---

① 魏隱儒《書林掇英——魏隱儒古籍版本知見錄》，國家圖書館出版社，2010年，第5頁。
② 同上書，第75頁。
③〔清〕王聞遠《孝慈堂書目》，民國十年（1921）長沙葉氏觀古堂刻本。
④ 傅增湘《藏園訂補邵亭知見傳本書目》，第918頁。《藏園訂補邵亭知見傳本書目》及《藏園群書經眼錄》（第760頁）均謂南懷仁跋稱何義門爲"密斯的何"，誤，原書跋作"何密死的"。
⑤〔清〕孫從添《藏書記要》第五則"裝訂"，見祁承㸁等撰《澹生堂藏書約（外八種）》，第43頁。
⑥ 趙萬里《芸盦群書經眼錄·增廣聖宋高僧詩選》，《趙萬里文集》第三卷，國家圖書館出版社，2011年，第484頁。

輝曾感歎："自汲古閣、絳雲樓、述古堂以精鈔名，傳是樓、季滄葦繼之，更兼裝潢精雅，古人純樸之風，於是乎掃地盡矣。"① 偽造的毛鈔本也會在裝幀上下足功夫，炫人耳目，葉德輝舊藏"毛氏汲古閣影宋鈔本"《重續千字文》一部，盛稱"此爲毛氏原裝原釘，書根所寫書名尚完好如故，書面用蛋殼青冷金箋，毫無破損，流傳三百年之久，豈真在處有神物護持耶"，② 不知此本乃係偽作③，所謂"蛋殼青冷金箋"等等，都是書估的障眼法。

二、版式特徵

1. 格紙鈔本

汲古閣鈔本中，影鈔本自當遵循原書行格舊貌，另有一批普通鈔本，是用事先印好行格邊框的格紙即所謂"版格紙"進行鈔寫，此類版格紙鈔本行格固定，多不能遵底本舊式，而大多鈔寫工整，可視爲《汲古閣珍藏秘本書目》所謂的"精鈔本"。毛扆自云"余之初心本欲刊刻行世，與天下後世共之"，因故未能刊刻，故以鈔本形式傳世。有幾種形式：

（1）版心下印有"毛氏正本、汲古閣藏"八字，如《藏一話腴》《閒居錄》《寅齋聞見》（圖2-1）④，這三部書都很短小，是合鈔在一起的。

（2）版框外右上角印有"毛氏正本"四字，左下角印有"汲古閣藏"四字，如《歷代山陵考》《清塞詩集》《誠齋集》（圖2-2）。

（3）版心下有"汲古閣"三字，與常見的汲古閣刻本古籍版式相同。此類有幾種情況：

①《三山拙齋林先生尚書全解》，格紙係印刷而成，版心中魚尾下同時印"尚書解卷"四字，下印"汲古閣"三字。此書部頭較大，所以預先印好專門格紙，鈔寫時在"尚書解卷"下填寫卷次、葉碼。

---

① 葉德輝《書林清話》卷十《古人鈔書用舊紙》條，第273頁。
② 葉德輝《郋園讀書志》卷二經部，上海古籍出版社，2019年，第109頁。
③ 見本書第三章第五節第11號。
④ 插圖見本書附一，下同。

②印好空白格紙，版心中間的書名卷次、葉碼及下"汲古閣"三字皆係填寫。如《堪輿説原》《先天後天理氣心印》《宋氏文房譜》《宋氏閨房譜》《膳夫經手録》《頤堂先生糖霜譜》《雲林堂飲食制度集》《石藥爾雅》《翠微先生南征録》①（圖2-3）《新刊張小山北曲聯樂府》等均如是，鈔寫字體也都相同，筆畫峭拔。

③格紙係描畫而成，版心中之書名卷次、葉碼及下方"汲古閣"三字皆係填寫。《干禄字書》《酒經》《十家宫詞》等影鈔本及《瑟譜》（圖2-4）《石藥爾雅》等用此種格紙，可謂不憚其煩。傳説古人畫鈔書格紙之欄綫有專門工具"筆船"（圖2-5），用一小木條，挖出半圓形凹槽，放置毛筆，頂端做成斜切面，探出筆尖，用筆船比着直尺拖動毛筆，即可畫出細而匀的直綫。

後世有據汲古閣刻本鈔録之書，與此類鈔本版式相似，易被誤認爲毛鈔本，如2014年嘉德公司曾拍賣《汲古閣鈔宋人詞集》三種（《洛水詞》《克齋詞》《平齋詞》，圖録號2544），實爲傳鈔汲古閣刻《宋名家詞》本。過去坊估也曾印製此類格紙，用來鈔書，冒充毛鈔本，所見有北京大學圖書館藏《儀禮要義》、天一閣博物館藏《金石録》。②

以上三種之外，存世另有幾種其他格紙鈔本，都是僞造的毛鈔本。

第一種，版心下有"汲古閣寫本"五字，如南京圖書館藏《新刊古杭雜記詩集》③。王國維《傳書堂藏書志》卷三著録鈔本《常談》一卷，云："此傳鈔《四庫》本，所用格紙有'汲古閣寫本'五字。有'竹泉珍藏秘籍''謏聞齋'二印。"④ 汲古閣自然不能傳鈔《四庫》本，顯係僞作。

第二種，版心下有"汲古閣毛氏鈔"字樣，如臺北"國家圖書館"藏舊鈔本《全芳備祖》（07886），該館定爲清道、咸間人作僞

---

① 《翠微先生南征録》末卷末葉版框外下有"計九十二紙"五字。
② 見本書第三章第五節第5、26號。
③ 見本書第三章第五節第69號。
④ 王國維《傳書堂藏書志》，第598頁。

之本。①

第三種，上海辭書出版社所藏鈔本《全芳備祖》，② 被認爲是汲古閣鈔本，版式是四周雙邊，三魚尾，上下大黑口，上二魚尾之間印"汲古閣毛氏鈔本（後四字爲方形印章式）"，與上舉版格紙樣式均不同。汲古閣所刻書有的版式與之類似，如《（寶祐）重修琴川志》《八唐人集》《中吳紀聞》。

2. 素紙鈔本及其他

毛鈔本中，亦有用無室名或無版框行格之素紙所鈔者，如《劍南續稿》（圖2-6）；又有僅有外邊框而無欄綫者，如《唐國史補》《牛羊日曆》《契丹國志》（圖2-7）。

除上舉各種外，孟憲鈞《紙潤墨香話古籍》中提到："毛氏鈔書的稿紙下方有'汲古閣'或'綠君亭'字樣。"③ 但筆者尚未見過使用"綠君亭"稿紙的毛鈔本實物。

黃丕烈跋《薩天錫詩集》云："去年又得一舊鈔，爲汲古閣藏本，中有子晉手鈔處。其書爲竹紙黑格，板心有'篤素居'三字。"④ 篤素居爲毛晉齋堂號之一，篤素居鈔本今亦尚未見實物。

第二節　鈔工寫手

鈔工，又稱鈔手、鈔胥、寫手、寫工。毛扆跋影鈔本《洛陽伽藍記》云："士生千百世後而讀古人流傳轉寫之書，苟非有善本可據，亦且依樣葫蘆，須在心領神會，不可擅加塗乙也。顧寡薄自用，致誤非淺；恃才妄作，貽害更深。惡似是而非者，蓋以此也。"⑤ 鈔工的水平優劣及工作態度直接影響鈔本的質量，毛扆對此有清醒的認識。毛鈔本僅見於《汲古閣珍藏秘本書目》著錄的就有一百十種，

---

① 見本書第三章第五節第44號。
② 同上。
③ 孟憲鈞、陳品高《紙潤墨香話古籍》，學苑出版社，2009年，第142頁。
④ 〔清〕黃丕烈《蕘圃藏書題識》卷九，《黃丕烈藏書題跋集》，第541頁。
⑤ 周一良主編《自莊嚴堪善本書影》，國家圖書館出版社，2010年，第394頁。

再加上目外其他存世的以及曾經著録而今不存的影鈔本，有數百種之多，所需鈔手不在少數。鈔寫大部頭書，或者影鈔一部書，殊爲費時費工，亦當需要多名鈔手。舊時鈔手、刻工這種匠人不受重視，能留下名字的極少；即使邀請名手，也大多不在書上留下鈔寫信息。汲古閣鈔本較其他各家存世多，兹據各種毛氏刻本、鈔本之題跋等零星信息，對其鈔手略作鉤沉。

一、毛氏父子及其子弟

1. 毛晉

毛鈔本中，有一些是毛晉、毛扆父子親自手鈔的，過去藏書家著録毛鈔本時，若書中無明確提到鈔手信息，藏家也常會混稱之爲毛晉所鈔。著名舊書從業者雷夢水稱，舊書業中把毛晉手鈔之書稱爲"毛鈔"，把汲古閣請人鈔寫之書稱爲"汲古閣鈔本"；[①] 而王子霖則謂舊時把毛晉請人手鈔之書稱爲"毛鈔"，汲古閣請人鈔寫之書爲"汲古閣鈔本"。[②] 但何爲毛晉手鈔，何爲汲古閣請人所鈔，實際上難以辨别，所以近年出版的古籍目録並不做此區分，通稱爲"毛氏汲古閣鈔本"。

毛晉鈔書，同時人有記載。其好友陳繼儒在《隱湖題跋敘》中云："吾友毛子晉，負妮古之癖，凡人有未見書，百方購訪，如縋海鑿山，以求寶藏，得即手自鈔寫，糾訛謬，補遺亡。"毛鈔本《存悔齋詩》毛扆跋云："《存悔齋詩》世不多見，先君從馬師借鈔。"[③] 又《杜工部集》毛扆跋云：

> 先君當年借得宋板影鈔一部，謂扆曰："世行《杜集》幾十種，必以此本爲祖。"乃王原叔本也。原叔搜裒中外書九十九卷，除其重複，以時序爲次，編成詩十八卷、文二卷，遂爲定本。扆謹藏之。後吴興賈人以宋刻殘本來售，取而校之，即先

---

① 雷夢水《書林瑣記》，人民日報出版社，1988年，第178頁。
② 王雨著，王書燕編纂《王子霖古籍版本學文集》第一冊《古籍版本學》，上海古籍出版社，2006年，第25頁。
③ 毛鈔本《存悔齋詩》，國家圖書館藏。

君所鈔原本也,其缺處悉同。因倩善書者從鈔本補全之。不知先君當年從何處借來,今乃重入余手,得成全書,豈非厚幸。①

這兩種可確定是毛晉所鈔之書。

2. 毛扆

毛扆是毛晉汲古閣事業的主要繼承者,一生主要精力用於校書、鈔書、刻書。《存悔齋詩》跋又云:

> 讀先君手跋在崇禎十三年閏正月十三,扆生於是年六月二十六日,則跋書之日扆尚未生。今犬馬之齒五十有六矣,白首無成,深負父師之訓。一展閱間,手澤如新,音容久杳,不禁淚下沾衣也。偶閱《天平山志》,載子敬詩二首,集中止有其一;又從《六硯齋筆記》得絕句一首,《皇元風雅》得詩五首,② 並錄於右。康熙乙亥花朝後二日,毛扆識。

明崇禎十三年(1640)毛晉借鈔《存悔齋詩》(圖2-8),至康熙三十四年乙亥(1695)毛扆展卷重閱,據《天平山志》《六硯齋筆記》《皇元風雅》手鈔補入若干首,爲《補遺》一卷,從中可見其鈔書風格(圖2-9)。

毛扆跋汲古閣刻本《中吳紀聞》云:"因思昔年鈔李燾《長編》,中載翰林之選甚難其人,有'詔畫出人盡唡之'七字。"③ 知其曾鈔宋李燾《續資治通鑑長編》,惜未見傳世。

臺北"國家圖書館"所藏清鈔本《伊川擊壤集》有毛扆校跋及朱墨筆圈點,跋云:

> 堯夫先生《擊壤集》二十卷,先君昔年曾依成化本刻入

---

① 《杜工部集》,上海圖書館藏。
② "五"字,原跋誤寫作"六",朱筆圈改爲"五"。
③ 潘天禎《毛扆書跋零拾》,《潘天禎文集》,第293頁。

《道藏八種》中。今夏於敕先篋中見元刊本，亦作二十卷，首有宋治平丙午序，爲成化本所無，書中款式悉本宋時原式，因借歸與家刻對勘，覺成化刊與此本遠遜多矣，留之汲古閣中，窮三閱月之力寫成副本，俟異日有好事者刊刻流布，庶可補先君所刊之遺憾，扆所深願也。集康熙甲子仲秋月，汲古後人毛扆謹識。①

"窮三閱月之力寫成副本"，可知曾經其手鈔。

3. 毛氏子弟

清黃丕烈《蕘圃藏書題跋》卷九著録"《存悔齋詩》不分卷，鈔本"一帙，黃跋後附録"抱沖本毛斧季跋"，跋云：

《存悔（庵）［齋］詩》，先君於崇禎庚辰從馬塾師借鈔，馬師本於王凱度，先君跋之詳矣。後扆於沙溪黃氏得吳文定公叢書堂鈔本，已稱快意。兹又從張青甫後人借得（余）［俞］立庵手録本，即凱度所藏也，託友人影寫一冊。末幅立庵手跋後有朱性甫手録遺詩二紙，前有張青甫跋，並王雪庵手録《本傳》，悉命第三男綏德摹寫之。前後諸公印記，亦令摹而鉤之，與原本無毫末之異。雖不免刻舟之（稍）［誚］，然古香難得，流風可師，用存老成典刑云爾。歲在丁亥（1707）孟夏，汲古後人毛扆識，時年六十有八。②

毛氏父子對《存悔齋詩》一書再三留意，不僅毛晉借鈔一帙，毛扆作補遺，從此跋可知毛扆又得到吳寬叢書堂鈔本一部，又託友人據俞立庵（即俞貞木）鈔本影寫一部，且命第三子綏德摹寫跋文、本傳及印記。綏德所摹"與原本無毫末之異"，可見鈔寫水平是比較

---

① 《標點善本題跋集録》，臺北"中央圖書館"，1992年，第498頁。臺圖將此本定爲清康熙二十三年（1684）毛扆影元鈔本，恐非，疑係據毛扆鈔本傳鈔者，見本書第三章第五節63號。

② ［清］黃丕烈《蕘圃藏書題識》卷九，《黃丕烈藏書題跋集》，第526頁。

高的。此毛扆託友人摹寫之本後歸顧之逵（抱沖）收藏，惜已不知所蹤，不能得見毛綏德摹寫樣貌。

阮元《揅經室外集》卷一《蘋洲漁笛譜二卷提要》云：

> 是書從長塘鮑氏知不足齋舊鈔傳寫，前有吳文英題詞，後附《徵招》《酹月》二闋，並王楙識尾。據清初毛扆舊跋云："《西湖十景詞》，向缺末二首，偶閱《錢塘志》中載此，亟命兒鈔補之。然其脱落仍無從搜輯也。"①

此亦為命其子鈔寫之例。毛扆有六子：綏履、綏福、綏德、綏和、綏静、綏節，② 此處不知係哪位。

崇禎十七年（1644）夏六月，毛晉向同邑嚴陵秋借《忠義集》（後附《宋遺民録》），命陸甥手鈔付梓。③ 此陸甥名字無考，當亦曾為汲古閣鈔書。

毛扆之外甥王爲玉亦曾爲其鈔書。毛鈔本《杜工部集》有毛扆跋云：

> 吴興賈人持宋刻殘本二册來售，第一卷僅存首三葉，十九卷亦缺二葉……又廿餘年，有甥王爲玉者，教導其影宋甚精，覓舊紙從鈔本影寫而足成之。④

此為命外甥王爲玉鈔寫之例。今上海圖書館藏宋刻本《杜工部集》一部，卷二至卷九、卷十三至卷十六配毛氏汲古閣影宋鈔本，當出王爲玉手筆。1957 年《續古逸叢書》、2004 年《中華再造善本》均曾影印此本（圖 2-10），從中可見王爲玉鈔寫精湛，古雅

---

① 〔清〕阮元撰，鄧經元點校《揅經室集》，中華書局，1993 年，第 1205 頁。
② 見潘天禎《汲古閣主人毛晉諸子生卒年試考》，《潘天禎文集》，第 272 頁。
③ 錢大成《毛子晉年譜稿》，《國立中央圖書館館刊》第一卷第四號，1947 年，第 17 頁。
④ 上海圖書館編《上海圖書館善本題跋真蹟》，上海辭書出版社，2013 年，第 11 册，第 121 頁。

難得。

二、僮僕

毛晉的詩社好友陳瑚在《爲毛潛在隱居乞言小傳》中有云，毛宅中"僮僕皆令寫書，字畫有法"，"入門僮僕盡鈔書"。馮班云："入其門，僮僕知書如鄭康成，子弟頭角嶄嶄如荀朗陵。"① 王元輔云："樵童牧豎手鈔謄，赤腳長鬚如梗概。康成婢僕盡知書，以况君家疇敢賽。"② 《世説新語》載大儒鄭玄家奴婢皆能讀書，毛晉好友俱以之與毛家類比，可見其僮僕非等閑之輩。清末徐康《前塵夢影録》卷下亦云："扆字斧季，最著名，即鈔本亦精校精寫。風流文采，照映一時。下至童奴青衣，亦能鈔録。"③ 知汲古閣"僮僕鈔書"之説盛傳於書林。諸家所云雖不免誇張，但勾稽史料，也能得到不少印證。陳瑚又謂毛晉"家畜奴婢二千指，同釜而飲，均平如一"，"二千指"則爲兩百人，其中經訓練而能鈔書者當不在少數。毛晉父子爲校書、刻書之需，廣求秘本，訪書時有所發現，若不能購歸，則命童子鈔寫。日本静嘉堂文庫所藏舊鈔本《楊無爲集》十五卷後有毛晉跋云：

> 宋名家詩文全集，余家藏亦不少。偶造白門，向屯部周浩若索異書，首出楊次公《無爲集》十五卷見眎。乃趙士䂮所編，鏤版於紹興癸亥年。大書深刻，紙墨雙妙。亟命童子三四，窮五日夜之力，依樣印書。雖字畫不工，皆余手訂正者，又得葉石林《建康集》章草韻石刻，皆快事也。崇禎十六年八月九日，石城橋下雨航毛晉。④

---

① 〔清〕馮班《隱湖先生歌》之序，見《以介編》，清初瞿有仲、顧湄刻本。
② 〔清〕王元輔《隱湖先生歌》之序，見《以介編》，清初瞿有仲、顧湄刻本。
③ 〔清〕徐康《前塵夢影録》，清光緒二十三年（1897）元和江標刻本。
④ ［日］河田羆撰，杜澤遜等校點《静嘉堂秘籍志》，上海古籍出版社，2016年，第1314頁。此跋又見張金吾撰《愛日精廬藏書續志》卷四，〔清〕張金吾撰，柳向青整理，吴格審定《愛日精廬藏書志》，上海古籍出版社，2020年，第803頁。

"窮五日夜之力，依樣印書"，五日夜自不可能將十五卷的《楊無爲集》刻印出版，且毛晉又云"雖字畫不工，皆余手訂正者"，可知此處"印書"當如同"影鈔"，又稱"印鈔"，是"鈔書"之意。由此可見"入門僮僕俱鈔書"之説並非虚譽。

毛扆曾於康熙三年（1664）訪書於明末藏書大家章丘李開先（中麓）之後人，得見宋錢易撰《南部新書》十卷《補遺》一卷，即命童子影鈔而歸。①

蘇州圖書館藏有汲古閣影鈔本《三經音義》（《孝經今文音義》一卷、《論語音義》一卷、《孟子音義》二卷）（圖 2－11），卷末毛扆跋云：

> 余在京師，得宋本《孟子音義》，發而讀之，其條目有《孟子篇敘》，注云"此趙氏述《孟子》七篇所以相次敘之意"，茫然不知所謂。書賈又挾北宋板《章句》求售，亦係蜀本大字，皆章丘李氏（開先）藏書也。卷末有《篇敘》之文，狂喜叫絶，令僮子影寫攜歸，附於《音釋》之後。後人勿易視之也。

清陳鱣曾目驗此書，謂"墨妙筆精，與宋刻真本無異"。② 此書鈔寫精良，大字悦目，陳氏所言並非虚譽。

國圖藏汲古閣刻《唐人八家詩》本《丁卯集》有毛表校跋，云："宋刻止此二卷。馮寶伯所藏鈔本有《續集》一卷，未知是佳本否，命僮子附錄於後。"亦可以略見僮子的鈔書水平。③

毛晉曾命"蒼頭劉臣"鈔寫宋嘉祐四年（1059）姑蘇郡齋本《杜工部集》，今藏日本静嘉堂文庫，有毛扆跋云：

> 先君昔年以此編授扆曰："此《杜工部集》，乃王原叔（洙）本也。余借得宋板，命蒼頭劉臣影寫之，其筆畫雖不工，

---

① 《南部新書跋》，王文進《文禄堂訪書記》，第 207 頁。
② 〔清〕陳鱣《經籍跋文》，清道光十七年（1837）海昌蔣光煦刻《涉聞舊梓》本。
③ 書影見《自莊嚴堪善本書影》，第 1051 頁。

然從宋板鈔出者。今行世杜集不可以計數，要必以此本爲祖也。"①

劉臣當爲毛氏門僕之一，已掌握影鈔技巧，故命其鈔書。可惜其他僮僕都没有留下姓名。

三、傭工

古代有受人僱傭而以鈔書爲業者，稱爲"傭書"。戰國張儀、蘇秦二人發跡前"共遞剪髮以相活，或傭力寫書"。② 東漢名將班超少時，"與母隨至洛陽，家貧，常爲官傭書以供養"。③ 魏晉、南北朝至唐代有專門鈔寫佛經之寫經生。延至明清，仍有受僱於貴族官府、書賈書肆、富豪士人及寺廟道觀以傭書者，又稱鈔手、鈔工。在官府從事謄鈔繕寫之傭書人，並非普通身份，如唐貞觀中，"魏徵、虞世南、顔師古繼爲秘書監，請購天下書。選五品以上子孫工書者爲書手，繕寫藏於內庫，以宫人掌之。"④ 明鈔《永樂大典》、清鈔《四庫全書》，所用鈔工皆非等閒之人。而受僱於民間書肆等處之鈔工，以糊口爲目的，要求有一定的書寫水平即可，自不能與官府相比。像魯迅筆下的孔乙己，"幸而寫得一筆好字，便替人家鈔鈔書，换一碗飯吃"，便是清末的傭書者。一些文人寒士在遊幕或坐館授徒時，往往同時鈔書，以爲謀生之助。職業鈔書人之外，文人學者、藏書家的鈔書活動則是日常讀書治學的一種方式。

汲古閣作爲規模很大的出版機構，閣中應有若干職業鈔手。毛扆《五經文字跋》云："吾家當日有印書作，聚印匠二十人，刷印經籍。"⑤ 鈔書工匠當亦不少，惜未提及。刻書需要先寫樣，寫樣工人也有可能同時鈔書。明末清初，兵燹四起，毛晉親友避兵其家者

---

① 《静嘉堂秘籍志》，第 320 頁。
② 《太平御覽》"寫書"條引王子年《拾遺記》，中華書局，1960 年影印本，學部十三。
③ 《後漢書》卷四十七《班梁列傳》，中華書局，1965 年，第 1571 頁。
④ 《新唐書》卷五十七《藝文一》，中華書局，1975 年，第 1422 頁。
⑤ 《汲古閣書跋》，第 128 頁。

有數十家，"子晉皆使之爲鈔録、剞劂之工，蓋以工代賑也，親友多賴以濟"。① 這些親友臨時"以工代賑"來鈔書，質量恐不會很高。故毛晉父子遇有善本佳槧，常手自鈔寫，又或培養子弟，或請託師友，留下了不少精鈔本，而僱工所鈔者當係一般書籍而已。

四、師友

毛晉父子從事藏書、刻書活動數十年，交遊廣泛，常從師友處獲得舊刊善本，得便也延請師友鈔書。毛晉《和友人詩·偶和日補長句中庵疊韻見贈再用韻報之》描寫過朋友間互相切磋校讎書籍的場面："良朋避暑野人居，偶檢樓頭篋里儲。肥瘦互商初揭字，干千相析互鈔書。"② 毛扆所藏《五經文字·九經字樣》借與徐乾學後遺失，後輾轉復得宋版，乃"亟命友人影寫一通"。③ 汲古閣友人鈔書可考者有：

1. 王咸

王咸（1591—1676）字與公，號介庵，長洲（今江蘇蘇州）人，長於書畫，傳世《虞山毛氏汲古閣圖》即其手繪。毛晉跋《金臺集》云："兹集二卷，即其（危太僕）手編。前後諸序跋，不但評論詳覈，書法亦極精妙。因倩友人王與公摹而副諸棗，若初本、臨本，予亦不能辨。"④ 汲古閣鈔本《金臺集》今存國家圖書館（圖2-12），影鈔甚精，疑即出自王咸手筆。

2. 錢暋

《陶淵明文集》有號稱蘇東坡手書上版的北宋本，清初太倉顧湄收藏一部，毛扆審定爲從北宋本翻雕者，有跋云：

> 業師梅仙錢先生書法甚工，因求手摹一本，匝歲而後卒業，

---

① 轉引自周彥文《毛晉汲古閣刻書考》，臺灣花木蘭文化出版社，2006年，第5頁。
② 〔清〕毛晉《和友人詩》，民國間常熟丁氏刻《虞山叢刻》本。
③ 〔清〕毛扆《影宋本九經字樣跋》，見《汲古閣書跋》，第129頁。
④ 《汲古閣書跋》，第69頁。

筆墨璀璨，典刑儼然，後之得吾書者勿易眎之也。①

"梅仙錢先生"名嘏，字子純，號堪齋，一號梅仙。清初太倉人，後遷居虞山。毛表、毛扆兄弟之師。康熙十八年（1679）詔徵山林隱逸士，不就，名動公卿。著有《三吴水利議》《類存》《言志草》等。

汲古閣用錢氏摹本付刊，傳本稀見。嘉慶十二年（1807）丹徒魯銓又據汲古閣刻本重刊，爲世所通行，且被多次翻刻，存世較多（圖 2-13）。魯銓有刻書跋云：

> 邇來南北宋槧本如懸藜垂棘，寶貴久矣。丁卯歲余攝監司事，於鳩兹購得此本，乃琴川毛氏鑒定而倩其師梅仙錢君重摹付刊者。蘇文忠書結構遒勁，直入王僧虔之室。余生也晚，不獲覯真蹟，時取古揭臨摹，輒難得其髣髴。今錢君所摹，玉轉珠回，行間猶有雲霞攬結意象，即置之真宋本中，何多讓焉。

1996 年，中國嘉德國際拍賣有限公司曾上拍毛氏汲古閣影宋鈔本《陶淵明集》一部（圖 2-14），影鈔極精，而行款、字體與魯銓刻本不同，内容亦有差異，當爲另一部汲古閣鈔本。②

3. 周榮起

周榮起（1600—1686）字仲榮，號硯農，江陰老儒，精六書之學，館於毛晉家校刻古書。王士禎《居易録》卷十八載周氏手録本《梧溪集》七卷，稱其鈔寫特點是"細書工致，似鍾太傅，終卷如一"。清蔣光煦《東湖叢記》卷二載其曾收藏有周榮起手鈔本《鐵網珊瑚》十六卷，謂係從汲古閣所藏朱性甫手寫本照録，書法絶精。傳世毛鈔本中當有周榮起所鈔者。

---

① 見嘉慶十二年魯銓刻本後附。
② 《嘉德十年精品録》中國古代書畫、古籍善本卷，第 225 頁。

4. 馮武

《汲古閣珍藏秘本書目》著録《李太白集》四本，小注云："從絳雲樓北宋板，覓舊紙延馮寶伯影鈔"。馮寶伯（1627—?）名武，一名長武，字寶伯，一字寶山，號簡緣，毛晉女婿。陳瑚《從遊集》卷上"馮長武"條云："（寶伯）爲崑湖毛氏外甥，凡汲古近刻，校讎是正，多出其手。"馮武曾參與汲古閣刻本《張伯雨集外詩》等書的編校刊刻。

5. 何道林

何畋（生卒年不詳），字道林，又字學山，以字行，常熟人，藏書家何鐸（字子端，號言山）之曾孫。清初著名鈔書手，《海虞詩苑》稱其"書法樵褚河南，頗得神似"。① 亦以錢嘏爲師，與毛扆兄弟有交遊。康熙三年（1664）三月，毛扆、葉奕入蘇城訪朱之赤（卧庵），得見朱氏所藏錢允治（功甫）鈔本《西崑酬唱集》二卷。毛扆驚喜過望，乃屬何道林仿宋精鈔之（圖 2-15）。何氏鈔本經席氏、汪氏、海源閣楊氏諸家遞藏，終歸國家圖書館典藏。楊紹和評價此鈔本"亦汲古閣影鈔之至佳者，筆精墨妙，雅可寶玩，誠希世珍也"。②

毛扆《算經七種》跋云："因求善書者刻畫影摹，不爽毫末。"③《秘本書目》著録《武林舊事》云"覓善書者通本精鈔"。此"善書者"皆不詳何人，當亦爲其師友之一。

第三節　覆校改錯

古人鈔書，凡一書鈔成之後，一般都會進行覆校，汲古閣亦然。從事校改工作的是毛晉父子，以毛扆爲主。脱誤之處以朱筆校改或

---

① 〔清〕王應奎輯《海虞詩苑》，清乾隆二十四年（1759）刻本。
② 傅增湘《藏園批注楹書隅録》卷五，第244頁。
③ 《汲古閣書跋》，第132頁。

用白粉塗改。底本有殘缺或漫漶不清之處，鈔寫時會留空，以後得到完整之本或其他版本，再據以填補。用朱筆改誤處者有《尚書全解》《詩經解頤》《浦江鄭氏家範》《堪輿倒杖訣》《地理囊金集注》《禪月集》等十餘種。用白粉塗改者有《集韻》《稼軒詞》（圖2－16）等，塗改處保留下很多異本信息。

第四節　"影鈔"辨析

影鈔本是中國古籍的一種特殊版本形式，因其具有"下真蹟一等"的文獻價值和精美的藝術價值，向來受到藏書家的珍視。傳統觀點認爲，影鈔本係用質薄堅韌的紙張覆蓋於所據底本之上，按其點畫行款摹寫而成。按照底本之不同有"影宋鈔本""影元鈔本""影明鈔本"諸名目。毛氏汲古閣影鈔本就是其典型代表。但名家影鈔本不易得見，影鈔的具體操作方法又很少見於文獻記載，因此一直有人質疑這種鈔寫方法的存在，認爲並沒有所謂"覆紙影鈔法"，存世"影鈔本"應係將紙張置於原本之側，"臨寫"或曰"對臨""仿寫"而成。[1] 傳統觀點是否可靠，古人如何使用"影鈔"這一概念，以及古籍影鈔的具體製作方法，仍有辨明的必要。

一、影鈔本的産生和流行

清代及民國時期的古籍敘録之作提及影鈔，又有影録、影摹、影寫、印鈔、印摹、印録、印寫、映録、影宋格寫等説法（"影"字或作"景"），不是影鈔的鈔寫方法則被稱爲對録、繕録、照録、照寫、照鈔、對臨、臨寫、傳鈔等。如翁方綱跋《王荆文公詩注》

---

[1] 代表論文有陸音《"影宋鈔本"辨析》，《江蘇圖書館學報》，1998年第5期。徐蜀《談談古籍中影刻本與影鈔本的製作方法》，《圖書館報》，2019年5月24日第16版。丁延峰、丁一《覆寫抑或仿寫？——以毛氏汲古閣影鈔本爲例》，《古籍保護研究》第八輯，2021年；又見《版本目録學研究》第十三輯，復旦大學出版社，2022年。沈津《由稿本〈汲古閣集〉而想到影宋鈔本》，《古籍保護研究》第九輯，2022年。下引相關觀點均出於此四篇文章，不再一一出注。

云："同年盧抱經學士……影寫一本，今審是過録，非影也。"① 黄丕烈校鮑廷博所藏毛鈔本《賓退録》云："毛本云宋本對録，則非影寫矣，與王（蓮涇）見宋本時有歧異。"② 王國維《傳書堂藏書志》卷二載張芙川手鈔宋本《營造法式》，云："嘗見宋刊殘葉，每半葉十一行，板心亦較狹小，則是本乃照宋鈔本，非影寫也。"③ 都是以兩個概念相對而言。以書畫類比，書畫有臨、摹之別，宋黄伯思《東觀餘論·論臨摹二法》條云："世人多不曉'臨''摹'之別，臨謂以紙在古帖旁，觀其形勢而學之，若臨淵之臨，故謂之臨。摹謂以薄紙覆古帖上，隨其細大而搨之，若摹畫之摹，故謂之摹。又有以厚紙覆帖上就明牖景而摹之，又謂之響搨焉。臨之與摹，二者迥殊，不可亂也。"④ 宋張世南《遊宦紀聞》卷五亦有相同説法。古籍的照鈔即"臨"，影鈔即"摹"。

那麽古籍影鈔法是何時産生的呢？清乾隆年間，于敏中等奉敕編纂《天禄琳琅書目》，最早明確指出："明之琴川毛晉，藏書富有，所貯宋本最多，其有世所罕見而藏諸他氏不能購得者，則選善手以佳紙墨影鈔之，與刊本無異，名曰'影宋鈔'。於是一時好事家皆爭仿效，以資鑒賞，而宋槧之無存者，賴以傳之不朽。"⑤ 于敏中等認爲影鈔始於毛晉，而毛晉之子毛扆所編《汲古閣珍藏秘本書目》中就著録有前代影鈔本數部，如《李衛公文集》下注"史臣紀家影宋鈔本"，《石守道徂徠文集》下注"宋板影鈔，周石安收藏"，《廣陵先生文集》下注"影宋板舊鈔，吴方山藏，前有王履吉印"，吴岫（方山）、王寵（履吉）都是嘉靖時人，已收藏有影鈔本，可知此法並非毛晉所創。清初錢曾《讀書敏求記》、嘉慶間黄丕烈《士禮居藏書題跋記》等文獻記載，明正德間有柳僉字大中別號安愚者，曾摹寫宋本唐人詩數十種，陳先行推測"在没有更早資料發現的情

---

① 轉引自傅增湘《藏園群書經眼録》，第968頁。
② 〔清〕黄丕烈《蕘圃藏書題識》卷五，《黄丕烈藏書題跋集》，第271頁。
③ 王國維《傳書堂藏書志》，第446頁。
④ 〔宋〕黄伯思《東觀餘論》，《中華再造善本》影印本。
⑤ 《周易輯聞》提要，〔清〕于敏中等《天禄琳琅書目》，第97頁。

況下，可以說是柳氏開了影鈔風氣之先"①。其實同時或更早的材料還有一些。張金吾《愛日精廬藏書志》卷七著錄影寫宋刊本《輶軒使者絕代語釋別國方言》十三卷，卷末有"正德己巳夏五得曹毅之宋刻本手影"題識一行，是亦正德間影鈔本，惜不知寫手是誰。楊氏海源閣收藏影金精鈔本《滏水文集》二十卷，《楹書隅錄續編》卷四著錄，有明代葉盛（1420—1474）跋云："庚辰仲春，得楊文敏公家藏晦明軒刻本影鈔一本，始三月朔日，畢六月既望，通八冊。盛記。"② 此庚辰爲天順四年（1460），早於正德己巳（1509）近五十年。《讀書敏求記》卷三之中載《太乙星書》二卷："是本是洪武年間影鈔仲光手錄本，並附季迪跋於後。"③ 此則早至洪武年間，但乃是明末錢曾將其定爲影鈔本，不是洪武間人自出此言，不如葉盛手跋之可信。

從古籍書目之著錄及現存較早的名家影鈔本來看，至遲在明代中期較早的時候，藏書家已經有了影鈔的做法，明後期開始流行。宋元版名品多出自善書者手寫上版，有歐、虞、顏、柳等多種字體風格，鏤版施刀亦不失其韻致，加以版式設計精緻、紙白墨潤，極具觀賞性。到明代中後期，校勘精良、雕鏤精工的宋元本流傳日稀，逐漸成爲古董，翻宋、覆宋的刻書風氣也開始興起。藏家珍愛宋元本，爭相購求，無力或無法獲得時，乃傳鈔錄副，因此現在存世有大量明中後期產生的鈔本。而影鈔之法是一絲不苟地描摹，務求與原書不異，被認爲是能畢肖原書，且楮墨常能優於舊本，版面更爲清朗，同樣有其資鑒賞的審美價值，所以受到歡迎和重視。陳先行謂："蓋影鈔本之出現，與明正嘉間仿宋刻本同時，雖早期影鈔本或不若後來毛氏汲古閣影鈔本那麼講究（如不影鈔版格、刻工，鈔寫或不似毛鈔精美），但如果以爲影鈔本自汲古閣毛氏始，或只有毛鈔

---

① 陳先行、石菲《明清稿鈔校本鑒定》，第 38 頁。
② 〔清〕楊紹和撰，傅增湘批注，朱振華整理《藏園批注楹書隅錄》卷四，中華書局，2017 年，第 366 頁。
③ 《藏園批注讀書敏求記校證》卷三，第 300 頁。

才能算影鈔本，顯然缺乏認知。"① 影鈔本可以説是隨着書林中這種佞宋好古之風産生的。到明末清初的時候，"影鈔"這一概念已是毛晉父子、錢曾等藏書家經常使用的專門術語，且毛氏汲古閣及錢氏述古堂都有大量影鈔實踐和多部精美的影鈔本流通於世。直到乾隆中期，站在文物鑒賞角度編纂皇家善本書目《天禄琳琅書目》，把影鈔本單獨歸爲一類，從字體書法、紙質墨色、分行結構等角度加以品評，遂使影鈔本成爲書林豔稱的一個版本品類。

二、影鈔本的傳統著録

各類古籍書目中著録的影鈔本很多，閱讀藏書家的敘録、題跋等文獻可知，前人將某鈔本斷定爲影鈔的主要依據是版式行款遵循舊式。明末葉林宗借得趙均藏吴岫本《漁墅類稿》，"命兒童依樣分手印寫，字極醜惡，原本典型未失也。岫本先有校字左方，予亦依寫"。② 所謂"原本典型"，蓋即版式行款；而"字極醜惡"，則已非原刻字體面貌。何焯跋《中興間氣集》云："康熙戊戌十月望，以事往南海淀，借宿蔣西谷寓舍，架上有鈔本《唐中興間氣集》《極玄集》一册，視其行款字數，似從宋雕影寫，問之，乃述古堂故書也。因借歸，呵凍是正，遂成善本。"③ 此即僅從行款字數就推測"似從宋雕影寫"。黄丕烈從書賈購舊鈔本《契丹國志》，取殘元本比勘，云"行款與書賈本同，特鈔時未必影寫耳"。④ 皕宋樓藏有舊鈔本《高峰集》，陸心源云："書中遇宋帝皆空格，每行廿四五字不等，當以宋元舊本影寫。"⑤ 傅增湘曾校宿遷王氏藏舊鈔本《脚氣集》，謂其本"十行二十字，書法既雅，格式亦古，似從善本影出"；⑥ 所藏朱卧庵鈔本《湛然居士集》，"半葉十行行二十字，卷首

---

① 陳先行《影印〈涵芬樓燼餘書録〉稿本前言》，上海圖書館編《上海圖書館藏張元濟文獻及研究》，上海古籍出版社，2017 年，第 270 頁。
② 〔清〕葉林宗《漁墅類稿跋》，見翁以鈞整理《常熟翁氏藏書志》，中華書局，2022 年，第 171 頁。
③ 轉引自傅增湘《藏園群書題記》卷九《校唐人選唐詩八種跋》，第 941 頁。
④ 〔清〕黄丕烈《蕘圃藏書題識》卷二，《黄丕烈藏書題跋集》，第 69 頁。
⑤ 《静嘉堂秘籍志》，第 1442 頁。
⑥ 《藏園群書校勘跋識録》，第 345 頁。

書名大字占雙行，每卷目錄接連本書，其款式斷爲元本影出"；① 又曾見明寫本《史記集解》，云"鈔手極舊，恐在明初，九行十六字，注雙行二十字，是照宋淮南路轉運司刊本影寫者"。② 都是從行款出發作出的判斷。

國家圖書館普通古籍庫中收藏民國間鈔本《永樂大典》一册（索書號41079），係葉恭綽影鈔以贈吳梅（字瞿安，一作瞿庵）者，內容爲《永樂大典》卷一三三九一戲文三種，仿《永樂大典》格式鈔，書衣有葉恭綽墨筆題識云：

> 此卷余於民國九年在倫敦收得，後以示袁君同禮、趙君萬里，趙君認爲吾國傳奇戲劇中僅存之作，曾爲考證，登載於《圖書館學雜誌》，緣是海內知音寖多。茲影鈔一册，以貽瞿庵先生。瞿庵爲曲律專家，當必更有新得以餉我也。十九年四月，恭綽。

《永樂大典》原本都是高 50 釐米有餘的巨大開本，而此所謂影鈔本僅及原本開本的約三分之二而已，顯非覆紙影鈔，只是遵循原書行款格式鈔寫而已。

從版式行款出發，結合鈔寫的書法字體風格，應當是過去藏書家們推斷某書是否影鈔本的主要做法。藏書家得到一部鈔本，判斷其是否影鈔時，絕大多數情況下，並不能將鈔本與其底本放在一起比對校勘，只能憑藉觀風望氣，見其版式行款悉遵宋元版舊式，則根據鈔寫字體與刻本的相似程度，將其定爲"影鈔本""精鈔本""舊鈔本"或僅稱之爲"鈔本"。古籍敘錄之作中此類僅看鈔寫風格就定爲影鈔本的例子很多。錢曾所藏唐寅手校明鈔本《游宦紀聞》，③ 面貌殊不似刻本，而《讀書敏求記》著錄爲"影宋本舊鈔"。汲古閣所藏明鈔本《姚少監詩集》（圖 2-17），④ 亦非摹寫版刻字

---

① 《藏園群書校勘跋識錄》，第 586 頁。
② 《藏園群書經眼錄》，第 141 頁。
③ 今藏臺灣漢學研究中心圖書館，索書號 07311。
④ 今藏國家圖書館，索書號 07642。

體，而毛晉跋稱之爲"印鈔宋刻"。可見其標準有時十分寬泛。黄丕烈得舊鈔本《丹崖集》，初疑是影寫本，後與琴川友人所藏黑口板天順本《丹崖集》校對一過，見卷中空格皆墨釘，有題無詩處亦同，鈔所誤者可據刻本正之，行款間有與刻本殊者，知是鈔時所改，因而判斷"此實照寫，非影寫也"；又收得明鈔本《韓山人詩集》，云"通體似影鈔者，舊刻間有一二誤字，此亦仍之，偶有爛板，字跡模糊，此却清爽，當是從初印本寫也"；又謂所藏舊鈔本《羅鄂州小集》"字跡雖不甚佳，似系影鈔者"。① 海源閣楊氏所藏宋本《昌黎先生集》，中間鈔配若干卷，楊氏云："鈔補工緻，當由原刻影寫，非漫然爲之者。"② 《傳書堂藏書志》卷三載宋刊《百川學海》本《筍譜》，"闕前五葉，宋人景鈔補完"，③ 亦是看鈔寫風格而斷。單純憑"觀風望氣"，不同鑒定家的感覺會有差異。楊氏《楹書隅録》著録所藏《西崑酬唱集》爲"影宋精鈔本"，周叔弢批云："極精。此非影宋，特精鈔耳。"④

學習書法的人經過一定時間練習，完全可以摹寫某種書體達到很逼真的程度，鈔寫古書的高手對臨古書同樣能達到以假亂真的水準。宋元版書的字體具有明顯不同的地域風格，鈔手經過培養，摹寫宋元舊本的書體應無太大難度。清康熙三年（1664），毛扆得見錢允治鈔本《西崑酬唱集》二卷，驚喜過望，乃屬何道林"屬擬宋而精鈔之"，⑤ 今觀何氏鈔本，確實書法精工，直追宋元舊刻。道光六年（1826），張金吾得元刻本《國朝名臣事略》十五卷，張蓉鏡見後，"因乞子待席大兄以歐書筆意參摹影寫一帙，視元本始毫髮無憾矣"，⑥ 當即描摹原書字體的"對臨"鈔法。民國年間，商務印書館輯印百衲本"二十四史"，描潤修改之處不少，如宋黄善夫本《史

---

① 〔清〕黄丕烈《堯圃藏書題識》卷九，《黄丕烈藏書題跋集》，第 567、575、799 頁。
② 傅增湘《藏園批注楹書隅録》，第 178 頁。
③ 王國維《傳書堂藏書志》，第 566 頁。
④ 《藏園批注楹書隅録》，第 245 頁。
⑤ 毛扆跋見國家圖書館藏毛鈔本《西崑酬唱集》，索書號 00921。
⑥ 轉引自黄丕烈《堯圃藏書題識》卷二，《黄丕烈藏書題跋集》，第 96 頁。

記》（圖 2-18，圖 2-19），《吴太伯世家》脱"太伯、仲雍之後，得周章，周章已君吴，因而封之"一行共十八字，影印時照原書字體增補一行，與原書渾然一體，若不取原本對照，幾乎無法辨别。

古籍中著録爲影鈔本的各書，當有不少是此類遵循舊刻行款的照鈔仿寫本。通過校勘也能發現一些例子。如汲古閣影鈔本《歷代蒙求》在國家圖書館與上海圖書館各藏一部，國圖藏本有數處文字脱漏，皆經朱筆校補，而兩本均被定爲影鈔本。《四部叢刊》影印的静嘉堂文庫藏所謂毛氏影鈔本《群經音辨》，以宋紹興十二年（1142）汀州寧化縣學刻本爲底本影鈔，宋本"樹""境"均不避諱，影鈔本反而皆缺末筆，頗疑是鈔手已熟記若干宋刻諱字，鈔寫時遇到則習慣性缺筆所致；卷二著者銜名"侍講輕都尉"，影鈔本作"侍講輕車都尉"，多一"車"字，"尉"字被擠入次行；第十七葉小注"音兩禮方相氏"，"相氏"字轉入次行，影鈔本"相"字仍屬上行。若覆紙影鈔，不應出現文字串行的情況。丁延峰亦曾比對若干種影鈔本（如以上海圖書館藏宋本《杜工部集》與日本静嘉堂文庫藏毛氏汲古閣影宋鈔本比對），發現有文字、筆畫等差異。

三、影鈔本的製作方法

"仿寫的影鈔本"的存在，易使人產生疑惑，質疑所謂"覆紙影鈔"之説。那麼"覆紙影鈔"的具體操作方法是怎樣的？臺灣盧錦堂先生依據臺灣漢學研究中心圖書館的藏書，從用紙、墨色、字體以及原書葉殘破處及原藏書印章等的描摹等幾方面作過初步探討，① 以下結合其説試作詳述，並對質疑傳統説法的異見略加辨證。

1. 用紙

影鈔所用的紙張要求透明度高，覆在原書上，能使人像學書法描紅一樣描摹原書字體，又要求紙面光滑，吸墨性差，不能滲透紙

---

① 盧錦堂《影鈔本的製作與價值初探——以"中央圖書館"舊藏爲例》，丁原基、王國良等編《第一屆中國古典文獻學國際學術研討會論文集》，臺北聖環圖書，2010 年，第 133 頁。本節下文涉及臺灣之處，皆引自盧先生此文。此文承蒙潘建國老師提示。

背,污損原書。魯迅《從百草園到三味書屋》中提及兒時"用一種叫作'荆川紙'的,蒙在小説的繡像上一個個描下來,像習字時候的影寫一樣",① 影描繡像是魯迅童年時的重要事件,魯迅的弟弟周作人曾在多篇文章中回憶,如周作人在《關於魯迅》一文中曾描述:

> 豫才(魯迅)從小就喜歡書畫,向表兄借來一册《蕩寇志》的繡像,買了些叫作吳公紙的一種毛太紙來,一張張的影描,訂成一大本,隨後彷彿記得以一二百文錢的代價賣給書房裏的同窗了。回家以後還影寫了好些畫譜,還記得有一次在堂前廊下影描馬鏡江的《詩中畫》,或是王冶梅的《三十六賞心樂事》,描了一半暫時他往,祖母看了好玩,就去畫了幾筆,却畫壞了,豫才扯去另畫,祖母有點悵然。②

此事又見於《魯迅的故家·蕩寇志的繡像》一文,稱:

> 以前只曉得用尺八紙和荆川紙,這時在鄉下雜貨鋪裏却又買到一種蜈蚣(讀若明公)紙,比荆川稍黃厚而大,剛好來影寫大本的繡像,現在想起來也就是一張八開的毛太紙罷了。這《蕩寇志》畫像就是用這種紙影寫的。③

魯迅影摹的只是書中的繡像和畫,用的是"叫作吳公紙的一種毛太紙",這種紙用來影描摹古籍的文字應該也没有問題。影鈔本的描摹方法可藉此想象。

用一種黃蠟塗在紙上,能使紙張光亮、硬密、半透明,這種紙被稱爲"硬黄"紙,早在唐代就用來描摹書畫。唐張彦遠《歷代名畫記》云:"好事家宜置宣紙百幅,用法蠟之,以備摹寫。"俞劍華

---

① 魯迅《魯迅全集》第2卷《朝花夕拾》,第291頁,人民文學出版社,2005年。
② 周作人《瓜豆集》,河北教育出版社,2002年,第151—152頁。
③ 周作人《魯迅的故家》,河北教育出版社,2002年,第73—74頁。魯迅影描繡像事又見於周作人《魯迅的青年時代》第七篇《影寫畫譜》,河北教育出版社,2002年,第20頁。

注"蠟"字云:"紙上敷蠟使其透明以便映摹古畫。"① 宋張世南《游宦紀聞》亦云:"硬黃,謂置紙熱熨斗上,以黃蠟塗勻,儼如枕角,毫釐必見。"② 明中後期學者李日華《紫桃軒又綴》云:"硬黃者,嫌紙性終帶暗澀,置之熱熨斗上,以黃蠟塗勻,紙雖稍硬,而瑩徹透明,如世所爲魚枕明角之類,以蒙物,無不纖毫畢見者。大都施之魏晉鍾、索、右軍諸蹟,以其年久本暗,又所宗師,故極意取之也。"③ 硬黃紙可以描摹書畫"纖毫畢見",移用來描摹古籍想必也是可行的。上海師範大學圖書館收藏明末吳縣趙均影宋鈔本《古文苑》一部(圖2-20),④ 有何焯跋云:"此書趙靈均(即趙均)以油紙影寫宋本,毛丈斧季(毛扆)所貽,後人珍惜之。康熙丙申秋日,焯記。"此所謂油紙大概正是取質地堅實、密緻的皮紙打蠟,從而使之呈半透明狀態,具有良好的抗滲透性,以適合於影鈔之用。國圖藏有宋本《古文苑》(索書號12372)(圖2-21),《中華再造善本》已影印,與此本比對,可見其字體儘量追摹原本。

盧錦堂文云:

> 影鈔用的紙張,透明性固須講究,而吸墨性亦要在考量之列,否則,若將紙張覆在原書頁面上依樣摹寫,一旦墨滲紙背,污損宋元善本頁面,即得不償失。"荆川紙""明公紙""毛邊紙"都屬於竹紙,竹紙紙面較光滑,吸墨性相對較弱,墨浮於面上,不易漫開。吸墨性強的紙類如宣紙,表面較生澀,運筆過慢的人,只要筆稍停,墨就會滲透成墨團;若要有所改善,可加漿,或施膠。拌過粉漿可使紙張纖維軟化,並且易於相互黏附,用水洗滌後,再赤腳反覆踐踏,或用水碓舂搗。至於膠料,亦可使纖維間黏著緊密,並具較佳亮度。

---

① 〔唐〕張彥遠著,俞劍華注釋《歷代名畫記》,上海人民美術出版社,1964年,第40頁。
② 〔宋〕張世南《游宦紀聞》卷五,中華書局,1981年,第40頁。
③ 〔明〕李日華《紫桃軒又綴》卷三,《四庫全書存目叢書》影印明末刻清康熙李瑂重修本,齊魯書社,1995年,子部第108冊,第42頁。
④ 索書號K9114/4434。見《第一批國家珍貴古籍名錄》第02190號。

臺灣館藏的毛氏影宋鈔本《三曆撮要》《天下同文前甲集》以及錢氏也是園影鈔本《丁卯集》等，均係紙面光滑、吸墨性弱，又紙質相當薄、透明度高，顯示良好效果者；也有紙質較厚，但仍具透明度者，如毛氏影宋鈔本《盤洲樂章》。查驗國家圖書館所藏，汲古閣影鈔本《剪綃集》《梅花衲》《前賢小集拾遺》等書紙面都很光滑，在燈光下看，可見其用紙都有硏光的痕跡，似曾打蠟。

判斷一書是否影鈔，紙張是否薄而透是最重要的要素。如係臨寫，則不必用薄、透之紙張；如係覆紙鈔，則必須如是。而現存著錄為影鈔本之書有不少用紙較厚，因此引起學者們的質疑。徐蜀云：

> 以往論者對影鈔本的定義是：依據某本，覆紙影摹其圖文及版式而成，又稱影寫本。這種說法顯然是站不住腳的。除了覆紙鈔寫極易損毀原書、效率很低等原因外，我還復核了一批明清時期的影宋寫本，發現寫本紙張較厚，覆在書葉上根本看不清紙下的字跡，如何摹寫？例如國圖藏明影宋寫本《唐書直筆》《新唐書糾謬》，清初毛氏汲古閣影宋鈔本《班馬字類補遺》《鮑氏集》，清道光四年黃氏士禮居影宋鈔本《碧雲集》，清初影宋鈔本《附釋文互注禮部韻略》等等，數量眾多，不一而足。實際考察的結果是，影鈔本更多的是採用對臨法摹寫而成。

沈津亦認為：

> 從紙張上來說，影宋鈔本所用之紙多為皮紙，較為厚實。一般來說，以這樣的皮紙覆蓋在原本之上進行摹寫，很難看清原本的字體，更不用說某些書上夾注的小字了。現代的影摹舊本或圖畫，多採用燈箱。但在封建社會，沒有照明器材，只有燭光，力不能透，故無法蒙在其上而摹寫。

沈氏稱並未親見毛氏影鈔本，只是托人調閱國圖所藏的某幾種，據說"所用的紙張確為厚紙，顏色有白有黃，如覆蓋在他書之上，是很難看清下面的文字的"。丁延峰也説：

> 目驗這些存世毛氏影鈔本，發現並非覆寫，實皆爲仿寫本……紙張幾乎皆爲白紙，較厚，並不透明，根本看不到底本之字，有的稍薄一點，字跡亦非常模糊，無法滿足透寫覆寫要求。……筆者曾親赴日本静嘉堂文庫，查看所藏毛氏影鈔本二十餘種，皆爲白棉紙，質地較好，但無法透寫。

汲古閣影鈔本多用皮紙不假，但據筆者目驗，並非都是"較爲厚實"而看不清原本的字體。如國圖所藏汲古閣影鈔本《干禄字書》（與《佩觿》合一册）、《酒經》《十家宫詞》《剪綃集》《梅花衲》《前賢小集拾遺》幾種，所用紙均細膩平滑，薄而韌，呈柔和白色，透字效果極佳，即使是用鉛筆寫的紙條放在下面，字跡也清晰可見，覆在刻本古籍上摹寫絕無問題。大多字跡墨色淺淡匀净，個別筆畫較重，但查看背面，也並無湮透之處。《干禄字書》之影鈔底本明嘉靖間孫氏萬玉堂刻本、《酒經》之影鈔底本宋刻本、《十家宫詞》之影鈔底本宋刻本《四家宫詞》（僅存四家）亦皆收藏於國圖，取與毛鈔本合觀，可確認毛鈔爲影寫無疑。至於古人没有燈箱等照明器材亦無妨，可在窗明几净、陽光充足時鈔寫。除汲古閣鈔本外，又例如國圖所藏清彭氏知聖道齋鈔本《大元聖政國朝典章》①，前十葉目録係影鈔，用的是極薄而白的紙，正面即可透過他葉的反字，在膠片上就可以清晰看出來（見"中華古籍資源庫"），而目録後的正文就開始使用厚而發黄的普通紙了（書口有"知聖道齋鈔校書籍"兩行八個字），前後兩部分與版刻字體的相似程度也變化很大，足見影鈔本使用薄而近透明的白紙是必要的，也是可行的。

古代複製前人書法真跡的主要途徑之一"雙鈎廓填法"②，是將透明的薄紙覆於前人的法帖真跡之上，將前人的筆畫和文字結構認真描摹下來，雙鈎描邊，廓內填墨，達到纖毫畢見的效果。此法在

---

① 索書號05979。此例承同事劉鵬先生賜示。
② 參李豪東《雙鈎廓填法述略》，《中國書法》2016年第22期，第170—174頁。

魏晉時期就已産生，唐代達到鼎盛，傳世王羲之的名帖"神龍本"《蘭亭序》相傳是唐貞觀時馮承素的摹本，《遠宦帖》也是唐人摹本，都是雙鈎廓填而成。北宋書法家米芾十分擅長使用雙鈎廓填法，晚明書家王穉登跋《快雪時晴帖》（故宫博物院藏本）云："朱太傅所藏二王真跡共十四卷，惟右軍（王羲之）《快雪》、大令（王獻之）《送梨》二帖乃是手墨，餘皆雙鈎廓填耳。宋人雙鈎最精，出米南宫（米芾）所臨者往往亂真，故前代名賢不復辨論，概以爲神品。"唐宋時期既然盛行這種摹帖方法，自然也能製作出透明度高而不洇墨的紙張。閱讀《中國古代造紙工程技術史》等相關著作可知，作爲最早發明造紙術的國家，中國古代的造紙術很早就達到了極高的水準。明代中期以後，中國造紙技術較前代大爲發展，生産技術更爲全面而完善，無論是竹紙、皮紙還是其他加工紙，都有名目繁多的規格，可以達到很高的品質和産量。批量製作影鈔使用的透字而不洇墨的薄紙，明代的造紙技術完全可以做到。①

2. 用墨

影鈔用墨一般是"不尚濃厚，取其匀淨"（《天禄琳琅書目》卷四《金壺記》解題）②，如國圖所藏毛鈔本《剪綃集》《梅花衲》《極玄集》及盧錦堂所舉臺灣收藏的日本影鈔宋建安余唐卿刊本《普濟本事方後集》、清康熙間影鈔明萬曆八年刊本《新刊駱子集注》、影鈔明萬曆間潭陽劉一易刊本《新刻學餘園類選名公四六鳳采》，皆落筆特輕，筆畫相當細，或墨色特別淡。也有墨如點漆的，如國圖藏毛鈔本《小學五書》《分門纂類唐歌詩》；臺灣所藏清丁氏飛鴻館影宋鈔本《陶淵明詩》用紙並非相當薄，墨色亦較濃，筆畫較粗。

繆荃孫《雲自在龕隨筆》云："《敏求記·續考古圖跋》，'其圖象命良工繪畫，不失毫髮，楮墨更精於槧本'，因思毛鈔出名，亦以

---

① 參看王菊華等《中國古代造紙工程技術史》第七章《明清時期的造紙技術》，山西教育出版社，2006年。
② 《天禄琳琅書目》，第113頁。

舊本書筆劃飽滿不能如寫本，稍加留意，精采百倍。近年囑丁順林影寫之《馬石田集》《道園遺稿》《草堂詩餘》鳳林書院本，見者推爲不減毛鈔，因有悟於《敏求記》之言。"① 舊本若是刷印模糊的後印本，則筆畫的刷印效果轉不如寫本飽滿而精采，這是繆氏通過實踐得出的結論。

3. 影摹過程

沈津、丁延峰等都認爲不存在覆紙影鈔的做法。沈津文云："書之底本裝訂綫距正文處並不寬廣，紙亦不能平鋪。""如果從古籍保護的角度去看，您敢用薄紙覆於珍貴的宋元刻本之上摹寫嗎？如果一旦用墨不慎，墨漬化開，滲透至下面的書葉上，那後果就不堪設想了。"丁延峰也説："將紙覆蓋在原本上一筆一畫描摹底本筆畫，對底本肯定損害不少，玷污亦不可避免，書主人及影摹者不會不知。"這些恐怕都是錯誤的推想。首先，前文已討論過，影鈔用的薄紙並不洇墨，不能低估古人的造紙技術水準；其次，古人看待宋元刻本並不如現代這般珍同球璧，唯恐有絲毫損傷，閱讀清代錢曾、朱彝尊、黄丕烈、顧千里及民國時傅增湘等藏書家著作可知，明清乃至民國時期，書肆交易、友朋間互借傳鈔乃至對自藏宋元本進行批校、改裝等等，都是尋常之事；最重要的是，從古人的記載考察，影鈔是要拆散原書、逐葉摹寫的。盧錦堂曾推測："影鈔本大抵像一般古籍，逐葉影鈔，加以對摺，然後積疊成册；想見影鈔時可能整葉覆在原書拆開的葉面上描摹。"偶有特殊者，臺圖所藏清嘉慶二十年（1815）程虛谷影宋鈔本《大宋寶祐四年丙辰歲會天萬年具注曆》，"以半葉糊接成一整葉，因疑在影鈔時，未將原書逐葉拆開，而是一葉分前後各自描摹"。若是照鈔仿寫，則沒必要拆開原書。

拆開原書進行摹寫的，可以找到幾個例子：

明末錢允治曾收藏《猗覺寮雜記》一部，有題識云：

---

① 繆荃孫《雲自在龕隨筆》卷三，《中華再造善本》影印繆氏稿本，國家圖書館出版社，2003 年。

此書乃丙辰（萬曆四十四年，1616）九月十日借張千里本連日夜鈔完。丁巳六月十三日江陰李貫之借歸，至十月十二日留住真本，以此册見還。十二月二十一日常熟錢受之借，拆散影鈔，顛倒釘，今年戊午閏四月初六日始還。一向怕看，七月初九日始復拆散理清，草釘如左。然其中多訛，不知無算也。借與人書不可不慎，裝完因寫於後。七十八翁記。①

錢允治（1541—1624），字功甫，常熟人。錢穀之子，父子皆好藏書、鈔書。"錢受之"即錢謙益。錢謙益《列朝詩集》之錢穀小傳稱："（錢穀）子允治，字功甫，貧而好學，酷似其父，年八十餘，隆冬病瘍，映日鈔書，薄暮不止。"② 毛晉亦與之有交遊。從錢允治題識可見，錢謙益借鈔他人之書，毫不愛護。明末時確有將原書拆開逐葉描摹的做法。

國家圖書館藏明刻本《東維子文集》（索書號00888）爲黃丕烈插架舊物，書末有黃氏跋（跋文收入《蕘圃藏書題識》卷九）云：

此書收自東城故家，裝潢精妙，久已什襲珍之矣。頃五柳居收得揚州蔣西圃家數種，亦有此集，從余假此本，補《目錄》一至七葉。而余本亦闕七卷弟五、六葉、二十二卷弟五葉、二十三卷弟十二葉，復從揚州本補兩葉，其二十三卷中一葉，均闕如也。原有烏欄空紙，惟恐影寫損裝，遂照錄以備誦讀。書訖，誌其緣起如此。辛酉孟冬，黃丕烈。

此本原闕三葉，皆補以烏絲欄空白格紙。黃氏從揚州本"照錄"補寫兩葉，卷二十三第十二葉無從照補，故付諸闕如，仍爲空紙。之所以照錄，是因爲珍愛此書"裝潢精妙"，"惟恐影寫損裝"，那麽影寫時必然是將空紙拆下，覆在底本上去描摹。黃氏收藏善本佳槧至多，經常影摹補寫其中缺葉，備極工雅，從這篇跋語可以間接

---

① 轉引自《藏園群書經眼錄》，第577頁。
② 錢謙益《列朝詩集小傳》丁集卷中，上海古籍出版社，1982年，第487頁。

瞭解其影摹的"技術"。又如宋刻本《傷寒總病論》曾輾轉經顧之逵、袁廷檮、黃丕烈遞藏，最後歸汪氏藝芸書舍，顧氏、黃氏及同時施少谷各影鈔一帙，後黃氏欲付之剞劂，乃以宋刻校影鈔本，發現有缺葉。黃氏云："三卷三十三葉，唯少谷之影鈔本有之，餘本都缺。想少谷鈔後，抱沖（顧之逵）始鈔，鈔時偶失之，自是宋刻缺此葉，已後影鈔本皆失之。非余之重刻，不知宋刻缺此葉。非少谷之影鈔，不知宋刻之原未缺此葉也。書之經人拆散傳錄，其弊有如此者，不可不警也。"① 可見將書拆散，是影鈔的慣常做法，若不細緻，有可能將書葉遺失（圖 2 - 22）。

考慮到古書裝幀形式的演變，宋元版書一般採用蝴蝶裝，是將印有文字的一面朝裏對折，版心在內，展開之後正是完整的一葉，影鈔時似不必將原書拆開；但若書不平，則恐仍需拆散。明中期以後，綫裝開始流行。今天所見的宋元本多爲綫裝，這是清代人爲適應後來的閱讀習慣改裝而成的。明末清初毛晉父子、錢曾等所見之宋元本，應該有不少仍是蝴蝶裝的形式。清代的學者、藏書家拿已改爲綫裝的宋元本進行影鈔時，拆開原書描摹之舉容或增多。

民國元年（1912），藏書家吳慈培仿照汲古閣的方法影鈔宋本《李涪刊誤》二卷，有跋云：

> 宋版《李涪刊誤》二卷，藏于群碧樓。雕鎸精緻，如鐵畫銀鈎。去年秋獲觀，愛之不忍釋手。假歸，效毛氏法影寫。顧紙色黝黯，覆紙摹勒，點畫依稀。下筆才兩三行，目輒昏霧作痛。凡二十二葉，日或不能盡一葉，四十日乃畢。群碧主人見之，笑曰："子將與毛氏爭勝乎？"噫，汲古縹緗照曜東南，聲名滿天下，影宋鈔且著於中秘，余小子何敢望其肩背？

吳慈培（約 1884—1915），字佩伯，一字偶能。雲南保山人。民國初年，與傅增湘、章鈺、鄧邦述等知名藏書家同居於天津，互

---

① 黃丕烈《蕘圃刻書題識·題宋刻龐安常〈傷寒總病論〉後》，《黃丕烈藏書題跋集》，第 696 頁。

相訪求、鑒定古籍，往還十分密切。吳氏富於收藏，以影寫宋本書精雅著稱，而鈔寫此二十二葉之書"日或不能盡一葉，四十日乃畢"，可見影鈔是相當費工夫的。宋本今藏臺灣傅斯年圖書館（索書號 A071/161）（圖 2-23），影鈔本今藏國圖（索書號 00152）（圖 2-24），可資對比。筆者曾目驗此影鈔本，其用紙略厚於毛鈔《酒經》等書，透字程度也略差。

覆紙影鈔之耗時費力也有其他例證。錢曾《讀書敏求記》卷一之上著錄《經典釋文》三十卷，乃其好友葉林宗從絳雲樓藏北宋槧本影摹者，逾年始卒業。錢氏云："不惜費，不計日，毫髮親爲是正。非篤信好學者孰能之？"① 此本今藏臺圖（索書號 01208），該館"古籍與特藏文獻資源庫"中有全文掃描版。檢閱全書，有葉氏族弟葉萬跋云："此書從兄林宗借絳雲樓藏本影寫，書工謝行甫也。"知並非葉氏親手影摹，而是雇用書工。又有馮班跋云："右《經典釋文》三十卷，原書文淵閣秘藏也。不知何自出於人間。震澤葉林宗購書工影寫一部，凡八百六十葉。"則鈔工"逾年卒業"，每日亦不過影摹兩三葉而已。馮氏跋又謂："白棉紙，烏絲欄，紙色、墨色光潤如鑑，洵書工之良也。"書中有佚名浮籤云："此書係虞山葉林宗鈔本，跋語鑿鑿言之。匣蓋上刻作毛鈔，似未妥。"被誤認作毛鈔，亦可見其書影寫甚精。清嘉慶十六年（1811），翁心存影鈔趙氏小宛堂本《玉臺新詠》（據馮知十影鈔本影鈔），跋云："手自影臨，凡三閱月乃畢，頗自詡纖悉逼肖。"② 此書 80 葉，每日影鈔也就約一葉而已。日本嘉永六年（1853），醫學館奉命影鈔南宋紹興時期兩浙東路茶鹽司刊本《外臺秘要方》兩部（其一今藏臺北故宮博物院），每部四十卷 1675 葉，森立之言"以五人分書之，越三年乃成，其費不貲"③，計每人每日影鈔約半葉而已。覆紙影鈔法之耗時費工，可見一斑。同時，鈔書名手也不可多得。毛扆購得宋刻殘本《杜工部

---

① 《藏園批注讀書敏求記校證》，第 82 頁。
② 此本今藏國家圖書館（索書號 06227）。此例承同事劉鵬先生賜示。
③ 〔清〕楊守敬撰，張雷校點《日本訪書志》，遼寧教育出版社，2003 年，第 162 頁。

集》，欲補寫缺卷，而感歎"不得善書者成此美事，且奈何"①，可見汲古閣雖以影鈔聞名，多蓄鈔工，影鈔高手也不是隨時能有的。因此可以推測，通過這種覆紙描摹而成的影鈔本存世不會有很多。

4. 字體及版面

影鈔本行款必須與底本一致，這是最基本的要求。字體要照原書逐筆描摹，一絲不苟，儘量畢肖原書。版框、界欄、版心、魚尾以及刻工等一般也要影描，要求高的，其至連書中殘破蛀損處也照樣描摹，力求保持原本面目。版框有的是描畫而成，也有的用事先刻印好的格紙。清孫從添云："前輩鈔錄書籍，以軟宋字小楷，顏、柳、歐字爲工，宋刻字更妙。摹宋板字樣，筆畫均匀，不脫落，無遺誤，烏絲，行款整齊中帶生動，爲至精而備美。序跋、圖章、畫像，摹仿精雅，不可呆板，乃爲妙手……若字好而不明文理者，僅可印鈔而已。"② 蓋印鈔（即影鈔）如同描紅，按筆畫摹寫即可，故不必"明文理"。孫氏又云："鈔本書，畫圖最難。用白描法，運筆古雅秀勁爲主，人物畫像要生動，又要清雅而端莊，方爲合式。"③ 國圖所藏影宋鈔本《東家雜記》（08055）的插圖可以達到這一要求，其他影鈔本描摹原書手寫行書序文時也多惟妙惟肖。

《讀書敏求記》卷三之中載《新儀象法要》三卷，云："此從宋刻影摹者，圖樣界畫，不爽毫髮，凡數月而後成，楮墨精妙絕倫，又不數宋本矣。"④ 卷四之上又載《陶淵明文集》，"此則購名手從宋刻影摹者，筆墨飛動，行間字有不可遏之勢，視宋刻殆若過之"⑤，蓋即孫從添所謂"妙手"。黃丕烈購得鈔本《咸淳臨安志》，"卷中間有一二鈔補之葉，悉屬影寫，故刻工姓名及所刻字數上下略具"⑥。黃氏所藏宋刻本《管子》有缺葉，友人家有影宋鈔本，黃氏

---

① 毛扆《杜工部集跋》，見《汲古閣書跋》，第133頁。
② 孫從添《藏書記要》，見祁承爜等撰《澹生堂藏書約（外八種）》，第40頁。
③ 同上。
④ 《藏園批注讀書敏求記校證》，第302頁。
⑤ 同上書，第359頁。
⑥ 《黃丕烈藏書題跋集》，第123頁。

乃命工"用宋紙從影鈔本重摹"①,堪稱十分講究的玩家。

毛扆《春渚紀聞跋》云:

> 《春渚紀聞》姚叔祥止半部,先君購得鈔本十卷,欣然付梓。後復得宋刻尹氏本,命德兒校之,九卷中鈔本脱一葉,家刻仍之,蓋前輩鈔書,板心書名數目俱不寫,往往致有此失。急影寫所缺,并目録八紙,裝入家刻,以存宋本之典型如此。②

毛氏大量使用影鈔之法,其爲後人盛讚的一大優點就是能"存宋本之典型",即便宋元本不可得見,也可使人有虎賁中郎之想。

鈔書一般會延請名手,或雇傭鈔胥。對鈔手的要求不同,或鈔手的工作態度不同,也會影響鈔書的成果。清閻若璩《序初刻唐百家詩選》云:"嘗聞錢牧翁撰《列朝詩集》,先採詩於白下,從亡友黃俞邰及丁菡生輩借書,每借輒荷數擔至,牧翁以人之書也,不著筆,又不用籤帖其上,但以指甲掐其欲選者,令小胥鈔,胥奉命惟謹,於掐痕侵他幅者亦並鈔,牧翁不復省視。"③ 此小胥的工作可謂是一絲不苟。若遇草率從事者,字體、版面效果都會受影響。

考察存世影鈔本實物可見,影鈔本對版框、界欄、刻工的要求並無一律,有不少是只求行款遵循舊式、字體逼肖原書而已。傅增湘曾見影宋鈔本《離騷集傳》,云:"橅摹精肖,楮墨明麗,正所謂下真跡一等。惟宋本板心上有字數,下有刊工人名,影本皆略之,爲小異耳。"④ 傳世著録爲影鈔本的書中,此類情況很多。從文字校勘來看,差異也不少。毛氏汲古閣所據以影鈔之宋元明本有今仍存世者,取以對比,確有點畫一絲不苟、毫髮不爽者,如《算經七種》《三曆撮要》(圖2–25、圖2–26)《漢官儀》《分門纂類唐歌詩》等,亦有很多影鈔本與原書有若干文字小異。如《酒經》第二葉

---

① 《黃丕烈藏書題跋集》,第181頁。
② 轉引自傅增湘《藏園群書題記》,第380頁。
③ 〔清〕閻若璩《潛邱劄記》卷四上,清乾隆間眷西堂刻本。
④ 傅增湘《藏園群書題記》,第549頁。

"焚罍折櫺"，影鈔本"櫺"從礻；《春秋繁露》爲影鈔宋江右計臺刻本，宋本"魏侯煅"，影鈔誤作"煆"，都屬於形近而誤。大量的異體字"閑間""鐘鍾""總緫""聰聡""闊濶""疏疎""踈踈""愽博""喪丧""斂歛""往徃""商商""柏栢"等在影鈔本與其底本的對比中非常多見，此類恐不只是影摹過程中之小小失誤，而是鈔手已經形成了一定的書寫習慣，影鈔時隨手用了慣用字。影鈔本之避諱字不謹嚴處尤多，《春秋繁露》（12349）宋本"徵""慎"字皆避諱缺末筆，影鈔本皆不缺。汲古閣影宋鈔本《鮑氏集》（18143），"書中照録宋本諱字，偶有鈔爲不闕筆者則以白粉末塗改後重寫，如'絃''朗''眺'三字"，① 蓋鈔手無知，不知闕筆關乎版本鑒定，隨手鈔成全字，而汲古主人覆校後又改正。毛鈔本有同一部書鈔寫兩三部者，如《石藥爾雅》（00910、11363）、《歷代蒙求》（圖2-27、圖2-28）、《剪綃集》、《梅花衲》等，兩相對比，均不能完全一樣。這與委託鈔寫之人的重視程度、要求高低都有關繫。此外，毛鈔本的白粉填改處，有時並非糾正鈔工的筆誤，而是根據別本文字校改所致，因爲其底本難免有漫漶或缺字之處，就需要借助別本參校，如《稼軒集》《集韻》等書上的校改，能提供十分豐富的異本信息，推測這些校改很可能就出自毛晉父子之手。②

四、小結

綜上，通過勾稽古籍前人記載並查驗現存的古籍影鈔本原書可知，以薄紙覆在底本上摹寫的影鈔法無疑是存在的，對影鈔的定義仍應堅持傳統的説法。其必要條件是用紙須薄而透字，且不湮墨，文字則視鈔寫精粗程度而可以有異體字、避諱字等細微不同。而古籍書目中所著録的不少所謂影鈔本的用紙並不能透字，並不適合覆紙影摹；通過校勘，可以發現有的與底本文字差異較大，此類應當

---

① 劉明《清初毛氏汲古閣影宋鈔本〈鮑氏集〉考論》，《圖書館雜誌》2020年第4期。
② 陳先行、石菲《明清稿鈔校本鑒定》，第41—42頁。

是仿寫或曰臨寫、照録而成，祇是字體力求接近原書而已，其實是"仿寫本"。《中國古籍善本書目》著録的影鈔本總計有 285 部，算上在刻本中影鈔配補缺卷者就更多了，其中到底有多少是覆紙影摹而成，有多少是照鈔仿寫而成，有待全面核查。

版本作爲文獻的載體，其物質形態和表現形式影響文獻的傳播與閱讀，研究書籍的物質生産活動具有十分重要的意義。近年來，陳正宏、李開升等學者倡導實物版本學，强調將書籍作爲一種物質實體，通過對其實物特徵、物質材料、製作過程等生産史的研究，爲版本鑒定提供依據。[①] 古籍的鈔本有哪些確爲覆紙影鈔，哪些影鈔不精而有所失真，哪些因臨寫逼肖而被著録爲影鈔，正需要運用實物版本學的分析方法，研究其製作過程，作出更加細緻的區分，以便更爲準確地判斷其文獻價值。

[①] 陳正宏《東亞漢籍版本學初探》，中西書局，2014 年，第 11—35 頁。李開升《明嘉靖刻本研究》，中西書局，2019 年，第 16—30 頁。

第三章　毛氏汲古閣鈔本流傳佚存考

第一節　汲古閣鈔本之流傳與存藏

一、藏書流散

中國傳統多子家庭有分家析產的習慣，俗稱"兄弟分家"，一般採用諸子均分制。毛家亦不例外，清黃丕烈所藏舊鈔本《玄英先生詩集》有毛晉之孫綏萬題識云："此卷雖鈔錄草率，然尚是先王父遺書分授相弟者。予亦分得一黑格條鈔本，頗多異同。……汲古孫綏萬識。"① 可見毛晉諸孫也參與了分析家產。毛晉去世後，其遺產由其子、孫分割繼承，汲古閣藏書、書版是遺產的重要組成部分，自然也分授其子孫，雖然分割的具體數額已無可考，從現存毛氏藏書的鈐印來看，毛晉的善本佳槧主要由毛表、毛扆繼承，次子毛襃所得不多，長子毛襄、三子毛衮皆先於毛晉去世，未見有二人藏書。姑就現存宋元版而言：

毛襃所得有元盱郡覆刊宋廖氏世綵堂本《論語集解》《孟子集注》，宋淳熙三年（1176）張杅桐川郡齋刻本《史記》、宋刻本《新刊監本册府元龜》、宋刻本《離騷集傳》、宋贛州州學刻宋元遞修本《文選》。

毛表所得有宋嘉定五年（1212）鮮于申之蜀地刻本《周易集解》、元元統二年（1334）吳尚等刻本《禮記纂言》、宋紹興刻本《廣韻》、宋紹興間淮南西路轉運司刻本《史記》、宋乾道七年（1171）蔡夢弼東塾刻本《史記》、宋紹興十八年（1148）荆湖北路安撫使司刻遞修本《建康實錄》、宋刻本《五代史記》、北宋刻遞修

---

① 〔清〕黄丕烈《蕘圃藏書題識》卷七，《黄丕烈藏書題跋集》，第432頁。此本今藏國圖（A00539）。

本《漢書》、宋建刻本《晉書》、蒙古憲宗三年至五年（1253—1255）張宅晦明軒刻本《增節標目音註精議資治通鑑》、宋刻本《荀子》、蒙古定宗四年（1249）平陽張存惠晦明軒刻本《重修政和經史證類備用本草》、元至順間刻本《永類鈐方》、元至元二十四年（1287）詹光祖月崖書堂刻本《黃氏補千家註紀年杜工部詩史》、宋紹定二年（1229）張洽池州刻本《昌黎先生集考異》、宋刻本《梁谿先生文集》、宋臨安府棚北大街陳宅書籍鋪刻本《棠湖詩稿》、宋明州刻紹興遞修本《文選》。

毛扆所得有元泰定四年（1327）建安劉君佐翠巖精舍刻本《詩集傳附錄纂疏》、元天曆元年（1328）建安鄭明德宅刻修補本《禮記集説》、元刻本《新編十一經問對》、南宋國子監刻大字本《爾雅》、宋刻元明遞修本《重刊許氏説文解字五音韻譜》、元刻本《韻補》、南宋建刻本《史記》、宋兩淮江東轉運司刻宋元遞修明洪武公文紙印本《漢書》、宋王叔邊刻本《後漢書》、元元統三年（1335）甬東家塾刻本《程氏讀書分年日程》、宋景定二年（1261）安吉州歸安陸道源刻本《妙法蓮華經》、宋乾道七年（1171）平江府學刻遞修本《韋蘇州集》、宋紹興二十一年（1151）兩浙西路轉運司王珏刻元明遞修本《臨川先生文集》、宋乾道九年（1173）高郵軍學刻重修本《淮海集》、元至正至明洪武間陳敏政刻本《梧溪集》、元至正間刻本《古樂府》、元刻本《梨園按試樂府新聲》。

與毛家關係密切的錢孫保（1624—?，字求赤，錢謙益從弟謙貞之子）在閱讀汲古閣刻本《後漢書》時曾有跋語云：

> 毛子晉，邑中富人也。亂時曾有小德於予家，往年死，予不吊，是日葬於戈莊，因一往，少全故舊之情。然子晉尚以財自豪，今諸子又不逮，將來毛恐不昌矣，嗟乎！是晚俗謂之至除夜。①

毛晉剛剛去世，錢氏即有此感歎，可見毛家已有敗落跡象。至

---

① 轉引自《蕘翁古書經眼錄標注》卷三，第329頁。

清乾隆間，阮葵生在《茶餘客話》卷十六述及汲古閣藏書下落："子晉家藏舊本亦夥，或云王駙馬以金錢輦之去，其板多在昆明。駙馬者，平西壻也。"① 此蓋得自故老傳聞，恐非實事。毛扆《中吳紀聞跋》云：

> 先君子藏書，自經分析，廿年之內散爲雲煙。葉文莊子孫不啻數世，尚能守而不失。健羨之餘，感慨係之。讀斯書者，亦將有感於斯焉。己未重陽前四日毛扆識。②

己未是清康熙十八年（1679），毛晉去世在順治十六年（1659），正好相距二十年，汲古閣藏書散失甚速，毛扆不免有所感慨。

毛扆《五色綫》跋又云：

> 《五色綫》凡三卷，先君所藏止上下二卷，遂刊入《津逮秘書》。余訪書於章丘李氏，於亂帙中得冀京兆刻本，乃有中卷者，其序述原委甚明，喜而攜歸，已十年矣。茲因上伏曝書，令鈔入家刻中，並録其序，且附冀公事略於後，以見其人之足重如此。但此版當年分授先兄，已質他所，不得補刊與世共之，爲可惜爾。庚辰六月毛扆識。③

由此可知，汲古閣刻書版片也被分割，毛扆兄弟各自經營，乃有"已質他所"之舉，書版散落乃至佚失在所難免。清代甚至還流傳毛晉某孫劈汲古閣《四婦人集》書版作薪煮茶的傳説。汲古閣刻書六百多種，而滎陽悔道人《汲古閣刻板存亡考》只考察出了《十三經》《十七史》等二十五種汲古閣書版的下落，其他的則告散亡。

《汲古閣珍藏秘本書目》是目前可見的唯一一份毛扆自編書目，

---

① 〔清〕阮葵生《茶餘客話》，中華書局上海編輯所，1959年，第496頁。
② 國家圖書館藏汲古閣刻本《中吳紀聞》（索書號13763）。
③ 《汲古閣書跋》，第132頁。

而且是爲準備出售而編的清單，關乎其藏書流散原委。書末有汲古閣後人毛琛①識語云：

> 此卷琛從曾叔祖手寫與潘稼堂先生底本，記髫齡時彬曜從父攜以見贈，謬承以"汲古後來之秀"相屬，老大無聞，殊增慙恧。琛謹識。時乙酉花朝。

所謂"從曾叔祖"即毛扆。這批藏書擬售與潘耒（稼堂），②最後交易未成，書歸他人。至清末民初，徐康、繆荃孫、葉德輝等都提出書歸泰興季振宜之説，群相信從，流傳很廣。③季振宜（1630—1674），字詵兮，號滄葦，江蘇泰興人，藏書富甲東南。博學多識，精於版本之學，編有《季滄葦藏書目》，"詳載宋元板刻以至鈔本，幾於無所漏略"。④南京圖書館潘天禎先生《〈秘本書目〉收録書的歸屬問題》一文，⑤指出：《秘本書目》之編寫約在康熙三十八年至四十七年之間，而季振宜卒於康熙十三年，並且各家書目中没有同時鈐有毛扆和季振宜的藏書印而又著録於《秘本書目》之書，因此推定《秘本書目》收録之書不可能歸於季振宜。徐康、繆荃孫、葉德輝各家都是在時隔兩百多年後轉述傳聞而已。潘文又考證《秘本書目》著録之書陸續散出，一部分爲當時江寧巡撫宋犖及其子宋筠獲得，其他部分相繼流散，難於查明歸屬何人。

---

① 毛琛（1733—1809），字寶之，號畹香，又號壽君，晚號俟龕，監生，工詩。毛扆之從曾孫。其《俟龕賸稿續編》卷下有"傳書汲古吾家事，墜緒茫茫只自驚"的詩句。
② 潘耒（1646—1708），字次耕，一字稼堂，藏書室名遂初堂、大雅堂，康熙十八年舉博學鴻詞，授翰林院檢討。
③〔清〕徐康《前塵夢影録》卷下云：毛晉"所藏書多秘籍，後歸之季滄葦"。繆荃孫《雲自在龕隨筆》卷四云："毛子晉家書籍，其後人不能守，皆賣與季滄葦。"葉德輝《書林清話》卷七云："毛氏汲古閣藏書，當時欲售之潘稼堂太史耒，以議價不果，後遂歸季滄葦御史振宜。"瞿冕良《中國古籍版刻辭典》《汲古閣珍藏秘本書目》條亦云："各書均標價，蓋出售季振宜時之底本。"見該書第265頁。
④〔清〕黃丕烈《季滄葦藏書目跋》，《黃丕烈藏題跋集》，第693頁。
⑤ 潘天禎《潘天禎文集》，第203頁。

從現存見於《秘本書目》著錄之汲古閣鈔本考察，除潘天禎文中提到的《論語》《孟子》《瑟譜》《唐國史補》《江南野史》之外，尚有《農書》《仙苑編珠》兩種及其他《秘本書目》著錄之外的汲古閣藏書，總共十餘種歸於宋犖父子，應當是陸續零星轉讓的。

清康熙間陸隴其《三魚堂日記》載："毛子晉家書籍，其後人不能守，皆賣於季滄葦。錢牧齋以其子孝廉今河南永城縣知縣上安不能守，盡以其書予族人錢曾，曾亦賣於季滄葦。"① 季氏雖未獲得《秘本書目》著錄之書，確曾得到了汲古閣部分藏書精華。今存宋元善本書上，有毛晉和季振宜先後收藏印記之本頗多，如國家圖書館所藏宋刻元修本《說文解字》、宋淳熙三年張杅桐川郡齋刻八年耿秉修補本《史記》、宋王叔邊刻本《後漢書》、北宋刻遞修本《漢書》等。很多書上只有毛晉之印，而無其子毛表、毛扆等之印記，說明毛晉生前即已開始散書，而爲季氏獲得不少。季氏所得毛鈔本有兩部《誠齋集》。國圖藏明刻本《山海經》（12274）曾經毛扆據宋本批校，有跋云：

> 《山海經》嚮無善本，于泰興季氏見宋刻三冊，係尤延之校刊者，檇李項氏故物也，有文三橋跋。滄葦歿，其書散爲雲烟，後聞歸于崑山徐氏，無由得見，近爲郡友所購，隨與借校。板心分上中下。其尤序、文跋亦影寫之，行數、葉數皆鉤以識之。他日從此錄出，亦可稱善本矣。乙酉季春，毛扆識。（前後鈐"在水一方""毛扆之印""斧季"三印）

由此可知毛扆曾親見季氏藏書"散爲雲烟"，毛扆所藏古籍自然不可能歸於季氏。

二、康熙時期

明末清初戰亂頻仍，江浙一帶遭破壞尤爲嚴重，加之藏書家及

---

① 〔清〕陸隴其《三魚堂日記》卷三"乙卯三月初七"條，清同治九年浙江書局刻本。

其子孫不善經營諸原因，故家藏書大量流出，幾經聚散，不斷易手。陸心源跋宋婺州刻本《九經》有云：

> 絳雲樓未火以前，其宋元精本大半爲毛子晉、錢遵王所得。毛、錢兩家散出，半歸徐健庵、季滄葦。徐、季之書，由何義門介紹，歸於怡府。乾隆中四庫館開，天下藏書家皆進呈，惟怡府之書未進，其中爲世所罕見者甚多，如《施注蘇詩》全本有二，此外可知矣。怡府之書，藏之百餘年，至載垣以狂悖誅，而其書始散落人間。聊城楊學士紹和、常熟翁叔平尚書、吳縣潘文勤、錢塘朱修伯宗丞得之爲多。①

葉德輝《書林清話》亦云：

> 毛氏式微，其書售之潘稼堂不成，而售之泰興季滄葦振宜。述古堂、也是園之藏本，亦多併之。蓋至是而有明以來藏書家之宋元名鈔，於是始一結束。物聚必散，久散復聚。其後季氏之藏，半由徐乾學傳是樓轉入天府。②

此爲清初自錢謙益絳雲樓以來乃至清末大宗宋元珍本藏書流轉之大略。葉德輝所謂毛氏書"售之潘稼堂不成，而售之泰興季滄葦振宜"之説雖誤，其後半句則大體如是。汲古閣藏書爲徐乾學所得者相當多，或購買，或借鈔，甚至豪奪。③ 徐乾學（1631—1694），字原一，號健庵、碧山，學者稱玉峰先生，又稱東海公，顧炎武外甥。康熙九年（1670）一甲第三名進士及第，授翰林院編修，累官至刑部尚書。著有《讀禮通考》一百二十卷、《憺園文集》三十六

---

① 〔清〕陸心源《儀顧堂續跋》卷一，《儀顧堂書目題跋彙編》，第257頁。
② 〔清〕葉德輝《書林清話附書林餘話》卷九"吳門書坊之盛衰"，第254頁。
③ 〔清〕何焯《跋中州集》云："毛氏刻此書時，所見者止嚴氏重開之本，其行款俱不古，斧季丈曾從都下得蒙古憲宗五年刊本，爲東海司寇公豪奪以去。今汲古閣止有壬、癸及閏集三卷耳。""東海司寇公"即徐乾學。見何焯《何義門先生集》卷九，清道光三十年姑蘇刻本。

卷等。納蘭性德《通志堂經解》實際是由徐乾學主持刊刻的。其藏書處名傳是樓，一時插架富甲江南。黃宗羲《傳是樓藏書記》云："健庵先生生乎喪亂之後，藏書之家多不能守，異日之塵封未觸，數百年之沉於瑶臺牛篋者，一時俱出。於是南北大家之藏書盡歸先生。先生之門生故吏遍於天下，隨其所至，莫不網羅墜簡，搜抉緹帙，而先生爲之海若。"① 徐釚《菊莊藏書目錄自序》亦云："吾吴藏書之富，數十年來推海虞錢氏、泰興季氏，近則吾玉峰司寇氏。海虞自絳雲一炬，錦軸牙籤都歸劫火；泰興没後，編簡亦多散亡。惟司寇氏傳是樓所藏，插架盈箱，令觀者相顧怡愕，如入群玉之府，爲當今第一。"② 今存善本舊籍上同時鈐有汲古閣、傳是樓印鑒者很多。

"怡府"爲康熙第十三子胤祥府邸，第二代怡親王弘曉（1722—1778），號冰玉道人，有藏書處名明善堂，中多世間未見之善本，直到咸豐十一年（1861），慈禧太后賜顧命八大臣之一末代怡親王載垣自盡，藏書始流出，綿延近一百四十年。陸心源所謂"徐、季之書，由何義門介紹，歸於怡府"之説法流傳亦很廣，其實並不可靠。核查今存世的一百多部怡府舊藏書，極少有鈐徐、季收藏印記之本。汲古閣藏書經徐、季兩家聚合一時，又散落四方。③ 怡府收藏過汲古閣影宋鈔本《類篇》，乃此書重要版本之一，但並非經徐、季之手得來。

大量汲古閣藏書包括汲古閣鈔本是在民間輾轉遞藏的。清康熙間藏書名家席鑑獲得汲古閣藏書較多。席鑑（1700—1722），字玉照，號茱萸山人，江蘇常熟人。太學生。其祖父席啓寓即富於藏書，曾刊刻《唐詩百名家集》三百六十卷，購得汲古閣《十七史》雕版。席鑑藏書處名釀華草堂，藏宋元珍本極富，黃丕烈曾收得明鈔本《劉夢得集》三十卷，云："經席玉炤家藏，則尤可珍者也。"④ 顧廣圻云："藏書有常熟派，錢遵王、毛子晉父子諸公爲極盛，至席

---

① 〔清〕黃宗羲《南雷文定三集》卷一，清康熙刊本。
② 〔清〕徐釚《南州草堂集》卷二十，清康熙三十四年刻本。
③ 參閱侯印國《清怡親王府藏書考論——以新發現的〈影堂陳設書目錄〉爲中心》一文，《臺大文史哲學報》第八十期，2014年5月。
④ 〔清〕黃丕烈《蕘圃藏書題識》卷七，《黃丕烈藏書題跋集》，第393頁。

玉照而殿。"① 可見其藏書擅名一時。席鑑與毛氏爲同鄉，有交往，得近水樓台之便，所獲毛氏舊藏書獨多。毛氏影宋鈔本《東家雜記》（07407）末有席鑑跋云："往聞何義門太史得宋槧本《東家雜記》二卷，毛省庵先輩從之影寫一本。余於丙申仲夏得之汲古閣中，其楮墨之妙無庸贅言。……康熙著雍閹茂之歲四月既望茱萸山人席鑑跋。""康熙著雍閹茂之歲"爲康熙五十七年（1718），則丙申爲康熙五十五年。② 席鑑所得其他毛鈔本有：《三經音義》《酒經》《誠齋尺牘》《西崑酬唱集》《九僧詩》《永嘉四靈詩》等，皆係毛鈔精品。毛氏舊藏宋元善本流入席氏之手而今存世者仍相當多。可惜席氏沒有藏書目錄流傳於世，追蹤其藏書源流殊爲不易。

與席鑑同時期的學者孫從添（1692—1767），字慶增，號石芝，常熟人。未取功名，行醫爲業。家雖貧困而性嗜典籍，不惜典衣購書。所著《藏書紀要》，爲我國藏書學史上的重要理論著作之一。室名"上善堂"。相傳孫氏據家藏書編有《上善堂書目》，③ 此目按版本分類著錄宋版書五十五種，元版書七十六種，名人鈔本八十九種，景（影）宋鈔本七十二種，舊鈔本一百四十五種，校本三十六種，多爲明末清初常熟藏書名家錢謙益、葉石君、趙凡夫、錢曾、毛氏父子等人的舊藏、批校及影鈔本，如書末趙詒琛跋所謂"大都天壤瑰寶，驚人秘笈"。其中宋元本中汲古閣鈔補各書有：④

  1. 宋板《洪範五行傳論》十一卷（吳匏庵藏本，缺三卷，汲古閣鈔補）

  2. 宋板《夏小正》一卷（汲古閣補鈔，有□容臺跋）

  3. 宋板《三樂圖》一卷（汲古閣補鈔）

  4. 宋板《孔子家語》四本（缺一本，毛斧季補鈔，有東坡藏印）

---

① 〔清〕顧廣圻《顧千里集》卷二十《跋六·清河書畫舫十三卷》，〔清〕顧廣圻著，王欣夫輯《顧千里集》，中華書局，2007年，第331頁。
② 鄭偉章《文獻家通考》誤爲乾隆四十一年（1776），相差60年。
③ 又名《上善堂宋元板精鈔舊鈔書目》，有民國十九年（1930）陳準刻本。
④ 以下編號爲筆者所加。

5. 宋板《孔子弟子先儒傳》十卷（缺二卷半，毛斧季補鈔，有跋，又有錢牧齋跋）

6. 元板趙岐《孟子》七卷（缺一卷，汲古閣補鈔，有毛子晉跋）

7. 元板《裴松之集》三十卷（毛斧季補鈔，有陸貽典跋）

"景宋鈔本"類著錄的毛鈔本包括：

8. 汲古閣景宋鈔《御製孝經》一本
9. 汲古閣景宋鈔高誘《戰國策》二十一卷（不全，葉石君校，有跋）
10. 汲古閣景宋鈔《皇祐樂圖》三卷
11. 汲古閣景宋鈔《九經字樣》一本（樸學齋藏本）
12. 汲古閣景宋鈔《五經文字》一本（樸學齋藏本）
13. 汲古閣景宋鈔《花曼集》二十卷
14. 汲古閣景宋鈔《西漢文類》四十卷
15. 汲古閣鈔《秘閣閒談》四卷
16. 汲古閣鈔《群經音辨》七卷（葉石君校正本）
17. 汲古閣鈔《虛窗手鏡》二本
18. 汲古閣鈔《勘書樓書目》一本
19. 汲古閣鈔《連江葉氏書目》一本
20. 汲古閣鈔《釋藏目錄》一本
21. 汲古閣鈔《灰燼紀聞》一本
22. 汲古閣鈔《北狩錄》一本
23. 汲古閣鈔《漳浦吳氏書目》一本（不全）
24. 汲古閣鈔《西河記》二卷
25. 汲古閣鈔《五代史補》五卷（馬人伯校）
26. 汲古閣鈔《五代史闕文》一卷
27. 汲古閣鈔《負暄錄》一本
28. 汲古閣鈔《夢溪筆談》一本
29. 汲古閣鈔《徐散騎文集》一本（葉石君校正本）

30. 汲古閣鈔《太和野史》十卷
31. 汲古閣鈔《太平紀要》五卷
32. 汲古閣［鈔］《會要》四十卷（高祖至代宗止）
33. 汲古閣鈔《續會要》四十卷（德宗至大中止）
34. 汲古閣鈔《呂吉甫惠卿集》二十卷
35. 汲古閣鈔《學庸發微》三本

汲古閣鈔補各書及所謂"景宋鈔本"共計三十五種，很多是出於毛扆《汲古閣珍藏秘本書目》之外者，有些書僅見於此，洵爲罕秘。但是，經當代學者考證，《上善堂書目》並非孫從添的藏書目録，實屬僞造。陳偉文《孫從添〈上善堂宋元板精鈔舊鈔書目〉辨僞》從著録佚書、名家舊藏珍本及孫從添可考舊藏等多方面考證其僞，指出此目是民國間人在孫從添藏書目殘稿基礎上，改頭換面而成，係從鄭樵《通志·藝文略》、焦竑《國史經籍志》等目録書中加入一些罕見甚至早已失傳之書，並將書目中較普通的明清刻本、舊鈔本改爲宋元版、景宋鈔本、名人鈔本等珍本，注明爲某名家舊藏，完全不可信據。① 考察汲古閣藏書、汲古閣鈔本及其他明末清初名家藏本，若以此目爲據，則實屬上當。王文進《明毛氏寫本書目》、瞿冕良《中國古籍版刻辭典》"汲古閣"條、蘇曉君《汲古閣匯紀》均從中輯録汲古閣資料若干條，都應剔除。

三、乾嘉時期

有清一代，清廷除了繼承前代内府所藏，又經過康熙至乾隆時期的不斷徵集、臣工搜訪、私人進獻、鈔没罪臣等活動，皇家藏書日益豐富，乃於乾隆九年（1744）建立天禄琳琅善本特藏。内府天禄琳琅是汲古閣藏書的重要流向，但並非如前引葉德輝所謂"半由徐乾學傳是樓轉入天府"，檢《天禄琳琅書目》，同時鈐毛、徐印鑒的只有卷一《春秋左氏音義》、卷二《童溪王先生易傳》、卷三《資

---

① 陳偉文《孫從添〈上善堂宋元板精鈔舊鈔書目〉辨僞》，《古典文獻研究》第十九輯上卷，鳳凰出版社，2016 年。

治通鑑》三種而已。乾隆四十年，大學士于敏中等奉敕編成《欽定天祿琳琅書目》十卷，特立"影宋鈔"一類，可謂版本目錄之創例，著錄影宋鈔二十部，其中"琴川毛氏鈔本"八部，有《張狀元孟子傳》二十九卷、《新集古文四聲韻》五卷、《宋張時舉弟子職等五書》、《九域志》十卷、《金壺記》三卷、《王摩詰文集》十卷、《劉賓客外集》十卷、《盤洲文集》八十卷，選錄影鈔本因其"雖非剞氏之舊，然工整精確，亦猶昔人論法書以唐臨晉帖爲貴"（凡例）。《天祿琳琅書目》前後兩編中著錄內府收藏的汲古閣藏書四十多種，來源不易查考。其中毛鈔本有十幾部，均獲得很高評價，如云：

《張狀元孟子傳》二十九卷，"影鈔字法、紙墨皆極精良"。

《新集古文四聲韻》五卷，"此本影鈔，楷法皆本歐陽，篆文從者如懸，衡者如編，頗得蔡邕書勢之妙，洵可寶也"。

《宋張時舉弟子職等五書》，"此書字法歐體，工整清勁，影鈔能得其神，洵爲佳本"。

《九域志》十卷，"是書影鈔，紙墨精潔，字畫整嚴，固非率爾操觚者"。

《金壺記》三卷，"影鈔，紙白如雪，墨色不尚濃厚，取其勻淨，幾與刊本摹印無異"。

《王摩詰文集》十卷，"自元明以來刻維集者甚多，今得此影鈔以留宋槧面目，亦超出於諸本之上矣"。

《劉賓客外集》十卷，"分行布白，結搆清朗，與《王維集》同出一手"。

《御題算經》一函十冊，"影宋鈔本出常熟毛氏，描摹紙墨最爲精巧，書肆所艷稱'毛鈔'也"。

《增修東萊書說》三十五卷圖說一卷，"宋巾箱本，第十三卷至三十卷刻本，第一卷至十二卷、第三十一卷、第三十五卷影宋鈔本，槧法固精妙，鈔者筆法墨氣俱勻細入格，幾不可辨，不止如唐摹晉帖下真蹟一等也"。

《詩經解頤》一函二冊，"此本乃汲古閣藏，收書家所珍爲毛鈔也"。①

《天禄琳琅書目》以版本年代、版本價值排序，特置"影宋鈔本"於宋版之後、元版之前，如同"下真蹟一等"，以示其價值僅次於宋元版書。卷一《御題算經》和卷四《周易輯聞》提要都將影鈔的發明權歸於毛晉，雖屬誤説，亦可見其對毛氏汲古閣影鈔本推崇備至。

乾隆後期，藏書巨擘黄丕烈崛起，畢生致力於古籍善本之收藏與整理研究，不僅在藏書品質、數量上達到了前所未有的高度，更在題跋撰寫、校勘考訂、刻書事業、藏書文化的推進和傳播等各方面達到了一個承前啓後、繼往開來的高峰，開啓了藏書文化史上的"百宋一廛時代"。② 黄丕烈（1763—1825），字紹武，一字紹甫，號蕘圃，又號復翁、佞宋主人等。長洲（今江蘇蘇州）人。乾隆五十三年（1788）舉人，官主事，嘉慶六年（1801）發往直隷知縣不就，歸而專心治學和藏書。藏書處名士禮居、百宋一廛。

黄丕烈所得毛鈔本有：《詩外傳》《瑟譜》《石林奏議》《歷代蒙求》《張説之文集》《吕和叔文集》《賈浪仙長江集》《侍郎葛公歸愚集》《誠齋尺牘》《漢泉曹文貞公集》《句曲外史詩集》《永嘉四靈詩》《增廣聖宋高僧詩選》《詳注周美成片玉集》《虚齋樂府》《絶妙好詞》等。黄氏得書之後，喜作題跋，談藏書授受源流和得書經過，記録獲得異本的喜悦之情，並常與家藏其他版本對勘，判斷各本優劣。如《詩外傳跋》："嘉慶壬戌春游京師，得元刻毛鈔本。"《瑟譜跋》："此毛鈔本《鄭世子瑟譜》，余數年前得諸書友，云是宋商邱家故物，既檢《汲古閣珍藏秘本書目》，有之，知非通行本矣。去冬歙汪瀚雲先生曾借觀，留閲易月。蓋瀚雲素諳琴理，觀此可通於瑟也。今春倩作《續得書十二圖》，極爲精妙。瀚雲愛我實甚，未敢以俗物相酬，爰輟此乙部書并佐以古琴一張。琴爲太倉顧雪亭所質，

---

① 以上見《天禄琳琅書目》，第 101—102、113、115、117、408、391、807 頁。
② 陳登原《古今典籍聚散考》第七章，《民國叢書》第二編本，上海書店，1990年，第 341 頁。

亦舊物也。我有嘉賓，斷章取義，竊效得食相呼之雅矣。"《碧雲集跋》："余見毛刻《碧雲集》，知多闕文，及獲見此集宋刻，初不解毛氏何以有缺，想別有所本也。迨夏間，坊友以毛藏舊鈔本來，始知毛刻據元本，故所缺如此。蓋宋元本各有面目在也。鈔本中多子晉手校字，可與宋本並儲。古香古色，益動人珍重前賢手跡之意。""此毛氏鈔本，又為子晉手校，卷中朱筆校字、跋中墨筆增字，皆其手跡也。毛氏鈔固足重，子晉校尤可珍，予特表而出之，以俟來者考焉。"《虛齋樂府跋》云："此《虛齋樂府》，毛鈔景宋本也。先是，書友攜來，索重直，余因有錢遵王家鈔本，遂屬顧千里手校其佳處而還之，不知其售於何所也。此嘉慶丁巳秋事。及歲己巳秋，余姻袁壽階病歿，所遺書籍不免散失，余檢點及此，方知是書歸宿，遂復收之。余思藏書如毛、錢可云精矣，而汲古較勝於述古，即一書已分優劣，其他不從可知乎？"《重刊宋朝南渡十將傳》云："此刻本《十將傳》諸家書目不載，真奇書也……適余假得香嚴書屋所藏鈔本，其文尚全，因遂手錄以補。香嚴本出毛氏舊鈔，當非無據者。鈔本行款略異，照此刻每行二十一字補之，不致大錯。益信毛鈔之善。"① 從跋文中亦可見黃氏對毛鈔本的珍重寶愛之情。

百宋一廛藏書在嘉慶末年開始散出，其中善本秘冊大多歸於汪士鐘藝芸書舍。汪士鐘（1786—？），字春霆，號閬源，長洲（今江蘇蘇州）人，官至觀察使、戶部侍郎等職。父汪文琛，字厚齋，靠開設益美布號而致巨富。汪氏父子秉承徽商"賈而好儒"的傳統，於蘇州著名的山塘商業街上建造了藏書樓"藝芸書舍"。雄厚的家資，使汪氏父子得以快速收購積累大量宋元善本。嘉慶時，蘇州有所謂"藏書四友"，即吳縣黃丕烈士禮居、袁廷檮五硯樓、長洲周錫瓚香嚴書屋、元和顧之逵小讀書堆，四人均以富收藏、精考據著稱於世，而四家藏書皆大部分流向汪氏藝芸書舍。② 汪氏父子的收書標準最受黃丕烈影響，"有復翁跋，雖一行數字，亦必重價獲之，以故吳中書賈於舊刻舊鈔，雖僅一二卷，倘有復翁藏印，索價必倍；若

---

① 分別見《黃丕烈藏書題跋集》，第 729、45—46、440、791、828、877 頁。
② 〔清〕潘祖蔭《藝芸書舍宋元本書目序》，清同治光緒間潘祖蔭輯《滂喜齋叢書》本。

題識數行，價輒至十數金矣！即至殘破題籤，毀損跋語，亦可售一二金。"① 藝芸書舍一時珍本薈萃，汪士鐘將所藏編爲《藝芸書舍宋元本書目》，顧千里爲之序，稱："海內好古敏求之士，未能或之先也。"同族汪振勳，號眉泉，亦富藏書，收藏多種宋元刻本。今存毛氏汲古閣鈔本中藝芸書舍插架舊物有《三經音義》《干祿字書》《佩觽》《認龍天寶經》《地理囊金集注》《先天後天理氣心印補注》《石藥爾雅》《鮑氏集》《盤洲樂章》《剪綃集》《梅花衲》《金臺集》《唐中興閒氣集》《極玄集》《西崑酬唱集》《增廣聖宋高僧詩選》《九僧詩》《閑齋琴趣外篇》《酒邊集》《可齋雜稿詞》《唐宋諸賢絶妙詞選》等二十餘種。藝芸書舍藏書於咸豐初年開始散出，大部分被楊以增購去，貯於海源閣，其餘長編巨冊多歸瞿氏鐵琴銅劍樓和上海郁松年宜稼堂。藝芸書舍是清代藏書鏈中具有承上啓下意義的重要一環。

四、清末民國及其他

清末，常熟瞿氏鐵琴銅劍樓與山東聊城楊氏海源閣、浙江歸安陸氏皕宋樓、錢塘丁氏八千卷樓並列稱雄，合稱四大藏書樓。常熟翁氏藏書質量與這四家相比亦不遜色。毛氏汲古閣舊藏珍本佳槧大多輾轉被這幾個藏書大家收入囊中，海源閣所獲汲古閣鈔本最多，有《干祿字書》《佩觽》《石藥爾雅》《鮑氏集》等十幾種。民國時期，時局動蕩，楊氏海源閣屢遭土匪之患，珍本開始流散。光緒三十三年（1907），陸心源之子樹藩因經商失敗，將家中藏書精華售予日本岩崎氏靜嘉堂文庫，包括毛鈔本《國語》《永嘉先生三國六朝五代紀年總辨》《北戶錄》《酒經》《田畝比類乘除捷法》《算法通變本末》《乘除通變算寶》《算法取用本末》《續古摘奇算法》《杜荀鶴文集》《杜工部集》《孟東野詩集》《寒山子詩集附豐干拾得詩》《永嘉四靈詩》《芳芷樓詞》《群賢梅苑》《文章善戲》以及《典雅詞》十四種等十幾部，其中如《國語》之類是毛鈔最精品之一，在《秘本書目》中開價六兩，彌足珍貴。光緒三十四年，兩江總督端方在南京奏請清政府創設江南圖書館（今南京圖書館之前身），時爲陸氏

---

① 〔清〕周星詒《書鈔閣行篋書目跋》，國家圖書館藏清鈔本。

皕宋樓藏書售予日本之第二年，爲防止古籍再次外流，端方將丁氏八千卷樓藏書收購，入藏江南圖書館。八千卷樓所藏毛鈔本《宋五家詞》等也隨之歸入公庫。

1937年"八一三"事變之後，日本軍隊進攻上海，三個月後，上海被佔領，蘇州河以南英美法諸國租界暫未淪陷，形同孤島。兵燹所至，文化典籍遭遇空前劫難。江南藏書世家的珍貴圖書大量流入古書市場，北方書賈、敵僞機構、美國文化機構（如哈佛燕京學社）等紛紛搶購。其爲人所矚目者，有貴池劉氏玉海堂、常熟瞿氏鐵琴銅劍樓、廬江劉氏遠碧樓、順德鄧氏風雨樓、吳興張氏適園等。耳聞目睹文獻典籍遭遇毀失侵奪慘狀，時在上海的有識之士如鄭振鐸、張壽鏞、張元濟、何炳松、張鳳舉等聯名吁請政府搶救淪陷區圖書，以求"以國家的力量來搶救民族的文獻"，滬上"文獻保存同志會"由是成立。① 在國民政府教育部、管理中英庚款董事會、國立中央圖書館及滬上知識人等的協力合作下，文獻保存同志會在1940年1月至1941年12月間秘密搜救保存了善本古籍4864部，48000多冊。② 今收藏於臺北"國家圖書館"的毛鈔本《唐國史補》《三曆撮要》《句曲外史詩集》《盤洲樂章》《梅屋詩餘》《石屏長短句》《天下同文前甲集》《誠齋尺牘》等都是當時搶救來的珍本。這幾個毛鈔本皆著錄於《國立南京圖書館善本甲庫書目》。考南京圖書館館史，1933年4月南京國民政府教育部委托蔣復璁籌建國立中央圖書館，地址在成賢街。1937年西遷重慶，1946年返都南京。1948年底，蔣復璁等奉命攜館藏珍籍13萬冊去臺灣。1949年5月，中央圖書館由南京市軍事管制委員會接管。1950年3月19日，中央圖書館奉中央文化部令，更名爲國立南京圖書館，由文化部文物局和華東軍政委員會文化部雙重領導，館長賀昌群。

---

① 鄭振鐸《求書日錄序》，《西諦書話》，生活·讀書·新知三聯書店，1983年，第527頁。
② 詳情可參看鄭振鐸著，陳福康整理《爲國家保存文化：鄭振鐸搶救珍稀文獻書信日記輯錄》（中華書局，2016年），臺北"國家圖書館"編《希古右文——搶救國家珍貴古籍特選八十種圖錄》（臺北"國家圖書館"，2013年），陳振林碩士論文《"孤島"時期文獻保存同志會研究》（華東師範大學2018年）。

1954 年成立南京圖書館。① 《國立南京圖書館善本甲庫書目》爲油印本，編成於二十世紀五十年代初，按版本即宋本、金本、元本、明清本（域外刊本、活字本附）、鈔本、批校本、稿本分爲七類，每類下又按經、史、子、集、叢再分，計有正編、補遺、續補、再補、餘編一、餘編二各卷，共著録善本書1391 種，目中各書今均收藏於臺北"國家圖書館"。所謂"甲庫善本"蓋即文獻保存同志會所購古籍的一部分，均在蔣復璁攜往臺灣的 13 萬册之内。

民國時期，收藏毛鈔本較多的還有袁克文三琴趣齋、張元濟主持的商務印書館涵芬樓以及周叔弢自莊嚴堪、陳清華荀齋。

袁克文（1889—1931），字豹岑（一作豹丞），號寒雲，河南項城人，袁世凱次子。好詩詞歌賦，喜收藏書畫、古玩。購藏古籍以方爾謙、李盛鐸爲師，先後收得宋元明精槧數百種。撰有《寒雲手寫所藏宋本提要廿九種》，藏書處稱"後百宋一廛""孤本書室""皕宋書藏"。袁氏於民國初年開始大力追求善本佳槧，出手闊綽，收書豪爽，一時所獲孤本秘笈頗多。倫明《辛亥以來藏書紀事詩》詠之云："一時俊物走權家，容易歸他又叛他。開卷赫然皇二子，世間何事不曇花。"注云："袁寒雲克文，於乙丙間大收宋槧，不論值，坊賈趨之，幾於搜巖熏穴。所儲又多内府物，不知如何得之也。項城敗後，隨即星散，大半爲李贊侯、潘明訓所有。諸書册首皆鈐有'皇二子'印章。"② 乙丙間爲乙卯、丙辰（民國四年、五年）間，不止宋槧，毛鈔亦陸續歸之。民國四年，傅增湘致函張元濟云："久未見書，廠市殊寂寥。然袁豹丞以重價招之，恐此後難以他售矣。印臣之毛鈔、授經之宋元亦陸續由湘介紹歸之，湘之《韻補》亦歸之，近亦可稱蔚爲大觀矣。"③ 印臣即清末詞學家吳昌綬，④ 吳氏雙

---

① 見南京圖書館官網首頁"館史略覽"。
② 倫明著，雷夢水校補《辛亥以來藏書紀事詩》，上海古籍出版社，1990 年，第 77 頁。
③ 張元濟、傅增湘撰《張元濟傅增湘論書尺牘》，商務印書館，1983 年，第 65 頁。
④ 吳昌綬（1868—1924），近代詩人。字伯宛，一字甘遁，號印臣，晚號松鄰。浙江仁和人。光緒二十三年（1897）舉人，官内閣中書。以藏書、刻書著稱。藏書處曰"雙照樓"。曾刻印《松鄰叢書》《景刊宋金元明本詞》，著有《松鄰遺集》。

照樓影刊宋元本詞十七種，所據有毛鈔本《醉翁琴趣外篇》六卷、《閑齋琴趣外篇》六卷、《晁氏琴趣外篇》六卷、《酒邊詞》一卷。此年五月十三日，袁克文一舉收購毛鈔本六種，《寒雲日記》載："得汲古閣影寫宋本書六種：曰《聖宋高僧詩選》五卷，士禮居增藝芸書屋者，半葉十行，行十八字，黃紙。曰《醉翁琴趣》、曰《閑齋琴趣》、曰《晁氏琴趣》各六卷，半葉十行，行二十八字，三種同。曰《可齋雜稿》卷三十一之三十四，詞四卷；《續稿》卷七之八，［詞］二卷；《續稿後》卷十一，詞一卷。半葉十一行，行二十字。《續稿》目前有寶祐甲寅四月可齋自書大字序。曰《酒邊詞》一卷，半葉八行，行十四字，巾箱本。""琴趣"三書是從滿洲貴族耆齡處購得，耆齡另藏有毛鈔本《古文苑》，後亦歸袁氏。袁氏乃以雞血佳石鐫"三琴趣齋"巨印，遍鈐所藏善本。袁氏好友也經常協助其購藏善本。《寒雲日記》載："洪憲元年"（民國五年，1916）正月初五日，"錢葆奇自上海購得汲古閣影寫宋本《漢書·帝紀》十二卷《志》十卷，《後漢書·帝紀》十卷《志》三十卷。"次日，"傅沅叔爲余於上海購得汲古閣影寫宋本《唐宋諸賢絕妙詞選》三卷"。①袁氏跋影宋鈔本《兩漢書》云："此書通體精雅如一，決非書胥所能爲，審毛跋語意，必爲毛氏手自繕寫，故非其他毛鈔所可企及。四年前傅沅叔即爲余述此書之佳，具謂展轉求之不可獲，問所給值已二千金矣。今予以三千元得之，予輩之痴狂，當有以對子晉之苦心也。""予藏毛鈔並此十品，俱無此之精且巨者，況出自北宋復獨此焉！通體雖無毛氏印記，得子晉手跋價益增重，且可爲此書證也。此書乃翁氏後人持至滬市求沽，爲錢抱器師所見，亟馳函告予，因遣使携金赴滬取來，披閱一過，頭目俱爽。時洪憲元年一月六日，晨二子。"② 可見其興奮之情。至此袁氏所收毛鈔精品有十種之多，花費數千元，可謂豪舉。袁克文先後收集影宋鈔本詩詞十種，擬以西法影印之，命曰《三琴趣齋叢書》，惜未實行。此十種各有詩紀之，詠毛鈔各本云：

---

① 王雨《王子霖古籍版本學文集·附錄》，上海古籍出版社，第155頁。
② 轉引自傅增湘《藏園群書經眼錄》，第166頁。

無注分明九卷殊，平津舊刻復何如？毛鈔似此尤精絶，木
篋還標士禮居。(《古文苑》)
　　詩似唐經寫影黃，三編五卷費平章。影鈔還有九僧集，劍
合何時共一囊。(《聖宋高僧詩選》)
　　醉翁琴趣絶流傳，一卷惟存六一篇。晁氏閑齋同版式，誰
將合刻考當年。(《醉翁琴趣》)
　　曾拂桐徽閣上塵，得三琴趣亦前因。閑齋未入詞家選，孤
本流傳更可珍。(《閑齋琴趣》)
　　三琴趣獨補之傳，列宋名家有外篇。毛刻毛鈔差太甚，字
行誰似舊時鐫。(《晁氏琴趣》)
　　搓粉揉脂别樣妍，却從裏底見姮娟。晴窗最是銷魂處，不
在眉邊在酒邊。(《酒邊詞》)
　　李氏文章此一斑，家藏三稿渺人間。詞前漫讀曾翁序，省
識當時手自删。(《可齋詞》)①

　　袁氏生活放浪不羈，以鉅資廣購古籍、金石、書畫及古玩，後
生計窘迫，變賣殆盡，數年之間，所藏如雲煙驟聚驟散。潘宗周、
張元濟、周叔弢、趙元方、陳清華、傅增湘、邢之襄等都曾先後收
得袁克文舊藏善本古籍。
　　涵芬樓是張元濟主理上海商務印書館編務時爲便於編輯工作而
設立的古籍藏書室，後因藏書增多，乃於宣統元年（1909）擴爲圖
書館。民國十三年（1924），商務另築高達五層的東方圖書館，以存
放越來越多的普通書籍。"宋元明舊刊和鈔校本，名人手稿及其未刊
者爲善本"，則"另辟專室珍藏，顏曰'涵芬樓'"，"涵芬樓"轉爲
東方圖書館善本室。涵芬樓收書重視其文獻價值，所收毛鈔本有
《漢上易傳》《虞鄉雜志》《東漢會要》《家訓》《歷代蒙求》《稼軒
詞》《唐宋諸賢絶妙詞選》，其中如《虞鄉雜志》《家訓》《歷代蒙
求》均爲傳世孤本。辛棄疾詞有十二卷本和四卷本兩個版本系統，
此毛鈔本分甲乙丙丁四集，是四卷本系統最重要的本子，流傳過程

---

① 《王子霖古籍版本學文集·附録》，第179頁。

中被析爲兩部分，涵芬樓從顧錫麒謏聞齋收得甲乙丙三集，又以重金從書賈手中收得趙宗建舊山樓舊藏之丁集，方合爲完帙，民國二十九年商務印書館據以影印行世。商務所印宋刻本《漢上易傳》缺卷一至二，乃用所藏毛鈔本配補影印。民國二十一年"一·二八事變"，東方圖書館被日寇焚燬，張元濟將幸存古籍編成《涵芬樓燼餘書録》，這批書於1951年全部入藏北京圖書館，上述毛鈔本皆在其中。

比涵芬樓藏書更顛沛流離者有臺北故宮博物院所藏毛鈔本，其中除得自清宮舊藏外，還有原國立北平圖書館善本甲庫之舊藏（如《漢官儀》《堪輿説原》等）。"九一八"事變之後，華北政局動蕩，爲避免館藏珍貴圖書遭兵燹之厄，北平圖書館擷取甲乙庫珍本六萬餘册及其他珍貴圖籍，分批次裝運赴滬。抗戰爆發，上海淪陷，歐戰繼起，國際形勢每況愈下。時任館長袁同禮先生因與美國接洽，從存滬善本中選取近三千種，寄存於美國國會圖書館。1965年，此批善本被送至臺灣。

民國以來，收藏毛鈔本最值得一提的藏書家是建德周叔弢先生。周叔弢（1891—1984），名暹，一名揚或明揚，字叔弢，以字行，晚年自號弢翁。原籍安徽建德縣，生於揚州，後定居天津。興辦實業，爲發展我國民族工業做出了突出貢獻。出身書香仕宦之家，祖周馥（1837—1921），字玉山，曾參李鴻章幕府，官至兩江、兩廣總督，爲晚清重臣。父周學海，光緒十八年（1892）進士，潛心於醫學，編著有《周氏醫學叢書》。弢翁受家庭影響，十六歲開始購書，積數十年之功成爲一代藏書大家。藏書室名自莊嚴堪。收書懸格很高，繼承清季振宜、黄丕烈等名家傳統，注重宋元明刻本、精鈔校本及名家校跋本之收藏，量大質精，名重海内外。先生視數十年精力所聚爲天下公物，並不囿於以往"子孫永保"的藏書理念，1952年，將歷年收藏的宋元明刻本以及鈔校古籍最爲精善的七百一十五種無償捐贈北京圖書館，① 後來又陸續捐贈大批善本古籍，大公無私，令人景仰。所收毛鈔本有：《瑟譜》《字鑑》《六藝綱目》《東

---

① 冀淑英先生據這批書編爲《自莊嚴堪善本書目》，天津古籍出版社，1985年。

家雜記》《舊聞證誤》《唐中興閒氣集》《分門纂類唐歌詩》等，曾欲購毛鈔本《酒經》而未得。① 其中《瑟譜》有黃丕烈跋，是民國三十七年（1948）弢翁以五百金元（合金二兩五錢）在忠厚書莊收得；② 《字鑑》是成批收購楊氏海源閣藏書中之一種，中有夾籤，弢翁審定是何煌校筆；《東家雜記》原是傅增湘舊藏，傅氏讓出後流至日本文求堂，弢翁看重其書是名家鈔本、名家遞藏，且有席鑑手跋，十分罕見，遂自日本高價購回；其餘各種以及自莊嚴堪所藏汲古閣舊藏書都是花費一番周折始得。此外，弢翁曾得民國九年（1920）高氏蒼茫齋鈔本《汲古閣珍藏秘本書目》一卷，遂將家藏及知見善本古籍注於該書相關條目之下，計一百二十餘條，對考察汲古閣藏書的下落有一定幫助。③

　　與弢翁並稱"南陳北周"的陳清華所收毛鈔本亦不少。陳清華（1894—1978）字澂中，湖南祁陽人。以從事金融銀行業起家，財力雄厚，重金收書，所藏古本舊槧既精且富，號爲江南第一。1949年攜部分珍籍離滬赴香港，1956年、1965年兩次因生計出售藏書，在周恩來總理關懷下，由國家購得其珍籍一百二十多種，撥交北京圖書館庋藏。陳氏去世後，藏書由其女國瑾、子國琅等繼承，2000年，國琅所藏亦轉讓給國家圖書館。陳氏舊藏毛鈔本有《論語·孟子》（影元旴郡重刊宋廖氏世綵堂本）、《焦氏易林注》《歷代蒙求》《小學五書》《醫論》《鮑參軍集》《碧雲集》，不僅文獻價值高，還是很具觀賞性的文物精品。此外，陳氏所藏宋刻本《龍龕手鑑》，卷二爲毛氏影鈔配補，繕寫極佳。明崇禎十五年（1642）畫家王咸爲毛晉繪製的《虞山毛氏汲古閣圖》也是陳氏插架之物。此圖上方有清錢大昕題額，四周有三十六位清代及民國時期的文人雅士如段玉裁、黃丕烈、顧廣圻、李盛鐸等的題跋、題詩，爲世所珍，亦入藏國家圖書館。

---

① 李國慶編著，周景良校定《弢翁藏書年譜》，黃山書社，2000年，第32、38、43頁。
② 同上書，第249頁。
③ 此書藏天津圖書館，已影印入《周叔弢批校古籍選刊》，國家圖書館出版社，2013年。

1949 年之後，重要藏書家的收藏絕大部分流入各大圖書館，成爲公藏，得到永久保護，毛鈔本也隨之成爲各館插架珍品，如長沙葉啓勳所藏《重續千字文》《文則》歸湖南省圖書館，南京圖書館、上海圖書館各有若干種。國圖現在所藏毛鈔本有百餘種，是從各種渠道匯聚而來，除涵芬樓舊藏、弢翁所捐及從陳清華手中所購之外，還有：從民國時起北平圖書館就陸續購得或者獲贈海源閣藏書，成爲收藏海源閣書最多的單位；民國三十六年七月，傅增湘先生將藏園群書中的 373 部約四千三百冊捐贈給北平圖書館，1949 年傅先生去世後，家屬遵其遺命又先後將家藏善本 480 部和部分普通古籍捐給北圖；1950 年，經趙萬里介紹，翁之憙（1895—1972）捐贈了常熟翁氏所藏古籍珍本 2400 多冊；1951 年，瞿氏鐵琴銅劍樓半捐半賣三批 700 多種善本書；1951 年，潘世滋捐贈潘宗周寶禮堂藏書；1956 年，趙元方無悔齋珍本入藏；其他藏書家也將家藏善本或捐贈，或轉讓，加之國家文物局、北京市文管會等政府部門的撥交以及趙萬里等先生的努力蒐求採購，北京圖書館所藏歷代寫本、刻本、傳鈔本等善本書如百川歸海，最終達到 34 萬多冊（件），普通古籍 160 多萬冊（件），毛鈔本達到百種之多，蔚爲大觀。

　　當然並不是所有的善本古籍都在大藏書家之手輾轉遞藏，流傳有緒，也有很多命途多舛或流落不偶甚至散佚失傳者。三百年來，歷經兵、災、水、火之厄，毀掉的珍本古籍不知凡幾，很多著名的毛鈔本也沒有擺脱散佚的命運。如國圖藏毛鈔本《誠齋集》是翁同龢十四歲時在崑山應童子試，於破書堆中所得，僅殘存十五卷。毛氏影宋鈔本《石林奏議》被著名版本學家魏隱儒稱爲所見毛氏鈔本中最爲精善者，[①] 原爲鳳山舊藏。鳳山（1860—1911）字禹門，宣統三年（1911）授廣州將軍，武昌起義時被革命黨人炸死，清廷追贈太子少保，諡勤節。從軍之餘，雅好古籍收藏，藏品數量及品質與完顔景賢藏書相當，有宋本《方輿勝覽》《通鑑紀事本末》、鈔本《六藝之一録》等。民國十八年，其家藏圖書被文友堂、文奎堂、寶文書局、修綆堂等書商伙購，《石林奏議》歸翰文齋書肆，又輾轉流

[①] 魏隱儒《古籍版本鑒定叢談》，第 136 頁。

入文友堂，文友堂將其賣予日本田中慶太郎文求堂，流失海外。其後文奎堂又以重價購回，最終歸中國社會科學院圖書館收藏。① 流轉多方，所幸全書俱在，保存完好。"文革"期間大批圖書被送去化紙漿，蘇州圖書館前館長華開榮等在廢品收購站撿得汲古閣影鈔本《三經音義》（《論語》《孟子》《孝經》），論斤購回，實屬萬幸。

第二節　存世毛氏汲古閣鈔本知見目錄

毛晉收藏的善本舊籍由子孫分割繼承，而現在存世著録爲汲古閣鈔本的書，或者僅鈐毛晉印記，或者同時鈐有毛扆印記，或者僅有毛扆印記，而没有毛褒和毛表的藏本。所幸毛扆編的鬻書目録《汲古閣珍藏秘本書目》（以下簡稱《秘本書目》）流傳於世，成爲輯録毛鈔本的基礎。《秘本書目》編成後，以鈔本形式流行近百年。所知現存最早的鈔本是清乾隆五十七年（1792）吳震手寫本，傅增湘曾經眼，② 後歸黃裳收藏，③ 黃氏又曾收得錢天樹批校舊鈔本，今併不知歸於何處。南京圖書館藏有嘉慶三年（1798）吾德寧鈔本。至嘉慶五年，黃丕烈將此書收入《士禮居叢書》中，始有刻本。學者獲讀此目，多有批校之舉，今可見者，有清末周星詒批校士禮居本，國圖藏（02845）；傅增湘收得清姚尹跋士禮居本，過録吳震、沈道寬等批注，又自注己見於上，亦藏國圖（05134）；民國二十八年（1939），巢章甫收得高氏蒼茫齋鈔本，轉贈周叔弢，弢翁有批校，今藏天津圖書館。凡此都對考察《秘本書目》中各書的源流端緒很有參考價值。

《秘本書目》著録古籍 505 種，各書按照經史子集四部次序排列，有簡單解題。作爲一部鬻書目録，對版本項著録尤爲詳細，以突出其經濟價值。凡宋元版均標注於書名之上，如"元板周易兼義""宋板羣經音辨"；其次著録卷數、册數、著者、鈔本品類及售價。

---

① 參閲雷夢水《書林瑣記》，第 10、43 頁。
② 《藏園訂補郘亭知見傳本書目》，第 447 頁。
③ 黃裳《汲古閣書目兩種》，見《來燕榭書跋》，第 183 頁。

卷數、著者常予省略；凡不標明版本者，一般人認爲都是明刻本。著録鈔本有 380 多種，區分爲"（影）宋板影鈔""宋板精鈔""元板精鈔""舊鈔""精鈔"諸名目，相當細密，"看字之工拙、筆貲之貴賤、本之厚薄、其書之秘否，然後定價"（跋）。繆荃孫云："内舊鈔者注'舊鈔'，不注者即毛氏新鈔。"① 毛晉父子都没有編寫汲古閣藏書、鈔書目録，這部鬻書目録只是毛扆藏書的一部分，並非毛氏藏書精華之全部，且歸類頗有失當之處，但已是考察汲古閣藏書、鈔書最重要的文獻。此目所載毛鈔本計一百十種，流傳至今，有仍然存世者，有佚失或下落不明者。王文進《明毛氏寫本書目》在一百十種之外，復輯録見於各家記載者一百三十種，總計毛鈔本兩百四十種。瞿冕良《中國古籍版刻辭典》"汲古閣"條在王目基礎上又有增補。王目有簡單解題，說明來源，並説明同書其他版本的卷數、著者，以補充《秘本書目》各條之闕略；瞿目則僅開列書名、卷數、著者而已。2018 年，蘇曉君出版《汲古閣匯紀》一書，其第四章爲"汲古閣鈔本書目"，是以瞿冕良所輯爲基礎，根據各種書目之著録作匯總統計，分爲已知鈔本書目（下分明末鈔本、清初鈔稿本、鈔年不詳本書目三小類）、知而未見鈔本書目兩類，各有解題，但由於大多未見原書，只是從目録到目録，其推斷失誤之處不少。且蘇書所録將各書之前集、後集、別集及附録部分全都拆開另作一部書，殊嫌繁碎。王、瞿、蘇三家的共同問題是未能對存世毛鈔本的真僞進行考辨。三家專門輯録毛鈔的目録之外，版本目録學著作中相關記載亦有很多，尤其以藏園老人傅增湘見多識廣，勤於記録，《藏園群書經眼録》《藏園訂補郘亭知見傳本書目》等書信息詳備，間有考辨，極有參考價值。

前人古籍書目中的著録，或稱毛鈔本爲"明末/清初毛氏汲古閣影宋/元/明鈔本"，或稱之爲"影寫宋/元刊本"，或稱之爲"宋/元版影鈔/影寫"，或稱之爲"精寫本""精鈔本"，"影"字或寫作"景"，或省略"鈔""寫"字，直接稱爲"影宋/元/明本"，不一而足。毛氏父子生活在明清易代之際，其鈔本能準確斷代者不多，一

---

① 繆荃孫《雲自在龕隨筆》卷三，《繆荃孫全集·筆記》，第 57 頁。

般徑作"明末""清初"或"明末清初",含混著錄。《天禄琳琅書目》著録毛氏影鈔本若干部,有"琴川毛氏鈔本""琴川毛氏藏本"之不同,實皆指毛鈔本,如《九域志》著録爲"琴川毛氏藏本",①鈔入《四庫全書》時則謂爲"明毛晉影鈔宋刻"。②《愛日精廬藏書志》所收的若干種毛鈔本,著録爲"舊鈔本,汲古閣藏書",與其他書目徑作"毛氏汲古閣鈔本"者體例不同。蓋因傳世汲古閣舊藏鈔本中亦鈐有毛氏各印,與毛鈔本不易區分,故審慎著録。本書視隨文之便,或稱"毛鈔本",或稱"汲古閣鈔本"。

對存世毛鈔本的調查統計,主要依據有:

一、各圖書館編纂出版的古籍書目、善本書目及其官網檢索目錄、古籍數據庫。但並不是所有圖書館的古籍都編纂出版了善本書目,所以還要根據《中國古籍善本書目》的著録來考察。《中國古籍善本書目》由顧廷龍爲主編,冀淑英、潘天禎爲副主編,共著録除臺灣地區以外中國各省、市、自治區公共圖書館、博物館、文物保管委員會、大專院校和中等學校圖書館、科學院系統圖書館、名人紀念館和寺廟等 781 個單位的藏書約 6 萬多種 13 萬部,是"一部當今國家現藏古籍善本書的總目録",③ 是目前最權威可信的古籍善本書目。近年國家圖書館通過"中華古籍資源庫"累計發佈各類古籍資源總量達十萬部/件,爲古籍版本研究提供了極大的便利。臺灣地區則有《"國家圖書館"善本書志初稿》《"國立中央圖書館"善本書目》《"國立故宮博物院"善本書目》以及各種書影圖録,臺圖的"古籍與特藏文獻資源"數據庫、臺北故宮博物院的"圖書文獻數位典藏資料庫"中,很多書有全文影像;日本静嘉堂文庫所藏則只能依據《静嘉堂文庫漢籍分類目録》《静嘉堂秘籍志》《皕宋樓藏書志》以及《日藏漢籍善本書志》。

二、古籍影印叢書。從民國時期迄今近百年間,各種大型古籍叢書影印出版,毛鈔本因具有重要文獻價值常被收入其中。主要有:

---

① 《天禄琳琅書目》卷四,第 108 頁。
② 《四庫全書總目》卷六十八,第 596 頁。
③ 冀淑英《中國古籍善本書目·後記》。

《四部叢刊》《四部叢刊續編》《四部叢刊三編》《續修四庫全書》《續古逸叢書》《北京圖書館藏古籍珍本叢刊》《中華再造善本》等。2021年，北京大學出版社出版了陳紅彦、樊長遠主編的《國家圖書館藏汲古閣鈔本叢書》，收錄汲古閣鈔本及汲古閣收藏過的鈔本文獻87種，每種文獻前均有解題，詳細描述該書版本形態，釐清其版本系統與源流，説明遞藏經過。

三、各種善本圖錄。從2007年開始，全國古籍普查、國家珍貴古籍名錄評審工作開展，已陸續公布了四批《國家珍貴古籍名錄》並出版了《名錄圖錄》，有多部毛鈔本入選《名錄》。其他可參考的圖錄則有：《中國版刻圖錄》《自莊嚴堪善本書影》《祁陽陳澄中舊藏善本古籍圖錄》《上海圖書館善本題跋真蹟》《"國立中央圖書館"善本題跋真跡》以及嘉德、保利等拍賣公司歷年的拍賣圖錄。

下文所列，大多核對過縮微膠捲及各種影印本，有些看過原書。按經史子集四部分類（不再細分二級類目），排序略依《中國古籍善本書目》；僅著錄能確知現館藏地者，版本一般依各收藏單位的著錄。《虞鄉雜記》等幾種過去被認爲是毛晉稿本，亦予收錄。至若傅增湘《藏園羣書經眼錄》等書目中提及若干種毛鈔本，時代較爲晚近，雖很可能仍然存世，但目前尚不知流落何許，則列入"存佚不詳"等其他目録。王文進、瞿冕良、蘇曉君三家曾專門輯録毛鈔本，下文凡三家曾提及是書，則在題名後標注，以不没其追索之功；至其誤處，若辨之則不勝繁，讀者取相關著作合參可也。

一、經部

1. 漢上易傳十一卷　〔宋〕朱震撰　[王、瞿、蘇]

清初毛氏汲古閣影宋鈔本。附《漢上先生履歷》一卷。今藏國圖（07258）。十行二十一字，白口，左右雙邊。十册。書中避宋諱"玄""敬""恒""貞""桓"等字。前後字體小異，鈔手當非一人。魏隱儒云："明毛晉鈔本。用開花紙格紙鈔。"①

---

① 魏隱儒《書林掇英》，第5頁。

據書中藏印，知此書曾經清英和、韓泰華遞藏。民國間，傅增湘曾經眼，云"藏山東某氏"，① 後歸袁克文，《寒雲日記》1916年三月十四日載："山東張蔭軒贈毛鈔《漢上易傳》十一卷，……毛氏所影寫宋本皆爲畫欄，此則墨印，頗不多見。"② 知"山東某氏"爲張蔭軒。袁氏書散，此書由蔣汝藻傳書堂所得。王文進《明毛氏寫本書目》云："二書見傳書堂。按《邵亭》作宋朱震，附《卦圖》三卷《［叢］説》一卷。" 王國維云："烏程蔣氏藏汲古閣景宋本，精甚。末附《漢上先生履歷》一卷，而無《卦圖》《叢説》，蓋即通志堂祖本也。"③ 所撰《傳書堂藏書志》中又云："通志堂所刊《易傳》十一卷，依景宋本，殆與此本同源而改其行款。其《卦圖》三卷、《叢説》一卷，則依西亭王孫鈔本，蓋流傳宋本只此十一卷也。" 又謂："精雅絕倫，三百年來未經名人收藏，誠罕覯之秘籍矣。"④ 後入涵芬樓，張元濟《涵芬樓燼餘書錄》著錄，云："晁、陳二家所錄（引案：晁公武《郡齋讀書志》、陳振孫《直齋書錄解題》），均有《圖》三卷、《叢説》（三）［一］卷，此均佚，想所據或非足本。"⑤ 《四部叢刊續編》影印宋本，所缺之卷一至二據此配補。

鈐印：宋本、甲、汲古主人、毛晉私印、恩福堂藏書印、韓氏藏書、玉雨堂印、寒雲藏書、涵芬樓、海鹽張元濟經收、涵芬樓藏。

2. 三山拙齋林先生尚書全解四十卷　〔宋〕林之奇撰　[王、瞿、蘇]

清初毛氏汲古閣鈔本，卷三十四配清鈔本。今藏國圖（11735）。十行行二十二至二十四字不等，黑口，左右雙邊。十册。陳祺壽跋。

---

① 傅增湘《藏園訂補邵亭知見傳本書目》，第14頁。
② 《王子霖古籍版本學文集・附錄》第2册，第160頁。
③ 傅增湘《藏園訂補邵亭知見傳本書目》，第14頁。傅熹年按語云：北京圖書館藏王靜安先生手批本《邵亭知見傳本書目》，蓋編蔣氏傳書堂書目時就蔣氏藏書隨手批田中本上者。
④ 王國維《傳書堂藏書志》，第4頁。
⑤ 張元濟著，張人鳳編《張元濟古籍書目序跋彙編》中册，商務印書館，2003年，第385頁。

版心下有"汲古閣"三字。前後字體不同，鈔手當非一人。有朱筆校改。前有《四庫全書總目提要》一篇，乃流傳過程中藏家重裝補入者。此書自明以來即佚卷三十四《多方》一篇，乾隆時四庫館臣始從《永樂大典》中輯出補全，此本有後人所鈔配之卷三十四，亦源出於《四庫》輯本。王文進《明毛氏寫本書目》云"《帶經》"，按清陳樹杓《帶經堂書目》卷一著録，云"三十四卷《多方》篇未佚"，① 恐是誤鈔配爲毛鈔原本。

陳祺壽跋云：

> 予遊廣州，與叔雅、叔蘊諸君從事學務。其時南海孔氏以三十三萬卷藏書樓之圖籍出售，諸君爭掇其菁華，予亦束得十數種，此書即其一也。十數種之價值此爲最高。諸君疑之，謂"此雖號汲古鈔本，既無題跋，又無印章，安見非贋鼎乎？"予曰：此不難辨。汲古所搜之宋槧本已佚第三十四卷，故此鈔因之闕如，蓋其慎也。徐健庵氏彙刻《通志堂經解》，林《解》亦闕卷三十四《多方》一篇，考即以此鈔爲祖本。林《解》無足本，康雍以來藏書家大抵然矣。逮乾隆朝四庫館開，館臣從《永樂大典》中搜出《多方》一篇，於是林《解》始有完書，《提要》言之綦詳，可復按也。此本得知鈔自毛氏者，有兩塙證：全書皆刷印汲古閣格紙，獨三十四卷用墨筆界格，中縫字亦皆墨筆填寫，作僞者無此細心，此一證也；三十九卷中皆有朱筆塗改，毛氏鈔成後按宋槧本校勘，勢所必然，作僞者無此底本，能若是之精密耶？《多方》一篇必後來藏書家據庫本過録補入此鈔，以完林《解》之舊，故通體無一校勘，此又一證也。疑爲贋本，諸君或未之審歟？衆聽然曰："子言不妄。"遂書之以志快云。甲辰孟陬，蘭頤。

無收藏印記。

---

① 〔清〕陳樹杓編《帶經堂書目》卷一。

3. 書義主意六卷　〔元〕王充耘撰　[王、瞿、蘇]

4. 群英書義二卷　〔元〕張泰等撰　[王、瞿、蘇]

明末毛氏汲古閣影鈔本，據元至正八年（1348）建安劉叔簡日新堂刻本影鈔。日新堂合刻此二書，後世翻刻、傳鈔亦皆合爲一帙。王文進《明毛氏寫本書目》云："見《天禄》。又《故宮館》。"按《天禄琳琅書目》未著録。清宮昭仁殿舊物。今藏臺北故宮博物院。

《書義主意》（故善 001729－001730），十四行二十三字，黑口，左右雙邊。版框：18.8cm×12.1cm。二册。書名、篇題大字佔雙行。序後摹寫"日新堂""劉氏叔簡"刊記。

鈐印：元本、甲、汲古閣、毛晉之印、東吳毛氏圖書、聽松風處、毛氏子晉、毛晉。

《群英書義》（故善 001731），十一行二十一字，黑口，左右雙邊。版框：18.5cm×11.8cm。一册。

鈐印：毛晉之印、子晉書印、東吳毛氏圖書。

5. 詩經解頤四卷　〔明〕朱善撰　[王、瞿、蘇]

清初毛氏汲古閣鈔本。今藏國圖（12386）。十二行二十八字，白口，左右雙邊。二册。書中有朱筆校改。王文進《明毛氏寫本書目》云："《天禄續》。"《天禄琳琅書目後編》卷二十著録云："書四卷。不載經文，或爲總論，或分章立説。末有洪武壬午丁隆識，稱其子既鋟諸梓，歲久不能無訛，命工重刊。此本乃汲古閣藏，收書家所珍爲毛鈔也。"①

鈐印：汲古閣、毛晉（連珠印）、毛氏子晉、汲古主人、毛晉私印、五福五代堂寶、八徵耄念之寶、太上皇帝之寶、乾隆御覽之寶、天禄繼鑑。

劉薔云："在抗戰期間北平圖書館寄存美國國會圖書館的善本書中，也有一部明洪武刻本《詩經解頤》，其上亦鈐有'乾隆御覽之寶'朱文橢圓印及'天禄繼鑑''天禄琳琅'三璽，並有'汲古閣''毛

---

① 《天禄琳琅書目後編》卷二十，第 807 頁。

晉'‘毛氏子晉'三印，正是天禄本毛氏傳鈔之底本。此書現藏臺北'故宫博物院'，書號平圖000129－000130，二册，著録爲'明刊黑口本'。"① 此洪武本已影印入《原國立北平圖書館甲庫善本叢書》，比對可知，洪武本頗有殘損，毛鈔本因非影鈔，行格與之不盡相同。

6. 瑟譜十卷　〔明〕朱載堉撰　[王、瞿、蘇]

清初毛氏汲古閣鈔本。《秘本書目》："《鄭世子瑟譜》一本，綿紙精鈔。一兩。"今藏國圖（07947）。十二行二十五字，白口，四周單邊。版框：18.2cm×12.9cm。一册。葉心下有"汲古閣"三字。清黄丕烈跋。書眉有校記數條，不詳出自何人手筆。民國間藏書家李放舊藏。民國三十七年（1948），周叔弢以五百元（合金二兩五錢）在天津忠厚書莊收得。②《文禄堂訪書記》卷一著録爲"明毛子晉鈔本"。③

鈐印：毛氏子晉、毛晉之印、毛晉（連珠印）、黄丕烈、蕘圃過眼、讀未見書齋收藏、石孫讀過、夢公眼福、辟丞嗣守、中羽、義州李氏圖籍、李葆恂印、李放珍祕、李放嗣守、李放審定、詞堪、猛厂、江夏、無雙、書癖、抱竹居藏書記、周暹。

7. 春秋集注十一卷**綱領**一卷　〔宋〕張洽撰　[瞿、蘇]

清初毛氏汲古閣影宋鈔本。今藏國圖（12347）。十行十八字，小字雙行二十七字，白口，左右雙邊。八册。影鈔底本爲宋德祐元年（1275）衛宗武華亭義塾刻本，遼寧省圖書館有藏。此影鈔本原藏僞滿長春僞宫，後由故宫博物院接收，1960年撥歸北京圖書館。陳國慶撰《瀋陽圖書館藏長春僞宫殘存宋元珍本目録考略》一文，提及此本，謂"蓋汲古閣藏影宋端平二年本也"，④ 其説非是。

鈐印：宋本、甲、汲古主人、毛晉私印。

---

① 劉薔《天禄琳琅知見書録》，北京大學出版社，2017年，第631頁。
② 李國慶《弢翁藏書年譜》，第249頁。
③ 王文進《文禄堂訪書記》，第47頁。
④ 陳國慶撰，王清原整理《瀋陽圖書館藏長春僞宫殘存宋元珍本目録考略》，載《歷史文獻》第六輯，上海古籍出版社，2004年，第82頁。

8. 春秋繁露十七卷　〔漢〕董仲舒撰　　［瞿、蘇］

清初毛氏汲古閣影宋鈔本。今藏國圖（12349）。十行十八字，白口，左右雙邊。存八卷：卷五至八、十四至十七。二册。影鈔底本爲宋嘉祐四年（1059）江右計臺刻本。江右計臺本今存一帙，亦藏國圖（12348），與此毛鈔比對，知鈔寫不謹嚴，多誤字，遺漏刻工，且宋本"徵""慎"等字避諱缺末筆，鈔本多不避諱。僞滿長春僞宮舊藏，自故宮轉歸北圖。

鈐印：子晉書印、毛晉私印、子晉、汲古得脩綆。

9. 論語十卷　〔魏〕何晏集解　　［王、瞿、蘇］

10. 孟子十四卷　〔漢〕趙岐注　　［瞿、蘇］

以上二種皆清初毛氏汲古閣影元鈔本，據元旴郡重刻宋廖瑩中世綵堂刻本影鈔。今藏上海圖書館（綫善 828257-66）。八行十七字，黑口，左右雙邊。二種合裝，《論語》三册，《孟子》七册。序後及各卷末摹"旴郡重刊廖氏善本"方形或亞字形刊記。刻工有嵩甫、余德高、吉榮、吳拱、張泳、吳安、子成、戴觀、子葉、凌拱、吳明、興甫等。王文進《明毛氏寫本書目》只收《論語》而遺漏《孟子》，云："影宋廖氏本三本。《天禄續》。"《天禄琳琅書目後編》卷八著録，業經内府重裝。① 陳清華舊藏。影鈔底本今藏臺北故宫博物院。

清何焯曾以影鈔本校汲古閣刻《十三經注疏》本，有題識云："辛卯（康熙五十年，1711）春日，汲古毛氏以影寫元旴郡重刊廖氏善本質錢於志雅齋，因假其第三、第四卷，第十一、十二卷，盡爲校正，案頭趙注遂有完本，願與好古之士共之。"②

鈐印：毛晉私印、子晉、汲古主人、汲古閣、毛扆之印、斧季、臣筠、三晉提刑、五福五代堂古稀天子寶、八徵耄念之寶、太上皇帝之寶、乾隆御覽之寶、天禄繼鑑。

---

① 參《祁陽陳澄中舊藏善本古籍圖録》，第43頁。
② 傅增湘《藏園群書經眼録》，第5頁。

11. 四書箋義十二卷**紀遺**一卷　〔元〕趙悳撰　［王、瞿、蘇］

明末毛氏汲古閣影元鈔本，據元致和元年（1328）刻本影鈔。清宮舊藏，今藏臺北故宮博物院（故善 004117-004122）。十一行二十二字，小字雙行三十三字，白口，左右雙邊。六冊。卷末鈔錄刊記："致和改元倉龍戊辰四月朔癸巳鐵峰趙氏德鄰父東湖讀書堂誌"二行。王文進《明毛氏寫本書目》云："見《天祿》，云影鈔元致和本。又《故宮館》。"按《天祿琳琅書目》未著錄。

鈐印：元本、甲、汲古主人、毛氏子晉、毛晉私印。

12. 三經音義　［瞿、蘇］
（1）孝經今文音義一卷　〔唐〕陸德明撰
（2）論語音義一卷　〔唐〕陸德明撰
（3）孟子音義二卷　〔宋〕孫奭撰

清初毛氏汲古閣影宋鈔本，合鈔一冊。今藏蘇州圖書館。十行十八字，小字雙行二十五字，白口，左右雙邊。《孝經今文音義》卷末有墨筆書"虞山毛氏從蜀本大字宋板影寫謹藏於汲古閣"一行，爲毛扆手筆。又有毛扆跋云：

> 余在京師，得宋本《孟子音義》，發而讀之，其條目有《孟子篇敘》，注云"此趙氏述《孟子》七篇所以相次敘之意"，茫然不知所謂。書賈又挾北宋《章句》求售，亦係蜀本大字，皆章丘開先藏書也。卷末有《篇敘》之文，狂喜叫絕，令僮子影寫攜歸，附於《音釋》之後，後人勿易視之也。虞山毛扆識。（前後鈐印：在水一方、毛扆之印、斧季）

鈐印：宋本、甲、希世之珍、開卷一樂、毛晉之印、毛氏子晉、毛晉私印、子晉、汲古主人、汲古閣、毛扆之印、斧季、萸山珍本、席氏玉照、席鑑之印、虞山席鑑玉照氏收藏、墨妙筆精、趙宋本、汪印文琛、三十五峰園主人、汪士鐘印、民部尚書郎、詠周孔之圖書、長洲汪駿昌藏、小有壺天、雅庭。

清嘉慶間，黃丕烈士禮居影刻《孟子音義》，據自藏錢氏述古堂影宋鈔本刻；復借周錫瓚香嚴書屋所藏毛鈔本中《孝經音義》《論語音義》，合刻爲一帙。知毛鈔《三經音義》曾爲周氏舊物，但周氏未鈐藏印。黃氏云，錢鈔與毛鈔同出一源，卷中有一二誤字，兩本多同，當是宋刊原有；錢鈔本亦有《篇敘》，但削去首行"孟子卷第十四"一行六字，非宋本之舊貌；又黃氏聞此三種之宋刻本在揚州某家，五硯樓主人（袁廷檮）曾親見之。宋刻未見傳世。

13. 干祿字書一卷　〔唐〕顔元孫撰　［王、瞿、蘇］

清初毛氏汲古閣影明鈔本，據明嘉靖六年（1527）孫沐萬玉堂刻本影鈔。今藏國圖（07971）。八行十七字，小字雙行，白口，左右雙邊。版框：21.0cm×15.7cm。孫本卷末紹興壬戌勾詠序及孫沐後序，此本未鈔。

鈐印：汲古主人、毛晉之印、三十五峰園主人所藏、汪澂別號鏡汀圖章、楊氏海源閣藏、祿易書千萬值小胥鈔良友詒閣主人清白吏讀曾經學何事愧盡魚未食字遺子孫承此志、楊以增字益之又字至堂晚號冬樵、祕閣校理、紹和筑岩、楊氏海原閣鑑藏印、彦合。

14. 佩觿三卷　〔宋〕郭忠恕撰　［王、瞿、蘇］

清初毛氏汲古閣影明鈔本，據明嘉靖六年（1527）孫沐萬玉堂刻本影鈔。今藏國圖（07972）。八行十七字，小字雙行，白口，左右雙邊。版框：20.8cm×15.8cm。孫本末有徐充《題新刻〈佩觿〉後》一文，此本未鈔。

鈐印：汲古閣、汲古主人、毛晉私印、毛氏子晉、子晉書印、宋存書室、楊紹和藏書、聊城楊承訓珍藏書畫印。

以上二書合鈔一册。孫本版心下有"萬玉堂雕"四字，此本未鈔。楊氏海源閣舊藏，1954年由社會文化事業管理局移交北圖。楊氏《楹書隅錄》卷一著錄，誤作影宋精鈔本，謂"字極工雅，《佩觿》中朱筆校正尤詳，則斧季手迹也"。①《佩觿》有毛扆朱筆批校，卷末署"己未五月二十日讀畢，海虞毛扆"，己未爲清順治十二年

---

①《藏園批注楹書隅錄》，第45頁。

（1655），時毛扆年方十五，蓋此時尚未鐫刻"毛扆之印""斧季"兩方常用印，故書中無毛扆印鑒。清何煌批校澤存堂本《佩觿》云："毛斧季一生不曾見宋槧《佩觿》。"①

15. 類篇四十五卷　〔宋〕司馬光撰　[瞿、蘇]

清初毛氏汲古閣影宋鈔本。今藏上海圖書館（綫善 829142 - 63）。八行十六字，小字雙行二十字，細黑口，左右雙邊。十冊。清怡親王府舊藏，後歸朱學勤結一廬。有徐乃昌題記云："《類篇》四十五卷。汲古閣毛氏精景寫宋本。怡府藏書。仲炤先生鑒藏秘籍。南陵徐乃昌題記。"仲炤即張志潛，其父張佩綸配朱學勤之女爲夫人，故張氏盡得結一廬藏書精華，1980 年由張氏後人張子美捐贈上海圖書館，此書爲其中之一。此書宋本久佚，賴此影鈔以存宋刻原貌。通行本以清康熙間曹寅刻《楝亭五種》本爲善，與此相校，則可見曹刻有多處訛誤。

臺北故宮博物院收藏影宋鈔本一帙，係項子京舊藏，核其刻工，知與此影鈔底本相同。

鈐印：宋本、希世之珍、毛晉之印、毛氏子晉、怡府世寶、安樂堂藏書記、明善堂覽書畫印記、徐乃昌讀。

16. 班馬字類五卷　〔宋〕婁機撰，〔宋〕李曾伯補遺　[王、瞿、蘇]

清初毛氏汲古閣影宋鈔本。今藏國圖（07325）。八行十六、十七字不等，小字雙行二十二字，白口，左右雙邊。版框：19.8cm × 14.2cm。五冊。王文進《明毛氏寫本書目》云："見《傳書堂》。按《叢刊續編》附補遺。"蔣汝藻傳書堂舊藏，王國維《傳書堂藏書志》卷一著錄。傅增湘曾在蔣家經眼此書，云："此與明翻本不同，明本諸字接連而下，此本每字提行，又版心闊大，較明本約周大一寸。"② 後歸商務印書館涵芬樓，《涵芬樓燼餘書錄》著錄。商務影印入《四部叢刊三編》，非王氏所云續編。影印本末附有校勘記。張

---

① 《自莊嚴堪善本書影》，第 136 頁。
② 傅增湘《藏園群書經眼錄》，第 117 頁。

元濟捐贈北京圖書館。

鈐印：宋本、甲、毛晉私印、子晉、毛氏子晉、毛晉之印、汲古主人、毛晉（連珠印）、毛扆之印、斧季、涵芬樓、海鹽張元濟經收。

17. 集韻十卷　〔宋〕丁度編　[王、瞿、蘇]

清初毛氏汲古閣影宋鈔本，據南宋明州刻本影鈔。王文進《明毛氏寫本書目》云："按顧抱沖校宋本注。又《邵亭》稱吳鍾駿藏，有阮元手跋。"今藏天一閣博物館。十一行二十二至二十四字，小字雙行二十六至二十七字不等，白口，左右雙邊。十冊。版心下有某人重開、某人重刊、某人重刀等刻工姓名。清段玉裁跋，阮元題記。書中有些地方用白粉塗抹，塗抹處或補字，或不補，大多爲明州本誤處，而與宋潭州刻本相合。

鈐印：宋本、希世之珍、毛晉私印、子晉、汲古主人、汲古閣、汲古得脩綆、虞山毛晉、筆研精良人生一樂、虞山毛氏汲古閣藏、毛氏圖史子孫永保之、"趙文敏"大方印①、毛扆之印、斧季、半在魚家半在農、進德修業、琴雀主人、載德堂、蕭山朱氏別宥齋藏書印、別宥齋、鼎煦、朱家、樂壽堂。

18. 六藝綱目二卷**附錄**一卷　〔元〕舒天民撰　[王、瞿、蘇]

清初毛氏汲古閣鈔本。王文進《明毛氏寫本書目》云："影鈔元板，竹紙二本，爲大興朱竹君舊藏。"王氏《文禄堂訪書記》作"明毛子晉景元鈔本"。②今藏國圖（07997）。九行二十二字，白口，左右雙邊。版框：20.4cm×14.5cm。二冊。清朱錫庚跋。自莊嚴堪舊藏。傅增湘云："曾見毛氏汲古閣影寫元刊本，乃端匋齋之物，今不知流落何許。"③當即此本，然書中無端匋齋（端方）印記。

---

① 大方印"趙文敏公書卷末云吾家業儒辛勤置書以遺子孫其志何如後人不讀將至于鬻頽其家聲不如禽犢苟歸他室當念斯言取非其有尤寧舍旃"，下文皆以"'趙文敏'大方印"省稱之，謹此説明。
② 王文進《文禄堂訪書記》，第67頁。
③ 傅增湘《藏園訂補邵亭知見傳本書目》，第195頁。

鈐印：元本、甲、汲古主人、毛氏子晉、毛晉之印、子晉、毛晉私印、毛扆之印、斧季、笇河府君遺藏書畫、朱錫庚印、茉華吟舫、浣紅樓夫婦讀書記、周遑。

二、史部

19. 牛羊日曆一卷　〔唐〕劉軻撰　［瞿、蘇］

清初毛氏汲古閣鈔本。今藏國圖（04792）。十行二十字，白口，左右雙邊。一冊。

鈐印：毛晉私印、子晉、毛扆之印、斧季、汲古閣、廣平私印。

20. 江南野史十卷　〔宋〕龍袞撰　［王、瞿、蘇］

明末毛氏汲古閣鈔本。《秘本書目》："《江南野史》一本。宋板影鈔。八錢。"今藏河南省圖書館。①《中國古籍善本書目》定爲明鈔本，未明確爲毛鈔。十二行二十四字，白口，左右雙邊。二冊。曾經明末藏書家黃翼聖收藏，入清歸商丘宋筠。黃翼聖（1596—1659），字子羽，號攝六、蓮蕊居士，常熟人，以收藏古銅器、瓷器及宋版古書著稱，入清後隱居不仕。黃氏與毛晉爲好友，②《中國古籍善本書目》或以黃氏收藏此本在毛氏之先，故僅定爲明鈔本。證以《秘本書目》，似仍歸爲毛鈔爲宜。

鈐印：宋本、甲、汲古閣、毛晉之印、毛氏子晉、毛扆之印、斧季、有明黃翼收藏、翼、子羽、雪苑宋氏蘭揮藏書記。

21. 契丹國志二十七卷　〔宋〕葉隆禮撰　［王、瞿、蘇］

清初毛氏汲古閣鈔本。《秘本書目》："《契丹國志》四本。宋板影鈔。一兩六錢。"或爲另一本，今存世本絕非影鈔，所據鈔之底本亦非宋本。今藏國圖（15136），十二行二十一字，白口，左右雙邊，有版框而無界行。八冊。有毛扆朱筆校。是書今有元刻本存世，與

---

① 劉中朝主編《河南省圖書館古籍善本書目》著錄，吉林文史出版社，2009 年，第 92 頁。

② ［日］三浦理一郎《毛晉交遊研究》，第 123 頁。

此鈔本相校，行款雖同，而文字異同不少。璜川吳氏舊藏，後歸盧址抱經樓。羅振常《善本書所見錄》卷二著錄作"舊鈔本"，稱爲汲古閣藏本。①

鈐印：子晉（連珠印）、毛晉私印、汲古主人、汲古閣、毛扆之印、斧季、璜川吳氏收藏書、辟疆園藏書記、海寧陳琰友年氏曾觀。

國圖另藏一部（A01179），亦著錄爲清初毛氏汲古閣鈔本，疑僞，見本章第五節第 19 號。

22. 石林奏議十五卷　〔宋〕葉夢得撰　［王、瞿、蘇］

明末毛氏汲古閣影宋鈔本。《秘本書目》："《葉石林奏議》四本。影宋板精鈔。十二兩。"王文進《明毛氏寫本書目》："宋板影鈔四本。長白鳳禹門藏，作宋葉夢得。經文友堂流入日本。"王氏《文禄堂訪書記》卷二著錄作"明毛子晉影鈔宋本"。② 周叔弢批注《秘本書目》云："此書見而未收，今在日本。"雷夢水《琉璃廠書肆四記》述此書流傳過程甚詳，云："鳳山禹門舊藏，後歸翰文齋，又售於某氏，某氏又轉歸文友堂魏氏，隨即流入日本，歸東京文求堂田中慶太郎。其後，文奎堂以重值購回，售於汪逆時璟，現歸中國科學院圖書館。"③ 今藏中國社會科學院文學研究所圖書館。十行二十五字，白口，左右雙邊。版框：23.8cm×17.4cm。四册。毛晉、傅增湘跋。毛晉跋云："從李中麓（開先）先生宋本影寫，希世之寶也，惜有糜爛處。（鈐'毛晉'連珠印）"所謂李開先宋本今藏日本静嘉堂文庫，④ 曾經黃丕烈、陸心源遞藏。陸心源曾據宋本翻刻。

傅增湘曾以毛鈔本對校陸氏翻宋本，"影宋本有而刊本無者，凡增補三百三十字，刊本有而影宋本無者，凡一千六十四字。同一宋

---

① 羅振常撰，汪柏江、方俞明整理，吳格審定《善本書所見錄》，上海古籍出版社，2020 年，第 38 頁。
② 王文進《文禄堂訪書記》，第 101 頁。
③ 雷夢水《書林瑣記》，第 43 頁。
④ 傅增湘《藏園訂補郘亭知見傳本書目》，第 301 頁；又見嚴紹璗《日藏漢籍善本書錄》，第 497 頁。

本也,毛氏影鈔本出焉,陸氏翻刊本亦出焉,而其差異乃達千百字之多,殊不可以理解"。①

鈐印:宋本、希世之珍、汲古閣、毛晉之印、毛晉私印、子晉、汲古主人、子晉書印、毛晉、虞山毛晉、汲古得脩綆、心同太虛、虞山毛氏汲古閣收藏、筆研精良人生一樂、子孫寶之、卓爲霜下傑、傳詩家學、進德修業、海虞毛晉子晉圖書記、鬻及借人爲不孝、毛辰之印、斧季。

23. 歷代山陵考一卷　〔明〕王在晉撰　［瞿、蘇］

明末毛氏汲古閣鈔本。今藏國圖（11959）。八行十七字,小字單行同,細黑口,四周雙邊。一册。用汲古閣版格紙鈔,版框外有"毛氏正本、汲古閣藏"八字。書衣題"寧盧氏珍藏"。

鈐印:翰林院印（滿漢大方印）、楊曉嵐。

24. 東漢會要四十卷　〔宋〕徐天麟撰　［王、瞿、蘇］

清初毛氏汲古閣影宋鈔本。今藏國圖（07461）。十一行二十字,細黑口,左右雙邊。王國維《傳書堂藏書志》卷二著録,贊云:"此本繕寫精絕,又一無闕佚。此等書只下宋本一等,非元明後刊所能比也。"②

王文進《明毛氏寫本書目》云:"《會要》四十卷,高祖至代宗。《佲宋》。見《上善堂》。又《續會要》四十卷。按《邵亭》有宋徐天麟《東漢會要》同卷。"按此"《會要》四十卷"是指《唐會要》,王氏誤爲《東漢會要》;《佲宋樓藏書志》不載。《上善堂書目》不可信,已見前。

傅增湘曾經眼,辛酉（1921）及壬戌年（1922）據此毛鈔本校清光緒十年（1884）江蘇書局刊本之卷九至十五、二十六至三十,丙寅年（1926）復校卷四、五。③ 校本今藏國圖（00099）。

---

① 傅增湘《藏園群書題記》,第180頁。
② 王國維《傳書堂藏書志》,第417頁。
③ 傅增湘撰,王菡整理《藏園群書校勘跋識録》,中華書局,2012年,第165頁。

鈐印：汲古主人、毛晉之印、毛氏子晉、汲古得脩綆、涵芬樓藏、海鹽張元濟經收。

25. 舊聞證誤十五卷　〔宋〕李心傳撰　［王、瞿、蘇］

清初毛氏汲古閣影宋鈔本。今藏國圖（08131），爲周叔弢捐贈。九行十七字，細黑口，左右雙邊；存卷一至二；一册。王文進《明毛氏寫本書目》云："見文友堂。"民國二十八年戊辰（1939），周叔弢收得此本，自爲題籤云："《舊聞證誤》，毛氏汲古閣景宋精鈔，戊辰二月弢在天津所得。"此前一年，傅增湘曾經眼，云："此書有人自山西收得，交文友堂代售，云非百四十元不可也。二卷共三十五番。擬影刊入《蜀賢叢書》中。沅叔。（丁卯〈1927〉四月十五日）。"① 又云："汲古閣影明本……文友堂見，後歸周叔弢。"② 即此本。

《秘本書目》載"宋板一本"，經張金吾、丁丙、丁國鈞、劉承幹等遞藏，從諸家書目著録可知，宋刻即僅存一二兩卷殘本而已，後歸錢塘丁氏，丁丙《善本書室藏書志》卷十四著録："《舊聞證誤》二卷，宋刊本。毛子晉、張月霄藏書。有'子晉''汲古主人''聖雨齋''愛日精廬藏書''張月霄印'諸印。"③ 周叔弢批校《秘本書目》云："宋本藏八千卷樓，今不知何在。"傅增湘在丁國鈞家見之，審定爲明活字印本，謂即係影鈔底本，④ 不知確否。董康定爲明初活字本。⑤ 果如傅、董二氏之説，此毛鈔當爲影明鈔本。

鈐印：宋本、甲、毛晉私印、子晉、汲古主人、毛扆之印、斧季、周遹。

---

① 傅增湘《藏園群書經眼録》，第436頁。
② 傅增湘《藏園訂補邵亭知見傳本書目》，第473頁。
③ 〔清〕丁丙著，曹海花點校《善本書室藏書志》，浙江古籍出版社，2016年，第578頁。
④ 傅增湘《藏園群書經眼録》："此書號爲宋刊，然余詳審再三，實明活字本也。重違其意，僅告以是活字本而已。"第436頁。《藏園群書題記》，第269頁："視其行格，正與鈔本相同，惟審諦良久，見鐫工雖精，而行間未盡整飭，遂決定爲宋活字本。秉衡聞此，忻喜逾望，蓋活字世所稀覯，視宋刻益爲珍奇也。"
⑤ 《嘉業堂藏書志》，第385頁。

吳希賢《歷代珍稀版本經眼圖錄》著錄一部，所鈐毛氏各印與上部相同，另有：萊娛室、藏園居士、康生之章。知曾經傅增湘、康生收藏。不知何時曾爲傅氏收得，今藏地不詳。疑爲另一部毛鈔本。

王文進《文禄堂訪書記》著錄一本，云"明毛子晉影鈔宋本"。① 不知是哪一本。

三、子部

26. 小學五書五卷　〔宋〕張時舉編　［王、瞿、蘇］

（1）　管子弟子職一卷　〔唐〕房玄齡注

（2）　女誡一卷　〔漢〕班昭撰

（3）　呂氏鄉約一卷　〔宋〕呂大約撰

（4）　鄉儀一卷　〔宋〕呂大約撰

（5）　居家雜儀一卷　〔宋〕司馬氏撰

清初毛氏汲古閣影宋鈔本。今藏國圖（18142）。十行二十字，小字雙行同，白口，左右雙邊。一册。版心下刻工名有：宥、丁浩、昌、丁洪、彥、詠、丁、李、中、富。陳清華舊藏。

鈐印：希世之珍、宋本、毛晉之印、毛氏子晉、子晉書印、汲古得脩綆、仲雝故國人家、"趙文敏"大方印、進德修業、筆研精良人生一樂、毛扆之印、斧季、戴植之印、培之、臣植、戴氏芝農藏書畫記、芝農珍藏、芝農藏本、戴芝農收藏書畫印、澤山心賞、文登于氏小謨觴館藏本、祁陽陳澄中藏書圖記。

《天禄琳琅書目》卷四著錄《宋張時舉弟子職等五書》一部，② "琴川毛氏鈔本"，鈐印除毛晉、毛扆父子之印，較此鈔本卷末多"毛晉"（連珠印）、"月明千里故人來"兩方，而無"進德修業"一方，所述各印鈐蓋位置與此本不同，且此本無天禄琳琅書上例鈐之"乾隆御覽之寶"等五璽，則當日曾有兩部毛鈔《小學五書》。

---

① 王文進《文禄堂訪書記》，第152頁。
② 《天禄琳琅書目》，第103頁。

27. 浦江鄭氏家範不分卷　〔明〕鄭濤撰　［王、瞿、蘇］

清初毛氏汲古閣鈔本。今藏國圖（11322）。八行十八字，小字雙行同，細黑口，四周雙邊。一冊，入藏國圖時原後附宋陸九韶撰《陸氏家制》清刻本一冊，已拆開編目。無毛晉印記，當係毛扆主持鈔寫者。有朱筆校改、白粉塗改。《孝慈堂書目》著錄："《鄭氏家範》（陸氏吕氏家訓附）一卷，毛氏汲古閣鈔本，一冊，綿紙，三十六番。"王文進《明毛氏寫本書目》云："《雙鑑》。"傅增湘雙鑑樓舊藏，1956 年由傅先生哲嗣忠謨售歸北圖。

鈐印：毛扆之印、斧季、汲古閣、潢川吳氏收藏圖書、雙鑑樓藏書印。

28. 家訓一卷　〔明〕霍韜撰　［瞿、蘇］

清初毛氏汲古閣影明鈔本，據明嘉靖間刻本影鈔。今藏國圖（07492）。九行十八字，白口，左右雙邊。一冊。自序及正文前數葉有殘缺。傅增湘贊鈔寫甚精。① 民國間曾影印入《涵芬樓秘笈》，孫毓修跋謂"毛氏仿宋本款式摹寫"。

鈐印：毛氏子晉、毛晉之印、毛晉（連珠印）、毛晉私印、毛扆之印、斧季、汲古主人、汲古閣、海鹽張元濟經收、涵芬樓。

29. 農書三卷　〔宋〕陳旉撰　**蠶書**一卷　題〔宋〕秦觀撰　**於潛令樓公進耕織二圖詩**一卷　〔宋〕樓璹撰　［王、瞿、蘇］

明末毛氏汲古閣影宋鈔本，合一冊。《秘本書目》作"影宋板精鈔"。今藏河南省圖書館，《河南省圖書館古籍善本書目》著錄。② 十行十九字，白口，左右雙邊。版框：19.8cm×15.5cm。一冊。版心下錄刻工：雲、林春、榮、春、潘仲美、潘。

鈐印：宋本、甲、毛扆之印、斧季、大羅俠客、家在梁園睢渙間、憲、梁園宋氏叔犖藏書畫記。

---

① 傅增湘《藏園群書經眼錄》，第 478 頁。
② 《河南省圖書館古籍善本書目》，第 140 頁。

30. 楊輝算法 ［王、瞿、蘇］

（1）田畝比類乘除捷法二卷　〔宋〕楊輝編

（2）算法通變本末　〔宋〕楊輝編

（3）乘除通變算寶　〔宋〕楊輝編

（4）算法取用本末　〔宋〕楊輝、史仲榮編集　以上三種合編爲上中下三卷

（5）續古摘奇算法一卷　〔宋〕楊輝編

以上五種合鈔爲二册。王文進《明毛氏寫本書目》云："元板影鈔。見《東洋文化史》，又《皕宋樓》。"今藏日本静嘉堂文庫，陸心源皕宋樓舊藏，《皕宋樓藏書志》卷四十八、《儀顧堂題跋》卷八、《静嘉堂秘籍志》卷七著録，《藏書志》誤作"影元本"。十一行二十五字。陸氏云："以郁氏新刊本參校，凡校勘記所補正，此本皆不缺不誤，其未補者，毛本皆不缺，皆可正郁本之譌而補其缺，蓋郁氏刊是書時所見皆輾轉傳鈔之本。觀跋語，以不見原本爲恨。則此本之難得可知矣。""《汲古秘本書目》所謂精鈔之書，每本有費四兩之外者，此類是也。"① 有書影見《東洋文化史大系·明の興亡と西方の東漸》（圖 3-1）。

據陸氏著録，書中鈐印有：毛晉私印、毛晉（連珠印）、子晉、汲古主人、仲雝故國人家、子孫寶之、"趙文敏"大方印、毛扆之印、斧季、席氏玉照、席鑑之印。

31. 御題算經七種　［王、瞿、蘇］

（1）周髀算經二卷音義一卷　題〔漢〕趙嬰注，〔北周〕甄鸞重述，〔唐〕李淳風等注釋，〔唐〕李籍音義

（2）九章算經　〔魏〕劉徽注，〔唐〕李淳風等注釋

（3）五曹算經五卷　〔唐〕李淳風等注釋

（4）孫子算經三卷　〔唐〕李淳風等注釋

（5）張丘建算經三卷　〔北周〕甄鸞注，〔唐〕李淳風等注釋，〔唐〕劉孝孫撰細草

---

① 《静嘉堂秘籍志》，第 201 頁。

（6）夏侯陽算經三卷　　題〔唐〕夏侯陽撰，〔北周〕甄鸞注

（7）緝古算經一卷　　〔唐〕王孝通撰並注

以上七種皆清康熙間毛氏汲古閣影宋鈔本，據宋嘉定六年（1213）鮑澣之汀州重刻元豐監本影鈔。今藏臺北故宮博物院。清宮舊藏，《天禄琳琅書目後編》卷一著録作《御題算經》，視爲叢書，今據以標目。民國二十一年（1932），《天禄琳琅叢書》第一輯據以影印。臺北故宮博物院分別編目，書號分別爲：《周髀》二册，故善002005－002006；《九章》二册，故善002007－002008，存五卷：卷一至五；《孫子》一册，故善002009；《五曹》一册，故善002010；《張丘建》二册，故善002011－002012；《夏侯陽》一册，故善002013；《緝古》一册，故善002014。共二函十册。皆九行十八字，小字雙行同，白口，左右雙邊。每種書衣題籤"景宋鈔本××算經"。

《周髀算經》首有乾隆四十八年（1783）清高宗御題《題宋版周髀算經》：

> 皇祖精明勾股絃，惜吾未習値髫年。授時以是爲要矣，考古亦常有舛焉。設匪敬誠存旦旦，可能容易事占天。而今老固難爲學，自畫追思每愧旃。
>
> 癸卯孟夏，御筆。

《緝古算經》末有康熙二十三年（1684）毛扆總跋，詳述影寫始末，云：

> 按《唐書·選舉志》，制科之目，明算居一。其定制云："凡算學，《孫子》《五曹》共限一歲，《九章》《海島》共三歲，《張丘建》《夏侯陽》各一歲，《周髀》《五經算》共一歲，《綴術》四歲，《緝古》三歲，《記遺》《三等數》皆兼習之。"竊惟數學爲六藝之一，唐以取士，共十經。《周髀》家塾曾刊行之，餘則世有不能舉其名者。扆半生求之，從太倉王氏得《孫子》《五曹》《張丘建》《夏侯陽》四種，從章丘李氏得《周髀》《緝古》二種，後從黃俞邰又得《九章》，皆元豐七年秘書

省刊板，字畫端楷，雕縷精工，真希世之寶也。每卷後有秘書省官銜姓名一幅，又一幅宰輔大臣，自司馬相公而下俱列名於後，用見當時鄭重若此。因求善書者刻畫影摹，不爽豪末，什襲而藏之，但焉得《海島》《五經算》《綴術》三種竟成完璧，並得好事者刊刻流布，俾數學不絕於世，所深願也。康熙甲子仲秋汲古後人毛扆謹識。(末鈐"毛扆之印""斧季"二印)

傅增湘云："斧季跋謂皆元豐七年秘書省刊版，然各書乃有嘉定序，蓋是南宋汀州覆本，與余去年所見朱翼盦藏本同。"①《周髀算經》卷末有北宋元豐七年校進諸氏銜名六行，又有嘉定六年知汀州軍鮑澣之後跋，可知毛扆所謂此係元豐七年祕書省刊版之説非是。② 鮑刻古算經存世者有《九章》《周髀》《孫子》《張丘建》（此四種今藏上海圖書館）、《五曹》《數術記遺》（此二種今藏北京大學圖書館），當即毛鈔底本。

鈐印：宋本、希世之珍、汲古閣、毛氏子晉、子晉書印、汲古得脩綆、五福五代堂古稀天子寶、八徵耄念之寶、太上皇帝之寶、乾隆御覽之寶、天禄琳琅、天禄繼鑑。

《四庫全書總目》著録《張丘建》《緝古》兩種爲吏部侍郎王杰家藏本，另五種爲《永樂大典》本。《張丘建算經》提要云："此本乃毛晉汲古閣影鈔宋槧，云得之太倉王氏。"《緝古算經》提要云："此乃宋元豐七年秘書監趙彦若等校定刊行舊本，常熟毛扆得之章邱李氏而影鈔傳之者。"疑毛鈔《算經》七種皆係王杰進呈天禄者。

瞿冕良《中國古籍版刻辭典》"汲古閣"條有《九章算術》九卷《音義》一卷、《數述記遺》一卷，未見他書著録，疑係因記録以上算經七種而牽連混入者。

《秘本書目》另有 "《周髀算經》二本，舊鈔，五錢"。

32. 認龍天寶經一卷 葬乘至寶經一卷 金函經一卷 穴法賦一卷 雪

---

① 傅增湘《藏園群書經眼録》，第512頁。
② 參《中國版刻圖録》圖版206《周髀算經》解題。

心賦一卷　［瞿、蘇］

　　清初毛氏汲古閣鈔本。今藏國圖（06848）。八行十八字，小字雙行同，細黑口，四周雙邊。一册。《天寶》《至寶》二種版心題"二寶經"，《金函經》等三種版心各題書名。《雪心賦》後附干支年月日時窺局並附口訣。《二寶經》有序，《鐵琴銅劍樓藏書目錄》卷十五著錄云："惟《天寶》《至寶經》有序，序爲贛郡曾武文展撰，自稱得師茂叔先生秘法，其龍法曰'天寶'，其穴法曰'至寶'，各化五五篇詩，逐一解明。然則是書爲武撰無疑矣。"① 瞿冕良《中國古籍版刻辭典》"汲古閣"條另出《天寶至寶經》一目，乃誤讀《鐵琴目》之著錄。

　　鈐印：汲古閣、毛扆之印、斧季、虞山毛扆手校、閬源、士鐘、藝芸主人、鐵琴銅劍樓。

33. 天機望龍經一卷　題〔宋〕吳景鸞授，〔宋〕廖金精記，〔宋〕黃明堅參補　［瞿、蘇］

　　清初毛氏汲古閣鈔本。今藏國圖（06849）。九行二十字，白口，左右雙邊。與《天機撥砂經》合鈔一册。

34. 天機撥砂經卷五　題〔宋〕廖金精撰，〔宋〕黃明堅集補　［瞿、蘇］

　　清初毛氏汲古閣鈔本。今藏國圖（06850）。九行二十一字，白口，左右雙邊。原卷數不詳，僅鈔卷五，毛扆將題名"撥"字圈改爲"扒"。與《天機望龍經》合鈔一册。

　　兩書鈐印有：汲古閣、毛扆之印、斧季、虞山毛扆手校、閬源、士鐘、鐵琴銅劍樓。

35. 劉氏心法一卷　**楊公騎龍穴詩**一卷　　［瞿、蘇］

　　清初毛氏汲古閣鈔本。今藏國圖（06614）。九行十七字，白口，四周雙邊。一册。

---

　　① 《鐵琴銅劍樓藏書目錄》，第384頁。

鈐印：汲古閣、毛扆之印、斧季、汪士鐘印、三十五峰園主人、鐵琴銅劍樓。

36. 先天後天理氣心印 三卷　〔宋〕吳景鸞撰　［瞿、蘇］

清初毛氏汲古閣鈔本。今藏國圖（06616）。八行十六字，白口，左右雙邊。版心下有"汲古閣"三字。

鈐印：閬源父、士鐘、清瓅軒、鐵琴銅劍樓。

以上五種皆常熟瞿氏舊藏，瞿氏《鐵琴銅劍樓藏書目錄》卷十五著錄爲舊鈔本，云"出邑中毛氏舊鈔"。①"玄"字避諱，可知是毛扆在康熙年間所鈔，有朱筆校改。

37. 地理囊金集注 一卷　〔宋〕劉謙撰，〔明〕謝昌注　［王、瞿、蘇］

清初毛氏汲古閣影明鈔本，據明弘治間刻本影鈔。今藏臺北故宮博物院（平圖012089）。九行十七字，小字雙行同，白口，左右雙邊。版框：20.5cm×14.0cm。一冊。附圖十九幅。有朱筆校補。

鈐印：汲古閣、毛扆之印、斧季、士鐘、閬源父。

38. 堪輿倒杖訣 一卷　〔唐〕謝和卿撰，〔明〕高懋解　［王、瞿、蘇］

清初毛氏汲古閣影明鈔本，據明嘉靖十二年（1533）刻本影鈔。今藏臺北故宮博物院（平圖012087）。八行十八字，白口，左右雙邊。版框：19.0cm×11.0cm。一冊。有朱筆校補。

鈐印：士鐘、閬源父、藝芸主人。

39. 堪輿說原 一卷　〔明〕方清泉撰　［王、瞿、蘇］

清初毛氏汲古閣鈔本。今藏臺北故宮博物院（平圖012097）。十行二十四字，白口，左右雙邊。一冊。版心有"汲古閣"三字。

以上三種皆爲原北平圖書館遷臺善本書，見趙萬里《國立北平圖書館善本書目》卷二著錄。

---

① 《鐵琴銅劍樓藏書目錄》，第385頁。

40. 易林注十六卷　　［瞿、蘇］

清初毛氏汲古閣影元鈔本。今藏國圖（18134）。八行十五字，白口，左右雙邊。八册。陳清華舊藏。曾經袁克文插架，《寒雲日記》乙卯年（1915）八月初七日載：

> 購得津商王某藏書六百餘種，……又汲古閣影寫宋本《焦氏易林注》十六卷，半葉八行十五字。宋本《易林》已罕傳世，而有注宋本尤罕。清初惟絳雲樓有之，已付一炬。今圖書館猶存明文淵閣舊藏殘本數卷，見者爲奇寶。入清以來，學者從不見人間尚有毛氏影寫宋本，故校《易林》者輒爲惋歎。今余無意忽逢此本，欣快奚如！木師促余付印以餉同好，士禮舊刻當低頭矣。①

其後袁氏以此書易得宋刻公牘紙印本《李賀歌詩編》。②
鈐印：宋本、甲、毛晉私印、汲古主人、克文、佞宋、人間孤本、寒雲鑒賞之鉢、三琴趣齋、寒雲小印、寒雲秘笈珍藏之印、蔣祖詒、穀孫。
是書有汲古閣刻《津逮秘書》本。

41. 三曆撮要一卷　　［宋］徐應龍撰　　［王、瞿］

明末毛氏汲古閣影宋鈔本。今藏臺北"國家圖書館"（06264）。十行十九字，白口，左右雙邊。版框：21cm×16.1cm。一册。版心有刻工、字數。其中每月諸事宜用，如嫁娶至耕種等吉日，以及"萬通曆""吉凶各説""凶星"等字，皆作白文。又各説中吉凶星下"寅""酉""丑""申"等字，亦皆作白文。③是書有宋本今存國家圖書館，與此鈔本相校，可見影鈔極精。宋本首頁末行"辛卯"，"卯"字爲殘損後添補者，毛鈔"卯"字則爲空格，蓋所據即

---

① 《王子霖古籍版本學文集·附録》第2册，第146頁。
② 《寒雲日記》1916年六月初七日，《王子霖古籍版本學文集·附録》第2册，第172頁。
③ ［清］黄丕烈《蕘圃藏書題識》卷四，《黄丕烈藏書題跋集》，第221頁。

今宋本。常熟瞿氏舊藏,《鐵琴銅劍樓藏書目録》未著録。張乃熊《莛圃善本書目》景宋景元本類、《國立南京圖書館善本甲庫書目》著録。王文進《明毛氏寫本書目》云:"蟬隱。"謂羅振常蟬隱廬。蓋經羅振常收得,轉賣給歸張乃熊所有。

鈐印:宋本、毛晉(連珠印)、汲古主人、鐵琴銅劍樓、修侯齋、頑夫、振常私印、羅子經、羅振常讀書記、莛圃收藏。

42. 五代名畫補遺一卷　〔宋〕劉道醇撰　[瞿、蘇]

明末毛氏汲古閣影宋鈔本。今藏天津圖書館(Z〇〇四一)。① 十一行二十字,小字雙行同,白口,左右雙邊。版框:19.7cm×14.3cm。經折裝。一册。

鈐印:宋本、甲、汲古閣、汲古主人、毛晉私印、毛扆之印、心同太虛、檇李曹溶、彝尊私印、信天廬、蛾術齋、趙氏書印、希初眼福、節子辛酉以後所得書、大興傅氏、静海勵氏藏書、翰林院印(滿漢大方印)。

是書有汲古閣影宋刻本。《四庫全書總目》卷一一二載兩江總督採進本,提要云:"此本爲毛晉汲古閣影摹宋刻,楮墨精好,纖毫無闕。"② 檢《四庫採進書目》,《兩江第一次書目》中有"《五代名畫補遺》一卷,宋劉道醇著,鈔本,一本",③《四庫》所謂"影摹宋刻"當即此毛氏影宋鈔本,而非其影宋刻本。

43. 漢官儀三卷　〔宋〕劉攽撰　[王、瞿、蘇]

明末毛氏汲古閣影宋鈔本,據宋紹興九年(1139)臨安府刻本影鈔。《秘本書目》:"《漢官儀》一本。影宋板精鈔。二兩。"王文進《明毛氏寫本書目》云:"見北京館。又《天禄》宋板作劉敞,三卷,十行十六字。"趙萬里《北平圖書館善本書目》卷二著録。周叔弢批注《秘本書目》云:"余藏宋本,景宋本自北平圖書館歸

---

① 《天津圖書館古籍善本書目》,第335頁。
② 《四庫全書總目》,第955頁。
③ 《四庫採進書目》,第43頁。

美國。"今藏臺北故宮博物院（平圖010459），爲原北平圖書館遷臺善本書。十行十七字，小字雙行二十六至二十八字不等，白口，左右雙邊。版框：23.5cm×15.5cm。一册。弘、匡、敬、完、讓、徵字避諱缺筆。卷末鈔刊記"紹興九年三月臨安府雕印"。卷末有毛晉手書題記"從李中麓先生宋本影寫惜乎缺序"一行（鈐"毛晉"連珠印）；又篆字題記"光緒己亥四月漯川居士借觀"一行。"《天禄》宋板"今藏國家圖書館（08189），十行十七字，非十六字。毛鈔本與之對比，無一字差別，可見影鈔極精。

鈐印：宋本、希世之珍、毛晉私印、子晉、汲古主人、毛扆之印、斧季、"趙文敏"大方印、汲古閣、毛晉（連珠印）、瓠齋。

44. 宋氏文房譜一卷　〔明〕宋詡撰　[瞿、蘇]

45. 宋氏閨房譜一卷　〔明〕宋詡撰　[瞿、蘇]

46. 膳夫經手錄一卷　〔唐〕楊曄撰　[瞿、蘇]

47. 雲林堂飲食製度集一卷　〔元〕倪瓚撰　[瞿、蘇]

48. 頤堂先生糖霜譜一卷　〔宋〕王灼撰　[瞿、蘇]

以上五種皆清初毛氏汲古閣鈔本，合鈔一册，今藏國圖（12097—12101）。行款相同：十行二十一字，小字雙行同，黑格白口，左右雙邊。版心下有"汲古閣"三字。各書有不同程度殘損。《雲林堂飲食製度集》末有姚咨跋，撮述是書大意並作著者倪瓚簡介，末署嘉靖甲寅秋七月"勾吳茶夢散人姚咨欣然走筆"。姚咨字舜咨，號皇象山人、茶夢主人，無錫人，約活動於嘉靖間，其茶夢齋以鈔書精善著稱。此本疑即據姚氏鈔本傳鈔。其他四種鈔寫底本待考。

鈐印：子晉、毛晉私印、子晉（連珠印）、汲古主人、卓爲霜下傑、毛晉（連珠印）、汲古閣、毛晉之印、子晉書印、汲古得脩綆。

49. 酒經三卷　〔宋〕朱肱撰　［王、瞿、蘇］

清初毛氏汲古閣影宋鈔本。《秘本書目》："《酒經》一本。影宋板精鈔。一兩。"今存兩部，分別藏國圖（11082）、日本靜嘉堂文庫（見本節附錄一）。行款相同，均爲十行十八字，白口，左右雙邊。各一冊。清馬瀛《唫香仙館書目》著録一本，云"毛氏以白宋紙精鈔"，[①] 不詳是哪一本。

曾經趙元方收藏，1956 年售歸北圖。

鈐印：宋本、甲、汲古閣、毛晉私印、子晉、汲古得脩綆、汲古主人、"趙文敏"大方印、子晉書印、虞山毛晉、書香千載、毛扆之印、斧季、開卷一樂、傳詩家學、心同太虛、席氏玉照、席鑑之印、王文進印、鈁、曾居無悔齋。

王文進《明毛氏寫本書目》云："吳興張蔥玉藏作三卷。宋朱翼中。按皕宋樓又一書，錢謙益手跋。"是書宋本亦藏國圖（06874），後有錢謙益墨筆跋云：

《酒經》一冊，乃絳雲未焚之書。五車四部，盡爲六丁下取，獨留此經，天殆縱余終老醉鄉，故以此轉授遵皇（引按，即錢曾），令勿遠求羅浮鐵橋下耶？余已得修羅採花法釀仙家燭夜酒，視此經又如餘杭老媪家油囊俗譜耳。辛丑初夏，蒙翁戲書。

持宋本與國圖藏毛鈔本相校，知毛鈔即源出此宋本。錢謙益將宋本轉贈與錢曾，錢曾亦曾鈔録一部，今藏國圖（15046），不如毛鈔本鈔寫之精。

北京師範大學圖書館收藏清仿宋鈔本一帙（善 627.4/828），鈐有"汲古閣""子晉汲古""絳雲樓藏書印"等印，皆疑僞。書末有兩行小字云："《汲古閣珍藏秘本書目》：'《酒經》一本，影宋板精鈔，一兩。'"此當係僞造的毛鈔本。

[①]〔清〕馬瀛《唫香仙館書目》，上海古籍出版社，2006 年，第 37 頁。

50. 藏一話腴二卷　〔宋〕陳郁撰　［王、瞿、蘇］

清初毛氏汲古閣鈔本。今藏國圖（03771）。清王振聲校。《秘本書目》："《藏一話腴》一本。陳郁仲文。舊鈔。五錢。"當爲別一本。

鈐印：虞山錢曾遵王藏書、致爽閣。

51. 閑居錄一卷　〔元〕吾衍撰　［王、瞿、蘇］

清初毛氏汲古閣鈔本。《秘本書目》："《閑居錄》一本。精鈔。五錢。"今藏國圖（06621）。國圖藏有元至正十八年孫道明鈔本，爲錢曾舊藏，末有孫氏跋尾云："至正十八年戊戌之秋七月旦日，鈔于泗北村居之映雪齋。"此毛鈔本亦錄孫氏跋，且亦有錢曾印鑒，當即鈔自元本。

鈐印：虞山錢曾遵王藏書、致爽閣。

52. 寅齋聞見一卷　〔明〕姚宣撰　［瞿、蘇］

清初毛氏汲古閣鈔本。今藏國圖（06632）。《秘本書目》："《寅齋聞見》一本。姚宣字懋昭。二錢。"未注明版本，按《秘本書目》體例，當爲明刻本，蓋即鈔寫底本。

以上三種合鈔爲二冊。用相同的汲古閣版格紙鈔錄，版心有"毛氏正本、汲古閣藏"八字，鈔寫字體亦相同。行款均爲八行十八字，黑口，四周雙邊。《閑居錄》末有"丙戌孟夏訂于續古艸廬"一行，"續古艸廬"乃毛晉室名，可推知"丙戌"是順治三年（1646），是此三種書鈔寫之具體時間，可知此三種書原定爲"明末毛氏汲古閣鈔本"不確，當改爲清初。常熟瞿氏舊藏，《鐵琴銅劍樓藏書目錄》卷十六著錄《藏一話腴》，未著錄另二種，入藏國圖後分別編目。

53. 唐國史補三卷　〔唐〕李肇撰　［王、瞿、蘇］

明末毛氏汲古閣影宋鈔本。《秘本書目》："《唐國史補》一本。宋本影寫。五錢。"今藏臺北"國家圖書館"（08255）。十二行二十字，花口，左右雙邊，無界行。版框：17.8cm×11.9cm。二冊。曾經傅增湘收藏，"庚申歲獲之蘇估王茂齋手"，① 云"照宋板摹寫，工麗可翫"，傅氏取校毛氏汲古閣刊《津逮秘書》本，於卷下"內外諸使名"一條補脫文二十字。後讓與蔣汝藻，王國維《傳書堂藏書志》卷三著錄。由蔣氏歸吳興張氏，張乃熊《適園善本書目》景宋景元本類著錄爲"汲古閣鈔宋本"。《國立南京圖書館善本甲庫書目》著錄爲"明末虞山毛氏汲古閣影宋鈔本"。周勛初《唐代筆記小說敘錄》"國史補"條云："汲古閣影宋鈔本有兩部傳世，分別藏北京圖書館與臺灣'中央圖書館'。"② 北京圖書館並無收藏。

鈐印：毛晉（連珠印）、毛晉私印、子晉、汲古主人、毛扆之印、斧季、雪苑宋氏蘭揮藏書記、適園收藏。

54. 揮麈前錄四卷**後錄**十一卷**第三錄**三卷**餘話**二卷　〔宋〕王明清撰　〔瞿、蘇〕

清初毛氏汲古閣影宋鈔本，據宋龍山書堂刻本影鈔，③ 今藏國圖（07571）。十一行二十字細黑口，左右雙邊。十冊。《餘話》總目後有龍山書堂刻書咨文。《前錄》卷一至二、《三錄》配清影宋鈔本。清朱步沆校并跋。

此本已影印入《四部叢刊續編》，影印本末附張元濟跋，述此本詳情云：

> 是書《前錄》第二、四卷，《後錄》十一卷，《餘話》二卷，爲汲古閣毛氏影宋鈔本。餘《前錄》第一、二卷，《三錄》三卷，均補鈔，然亦據汪閬源藏宋刻本摹寫。卷中語涉宋室，均空格或提行。宋諱多闕筆，亦有注"高宗廟諱""孝宗御名""今上御名""犯御名"等字者。有時兼避寧宗嫌名，則以刊於慶元故也。是書宋刻，皕宋樓曾得葉文莊、汪閬源所藏，僅《前錄》四卷、《後錄》二卷、《三錄》三卷，今已流入東瀛。

---

① 傅增湘《藏園群書經眼錄》，第 630 頁；《藏園訂補邵亭知見傳本書目》，第 816 頁；《藏園群書題記》，第 419 頁，《題記》云"在津沽於王茂齋書估許得見"。
② 周勛初《唐代筆記小說敘錄》，鳳凰出版社，2008 年，第 33 頁。
③ 參《中國版刻圖錄》第 1 冊，第 39 頁。

士禮居校宋本亦有殘缺，後歸海源閣，今遭兵燹，恐亦無存。是雖鈔本，然可窺見宋刻全部真面，亦可珍已。民國紀元二十有二年七月，海鹽張元濟。

宋龍山書堂刻本今亦藏國圖（09610），係全本，與皕宋樓所藏宋刻本非同一版刻。張菊老作跋語時尚未寓目龍山書堂本。

鈐印：宋本、甲、毛晉私印、子晉、毛氏子晉、毛晉（連珠印）、子晉（連珠印）、汲古主人、毛晉之印、汲古閣、棟亭曹氏藏書、沈廷芳印、仁和沈廷芳字畹叔式字荄園、荄園、蕫齋收藏印、文公二十世孫、步沆之印、沁泉手勘、沁泉氏、校書如掃塵。

是書有汲古閣刻《津逮秘書》本。

55. 歷代蒙求一卷　〔宋〕王芮撰，〔元〕鄭鎮孫纂注　［王、瞿、蘇］

清初毛氏汲古閣影元鈔本，據元至順四年（1338）衢州刻本鈔寫。《秘本書目》云："王芮《蒙求》一本。元板精鈔。六錢。"王文進《明毛氏寫本書目》："按《叢刊預備目》作《歷代蒙求》一卷。"今存兩部，分別藏國家圖書館（07568）、上海圖書館（綫善828241）。行款相同：八行十八字，小字雙行同，細黑口，四周雙邊。各一冊。

國圖藏本，有毛扆朱筆校字。張元濟《涵芬樓燼餘書錄》云"竹紙精鈔"。①

鈐印：元本、甲、汲古主人、毛晉私印、子晉、汲古得脩綆、子晉書印、東吳毛氏圖書、黃印丕烈、蕘圃、士礼居、平江黃氏圖書、謏聞齋、竹泉珍秘圖籍、涵芬樓、海鹽張元濟經收。

56. 歷代蒙求一卷　〔宋〕王芮撰，〔元〕鄭鎮孫纂注　［瞿、蘇］

清初毛氏汲古閣影元鈔本。毛鈔第二部，今藏上海圖書館（綫善828241）。近代湖州藏書家許厚基（1896—1958）懷辛齋舊藏，

---

① 張元濟著，張人鳳整理《張元濟古籍書目序跋彙編》中册，商務印書館，2003年，第622頁。

後歸陳清華。與國圖藏本相校，有若干異體字之不同，國圖藏本有數處文字脫漏，皆經朱筆校補，可知並非影鈔。兩本皆著錄爲影鈔本，恐非。羅振常《善本書所見錄》卷三著錄。①

鈐印：元本、甲、毛晉私印、子晉、毛扆之印、斧季、毛晉（連珠印）、汲古主人、蟫隱廬秘籍印。

57. 石藥爾雅二卷　〔唐〕梅彪撰　［王、瞿、蘇］

清初毛氏汲古閣鈔本。《秘本書目》："《石藥爾雅》一本。精鈔。八錢。"王文進《明毛氏寫本書目》："按明本作唐梅彪，二卷。"周叔弢批注《秘本書目》云："海源閣及傅沅叔丈各藏一本，皆毛鈔。"今均藏國圖。行款相同：十行二十字，小字雙行同，白口，左右雙邊。各一册。皆用研光白紙仿宋刊歐體字精寫，葉心下方有"汲古閣"三字。

其一（11363）爲傅增湘舊藏，係吳昌綬所贈。夾有西洋傳教士南懷仁跋一紙，跋云：

> 吾友何義門由南來，余見之，義門帶有舊書，有命書，甚好，內有新鈔《爾雅》，取出一看，名叫《石藥爾雅》。余見道家書甚寶，吾國有古時一人，是道人，一百餘歲，傳弟子，就是與此名同。我國那書是不傳，因此寶。余問義門，説《道藏》有書的也。何密死的命余跋之者。大清何密死的古學的也。康熙癸未三品衛監正南懷仁學書。

傅增湘稱此跋係"洋紙，用鵝翎筆書漢文，稱何焯爲'密斯的何'，恐爲南懷仁手跡之僅存者矣"。② 原跋實作"何密死的"，即英文"何 Mister"。癸未爲康熙四十二年（1703），而《清史稿》載南懷仁卒於康熙二十七年（1688），疑跋文落款時間有筆誤。

傅增湘據此本影刊，收入《雙鑑樓刊蜀賢叢書》中，請董康代

---

① 羅振常《善本書所見錄》，第121頁。
② 傅增湘《藏園訂補郘亭知見傳本書目》，第918頁。

爲督刻。

鈐印：虞山毛晉、子晉書印、汲古得脩綆、毛晉、汲古主人、毛扆之印、斧季。

58. 石藥爾雅二卷　〔唐〕梅彪撰　［瞿、蘇］

國圖所藏第二本（00910），爲北圖收購楊氏海源閣寄存天津鹽業銀行九十二種珍本古籍之一，《楹書隅錄》卷三著錄。周叔弢批校《楹書隅錄》云："此書在沅丈處，精，汪氏另一本。"① "沅丈" 謂傅增湘（字沅叔），傅氏所有實爲另一本。"汪氏" 不詳。

鈐印：汲古主人、毛晉（連珠印）、毛晉私印、子晉、子晉書印、東吳毛氏圖書、毛扆之印、斧季、汲古得脩綆、三十五峰園主人、汪士鐘印、楊以增印、至堂、東郡楊紹和印、瀛海仙班、宋存書室、彥合珍玩、東郡楊二、東郡楊氏宋存書室珍藏。

59. 仙苑編珠三卷　題〔唐〕王松年撰　［王、瞿、蘇］

清初毛氏汲古閣鈔本。《秘本書目》云："《仙苑編珠》二本。精鈔。一兩二錢。"今藏臺北"國家圖書館"（09172），該館著錄作"清康熙間烏絲欄鈔本"。② 十行二十字，白口，左右雙邊。三册。首册書衣墨筆題"汲古閣精鈔仙苑編珠，傲廬珍藏，慶我署貹"。"玄"字避諱缺末筆。

鈐印：毛晉私印、子晉、毛晉之印、毛氏子晉、汲古閣、汲古主人、毛扆之印、斧季、雪苑宋氏蘭揮藏書記。

四、集部

60. 陶淵明集十卷　〔晉〕陶淵明撰　［蘇］

清初毛氏汲古閣影宋鈔本。中國嘉德國際拍賣有限公司1996年春季拍賣會拍品。十行十六字，白口，左右雙邊。版框：20.0cm×

---

① 《訂補海源閣書目五種》，第200頁。
② 《"國家圖書館"善本書志初稿》子部第3册，第284頁。

14.5cm。二冊。吳希賢曾經眼。①

鈐印：宋本、甲、毛晉私印、汲古主人、毛扆之印、斧季。

郁松年《宜稼堂書目》載："《陶淵明集》，毛鈔，三本，廿元。"② 嘉德上拍之本無郁氏印鑒，當非其藏本。徐伯郊亦曾收藏一帙，1955年曾謀售歸北圖，未能成交，徐氏身後流落情況不詳，疑即嘉德上拍之本。

《秘本書目》有"宋板《陶淵明集》二本"，云："與世本曼然不同。如《桃花源記》中'聞之，欣然規往'，今時本誤作'親'，謬甚；《五柳先生贊》注云'一本有之妻二字'，按《列女傳》是'其妻之言也'。他如此類甚多，不可枚舉。即《四八目》注比時本多八十餘字，而通本'一作'云云比時本多千餘字，真奇書也。籤題係元人筆，不敢易去。十六兩。"不知即影鈔底本否。

明天啓五年（1625）毛晉綠君亭刊《屈陶合刻》，中有《陶靖節集》，與此內容、版式迥異。

61. 鮑氏集十卷　〔南朝宋〕鮑照撰　　［王、瞿、蘇］

清初毛氏汲古閣影宋鈔本。《秘本書目》："《鮑參軍集》二本。宋板影寫。三兩。"今藏國圖（18143）。十行十六字，白口，左右雙邊。二冊。版心下刻工：屈旻、華再興、曲鈫。楊氏海源閣舊藏，《楹書隅錄》著錄云：

> 是書宋刻久稀，惟汲古閣影宋鈔本最稱精善，即盧抱經學士據校本也。顧近世收弆者，大抵轉相過錄，非復毛氏之舊。此本乃汲古原書，紙白如玉，字法工雅絕倫，正如錢遵王所謂"楮墨更精於槧本，洵縹囊中異物也"。毛氏影鈔，藝林咸愛重之，得輒什襲，頗少流傳。先公官江南時極力訪求，所獲致佳者止數種。然浙吳兵燹垂十餘年，藏書之家，悉已蕩爲灰燼，即此箋箋者，未始非碩果之僅存矣，能勿寶諸。甲子十月，彥

---

① 吳希賢《歷代珍稀版本經眼圖錄》，中國書店，2003年，第243頁。
② 郁松年《宜稼堂書目》，國圖藏民國間鈔本。

合主人識。①

王文進《明毛氏寫本書目》："見《楹書隅錄》。又溧陽張氏藏。"王氏《文禄堂訪書記》卷四著錄，作"明毛子晉影鈔宋本"。②周叔弢批注《秘本書目》云："此書自庚樓丈歸陳澂中，舊藏海源閣。毛氏原裝。"又批注《楹書隅錄》云："白紙。寬大精美。汲古原裝，士禮居原櫝。宣德箋書衣紙、書套，皆毛氏原物，完整如新。毛鈔本余見二十餘種，當以此爲第一。此書爲庚丈收得，欲與余換書未果，今歸澂中，頗得善價也。丙子十二月。"③"溧陽張氏""庚樓"即張允亮（1889—1952），字庚樓，河北豐潤人，版本目錄學家，於弢翁爲父執，故稱"庚樓丈""庚丈"。後歸陳清華（澂中）。1965年國家自陳氏處購回，入藏北京圖書館。

鈐印：宋本、甲、毛晉私印、毛氏子晉、子晉、汲古主人、毛扆之印、斧季、汪士鐘讀書、楊氏海源閣鑒藏印、楊紹和藏書、四經四史之齋、楊以增字益之又字至堂晚號冬樵行式、瀛海仙班、紹和筠岩、彥和。

62. 謝宣城詩集五卷　〔南朝齊〕謝朓撰　［王、瞿、蘇］

明末毛氏汲古閣影宋鈔本。《秘本書目》："《謝宣城集》一本。從宋本鈔出。五錢。"王文進《明毛氏寫本書目》云："德化李木齋藏。按《邵亭》作齊謝朓。"又王氏《文禄堂訪書記》卷四著錄，作"明毛子晉影鈔宋本"。④今藏北京大學圖書館，李盛鐸木犀軒舊藏。十行十八字，白口，左右雙邊。五册。清咸豐間，韓應陛曾見一帙，"湖州書友持來汲古閣影宋鈔本，索價二十四千"，⑤蓋即此

---

① 〔清〕楊紹和撰，傅增湘批注，朱振華整理《藏園批注楹書隅錄》卷四，第164頁。
② 王文進《文禄堂訪書記》，第243頁。
③ 傅增湘《藏園批注楹書隅錄》，第164頁。
④ 王文進《文禄堂訪書記》，第244頁。
⑤ 鄒百耐纂，石菲整理，陳先行審定《雲間韓氏藏書題識彙錄》，上海古籍出版社，2020年，第117頁。

本。傅增湘據卷末有紹興丁丑樓炤舊跋及嘉定庚辰洪伋刊書跋，謂即影寫宋嘉定十三年（1220）洪伋刊本。清末劉啓瑞曾獲內閣大庫佚書宋嘉定本，傅增湘爲其借木犀軒所藏此毛鈔本鈔配成全帙，今藏臺北"國圖"。傅氏"取劉啓瑞藏宋刊本首二卷核之，時有訛舛，疑影寫所據底本有漫漶處，因而致誤"，① 又曾借校於吳騫拜經樓仿宋刊《愚谷叢書》本之上，校本今藏國圖。

鈐印：宋本、甲、東吳毛氏藏書、子晉書印、汲古得脩綆、汲古主人、毛氏子晉、子晉、汲古閣、"趙文敏"大方印、廖嘉館印、李盛鐸家藏文苑、木齋審定、李盛鐸印、木犀軒藏書、木齋審定善本、木齋祕玩、明墀之印、李玉陔印、古詒閣。

63. 孟東野詩集十卷 〔唐〕孟郊撰 ［王、瞿、蘇］

影宋鈔本。王文進《明毛氏寫本書目》云："《硒宋》。"今藏日本靜嘉堂文庫，陸心源皕宋樓舊藏，《皕宋樓藏書志》卷六十九、《靜嘉堂秘籍志》卷十著録，云十行十八至二十字不等，版心有刻工姓名及字數，後鈔録"臨安府棚前北睦親坊南陳宅書籍鋪印"牌記一行。傅增湘曾經眼，謂鈔寫"極精麗"。②

據《皕宋樓藏書志》，書中鈐印有：宋本、甲、毛晉私印、子晉、毛扆之印、斧季、虞山毛晉、汲古得脩綆、子晉書印。③ 據《東洋文化史大系》所載書影，另鈐有：濟陽蔡氏、廷相、伯卿甫（圖3-2）。④

是書有汲古閣刻《五唐人詩集》本。

64. 李群玉詩集三卷**後集**五卷 〔唐〕李群玉撰 ［王、瞿、蘇］

明崇禎十一年（1638）毛氏汲古閣鈔本，據南宋書棚本鈔。2004年中國嘉德拍賣春拍拍品（LOT 2560）。用汲古閣版格紙鈔寫，版心下有"毛氏正本、汲古閣藏"八字，卷末有條記"臨安府棚北

---

① 傅增湘《藏園訂補郘亭知見傳本書目》，第948—949頁。
② 傅增湘《藏園群書經眼錄》，第872頁。
③ 〔清〕陸心源《皕宋樓藏書志》卷六十九，第1241頁。
④ 《東洋文化史大系·隋唐の盛世》，第239頁。

大街睦親坊南陳解元宅經籍鋪印"一行。毛晉跋。拍賣圖錄謂："此書應爲毛晉手鈔，斷句皆鈐'晉'字朱印，雌黃斷句。"鈐印：虞山東野適齋許氏鑒藏、慕園、顧公碩印。知曾經元和顧鶴逸過雲樓收藏。《邵亭知見傳本書目》著錄此本："毛氏汲古閣影寫宋陳宅經籍鋪本，十行十八字，有毛晉潛在跋三葉。顧君麐士怡園藏。"顧麐士即顧鶴逸。傅增湘、謝國楨皆曾經眼。①

黃丕烈曾收藏一部，《蕘圃藏書題識》卷七云："即如《李群玉集》，予藏舊鈔本有三本：一葉氏鈔本，一馮氏鈔本，一毛氏鈔本。"②傅增湘曾見海源閣遺籍中之舊寫本，鈐有"汲古閣""汲古主人""士禮居藏"及海源閣印二方，當即黃氏所謂"毛氏鈔本"。③《孝慈堂書目》卷五詩文集類亦載一部（與《玄英先生詩集》合鈔）："汲古閣鈔本，照宋校，五十一卷。"王文進《明毛氏寫本書目》據以著錄。不知兩家所載是否即顧藏本。

65. 清塞詩集二卷　〔唐〕周賀撰　〔瞿、蘇〕

明末毛氏汲古閣鈔本。今藏國圖（A00537）。八行十八字，細黑口，四周雙邊。一冊。明毛晉跋、清黃丕烈校并跋。用汲古閣版格紙錄，版框外有"毛氏正本、汲古閣藏"八字。

鈐印：汲古閣藏、彥合珍玩、東郡楊二、彥合讀書、宋存書室、楊氏海原閣藏。

66. 禪月集二十五卷　〔唐〕釋貫休撰　〔瞿、蘇〕

明末毛氏汲古閣影宋鈔本。今藏國圖（04406）。十三行二十字，小字雙行二十七八字不等，白口，左右雙邊。二冊。有翁同龢隸書署檢。書中缺字皆留空待補，已有若干朱筆補字、書眉朱筆校字，似毛扆手跡。

鈐印：宋本、甲、汲古主人、子晉、毛晉之印、常熟翁同龢藏

---

① 傅增湘《藏園群書經眼錄》第912頁；謝國楨《江浙訪書記》，見《謝國楨全集》第五冊，第630頁。
② 〔清〕黃丕烈《蕘圃藏書題識》卷七，《黃丕烈藏書題跋集》，第425—427頁。
③ 傅增湘《藏園群書經眼錄》，第913頁。

本、翁同龢長壽印信、虞山翁同龢印、均齋祕笈、均齋祕篋。

是書有汲古閣刻《唐三高僧詩集五種》本。

67. 盤洲文集八十卷　〔宋〕洪适撰　　［王、瞿、蘇］

明末毛氏汲古閣影宋鈔本。存《盤洲樂章》三卷，即《文集》之卷七十八至八十，臺北"國家圖書館"藏（14849）；《洪文惠公行狀》一卷，宋許及之撰，附《行狀》《碑銘》《拾遺》，北京大學圖書館藏（979.8/1117）。十行二十字，小字雙行同，白口，左右雙邊。版框：21.2cm×15.3cm。一册。

王文進《明毛氏寫本書目》云："宋洪适。① 宋板影鈔。見《天禄》。按静嘉堂又一書。"按《静嘉堂秘籍志》卷三十六："《盤洲集》八十卷，影宋鈔本，惠紅豆舊藏。"② 所藏非毛鈔本。《天禄琳琅書目》卷四著録毛鈔本《盤洲文集》四函二十四册，八十卷，後附《行狀》《碑銘》并《拾遺》共一册，云："是本影鈔集八十卷，皆係全本，惟目錄載有序跋俱闕，其《拾遺》文四篇今僅存其二，想當時刊本流傳甚少，所影者本有遺佚耳。……闕補卷八、卷二十一、卷三十二。"③ 鈐印有"宋本""毛扆之印""斧季""白堤錢聽默經眼"等，與今存殘本不同，當非同一部書。《四庫全書總目》卷一百六十著録浙江巡撫採進本，提要云："王士禎《居易録》謂朱彝尊所藏《盤洲集》僅有其詩，則藏書家已罕睹全帙。此本爲毛氏汲古閣所藏，猶從宋刻影寫，惟末卷《拾遺劄子》第三篇，蠹損特甚，其餘雖字句間有脱落，而卷帙完好，亦古本之僅存者矣。"④ 知天禄所藏係浙江進呈者。彭元瑞曾從天禄琳琅鈔出一部。⑤ 從鈐印看，疑毛晉、毛扆父子各鈔有一部，今則僅存此《盤洲樂章》三卷及《行狀》一卷。原係蔣汝藻插架之物，《傳書堂藏書志》卷四著録："《盤洲文集》殘卷，影宋鈔本。存卷七十八至八十，即樂府三

---

① "适"字誤排作"邁"。
② 《静嘉堂秘籍志》，第1477頁。《日藏漢籍善本書錄》失載。
③ 《天禄琳琅書目》，第118頁。
④ 《四庫全書總目》，第1378頁。
⑤ 〔清〕彭元瑞《知聖道齋讀書跋》卷二《盤洲文集》條，第31頁。

卷，後有許及之撰《行狀》、周必大撰《神道碑》，並《拾遺》二葉。"① 蓋自蔣氏處散出，今分藏兩地。

《盤洲樂章》曾經吳湖帆插架，業經吳氏重裝。題跋或題款者有：吳湖帆、吳梅、王同愈、黃孝紓、沈尹默、吳曾源、郭蘭枝、張珩。《國立南京圖書館善本甲庫書目》著錄。

鈐印：毛晉私印、子晉、東吳毛氏圖書、子晉書印、汲古閣、汪士鐘印、閬原甫、萬花小隱、鄧尉山樵、茮坡潘介繁珍藏之印、潘茮坡圖書印、宋本、密均樓、蔣祖詒、吳湖颿珍藏印、湖颿書畫、吳氏文庫、吳氏圖書記、潘静淑、梅景書屋祕笈、梅景書屋、蔣汝藻印、孟蘋、吳興張迺熊鑒定、張珩私印、希逸、王同愈印。②

各家題記錄後：

（1）吳湖帆題記

文淵閣佚書，歸吾郡汪閬源藝芸書舍插架，後歸潘三松曾孫椒坡收藏。毛氏影鈔本在今日獨立門庭，不可與尋常鈔本同語，幾與宋元槧刻齊驅矣，況為天祿舊籍、宋賢韻語，尤當寶諸。(末鈐印：吳氏文庫)

（2）蔣汝藻題籤

毛氏汲古閣景宋鈔洪文惠《盤洲樂章》三卷。吳興蔣汝藻。(鈐印：蔣汝藻印、孟蘋)

（3）吳湖帆跋

《盤洲樂章》三卷，迺全集中殘帙，全集向藏文淵閣，此本僅存詞三卷，後附《家傳》《碑記》等。今《家傳》《碑記》《附錄》轉贈内姪潘景鄭矣。《彊邨叢書》所收即據此付梓。舊

---

① 《傳書堂藏書志》，第 999 頁。
② 《標點善本題跋集錄》，第 733—734 頁。

藏蔣氏密韻樓，余以宋槧《道德經》易之，尚有唐六如《騎驢歸興圖》一幀云。壬申正月十三日，裝成題記，吳湖帆。

（4）吳梅跋

汲古《六十一家詞》多訛字，而毛鈔各詞皆景宋精寫，不知當日何以不據佳本付梓也。此《盤洲詞》三卷，毛刻所無，舊爲文淵閣物，《四庫》著録即是此本，疊經藏家儲弆，至爲珍貴。八十卷《盤洲曲》十四章，脱書《生查子》調名，遂有疑爲詩者矣。湖帆宗兄出眎此册，因識數語。壬申三月望，霜厓吳梅。

（5）吳曾源題款

壬申四月，吳曾源觀于梅景書屋。（鈐印：吳曾源印）

（6）王同愈題款

壬申天中節後二日，王同愈觀於梅景書屋，時年七十有八。（鈐印：王同愈印、勝之）

（7）黄孝紓等題款

壬申寒孟，番禺葉恭綽、新建夏敬觀、閩縣黄孝紓同詣梅影書屋，獲觀《梅屋詩餘》《石屏長短句》及此册，蓋毛鈔之極精也，閱世如新，讚歎無既。孝紓題記。

（8）郭蘭枝題款

甲戌孟夏，嘉興郭蘭枝觀于密韻樓。

（9）沈尹默題款

二十六年十月十八日，沈尹默拜觀。

（10）張珩題識

乙亥秋，以夏仲昭墨竹卷易之西充白氏。木雁齋記。

68. 誠齋集一百三十三卷　〔宋〕楊萬里撰　[王、瞿、蘇]

明末毛氏汲古閣鈔本。今存三部，其一藏上海圖書館，另兩部藏國圖。行款均相同：八行十七字，細黑口，四周雙邊。均用汲古閣版格紙鈔，版框外有"毛氏正本、汲古閣藏"八字，版心填寫書名卷次（個別僅有書名，上圖藏本有部分是素紙鈔寫）。各本用四五種字體分別鈔寫，可見鈔工非一。王文進《明毛氏寫本書目》著錄兩部，云："見《結一廬》，云影宋鈔。又《秦漢十印齋》。"

國圖所藏第一部（12196）。二十八冊。毛晉手寫目錄，清顧廣士、宋賓王、沈近思校跋並題款。清周星詒《書鈔閣行篋書目》著錄此本云："目錄是子晉手書。經顧廣士、宋賓王、沈近思手校，俱有跋。近思手跋罕有寓目，況是汲古鈔本、手書目錄，又經毛、顧、宋、沈四公後先手校題識者乎。誠妙品也。"① 清蔣鳳藻《秦漢十印齋書目》集部著錄："廿八本。汲古閣鈔本。"即此本。

鈐印：子晉、毛晉私印、一字子九、汲古閣印、毛子九讀書記、季印振宜、滄葦、御史振宜之印。

各家題識錄後：

卷一末：雨窗偶較此卷，隨筆識一二字請政。古東倉宋賓王。

卷三末：崇禎甲申二月，顧廣士再挍一過。

---

① 吳鷗《誠齋詩集版本述略》論是書版本甚詳，見《國學研究》第二卷，北京大學出版社，1994年。

卷十一、十二末：顧麐士再校。

卷十九首行：此後四卷無對本。

第三十五、六卷中間一葉，毛晉題記：誠齋集，第三十六卷至四十二卷名《退休集（詩）》

卷一百九末：乾隆己卯夏五，獲南宋原本一較。近思識。

69. 誠齋集一百三十三卷　〔宋〕楊萬里撰　［瞿、蘇］

明末毛氏汲古閣鈔本。國圖所藏第二部（04963），存十五卷：卷四十至四十八、六十二至六十四、一百三十一至一百三十三。二冊。清光緒二十八年（1902）翁同龢跋，每冊有翁氏隸書署檢。

鈐印：季振宜印、滄葦、常熟翁同龢藏本、翁同龢校定經籍之記、均齋秘笈。

翁氏跋云：

余年十四，應童子試於崑山，時試院在崑山，學使者三歲中必兩莅焉，百貨雲集，屋者、棚者謂之節街。余與兄子綬卿携百錢躑躅破書堆中，得此殘本，歸寓以詫同試者。今忽忽六十年矣。綬卿早歿，余老病頹唐，近又遭菉卿姪之戚。秋夜獨坐，涕泗橫集。壬寅重九鐙下，松禪老人記。

70. 誠齋集一百三十三卷　〔宋〕楊萬里撰　［王、瞿、蘇］

明末毛氏汲古閣鈔本。上海圖書館藏（790706－790729）。二十四冊，其中卷十五、二十二至三十、九十、九十三至九十四、一百十一至一百十二、一百十四至一百十五、一百十七、一百二十一至一百二十七配清鈔本。版框：11.7cm×15.5cm。《結一廬書目》著錄一本，云影宋鈔，二十四冊，即此本。

鈐印：章綬銜印、紫伯、飛異詭堂章氏所得之書、章紫伯鑒藏、結一廬藏書印、徐乃昌讀。

71. 劍南詩續稿八卷　〔宋〕陸游撰　［瞿、蘇］

明末毛氏汲古閣鈔本。今藏上海圖書館（綫善 T02153－

02154）。八行二十字。無版框行格，葉心下有"汲古閣"三字。二冊。明毛晉校，清唐鴻學題記。凡刻入《放翁逸稿》者，此帙均在該詩之上鈐有"毛晉之印"，共四十三首。上冊書衣題"劍南詩續集，汲古閣傳鈔絳雲樓殘宋刻本，怡蘭堂藏"。①

卷一前毛晉題識：

[印]者，《劍南詩稿》未刻也。

七言絶句二十一首，五言絶句五首，古詩一首，五言律詩一十二首，七言律詩一十一首。

下冊有泉唐沈中擇題記云："此雖殘鈔八卷，然猶是廬山真面。汲古以得於刻《詩稿》之後，遂擇其未刻編入《逸稿》云。"

鈐印：毛晉之印、斧季審定、歙鮑氏知不足齋藏書、知不足齋藏書、唐鴻學印、百川、怡蘭堂。

72. 方是閒居士小稿二卷　〔宋〕劉學箕撰　［王、瞿、蘇］

清初毛氏汲古閣鈔本，據元至正二十年（1360）屏山書院刻本鈔。《秘本書目》："《方是閒居士集》二本。精鈔。二兩。"王文進《明毛氏寫本書目》云："按彭元瑞鈔本作宋劉學箕，二卷。"今藏國圖（10845）。八行十八字，白口，左右雙邊。二冊。序末有牌記"至正庚子仲冬屏山書院重刊"。元至正刻本今存世一帙，藏上海圖書館（綫善 828956 – 57）。毛鈔本卷末用汲古閣版格紙所附鈔之《劉學箕傳》爲元刻本所無。

鈐印：元本、甲、汲古主人、子晉、毛晉私印、斧季、毛扆之印、"趙文敏"大方印、嚴氏修能、元照私印、元照之印、蕙櫋、修、余獨好修以爲常、芳茞堂印、香修、靖白、張氏秋月字香修一字幼憐、張氏香修、秋月之印、陸沆之印、陸沆字冰篁、情伯氏、

----

① 見陳先行《中國古籍稿鈔校本圖錄·校本》，第641頁。

陸僎字尌蘭、王細君印、少張。

書末有嚴元照跋云：

　　《方是閒居士小稿》二冊，汲古閣影元鈔本，予購自武林。詩文皆不甚佳，然紙墨精善，閱之快心。蘭唐北上見過，用以贈行。芸牕開卷，不忘贈書之人，斯予懷大愜矣。嘉慶四年季秋望後一日，芳椒堂主人嚴元照書。（末鈐印：元照私印、嚴氏修能）

序末有螾廬題識云：

　　光緒初，先資政公得此書於蕩口趙氏，值番蚨十二元，視斧季定價爲四倍。康德庚辰，余在舊都，誦芬室主見此書，欲以百倍之値相易。余以"先人手澤所存，雖萬金不舍去"答之。書此以告子孫。螾廬識。

螾廬即王季烈（1873—1952），"先資政公"謂其父王頌蔚（1848—1895）。康德，僞滿年號，庚辰爲民國二十九年（1940）。"誦芬室主"，藏書家董康（1867—1947），法律家，曾在華北僞政權任職。

73. 翠微先生南征錄十一卷　〔宋〕華岳撰　［王、瞿、蘇］

清初毛氏汲古閣鈔本。王文進《明毛氏寫本書目》云："板心'汲古閣'。北京。"北京謂北京圖書館。今藏國圖（06652）。十行二十字，小字雙行同，白口，左右雙邊。一冊。葉心下有"汲古閣"三字。書中有白粉塗改、浮籤批校。《邵亭知見傳本書目》云："張金吾有汲古閣鈔本。"[①] 當即此本，而張氏《愛日精廬藏書志》卷三十一著錄作"舊鈔本，汲古閣藏書"。後歸常熟瞿氏，瞿氏《鐵琴銅劍樓藏書目錄》卷二十一亦著錄作舊鈔本，稱"舊爲毛氏鈔藏本，

[①] 傅增湘《藏園訂補邵亭知見傳本書目》，第1241頁。

極精"。①

　　鈐印：鐵琴銅劍樓。

74. 棠湖詩稿一卷　〔宋〕岳珂撰　[王、瞿、蘇]

　　清初毛氏汲古閣影宋鈔本，據宋臨安府陳宅書籍鋪刻本影鈔。今藏國圖（04277）。十行十八字，白口，左右雙邊。一冊。版心題"棠湖宮詞"，卷末有"臨安府棚北大街陳宅書籍鋪印行"小字條記二行。常熟瞿氏舊藏，《鐵琴銅劍樓藏書目錄》卷二十一著錄，云："此書原刻本舊藏汲古毛氏，今在嘉興錢衎石給諫家，見其所題《寶真齋法帖詩》注。影鈔本即出毛氏。"所謂原刻本今仍存世，藏天津圖書館，鈐有毛晉、毛扆父子各印，即其影鈔底本。瞿冕良《中國古籍版刻辭典》"汲古閣"條標目作"棠湖宮詞"。

　　鈐印：宋本、希世之珍、汲古閣、毛晉私印、子晉、子晉書印、虞山毛晉、毛扆之印、斧季、汲古得脩綆、蕆山珍本、名余曰復、鐵琴銅劍樓。

　　國圖藏有另一部鈔本（15052），鈐"毛氏子晉""毛晉之印""士禮居藏""平江黃氏圖書"各印，黃丕烈、鄧邦述跋。潘祖蔭、鄧邦述舊藏，《滂喜齋藏書記》卷三、《寒瘦山房鬻存善本書目》卷一皆著錄爲汲古閣影宋鈔本。鄧氏跋目爲"毛鈔精本"，而國圖編目前輩認爲黃跋是後人過錄、毛晉各印係偽作，定其本爲清影宋鈔本，並非毛鈔，故《中國古籍善本書目》僅著錄鄧邦述跋，② 而不及黃跋。鄧邦述謂得於京師正文齋書肆，疑即正文齋偽造者。

　　黃丕烈確曾收藏過一部毛鈔本《棠湖詩稿》，《蕘圃藏書題識》卷八有跋云：

　　　　嘉慶乙丑冬，錢唐何君夢華訪余，出其友所藏宋刻《棠湖宮詞》示余，因素知余有毛鈔影宋本也。宋刻果出毛氏，上有

---

①　《鐵琴銅劍樓藏書目錄》，第600頁。
②　鄧邦述跋又見《寒瘦山房鬻存善本書目》卷一，金曉東整理，吳格審定，上海古籍出版社，2020年，第278頁。

"宋本""甲"兩圖記，餘皆子晉名號章，無他人印記。紙黃色，闊連，係竹料。首標"棠湖詩稿"四字，下有墨釘，板心第曰"棠湖一"、"棠湖二"，不標"宮詞"，疑當日宋刻中一種，故不標"宮詞"。第三十末句"捷書清曙入行宮"，"曙"闕筆作"曙"；第三十八首句云"外庭公事近今稀"，"今"誤字作"金"，有紅筆校"今"。凡遇缺文作墨釘。茲毛鈔板心添入"宮詞"字，"曙"不諱"曙"，"今"不仍"金"，俱非其舊矣。始歎書必宋刻乃佳，此論甚確，否則汲古如毛氏，而一經影寫，已多歧異，何論書經三寫者乎？①

何夢華所示宋刻本即今天津圖書館藏本。黃氏所藏毛鈔本今則不詳所之。王文進《明毛氏寫本書目》云："宋板影鈔。《蕘圃》。"即此本。此外鄧邦述舊藏毛鈔《南宋六十家小集》中亦有《棠湖詩稿》一卷。

75. 剪綃集二卷　〔宋〕李龏撰　［瞿、蘇］
清初毛氏汲古閣影宋鈔本。今存兩部，皆藏國圖，行款相同：均爲十行十八字，白口，左右雙邊。均係據南宋陳宅書籍鋪刻本鈔，卷末鈔牌記"臨安府棚北大街陳解元書籍鋪印行"一行。兩本相校，僅若干異體字之別。

此其一（04428），原爲翁同龢舊藏，書衣有翁氏隸書題寫書名"宋刊六種汲古閣景鈔均齋題記"。

鈐印：宋本、希世之珍、毛晉（連珠印）、汲古主人。

是書有汲古閣刻《詩詞雜俎》本。

76. 剪綃集二卷　〔宋〕李龏撰　［王、瞿、蘇］
清初毛氏汲古閣影宋鈔本。國圖所藏第二部（18285）。
鈐印：宋本、希世之珍、毛晉私印、子晉、毛氏子晉、毛晉之

---

① 〔清〕黃丕烈《蕘圃藏書題識》卷八，《黃丕烈藏書題跋集》，第505頁。國圖之清影宋抄本（15052）黃跋即據此過錄。

印、汲古閣、毛扆之印、斧季、三十五峰園主人、汪士鐘印、楳泉、汪振勳印、澤山心賞、文登于氏小謨觴館藏本。

77. 梅花衲一卷　〔宋〕李龏撰　〔瞿、蘇〕

清初毛氏汲古閣影宋鈔本。今存二部，皆藏國圖。行款相同：均爲十行十八字，白口，左右雙邊。均係據南宋陳宅書籍鋪刻本鈔，序後及卷末均鈔牌記"臨安府棚北大街睦親坊南陳解元書籍鋪刊行"一行。

此其一（04428）。爲翁同龢舊藏。《適園藏書志》卷十二著錄。

鈐印：宋本、希世之珍、毛晉（連珠印）、汲古主人、毛晉之印、毛氏子晉。

78. 梅花衲一卷　〔宋〕李龏撰　〔王、瞿、蘇〕

清初毛氏汲古閣影宋鈔本。國圖所藏第二部（18286）。鈐印與上《剪綃集》第二部相同。王文進《明毛氏寫本書目》云："《適園》。"見張鈞衡《適園藏書志》卷十二著錄。江澄波云："此書與《剪綃集》同爲南潯張氏適園舊藏。'文革'期間在蘇州流散，爲我收得。後提供北京圖書館保藏。"①

79. 芸居乙稿一卷　〔宋〕陳起撰　〔蘇〕

清初毛氏汲古閣影宋鈔本。今藏國圖（04430）。十行十八字，白口，左右雙邊。一册。書衣有翁同龢隸書題籤。

鈐印：宋本、希世之珍、毛晉（連珠印）、汲古主人、毛晉之印、毛氏子晉。

80. 亞愚江浙紀行集句詩七卷　〔宋〕釋紹嵩撰　〔瞿、蘇〕

清初毛氏汲古閣影宋鈔本。今藏國圖（04431）。八行十六字，白口，左右雙邊。三册。書衣有翁同龢隸書題籤。

鈐印：宋本、希世之珍、毛晉（連珠印）、汲古主人、毛晉之印、毛氏子晉、毛晉（連珠印）。

---

① 江澄波《古刻明鈔經眼錄》，江蘇人民出版社，1997年，第255頁。

81. 存悔齋詩一卷　〔元〕龔璛撰　**補遺**一卷　〔明〕朱存理輯
〔王、瞿、蘇〕

明末毛氏汲古閣鈔本，今藏國圖（04281）。據元至正五年（1345）俞楨鈔本傳鈔，俞本亦藏國圖（04408）。八行二十二字，白口，四周單邊。一冊。毛晉跋、毛扆校補并跋，書衣有毛扆題籤云："存悔齋詩，龔璛子敬，後有先君手跋。"據毛晉跋，此本當鈔於崇禎十三年。《愛日精廬藏書續志》卷四著錄作"舊鈔本，汲古閣藏書"，後歸常熟瞿氏，瞿氏《鐵琴銅劍樓藏書目錄》卷二十二著錄。王文進《明毛氏寫本書目》："《鐵琴》。"日本靜嘉堂文庫所藏舊鈔本《存悔齋詩》亦有毛氏父子跋，當爲過錄者。①

鈐印：毛晉印、毛晉祕篋、毛姓秘翫、寶晉、子晉、恬裕齋鏡之氏珍藏、古里瞿鏞、鐵琴銅劍樓、紹基秘笈、瞿秉淵印、瞿潤印、瞿秉清印、瞿秉沂印、瞿秉沖印、良士曾觀。

82. 漢泉曹文貞公集十卷後錄一卷　〔元〕曹伯啓撰　〔王、瞿、蘇〕

明末毛氏汲古閣鈔本。《秘本書目》："《曹文貞公集》四本。精鈔。四兩。"今藏中國科學院國家科學圖書館（M00483）。十行二十字，白口，左右雙邊。存六卷：卷六至十、後錄。版框：22.0cm×16.0cm。二冊。王文進《明毛氏寫本書目》："《雁影齋》云：'《漢泉漫稿》十卷附錄一卷，有張起巖、呂思誠序。'余得後五卷，歸孔德館。"王氏《文禄堂訪書記》卷五著錄作"明毛子晉影鈔元本"。②《雁影齋題跋》卷四著錄作影鈔本。"孔德館"指孔德圖書館，民國間馬廉籌辦，1952年，孔德學校中學部改爲北京市第二十七中學，經北京市政府會議決定，孔德圖書館藏書全部轉撥給首都圖書館收藏。③蓋轉撥之前此毛鈔本已散出。傅增湘曾經眼此本，云："卷首次行題曹復亨、胡益銜名，是從元本出，惟改易行款耳。"④又云："《漢泉漫稿》，曾見汲古閣影寫本，存六至十卷，因屬趙生照錄一

---

① 《靜嘉堂秘籍志》卷，第1611頁。
② 王文進《文禄堂訪書記》，第328頁。
③ 梁瑶《馬廉藏書聚散考》，《大學圖書館學報》2010年第3期。
④ 傅增湘《藏園訂補邵亭知見傳本書目》，第1309頁。

通，……異時當照汲古本行格照寫前五卷，俾舊本復完，亦快事也。"① "趙生"當指趙萬里。周叔弢曾經眼，批注《秘本書目》云："此書已殘。"

鈐印：元本、甲、毛晉私印、子晉、汲古主人、毛晉之印、毛氏子晉、子晉書印、汲古閣、斧季、毛扆之印、汲古得脩綆、"趙文敏"大方印、東方文化事業總委員會所藏圖書印。

傅氏又有清鈔本一部，係其友人徐沅所贈，徐氏曾用毛鈔本校勘，有題識云：

> 庚申春正，得是本於京師隆福寺書坊，爲吾吳蔣子宣先生鈔本，其嗣進呈四庫者也，有子宣及法詩龕收藏印。壬戌之秋，又得毛隱湖精鈔本，僅有卷六至卷十及後錄，校閱一過，增改甚多。此毛鈔之所以可貴也。

此校本今藏國圖（02514）。所謂"毛隱湖精鈔本"即今科圖藏本。

日本靜嘉堂文庫有黃丕烈舊藏影元鈔本《漢泉漫稿》，卷中有"汲古主人"朱文方印，② 不知其真僞，或係汲古閣舊藏之物。

83. 金臺集 二卷　〔元〕迺賢撰　［瞿、蘇］

清初毛氏汲古閣影元鈔本。今藏國圖（13323）。十一行二十二字，小字雙行同，細黑口，左右雙邊。一冊。東莞莫氏舊藏，《五十萬卷樓群書跋文》集部三著錄。

鈐印：元本、甲、毛氏子晉、毛晉之印、汲古主人、毛晉私印、子晉（連珠印）、平陽汪氏藏書印、三十五峰園主人、汪士鐘印、秋浦、憲奎、伯卿甫、廷相、金匱蔡氏醉經軒收藏章、伯卿一字孫峰、彥常、蔡廷楨印、卓如、卓如真賞、東官莫氏五十萬卷樓劫後珠還之、東官莫伯驥所藏經籍印。

---

① 傅增湘撰，王菡整理《藏園群書校勘跋識錄》，第601頁。
② 《靜嘉堂秘籍志》，第1619頁。

是書有明崇禎十一年（1638）汲古閣刻《元人集十種》本。

84. 句曲外史詩集 二卷**集外詩**一卷　〔元〕張雨撰　［王、瞿、蘇］

清初毛氏汲古閣鈔本。今藏臺北"國家圖書館"（11002）。十一行十七字，白口，左右雙邊。版框：18.5cm×14.2cm。一册。清黃丕烈、錢大昕、方若蘅、邵淵耀等題記，程恩澤題款。書籤題："《句曲外史詩》。元張天雨伯雨。徐惟起興公藏并跋。"《蕘圃藏書題識續錄》卷四著錄。王文進《明毛氏寫本書目》："見南京館，有黃丕烈手跋。"曾爲蔣汝藻舊藏，王國維《傳書堂藏書志》卷四、《國立南京圖書館善本甲庫書目》著錄。

鈐印：毛晉（連珠印）、子晉書印、子晉（連珠印）、汲古主人、汲古閣、毛扆之印、斧季、平江黃氏圖書、士禮居藏、黃丕烈印、錢大昕觀、趙秉沖印、湘南、苣蓀、張蓉鏡印、張氏、味經、殿中司馬、墨莊、味經書屋、思初室、一榻梅華鶴夢間、悟真閣、姚婉真印、芙初女士姚畹真印、桐城女士、畹芳女士、勤襄公五女、方氏若蘅曾觀、王澍、陳鑾曾觀、茝圃收藏。

諸家題識錄後：

(1) 錢大昕題識

嘉慶壬戌八月中秋後十日，竹汀居士錢大昕向士禮居借讀。此元人集之僅存者，宜珍護之。（末鈐印：錢氏竹汀、辛楣）

(2) 黃丕烈跋

元張雨詩，余家所儲者名《句曲外史貞居先生詩集》，卷端有吳郡徐達左序，於卷一次行題"吳郡海昌張雨伯雨撰，江浙鄉貢進士姪誼編類，吳郡徐達左校正"，共五卷。書係影寫本，以徐良夫作序考之，當必元末明初刻矣。然外間書目多云"《句曲外史集》三卷《補遺》三卷《集外詩》一卷"，皆以明成化姚綬所購得、嘉靖陳應符所鏨及崇禎毛晉所續者當之，不復知天壤間復有別本在也。項書友携此毛鈔《句曲外史詩》上下卷又《集外詩》一卷，又與徐序本不同，就其分卷，以陸其清《佳趣堂書目》證之，當是元時即有此本。陸云"《句曲外史詩》二卷（原注：元鈔，影寫陳白陽本）、《句曲外史詩補遺》"，茲本却與之合。又家俞邰《補明史藝文志·補元》云"《句曲外史詩》二卷"，則二卷本必舊本矣。特未知毛氏刻書時，何不以此入刻，而反取陳節齋所輯者刻之，多所訛脱，且子晉跋中並無一言及之，實所未解。（書眉：毛刻以徐序冠諸陳輯本首，尤屬無理。）竊歎書以刻爲幸，然以刻而不佳者爲不幸，《句曲外史詩》毋乃抱是恨歟？因急收此，與徐序本並儲焉。嘉慶甲子十月十有三日，黃丕烈識。（末鈐印：蕘翁）

(3) 方若蘅題款

道光辛卯秋，白下女士方若蘅叔芷氏借觀。（末鈐印：若蘅、畹芳）

(4) 方若蘅跋

道光辛卯十月朔，白門女士方氏若蘅性如讀三復，其沖澹閒逸處類江文通、吳叔宰筆致，元人詩之最清拔者。

(5) 邵淵耀跋

《句曲外史詩》源出於唐之皮、陸，宋之坡、谷，態逸而味幽，自來羽流殆無出其右者。此汲古閣本勘録既精，且爲元時舊帙，尤可寶貴。至蕘翁云，疑毛氏有此善本，而反以淆訛者付刊，此必刻書在先而收得二卷本在後，故跋中並未言及耳。道光癸巳新秋，隅山邵淵耀記。

(6) 程恩澤題款

道光庚寅春，程恩澤借觀。（末鈐印：春海）

是書有汲古閣刻《元人集十五種》本。

85. 韓山人詩集一卷　〔元〕韓奕撰　附集一卷　〔瞿、蘇〕

清初毛氏汲古閣影明鈔本，據明永樂間刻本影鈔。今藏國圖（12281）。十行二十二字，白口，左右雙邊。一冊。

鈐印：汲古主人、毛晉私印、汲古閣、毛晉（連珠印）、毛晉之印、毛氏子晉。

國圖另藏有清鈔本一帙（02234），爲知不足齋鮑氏舊藏，有王聞遠朱筆校并跋云："雍正己酉長夏，借得先輩毛子晉鈔本細校一遍，共添改旁書七十又九字。七夕後學蓮涇王聞遠識，時年六十有七。"所謂"毛子晉鈔本"當即此本。

86. 十家宮詞十二卷　〔瞿、蘇〕

（1）宮詞一卷〔唐〕王建撰

（2）宮詞一卷〔後蜀〕花蕊夫人撰

（3）宮詞一卷〔宋〕王珪撰

（4）宮詞一卷〔宋〕胡偉輯

（5）宮詞一卷〔五代〕和凝撰

（6）宮詞一卷〔宋〕張公庠撰

（7）宮詞一卷〔宋〕王仲脩撰

（8）宮詞一卷〔宋〕周彥質撰

（9）宮詞三卷〔宋〕宋徽宗趙佶撰

（10）宮詞一卷〔宋〕宋白撰

清初毛氏汲古閣影宋鈔本，據南宋陳宅書籍鋪刻本影鈔。今藏國圖（12282）。十行十八字，小字雙行同，白口，左右雙邊。版框：17.7cm×13.4cm。三冊。凡收王建至胡偉、和凝至周彥質，分別連續編爲卷一至四；宋徽宗宣和御製《宮詞》三卷，自爲編卷；宋白《宮詞》自爲一卷。函套有蔣幼節題籤"汲古閣舊藏南唐澄心堂紙印宋本十家宮詞"。王珪《宮詞》後鈔錄木記"臨安府陳道人書籍鋪刊行"一行。今陳氏書棚刻本尚存宋徽宗、張公庠、王仲脩、周彥質四家,與此鈔本相校,有數處異文。

鈐印:宋本、甲、毛晉私印、子晉、毛氏子晉、毛晉之印、汲古主人、毛晉私印、汲古得脩綆、卓爲霜下傑、四明墨海樓蔡氏鈐記、名山祕府之藏、碧玉壺珍藏金石書畫記、碧玉壺蔡鴻鑑校書讀書之印、四明蔡氏圖書、碧玉壺祕篋、蔡叔子、松蟾、蔡松蟾青箱長物、中郎遺作、琴樵、優莊過眼、賓牟、中郎遺脈等。

瞿冕良《中國古籍版刻辭典》"汲古閣"條云:"王文進《明毛氏寫本書目》有《三家宋詞》三卷,即此十家中之前三家。"非是。《三家宮詞》見下條。

87. 三家宮詞 三卷　[王、蘇]

（1）唐王建宮詞一卷　〔唐〕王建撰
（2）花蕊夫人宮詞一卷　〔五代〕花蕊夫人撰
（3）宋王岐公宮詞一卷　〔宋〕王珪撰

清初毛氏汲古閣鈔本。今藏國圖（A00743）。十行十八字,白口,左右雙邊。一冊。王文進謂係"宋板影鈔",其實不然。有朱筆校改。與《十家宮詞》相校,異文極多。

鈐印:汲古閣、潘、小琅環館、仁和潘鎮撫哉印信長壽、溝香、馬文苑、醉華讀書館主人撫哉氏經眼、醉華菴、長州顧氏藏書、湘舟過眼、許氏藏書、延古堂李氏珍藏。

是書有汲古閣刻《詩詞雜俎》本。

88. 南宋六十家小集　[王、瞿、蘇]

（1）石屏續集四卷長短句一卷　〔宋〕戴復古撰
（2）龍洲道人詩集一卷　〔宋〕劉過撰
（3）方泉先生詩集三卷　〔宋〕周文璞撰
（4）白石道人詩集一卷　詩説一卷　〔宋〕姜夔撰
（5）野谷詩稿六卷　〔宋〕趙汝鐩撰
（6）安晚堂詩集十二卷　〔宋〕鄭清之撰　存卷六至十二
（7）雲泉詩集一卷　〔宋〕釋永頤撰

（8）棠湖詩稿一卷　〔宋〕岳珂撰

（9）橘潭詩稿一卷　〔宋〕何應龍撰

（10）菊潭詩集一卷　〔宋〕吳仲孚撰

（11）芸隱勌游一卷橫舟稿一卷　〔宋〕施樞撰

（12）雪巖吟草一卷　〔宋〕宋伯仁撰

（13）梅屋詩稿一卷融春小綴一卷梅屋詩第三稿一卷第四稿一卷詩餘一卷　〔宋〕許棐撰

（14）汶陽端平詩雋四卷　〔宋〕周弼撰

（15）竹溪十一稿詩選一卷　〔宋〕林希逸撰

（16）雲泉詩一卷　〔宋〕薛嵎撰

（17）雪坡小稿二卷　〔宋〕羅與之撰

（18）菊澗小集一卷　〔宋〕高翥撰

（19）疏寮小集一卷　〔宋〕高似孫撰

（20）雅林小稿一卷　〔宋〕王琮撰

（21）學吟一卷　〔宋〕朱南杰撰

（22）學詩初稿一卷　〔宋〕王同祖撰

（23）梅屋吟一卷　〔宋〕鄒登龍撰

（24）皇荂曲一卷　〔宋〕鄧林撰

（25）庸齋小集一卷　〔宋〕沈説撰

（26）靖逸小集一卷　〔宋〕葉紹翁撰

（27）秋江煙草一卷　〔宋〕張弋撰

（28）癖齋小集一卷　〔宋〕杜旃撰

（29）巽齋小集一卷　〔宋〕危稹撰

（30）竹所吟稿一卷　〔宋〕徐集孫撰

（31）北牕詩稿一卷　〔宋〕余觀復撰

（32）吾竹小稿一卷　〔宋〕毛珝撰

（33）西麓詩稿一卷　〔宋〕陳允平撰

（34）雪林删餘一卷　〔宋〕張至龍撰

（35）鷗渚微吟一卷　〔宋〕趙崇鉘撰

（36）抱拙小稿一卷　〔宋〕趙希樢撰

（37）蒙泉詩稿一卷　〔宋〕李濤撰

（38）心游摘稿一卷　〔宋〕劉翼撰

（39）竹莊小稿一卷　〔宋〕胡仲參撰

（40）東齋小集一卷　〔宋〕陳鑒之撰

（41）適安藏拙餘稿一卷乙卷一卷　〔宋〕武衍撰

（42）漁溪詩稿二卷乙稿一卷　〔宋〕俞桂撰

（43）檜庭吟稿一卷　〔宋〕葛起耕撰

（44）骰稿一卷　〔宋〕利登撰

（45）露香拾稿一卷　〔宋〕黃大受撰

（46）雲臥詩集一卷　〔宋〕吳汝弌撰

（47）葛無懷小集一卷　〔宋〕葛天民撰

（48）臞翁詩集二卷附詩評　〔宋〕敖陶孫撰

（49）招山小集一卷　〔宋〕劉仙倫撰

（50）山居存稿一卷　〔宋〕陳必復撰

（51）端隱吟稿一卷　〔宋〕林尚仁撰

（52）斗野稿支卷一卷　〔宋〕張蘊撰

（53）靜佳龍尋稿一卷乙稿一卷　〔宋〕朱繼芳撰

（54）采芝集一卷續稿一卷　〔宋〕釋斯植撰

（55）看雲小集一卷　〔宋〕黃文雷撰

（56）雪窗小集一卷　〔宋〕張良臣撰

（57）小山集一卷　〔宋〕劉翰撰

（58）雪蓬稿一卷　〔宋〕姚鏞撰

（59）順適堂吟稿甲集一卷乙集一卷丙集一卷丁集一卷戊集一卷〔宋〕葉茵撰

（60）芸居乙稿一卷　〔宋〕陳起撰

清初毛氏汲古閣影宋鈔本。今藏上海圖書館（綫善826029－826080）。五十二冊。其中《梅屋詩稿》所附《詩餘》一卷、《石屏續集》所附《長短句》一卷係古書流通處補鈔者，原本已轉歸吳湖帆（見下文106、107條）；《雪巖吟草》《芸居乙稿》兩種，係以其他鈔本補配者；《安晚堂詩集》缺前五卷，僅存卷六至十二，故此書毛鈔部分實存九十三卷。有陳宅書籍鋪刊記者十四種，十行十四字，白口，左右雙邊。其餘無刊記者，版式或同或異。

是書由南宋陳起及其子續芸輯刻，又有《江湖小集》《南宋群賢小集》之名，乃流傳過程中收藏者所定。實不止六十家，此外尚有《剪綃集》《梅花衲》等。《四庫全書總目·江湖小集》提要云："起字宗之，錢塘人，開書肆於睦親坊，亦號陳道人。今所傳宋本諸書，稱臨安陳道人家開雕者，皆所刻也。"① 原爲鄧邦述群碧樓舊藏，鄧氏跋並補目錄，《寒瘦山房鬻存善本書目》卷一著錄。② 有吳湖帆題款、吳梅跋。王文進《明毛氏寫本書目》云："江寧鄧效先藏，云宋棚本影鈔，近已刊行。""近已刊行"謂有民國十一年陳琰古書流通處影印本。

鈐印：宋本、希世之珍、毛晉（連珠印）、汲古主人、毛晉之印、毛氏子晉、虞陽鮑叔衡過眼、群碧樓、正闇審定、景宋鈔本。

89. 古文苑 ［王、瞿、蘇］

明末毛氏汲古閣影宋鈔本，據宋淳熙六年（1179）韓元吉婺州刻本影鈔。十行十八字，白口，左右雙邊。《秘本書目》："《古文苑》三本。影宋板精鈔。六兩。"又有元人手鈔《古文苑》二本，云："陳在茲補鈔，書末尾張馮定遠先生補，二兩。"王文進《明毛氏寫本書目》云："見番禺潘明訓藏，作九卷。今見《天祿》宋淳熙本，刊名李敦不缺筆。"瞿冕良云："宋韓元吉撰，九卷。"潘明訓即寶禮堂主人潘宗周（1867—1939），潘氏得自袁克文，袁氏得自耆齡。③ 袁氏得書後，寶愛之至，鈐印累累，並倩人繪"林石情趣"圖一幅冠於書前。最終歸陳清華，後由其女陳國瓏保存。《祁陽陳澄中舊藏善本古籍圖錄》云："此本以上好的白棉紙打蠟影鈔宋本，版式闊大，字體疏朗，爲毛氏汲古閣罕見之大本影鈔本。"④ 2023 年亮相中國嘉德三十周年春季拍賣會，以 4600 萬元高價拍出。

鈐印：宋本、甲、毛晉私印、子晉、子晉書印、虞山毛晉、汲

---

① 《四庫全書總目》卷一八七，第 1701 頁。
② 《寒瘦山房鬻存善本書目》，第 279 頁。
③ 倫明《辛亥以來藏書紀事詩》云："耆齡所藏有汲古閣鈔本《古文苑》《宋高僧詩選》《酒邊詞》《琴趣三編》等，後皆歸袁寒雲。"
④ 《祁陽陳澄中舊藏善本古籍圖錄》四〇四號。

古主人、毛扆之印、斧季、寶熙、沈庵校藏精鈔善本印、景賢鑒藏、景行維賢、完顏景賢精鑒、步章五、佞宋、寒雲之印、滿足清淨、袁鈵克文、相對展玩、與身俱存亡、人間孤本、袁克文、寒雲、寒雲秘籍之印、寒雲小印、劉、梅真等印。①

90. 唐中興間氣集二卷　〔唐〕高仲武輯　［瞿、蘇］

清初毛氏汲古閣影宋鈔本。今藏國圖（08585）。十行十八字，小字雙行同，白口，左右雙邊。版框：17.8cm×13.0cm。一冊。清光緒十九年（1893）費念慈曾據以影刻。周叔弢自莊嚴堪舊藏。

鈐印：宋本、甲、毛晉私印、子晉、汲古主人、汪士鐘印、三十五峰園主人、周暹。

是書有汲古閣刻《唐人選唐詩八種》本。

91. 極玄集一卷　〔唐〕姚合輯　［瞿、蘇］

明末毛氏汲古閣影宋鈔本。今藏上海圖書館（790820）。十行十八字，小字雙行同，白口，左右雙邊。一冊。朱氏結一廬舊藏，《結一廬書目》著錄。

鈐印：宋本、甲、汲古主人、子晉、毛晉私印、毛晉（連珠印）、三十五峰園主人、汪士鐘印、結一廬藏書印、徐乃昌讀。

是書有汲古閣刻《唐人選唐詩八種》本。

92. 誠齋尺牘三卷　〔宋〕楊萬里撰　［王、瞿、蘇］

明末毛氏汲古閣影宋鈔本，據宋端平元年（1234）刻《誠齋集》本影鈔。今藏臺北"國家圖書館"（14621）。十行十六字，白口，左右雙邊。存二卷：卷一至二。卷端題"誠齋集卷第（下空）"。版框：20.4cm×15.3cm。一冊。《唅香仙館書目》卷四著錄："毛氏影宋鈔《誠齋尺牘》二卷，宋楊萬里撰。汲古閣寫本。一

---

① 《海外遺珍·祁陽陳澄中藏書》，"陳國瑾女士保存部分"書影8。詳參嘉德2023年春季拍賣會圖錄2201號。

本。"① 當即此本。王文進《明毛氏寫本書目》："吳興張葱玉藏。按南京館作一卷。"《國立南京圖書館善本甲庫書目》著録。

鈐印：宋本、甲、毛晉私印、汲古主人、席鑑之印、席氏玉照、虞山席鑑玉照氏收藏、黃丕烈印、蕘圃、士禮居藏、楊灝之印、繼梁、泉、吳興張氏韞輝齋曾藏、張珩（連珠印）、希逸。②

93. 文則不分卷　〔宋〕陳騤撰　［王、瞿、蘇］

明末毛氏汲古閣影鈔本。《秘本書目》云："《文則》一本。綿紙。從元板精鈔。八錢。"即此本。今藏湖南省圖書館。十行十九字，小字雙行同，黑口，四周雙邊。一册。無卷第，以十天干爲次分類，總一百五十六條。葉德輝之侄啓勳舊藏。③ 王文進《明毛氏寫本書目》："按弘治本作宋陳騤，二卷。"

鈐印：毛晉私印、子晉、毛晉（連珠印）、汲古主人、東吳毛氏圖書、子晉書印、汲古得脩綆、聽松風處。

《秘本書目》、葉啓勳《拾經樓紬書録》皆著録爲影元鈔本，2022 年浙江古籍出版社影印，出版説明謂"據元至正十九年（1359）陶宗儀刻本影鈔"，蓋因卷末有陶宗儀題識三行，云：

> 此書始得陳天民本，録於江陰，缺序文及末一版。今五年矣，乃得莫景行本，補足之於松江泗水之上。至正己亥六月也。陶宗儀志。

是書卷端署"宋少傅文簡公天台陳騤著，福州府儒學訓導餘姚李居義校正"，考《（弘治）八閩通志》卷三十一、《（正德）姑蘇志》卷二十四、《（乾隆）福州府志》卷三十一，皆云李居義於明天順間任福州府儒學訓導，則此本絶非鈔自元刻本。其底本實爲明成化間刻本。成化刻本國家圖書館有收藏（07168），影鈔本與之對比，

---

① 《唫香仙館書目》，第 66 頁。
② 書影、提要見《希古右文——搶救國家珍貴古籍特選八十種圖録》，第 214 頁。
③ 參《拾經樓紬書録》卷下，見《二葉書録》，第 163 頁。

行款、版式、字體均相同，僅有個別異文而已。國圖藏本題籤作"宋板文則"，有佚名題識云："此書題籤作宋刊，然末頁有至正己亥一條，是係元刊無疑。余另有宏治刊本，較此無稍異，但後有山陰陳哲一序，載明宏治時識，此本無之。"① 可見成化刻本刊印較精，被誤認爲宋元本其來已久。蓋毛晉亦誤以爲陶宗儀之元本，因其少見，故據以鈔錄。

是書確有元版存世，臺北"國家圖書館"另藏有元至正十一年（1351）劉貞金陵刻本（14700），與此行款、文字皆有較大差異，爲另一版本系統。

94. 分門纂類唐歌詩一百卷　〔宋〕趙孟奎輯　［王、瞿、蘇］

清初毛氏汲古閣影宋鈔本。《秘本書目》："趙孟奎《分類唐詩》十本。影宋板精鈔。十二兩。"今藏國圖（08590）。十行十八字，白口，左右雙邊。存七卷：卷十八、二十□、九十一、九十三至九十六。七冊。有毛扆跋，述鈔書過程甚詳。從跋文字體看，並非毛扆親筆，疑是囑童僕過錄者。《四庫簡明目錄》云："《分門纂類唐歌詩》殘本十一卷，宋趙孟奎編。原百卷，明葉文莊僅得二十餘卷。何夢華有汲古閣所藏影宋鈔本。［續錄］徐梧生有汲古閣影宋本，見於廠肆，不知歸何人。"② 王文進《明毛氏寫本書目》："臨清徐梧生藏，存七本，有毛扆跋，歸至德周氏（周叔弢）。"周氏捐贈國圖。王氏又云："又副本九冊，歸東方館。其原本百卷不傳。"東方館即商務印書館之東方圖書館，所藏恐已燬於"一·二八"戰火。

是書所據以影鈔之宋刊殘本今亦藏國圖（03737），絳雲樓舊藏，轉歸汲古閣。毛扆從絳雲樓藏別本鈔補自序、總目。《鐵琴銅劍樓藏書目錄》卷二十三著錄。

鈐印：毛扆之印、斧季、西河季子之印、周暹。

---

① 所謂"宏治刊本"即成化本之弘治二年重修本，卷末鏟去陶宗儀題識，補刻衡州府知府陳哲《書天台陳先生文則後》一篇。弘治本亦藏國圖（06668），兩本皆爲鐵琴銅劍樓舊藏，疑此題識係瞿鏞手筆。成化本（07168）在《鐵琴銅劍樓藏書目錄》卷二十四著錄作元刊本。

② 傅增湘《藏園訂補邵亭知見傳本書目》，第898頁。

95. 西崑酬唱集二卷　〔宋〕楊億等撰　　〔王、瞿、蘇〕

清初毛氏汲古閣鈔本。王文進《明毛氏寫本書目》云："宋板影鈔，《楹書》。"《楹書隅錄》卷一著錄爲影宋精鈔本。今藏國圖（00921）。十二行二十字，白口，左右雙邊。一冊。據明錢允治鈔本傳錄，有毛扆跋及陸敕先跋。《秘本書目》："《西崑酬唱集》一本，綿紙舊鈔，五錢。"當爲別一本。

鈐印：宋本、希世之珍、子晉、子晉書印、汲古得脩綆、仲雝故國人家、汲古主人、虞山毛晉、毛扆之印、斧季、書香千載、筆研精良人生一樂、開卷一樂、"趙文敏"大方印、席氏玉照、席鑑之印、三十五峰園主人、汪士鐘印、楊灝之印、繼梁、楊以增印、宋存書室、至堂、楊紹和印、海原閣、楊氏彥合、臣紹合印。

96. 永嘉四靈詩四卷　〔宋〕徐照、徐璣等撰　　〔王、瞿、蘇〕

影宋鈔本。王文進《明毛氏寫本書目》云："見《皕宋樓》，有黃丕烈跋。"今藏日本靜嘉堂文庫（圖3-3、圖3-4），陸心源皕宋樓舊藏，《皕宋樓藏書志》卷八十八、《儀顧堂續跋》卷十二、《靜嘉堂秘籍志》卷十著錄。存徐照詩三卷、徐璣詩一卷。[①] 一冊。清黃丕烈跋。《儀顧堂續跋》有詳細著錄：

> 《永嘉四靈詩》甲乙丙丁四卷，汲古閣影寫宋刊本。每卷首行題曰"永嘉四靈詩"，旁注"甲""乙""丙""丁"等字。甲、乙、丙三卷次行題曰"徐照道暉"，旁注"上""中""下"等字，版心有"徐上""徐中""徐下"等字。丁卷次行題曰"徐璣"，版中旁注"上"字，版心"徐璣上"三字，各有字數。每葉二十行，每行十六字。《直齋書錄解題》載《徐照集》三卷、《徐璣集》二卷，與此合。惜璣集祇存上卷耳。照集存詩二百六十七首，較石門顧修《群賢小集》本名《芳蘭軒集》者

---

① 《皕宋樓藏書志》誤作《永嘉四靈詩》五卷，徐照三卷、徐璣二卷，河田羆批云：五卷當作四卷，二卷當作一卷。瞿冕良《中國古籍版刻辭典》"汲古閣"條誤作五卷。

多詩一百六十二首，顧本多《莫愁曲》《三峽吟》《李夫人》《何所歸》四首，《越魚吟》後半多十六字，蓋影宋本卷下缺第六葉，第十葉袛存十餘字，當即在缺葉之中。璣集存詩一百零兩首，其六十四首爲顧刻名《二薇齋集》者所無，《李丹士》一首題誤作"自覺"，其七十二首爲影宋本所無，當在下卷之中耳。……紙白如玉，墨光如漆，烏絲精整，書法秀美，毛斧季所謂"每葉費銀一錢許"者，此類是也。①

《秘本書目》有宋板《四靈詩》三本，謂"此書久矣失傳，幸而得此，雖後有缺，實至寶也"，當即影鈔底本。王文進《明毛氏寫本書目》云"天禄"，但檢《天禄琳琅書目》及《續編》無此書。

據《皕宋樓藏書志》，鈐印有：宋本、希世之珍、毛晉私印、子晉、汲古主人、虞山毛晉、子晉書印、汲古得脩綆、毛扆之印、斧季、席鑑之印、席氏玉炤、虞山席鑑玉炤考藏、黃丕烈印、蕘圃。②

黃丕烈跋云：

此影宋本《永嘉四靈詩》四卷一冊，昭文同年張子和藏書也。余與子和相知以同年，其相得則彼此藏書故。猶憶癸丑同上春官，邸寓各近琉璃廠，每於暇日，即遍游書肆，恣覽古籍，一時有兩書淫之目。既而子和即於是科得翰林，散館改部，余下第歸，連丁內外艱，杜門不出，與子和蹤跡殊疏。然彼此書札往還，無不以賞奇析疑爲勖。是冊於子和宦游京師時從其家借讀，故典籍者有細目一紙備考。及子和奉太夫人諱南還，便道過訪，談及是冊，知余欲傳錄未果，欣然輟贈，此書遂爲士禮居中物矣。顧余檢《汲古閣珍藏秘本書目》"宋板《四靈詩》三本"，亦云有缺，則此影鈔者必自三本出，惜其目未載卷數，不知所缺同否耳。近日雖有傳本，較此絕無影響。毛氏云"此

---

① 〔清〕陸心源著，馮惠民整理《儀顧堂書目題跋彙編》，中華書局，2009年，第423頁。
② 〔清〕陸心源《皕宋樓藏書志》卷八十八，第1565頁。

書久已失傳，幸而得此"，真確論哉。嘉慶七年壬戌十一月二十八日冬至，黃丕烈書於太白樓下。

《四靈》《九僧》，言詩者必推之。余向得《四靈》而無《九僧》，心猶歉然。今復獲毛鈔影宋《九僧詩》，真成雙璧，惜子和已歸道山，不及相與欣賞耳。癸酉四月初三偶檢及此，因記。復翁。①

張子和即張燮（1753—1808），字子和，常熟人，乾隆五十八年（1793）進士，官至寧紹臺兵備道。與孫蓉鏡同以藏書知名，有"平生減産爲收書，三十年來萬卷餘"之句，藏書處名"小琅嬛福地"。

瞿氏《鐵琴銅劍樓藏書目錄》卷二十三著錄影宋鈔殘本一帙，謂即從《秘本書目》著錄之宋板傳錄，"舊有黃復翁跋，謂得諸吾邑張子和觀察，樊榭選《宋詩紀事》時所未見者"。② 此本今藏國圖（03738），定爲清初鈔本。十二行二十四字，無格，亦僅存徐照詩三卷、徐璣詩上卷，共四卷，毛晉之孫綏福校，鈐印有：毛晉私印、字子晉、子晉、希世之珍、傳詩家學、毛印扆、斧季、海虞毛扆斧季圖書記、深心託豪素、謏聞齋、竹泉珍秘圖籍、鐵琴銅劍樓。行款與廂宋本不同，可知並非影鈔本。所謂"黃復翁（黃丕烈）跋"云云，當即從廂宋本傳錄者，已佚失。兩本文字異同有待比對。"永"字缺末筆，不知避何諱。

97. 前賢小集拾遺五卷　〔宋〕陳起輯　　〔瞿、蘇〕

清初毛氏汲古閣影宋鈔本。今藏國圖（04437）。十行十八字，白口，左右雙邊。二册。書衣有翁同龢隸書題籤。

鈐印：宋本、希世之珍、汲古主人、毛晉（連珠印）、毛氏子晉、毛晉之印。

---

① 〔清〕黃丕烈《蕘圃藏書題識》卷十，《黃丕烈藏書題跋集》，第608頁。
② 《鐵琴銅劍樓藏書目錄》，第674頁。

98. 增廣聖宋高僧詩選前集一卷後集三卷續集一卷　〔宋〕陳起編
〔王、瞿、蘇〕

清初毛氏汲古閣影宋鈔本。今存兩部，皆藏國圖。行款相同：十行十八字，白口，左右雙邊。

國圖所藏第一部（08595），蕭山朱氏藏本，《蕭山朱氏六唐人齋藏書録》卷七著録。朱氏得自袁克文，清黃丕烈舊物。王文進《文禄堂訪書記》卷五作"明毛子晉影鈔宋本"①。版框：17.8cm×13.1cm。一册。王文進《明毛氏寫本書目》云："見蕭山朱氏藏。按黃跋又一書。"按黃丕烈《蕘圃藏書題識》卷十著録影宋本一帙，云："余向藏毛氏精鈔《增廣聖宋高僧詩選》前、後、續集共五卷，裝一册，已歸藝芸書舍。"② 是黃氏之毛鈔本讓歸藝芸書舍後，另得一部影鈔本，今亦藏國圖（07150）。

鈐印：宋本、希世之珍、毛晉私印、子晉、毛晉之印、毛氏子晉、毛扆之印、斧季、蕘夫、丕烈、士礼居、閶原甫、汪士鐘印、楳泉、汪振勳印、吳下汪三、耆齡藏本、幼平珍藏、皕宋書藏主人廿九歲小影（肖像印）、寒雲秘笈珍藏之印、相對展玩、與身俱存亡、佞宋、克文、侍兒文雲掌記、人間孤本、三琴趣齋。

臺灣傅斯年圖書館收藏"影宋舊鈔本"一帙（A831.51/440），鈔工遠遜此本，有"汲古主人""子晉""士鐘""閶源父""八千卷樓所藏"等印。其中汲古二印係僞作。鄧邦述跋云："此本係從宋刻景鈔，宋諱缺筆甚多，是其一證。前集寫手稍佳，後則不免率筆，未能如隱湖毛氏之盡美也。"③ 從其鈔寫風格看，全無宋刻面貌，稱爲"景鈔"，殊爲牽强。

99. 增廣聖宋高僧詩選前集一卷後集三卷續集一卷　〔宋〕陳起編
〔王、蘇〕

清初毛氏汲古閣影宋鈔本。國圖所藏第二部（04438）。二册。

---

① 王文進《文禄堂訪書記》，第386頁。
② 《黃丕烈藏書題跋集》，第612頁。
③ 《傅斯年圖書館善本古籍題跋輯録》第1册，第228頁。

與另一本相校，若"樹""桓"等避諱字有此避彼不避之處。

鈐印：宋本、希世之珍、毛晉、汲古主人、毛氏子晉、毛晉之印。

100. 九僧詩一卷　〔宋〕釋希晝等撰　　［王、瞿、蘇］

清初毛氏汲古閣影宋鈔本。《秘本書目》："《九僧集》一本。影宋板精鈔。一兩。"今藏國圖（11559）。十行十八字，白口，左右雙邊。一冊。有朱筆眉批。《藏園群書經眼錄》著錄。① 曾經徐伯郊收藏，1956 年售予北京圖書館。

鈐印：宋本、希世之珍、汲古主人、毛晉私印、子晉、毛氏子晉、東吳毛氏圖書、西河季子之印、毛扆之印、斧季、墨妙筆精、虞山席鑑玉照氏收藏、席氏玉照、席鑑之印、惠定宇借觀、三十五峰園主人、汪士鐘印、平陽汪氏、兩晉四朝三唐五代妙墨之軒、雅庭、長洲汪駿昌藏、桃原衣冠、小有壺天、李氏玉陔、明埠之印、木犀軒藏書、木齋審定祕笈、木齋審定善本、李盛鐸印、少微、李滂、徐伯郊藏書印、吳興徐氏、伯郊所藏、詩外諗藏書。

此外另有僞作三部：

北京大學圖書館收藏一部，② 鈐印：宋本、希世之珍、毛扆之印、斧季、席氏玉照、席鑑之印、廖嘉館印。毛氏、席氏各印皆僞印。王文進《明毛氏寫本書目》："德化李木齋藏。又見黃跋。按《郘園志》又無一書，附補遺。"雷夢水《琉璃廠書肆四記》云："1943 年，李氏（建吉）與李純如及修綆堂夥購李盛鐸家藏書，多鈔校本。其中最主要的有汲古閣毛氏鈔本《九僧詩》一冊，鈐有各家收藏章，爲毛鈔中最精的一種。"③ 不知王、雷二氏所見是真本抑僞本。

國圖普通古籍庫收藏一部，鈐印有：宋本、甲、希世之珍、開卷一樂、毛晉私印、子晉、毛氏子晉、汲古閣、毛氏鳳苞、子晉祕

---

① 傅增湘《藏園群書經眼錄》，第 1273 頁。
② 見張鴻鳴《汲古閣影宋鈔本〈九僧詩〉真僞考辨》，《北京大學中國古文獻研究中心集刊》第二十三輯，北京大學出版社，2021 年。
③ 雷夢水《書林瑣記》，第 47 頁。

笈、汲古主人、毛扆之印、斧季、汲古得脩綆、海虞毛氏汲古閣藏書印、席鑑之印、席氏玉照、莫山珍本、静爲躁君、惠棟之印、定宇、學部圖書之印（滿漢文合璧）。除"學部圖書之印"外，各印皆不真。（見圖 3 - 5）繆荃孫《清學部圖書館善本書目》著錄作舊鈔本，解題中録席氏二印，云"僞印甚多，不録"。①

南昌王咨臣新風樓藏一部，鈐印有：宋本、毛氏子晉、汲古主人、揚州阮氏琅嬛仙館藏書印等。② 皆係僞印。

101. 閑齋琴趣外篇六卷　〔宋〕晁元禮撰　［王、瞿、蘇］

清初毛氏汲古閣影宋鈔本。今藏國圖（11250）。十行十八字，小字雙行同，黑口，左右雙邊。一册。王文進《明毛氏寫本書目》著錄："《琴趣三編》十八卷，宋板影鈔，見番禺潘明訓藏，凡《醉翁外篇》《晁氏外篇》《閑齋外篇》各爲六卷。"此三種後爲袁克文所得，因題書齋爲"三琴趣齋"，後各書皆歸潘宗周所有。其中《醉翁外篇》《晁氏外篇》無毛氏印鑒，自傅增湘起已不認爲是毛鈔，《藏園群書經眼錄》著錄爲"清初影寫宋刊本"。③ 周叔弢云："汲古原裝，朱篆書衣。"④

鈐印：宋本、希世之珍、毛晉之印、毛氏子晉、毛扆之印、斧季、汪士鐘印、閬原甫、克文、佞宋、人間孤本、孤本書室、相對展玩、與身俱存亡、三琴趣齋、寒雲秘笈珍藏之印、一麈十駕、趙鈁珍藏、趙氏元方、元方審定、人生一樂、曾居無悔齋中。⑤

是書有汲古閣刻《宋名家詞》本。

---

① 繆荃孫《清學部圖書館善本書目》集部，《古學彙刊》本。
② 見雲從龍《前世今生新風樓》一文提及，見《藏書家》第 17 輯，齊魯書社 2013 年，第 33 頁。
③ 傅增湘《藏園群書經眼錄》，第 1601 頁。
④ 周叔弢撰，趙嘉、王振偉標注《弢翁古書經眼錄標注》，上海古籍出版社，2021 年，第 247 頁。
⑤ 傅增湘《藏園訂補郘亭知見傳本書目》（1603 頁）云："鈐有毛晉、曹寅、汪士鐘藏印。"此係誤記，曹寅藏印見《晁氏琴趣外篇》。

102. 酒邊集一卷　〔宋〕向子諲撰　［王、瞿、蘇］

清初毛氏汲古閣影宋鈔本。今藏國圖（08622）。八行十四字，白口，左右雙邊。版框：14.6cm×10.3cm。一冊。王文進《明毛氏寫本書目》云："宋板影鈔，蕭山朱氏。"王氏《文祿堂訪書記》卷五作"明毛子晉影鈔宋本"。① 蕭山朱翼盦藏，《蕭山朱氏六唐人齋藏書錄》卷八著錄。

鈐印：宋本、甲、毛晉之印、子晉、毛氏子晉、汲古主人、毛扆之印、斧季、"趙文敏"大方印、思巽藏書、汪士鐘印、閬原甫、滿足清淨、皕宋書藏主人廿九歲小影（肖像印）、佞宋、克文、侍兒文雲掌記、人間孤本、三琴趣齋、惟庚寅吾以降、璧琱主人、袁銑克文、豹岑、孤本書室、相對展玩、與身俱存亡、大楚夾敖敬鈃。

是書有汲古閣刻《宋名家詞》本。

103. 稼軒詞四卷　〔宋〕辛棄疾撰　［瞿、蘇］

清初毛氏汲古閣影宋鈔本。今藏國圖（07866）。十行十八字，白口，左右雙邊。四冊。《涵芬樓燼餘書錄》著錄。

鈐印：毛氏子晉、毛晉之印、汲古主人、汲古閣、毛扆之印、斧季、謏聞齋、竹泉珍秘圖籍、趙宗建印、舊山樓、非昔珍秘、涵芬樓、海鹽張元濟經收。

是書有汲古閣刻《宋名家詞》本。

104. 虛齋樂府二卷　〔宋〕趙以夫撰　［瞿、蘇］

清初毛氏汲古閣影宋鈔本。今藏國圖（13324）。十行十八字，白口，左右雙邊。一冊。卷末鈔錄木記"臨安府棚前北睦親坊南陳解元書籍鋪刊行"一行。清黃丕烈跋。錢曾述古堂亦有是書影鈔本，與此同出一源。顧千里曾據毛鈔校改錢鈔之誤十餘處。

鈐印：汲古閣、子晉書印、毛晉私印、汲古主人、子晉、毛晉之印、毛氏子晉、虞陽鮑叔衡過眼、曹氏藏書、松礀真賞、茶煙閣、

---

① 王文進《文祿堂訪書記》，第391頁。

竹坨、黄丕烈印、蕘圃、平江黄氏圖書。

105. 可齋雜稿詞三卷**續稿**三卷　〔宋〕李曾伯撰　［瞿、蘇］

清初毛氏汲古閣影宋鈔本。今藏國圖（11251）。十一行二十字，小字雙行同，白口，左右雙邊。二冊。此從全集中選其詞影鈔者，《雜稿》爲卷三十一至三十四，《續稿》爲卷七、八、十一。傅增湘云："《續稿》影摹原序兩葉尤精。"① 周叔弢云："汲古原裝，綠箋書衣。"②

鈐印：汲古主人、子晉、毛晉私印、子晉書印、虞山毛晉、毛扆之印、斧季、汲古得脩綆、閻原甫、汪士鐘印、佞宋、克文、三琴趣齋、宋本、袁鉽克文、一塵十駕、與身俱存亡、相對展玩、孤本書室、寒雲秘笈珍藏之印、豹岑、趙鈁珍藏、趙氏元方、元方審定、人生一樂、無悔齋、曾居無悔齋中、無悔齋校書記。

106. 梅屋詩餘一卷　〔宋〕許棐撰　［王、蘇］

107. 石屏長短句一卷　〔宋〕戴復古撰　［王、蘇］

以上二種合裝一冊。③ 乃鄧邦述舊藏《南宋六十家小集》中散出而爲吴湖帆所有者，業經吴氏重裝。吴氏得書後，遍請友朋題識。吴湖帆《醜簃日記》民國二十六年八月十八日："張蔥玉來，攜毛鈔影宋詞《梅屋（書）［詩］餘》《石屏長短句》《盤洲樂章》三種，皆余舊物，昔年爲李長蘅册易出者，今轉展歸蔥玉矣。（據題以夏仲昭畫竹大卷易得。）蔥玉即以此三詞向余易元張伯雨字幅。"④ 次年六月二十六日："曹友卿攜穀孫易物來，帶去倪雲林《江渚風林圖》，毛影宋鈔《梅屋詩餘》《石屏長短句》《（槃齋）［盤洲］樂章》三書、《花草粹編》一部、金孝章校明鈔《金國南遷錄》一本、宋刻《後村詞》一卷。（倪畫原非易中之物，毛鈔《梅》《石》二種

---

① 傅增湘《藏園群書經眼錄》，第1342頁。
② 《弢翁古書經眼錄標注》，第247頁。
③ 二書又與《盤洲樂章》二卷合裝，今皆藏臺北"國圖"。
④ 吴湖帆著，梁穎編校《吴湖帆文稿》，中國美術學院出版社，2004年，第86頁。

余舊藏。)"① 蓋於吳氏友朋間流轉互易。王文進《明毛氏寫本書目》云:"宋板影鈔。見上海忠厚書林。又《盤洲樂章》二卷、《石屏長短句》一卷,合裝。葉恭綽藏。"不知葉氏何時經手。《國立南京圖書館善本甲庫書目》著録。今藏臺北"國家圖書館"(14860)。鄧邦述題記并跋,吳湖帆跋,張元濟、王同愈、張茂炯等題款,吳梅跋,汪東題款,葉恭綽跋,夏敬觀、郭蘭枝、沈尹默、張珩題款。

《唫香仙館書目》卷四著録:"毛氏影宋鈔《梅屋詩餘》一卷,宋許棐撰。汲古閣寫本。一本。"② 不知是否此本。

鈐印:毛晉之印、毛氏子晉、群碧樓、正闇祕笈、湖颿書畫、吳氏文庫、吳氏圖書記、梅景書屋祕笈、梅景書屋、吳湖颿、潘静淑、湖颿祕笈、密均樓、希逸、張珩私印。③

諸家題識録後:

(1) 鄧邦述隸書書名"明毛氏汲古閣景宋鈔本梅屋詩餘一卷石屏長短句一卷"並題記:

> 此兩卷已爲雙照樓借刊。辛未二月,群碧居士篆首。(鈐印:漚寱詞人)

(2) 鄧邦述跋

> 隱湖毛氏以刻古籍馳聲明清之間,而尤以景鈔宋本爲一時絶業,前無古人,後無來者,余所藏《南宋名賢小集》凡四五十家,哀然鉅觀。此二種先爲亡友吳印丞借刊,流布海内,今復爲醜簃加以錦賮,藏之祕笥。近年醜簃醉心聲律,宜其珍若連城也。余獨感於蕘圃有聚必有散之言,以爲散者其常,而不散者亦絶無而僅有者矣!辛未六月,群碧重觀記。(鈐印:寒瘦山房、群碧翁)

---

① 《吳湖帆文稿》,第221頁。
② 《唫香仙館書目》,第67頁。
③ 《標點善本題跋集録》,第690—692頁。

(3) 吴湖帆跋

吴印丞重刻時，將首册上"宋本""希世之珍""毛晉""汲古主人"四印俱摹入，此二卷上實無此四印，恐後世鑒者于原書有不符之疑，特爲拈出識之。辛未冬日，吴湖帆于梅影書屋。(鈐印：吴湖帆珍藏印)

《士禮居藏書題識》卷八《石屏詩集十卷跋》中云"宋元人詞不下百餘種，内有《石屏詞》，故取以校此種，詞本已歸邗溝秦敦夫太史"云云，則此書曾藏秦氏爲可證矣。(鈐印：無奈被些名利縛)

此書曾藏鄧氏群碧樓，庚午冬漚夢詞丈所貽，吴印丞先生刻《雙照樓詞》，即據此影梓，海内無弟二本，應與宋槧《淮海長短句》同珍之。辛未元夜識于梅影書屋。吴湖帆。(鈐印：醜簃)

(4) 張元濟題款

夏曆辛未正月廿五日，海鹽張元濟觀。(鈐印：元濟)

(5) 王同愈題款

辛未花朝前二日，栩緣王同愈觀。(鈐印：勝之)

(6) 張茂炯等題款

辛未花朝，張茂炯、王季烈、吴曾源同觀于梅影書屋。

(7) 吴梅跋

余嘗謂毛鈔之精，實與宋槧相等，顧汲古六十一家詞又紕繆滋多，豈鈔與刻各不相謀耶？此許、戴兩家詞已刊入《雙照樓》，觀《梅屋詞》"浣溪紗"作"溪浣沙"，明知宋刊之誤，

且不敢改正，可證古人篤信舊槧矣！辛未二月，霜厓吳梅記。（鈐印：吳氏）

（8）汪東題款

辛未七月，旭初汪東觀。

（9）葉恭綽跋

昔歲吳印丞校刊宋詞，余屢與商榷，然未知此底本爲羣碧樓所藏也。今承湖帆出示，始悉流傳之緒，而印丞早墓有宿草矣，哀響霜腴，醉魂花外，念之惘然！遐庵葉恭綽志。（鈐印：玉父）

（10）夏敬觀等題款

壬申仲冬，新建夏敬觀、閩黃孝紓同觀。

（11）郭蘭枝題款

甲戌孟夏，嘉興郭蘭枝觀于密韻樓。（鈐印：郭妃亭）

（12）沈尹默題款

廿六年十月十八日，吳興沈尹默拜觀。

（13）張珩題記

乙亥秋，與《盤洲樂章》同時易得。張珩記。

《秘本書目》："宋板岳倦翁《宫詞》、宋板《石屏詞》、許棐

《梅屋詞》二本合一套。藏經紙面。許、岳二家人間絕無。《石屏》比世行本不同，一校便知。六兩。"疑即影鈔底本。《四庫簡明目錄標注》云："《梅屋集》五卷，宋許棐撰，本名《梅屋獻醜集》，內《樵談》三十則，後人或錄出單行……蔣生沐有汲古閣影宋鈔本，連《詩餘》一卷。"① 蔣生沐即蔣光煦（1813—1860），字生沐，曾刻《別下齋叢書》。《浙江海寧蔣氏家族藏書源流考》一文引柳和城《話說文化氏家海寧蔣氏》稱，錢泰吉曾在蔣氏處見所藏汲古閣影宋鈔本《棠湖詩稿》及錢塘《梅屋第三稿第四稿》《梅屋詩餘》、影宋鈔《白氏諷諫》、宋刻《杜詩補注》，稱贊"皆精絕"。② 不知與此本有無異同。

《古籍珍稀版本知見錄》著錄："《石屏詩集》八卷，汲古鈔本。"③ 不知其出處。王文進《明毛氏寫本書目》著錄："《石屏續集》四卷《長短句》一卷，宋戴復古。蕘圃云宋板影鈔。又《長短句》半葉十行十八字，黑口，卷末'臨安府棚北大街睦親坊南陳宅書籍鋪印行'。按《蕘圃藏書題識》卷八載明刊鈔補本《石屏詩集》，曾據毛鈔本校書中各詞，云："較毛鈔闕十五首。""所校毛鈔本係板心下方有'汲古閣'字，亦鈔上非刻上也。宋元人詞不下百餘種，內有《石屏詞》，故取以校此種。"④ 又云："余向藏《石屏續集》爲影宋舊鈔，晉江黃氏藏書，然非全集，未足爲饜我欲。"⑤ 云云。蕘圃未言《石屏詩集》是毛氏影宋鈔本，所見《石屏詞》疑即《秘本書目》中所載"宋詞一百家"之一，而非吳湖帆藏本。

108. 絕妙好詞七卷　〔宋〕周密撰　　[瞿、蘇]

清初毛氏汲古閣鈔本。今藏國圖（12276）。十二行二十字，白

---

① 〔清〕邵懿辰撰，〔清〕邵章續錄《增訂四庫簡明目錄標注》，上海古籍出版社，1979年，第761頁。
② 陳心蓉、金曉東《浙江海寧蔣氏家族藏書源流考》，《圖書情報工作》2010年第3期。
③ 施廷鏞《古籍珍稀版本知見錄》，第158頁。
④ 〔清〕黃丕烈《蕘圃藏書題識》卷八，《黃丕烈藏書題跋集》，第490—491頁。
⑤ 同上書，第492頁。

口，四周單邊。二册。朱孝臧跋。周叔弢批注《秘本書目》云："此書藏長洲章氏。"曾經章鈺收藏，章氏《四當齋藏書目》未著録。

鈐印：元本、甲、汲古主人、筆研精良人生一樂、子晉、毛晉私印、毛晉（連珠印）、毛扆之印、斧季、平江黄氏圖書、蕘圃、士礼居藏、顧雀逸、長州章珏祕篋。

109. 唐宋諸賢絶妙詞選 三卷 〔宋〕黄昇輯 ［瞿、蘇］

清初毛氏汲古閣影宋鈔本。今藏國圖（07869）。十行十七字，白口，四周單邊。二册。羅振常《善本書所見録》卷五著録云："前有目録。卷一爲唐（詩）［詞］，首李太白，終李後主，共二十一人，四十七首；二卷爲宋詞上，首歐陽永叔，訖王通叟，共二十四人，七十五首；三卷爲宋詞下，首章質夫，終曹元寵，共二十三人，五十首。目録及每卷首題'花庵詞客編'。……每人名大字跨行，每人下多注名字、仕履及詞品等。目三頁，卷一十三張，卷二二十四張，卷三十九張，共五十九張。每詞間有評數句或數行。"①書中無序跋，不詳底本之版刻源流。黄昇所輯《花菴詞選》通行本爲二十卷，前十卷《唐宋諸賢絶妙詞選》，後十卷《中興以來絶妙詞選》。此本三卷，編次與通行本不同，而版心題"花菴詞選"，知是書底本亦係與《中興以來絶妙詞選》合編者，疑《中興以來絶妙詞選》亦爲三卷，不知毛氏曾否影鈔，今已不可得見。

鈐印：汲古閣、毛晉私印、子晉、汲古主人、毛晉之印、汲古得脩綆、東吴毛氏圖書、汪士鐘藏、汪士鐘讀書、平陽叔子、修汲軒、吴下汪三、澤山心賞、汪振勳印、楳泉、某泉父、紳之、文登于氏小謨觴館藏本、梅華乍伴、雙玉龕、皇二子、佞宋、寒雲、後百宋一廛、寒雲鑒賞之鈢、三琴趣齋、八經閣、劉姍、梅真、海鹽張元濟庚申歲經收、涵芬樓。

據藏印，知曾經袁克文插架。《寒雲日記》1916年正月初六日載："傅沅叔爲余於上海購得汲古閣影寫宋本《唐宋諸賢絶妙詞選》

---

① 羅振常《善本書所見録》，第205頁。

三卷，……木篋亦小謨觴館所制。"① 庚申歲即民國九年（1920），張元濟收入涵芬樓。《涵芬樓燼餘書錄》云："鈔手精整，的是毛氏風格。"② 此本亦曾爲羅振常所得，羅氏長女羅莊據以影寫一副本。民國十一年，羅振常據羅莊影寫本影印，有跋云：

《唐宋諸賢絶妙詞選》，宋黄叔暘昇所輯，影宋刊大字本。汲古閣别有刻本十卷，此本僅三卷，蓋黄叔暘初編本也。計唐人二十一家，詞四十七首；宋人四十七家，詞百二十五首。十卷本則唐詞廣爲二十六家一百四首，宋詞一百八家四百十首，所增不啻倍蓰。且尚有《中興詞選》十卷，皆南宋詞。初本或無南宋詞，或有之而毛氏未全得，均未可知。原本爲毛氏影寫宋刻，後歸汪閬源，又歸文登于氏，而汲古閣、藝芸精舍兩書目中均未載。前數年得之袁浦書肆，見其字畫精整，藏印尤精絶，摩挲數月，不能終有。長女莊因重影副本置篋中。頃偶閱十卷本，取此本相勘，粗比對其家數、闋數，因濡筆書其後。時壬戌（1922）仲秋，蟫隱記。

另有羅莊《沁園春》一闋，録此備考：

緗帙初開，把卷低哦，陽春雅詞。是玉林舊槧，流傳古矣；虞山重影，什襲藏之。細楷鉤銀，蠻箋研粉，綫篆朱鈐列整齊。簪花體，縱效顰未許，且學東施。窗前閒寫烏絲，笑鎮日常凭小案低。更貪吟麗句，濡毫又擱；剪餘殘燭，映紙頻窺。墨染脣脂，香生腕玉，摹出名賢絶妙辭。塗鴉耳，繫短歌一闋，留誌鴻泥。

影寫《花庵詞選》既畢，因綴《沁園春》詞於後。羅莊并識。

---

① 《王子霖古籍版本學文集·附録》第 2 册，第 155 頁。
② 《涵芬樓燼餘書録》，第 760 頁。

影印本上無袁克文印記，《寒雲日記》所謂"於上海購得"，蓋即得自羅振常蟬隱廬。影印本上之毛氏、汪氏印記皆不全，不知是影寫時遺漏抑或影印時削去未印，位置亦有改動；且原書卷一卷端並無"宋本"印，影印本反而有之，可見影印本不足信據。另有"上虞羅氏終不忍齋藏書""頑夫""羅振常讀書記""振常私印""二高里人"等羅氏印記，蓋羅莊影寫本上所鈐。今羅莊影寫本不知存世與否。

110. 天下同文前甲集五十卷　〔元〕周南瑞編　［王、蘇］

明末毛氏汲古閣鈔本。《秘本書目》："《天下同文》二本。精鈔。二兩。"今藏臺北"國家圖書館"（14246），該館定爲影鈔元大德刊本。十四行二十四字，小字雙行同，白口，左右雙邊。存四十三卷，缺卷十七至十八、三十至三十一、三十四至三十五、四十一凡七卷。版框：19.8cm×15.6cm。二册。與《絕妙好詞》鈔寫風格相同，并非影鈔。經清劉喜海、查有圻遞藏，民國間歸鄧邦述，《寒瘦山房鬻存善本書目》卷一著錄。① 有鄧氏題記，云：

　　《天下同文集》五十卷，毛氏景元鈔本，然不若景宋之精也。其云"前甲集"者，周氏之意，蓋將賡續裒輯，不以"前甲"爲限，乃未成之書。元運衰促，亦遂無人爲繼耳。《國朝文類》所收與此頗有出入詳略，豈南瑞所輯不免局於方隅耶？在今日要是孤本，汲古保守舊籍之功，殆未可没也。庚申十月晴窗，正闇。（末鈐印：群碧樓）

鈐印：元本、甲、希世之珍、毛晉（連珠印）、汲古得脩綆、汲古主人、毛晉之印、毛氏子晉、喜海、燕庭藏書、吉父、文正曾孫、劉喜海印、味經書屋、嘉蔭簃藏書印、聽雨樓查氏有圻珍賞圖書、群碧樓、正闇、正闇祕笈。

王文進《明毛氏寫本書目》："見江寧鄧效先藏，作《前甲集》

---

① 鄧邦述《寒瘦山房鬻存善本書目》，第287頁。

五十卷。按中央館云影元大德本。又《鐵琴》有一卷本，見《邵亭》，云元周南瑞，云麻沙本作四十四卷。"鄧效先即鄧邦述（字孝先）。《國立南京圖書館善本甲庫書目》著錄云："明虞山毛氏汲古閣影鈔元大德刊本。"《鐵琴》本見下條。

111. 天下同文 〔元〕周南瑞編　[瞿、蘇]

清初毛氏汲古閣鈔本。今藏國圖（04300）。八行十六字，小字雙行同，白口，四周雙邊。乃從《天下同文前甲集》卷四十八至五十錄出者，合三卷爲一卷。錄盧摯、姚雲、王夢應、顏奎、羅志可、詹玉、李琳凡七家元人詞。民國間朱氏《彊村叢書》、陶湘皆以此爲底本校刻重刊。

鈐印：汲古主人、毛氏子晉、毛晉之印、平江黃氏圖書、鐵琴銅劍樓、古里瞿氏記。

112. 樂府補題一卷　〔元〕陳恕可輯　[瞿、蘇]

清初毛氏汲古閣鈔本。今藏國圖（04301）。輯王沂孫、周密、王易簡、馮應瑞、唐藝孫、呂同老、李彭老、陳恕可、唐珏、趙汝鈉、李居仁、張炎、仇遠十三家詞。有朱筆校改、白粉塗改。

鈐印：汲古主人、毛氏子晉、毛晉之印、黃丕烈印、蕘圃、鐵琴銅劍樓。

以上二種合鈔一册，常熟瞿氏舊藏，《鐵琴銅劍樓藏書目錄》卷二十四著錄作"舊鈔本"，云"舊爲汲古毛氏鈔本"。瞿冕良《中國古籍版刻辭典》"汲古閣"條誤作"樂府補遺"。

113. 新刊張小山北曲聯樂府三卷外集一卷　〔元〕張可久撰　[王、瞿、蘇]

清初毛氏汲古閣鈔本。《秘本書目》："精鈔《張小山樂府》二本。李中麓家詞山曲海，無所不備，獨無小山詞全本。曾從總集搜集其詞，刻而行世。余細校之，此元板比李刻多一百幾十首，真至寶也。三兩。"可知其所鈔底本係元刻。王文進《明毛氏寫本書目》："按《愛日廬》附《外集》一卷。又《鐵琴》有《樂府補遺》

一卷."今存兩部,均藏國圖。行款相同:十二行二十四字,白口,左右雙邊。葉心下均有"汲古閣"三字。目錄後有原刊牌記:"本堂今求到時賢張小山樂府,前集《今樂府》、後集《蘇隄漁唱》、續集《吳鹽》、別集《新樂府》,元分四集,今類一編,與衆本不同,伺有所作,隨類增添梓行,知音之士,幸垂眼目。外集近聞所作。謹白。"

其一爲常熟瞿氏舊藏(03639),一冊,《鐵琴銅劍樓藏書目錄》卷二十四著錄云:"舊鈔本。此汲古毛氏從元刻本傳錄。"有毛扆校跋,文云:

> 章丘李中麓(開先)曉音律,善作詞,最愛張小山,謂其超出塵俗。其家藏詞山曲海不下千卷,獨不得小山全詞,僅從選詞八書(《太平樂府》《陽春白雪》《百一選曲》《樂府群珠》《詩酒餘音》《仙音妙選》《樂府群玉》《樂府新聲》)輯成二卷,名曰《小山小令》,序而刻之家塾。余購得元刻,據其標目云"前集《今樂府》、後集《蘇隄漁唱》、續集《吳鹽》、別集《新樂府》,元分四集,今類一編",每調下仍以四集爲次,然其中仍有重複者,今皆删而不錄,校之李刻,恰多百餘首,可謂小山之大全矣。據中麓《後序》,鄒平崔臨溪有一冊,想亦無以逾此矣。書有先民不得見而後學幸得見者,此類是也。小山名可久,慶元人,以路吏轉首領。首領者,即民務官,如今之稅課局大使也。《太和正音譜》評小山詞"如瑤天笙鶴,既清且新,華而不艷,有不食煙火氣味",又謂"如披太華之天風,招蓬萊之海月",良非虛語。昔人以李太白爲詩仙,小山可稱詞仙矣。虞山毛扆斧季識。

據此跋,知毛鈔係删除元本重複的校鈔本。後附錄《李中麓張小山小令後序》,即嘉靖四十五年(1566)李開先刻本之序。

鈐印:開卷一樂、毛氏子晉、毛晉之印、汲古主人、毛晉(連珠印)、子晉(連珠印)、汲古得脩綆、毛晉書印、汲古閣、日下姚榮字子正印、云裏、象封、左臺後人、鐵琴銅劍樓。

臺北"國家圖書館"藏清道光六年（1826）琴川張氏琅嬛清閟鈔本（14982），即據此帙影鈔。① 有清孫原湘、張蓉鏡、邵淵耀等跋，張跋涉及汲古鈔本流傳情況，茲錄於此：

> 《張小山樂府》，僅於毛氏《秘本書目》見之，詢之藏書家，俱無著錄者。歲辛巳，舅氏吳雲表先生出示姚翁子正所貽書數種，內有汲古精鈔本《張小山北曲聯樂府》三卷，即《汲古書目》所載也。元槧固不可得，此鈔本亦猶碩果之僅存矣。適家月霄過訪，見之叫絶，遂以緡錢二萬向吳氏易去。余旋於壬午二月入都，形諸夢寐，忽忽數載。今秋得向愛日假歸，倩善書者影鈔完帙，暢讀一過，頓慰積想，從此人間秘笈頓有兩分。倘好事者推廣傳鈔，不亦藝林中一快事耶。道光丙戌秋七月，琴川張蓉鏡芙川氏識，時年二十有五。

可知汲古鈔本是姚榮（字子正）贈予吳雲表，吳氏又售予張金吾（月霄）。張氏藏書多歸古里瞿氏，此本亦其一。《愛日精廬藏書志》卷三十六著錄。

汲古閣收藏李開先所刻《張小山小令》不止一部，臺北"國家圖書館"藏本（14979）有"汲古主人""汲古得脩綆"二印；丁氏善本書室藏本，有毛晉、毛扆父子印記，② 可見毛氏頗重此書。

114. 新刊張小山北曲聯樂府三卷外集一卷　〔元〕張可久撰　［瞿、蘇］

清初毛氏汲古閣鈔本。國圖所藏第二部（11490）。二冊。
無毛氏印記，其他鈐印有：侶研齋、寓心堂藏、崔亭。

附錄一

僅見著錄而未見原書，書影亦未寓目者，不能確信爲真毛鈔，

---

① 《標點善本題跋集錄》，第751—753頁。
② 丁丙《善本書室藏書志》，第1780頁。

姑列爲附錄，以備訪求。

1. 國語二十一卷　　［王、瞿、蘇］

影宋鈔本，據宋天聖明道間刻本影鈔。《秘本書目》："《國語》五本一套。從絳雲樓北宋板影寫，與世本大異，即如首章'昔我先王世后稷'，今時本脫'王'字，蓋言先王世爲后稷之官也。此與《史記》合。他如此類甚多，此特其一爾。六兩。"今藏日本静嘉堂文庫，陸心源皕宋樓舊藏，《皕宋樓藏書志》卷二十四、《儀顧堂題跋》卷三、《静嘉堂秘籍志》卷五著錄。十一行十九至二十一字不等，小字雙行三十一字。五册。陸心源云："末有'明道二年四月初五日得真本'一行，'天聖七年七月二十日開印'一行，'江陰軍鄉貢進士葛惟肖'一行，'鎮東軍權節度掌書記魏庭堅'一行。"① "從絳雲樓北宋本影寫，原裝五本，見《汲古閣秘本書目》。後歸潘稼堂太史，乾、嘉間爲黄蕘圃所得。黄不能守，歸于汪士鐘，亂後歸金匱蔡廷相，余以番佛百枚得之。毛氏影宋本尚有精于此者。此則以宋本久亡，世無二本，故尤爲錢竹汀、段懋堂諸公所重耳。"② 傅增湘觀書後謂"鈔楷極爲古雅"。③ 黄氏士禮居據此本刊刻。

據《儀顧堂題跋》，鈐印有：宋本、甲、汲古主人、毛晉（連珠印）、毛晉之印、毛氏子晉、毛晉書印、毛晉私印、汲古閣、筆研精良人生一樂、汲古得脩綆、毛扆之印、斧季。

瞿冕良《中國古籍版刻辭典》"汲古閣"條另著錄《國語補音》三卷。

2. 北户録三卷　〔唐〕段公路撰，〔唐〕崔龜圖注　　［王、瞿、蘇］

影宋鈔本。《秘本書目》："《北户録》三卷一本。段公路。宋板鈔出。六錢。"王文進《明毛氏寫本書目》云："見《皕宋樓》，作唐段公路，三卷。"今藏日本静嘉堂文庫，陸心源皕宋樓舊藏，《皕

---

① 〔清〕陸心源《皕宋樓藏書志》，第393頁。
② 〔清〕陸心源《儀顧堂題跋》卷三，《儀顧堂書目題跋彙編》，第57頁。
③ 傅增湘《静嘉堂文庫觀書記》，第15頁。

宋樓藏書志》卷三十四、《静嘉堂秘籍志》卷六著錄，《藏書志》作"影宋鈔本，汲古閣舊藏"。① 三册。《目録》後鈔録刊記"臨安府太廟前尹家書籍鋪刊行"一行。陸心源校。陸氏曾據以重刊，謂此本"首尾雖完，文字亦爛，思以曾慥《類説》所録正之"云云。②

3. 永嘉先生三國六朝五代紀年總辨二十八卷目録四卷　〔宋〕朱黼撰　[王、瞿、蘇]

影宋鈔本。王文進《明毛氏寫本書目》云："《皕宋》。"今藏日本静嘉堂文庫，陸心源皕宋樓舊藏，《皕宋樓藏書志》卷三十八、《静嘉堂秘籍志》卷六著録。《藏書志》云："《秘本書目》、《傳是樓書目》皆著于録。"③ 按《秘本書目》不著録。十四行二十三或二十四字。十二册。《日藏漢籍善本書録》著録云："卷前有宋開禧丁卯三月吴奂然序。又有三國兩晉南北朝譜系圖五幅，地理攻守諸圖五幅，僭僞圖一幅。"④ 陸氏又云："雖摹寫精工，幾勝宋刻。毛斧季所謂'每葉費銀數錢'者，此類是也。"⑤ 傅增湘曾在静嘉堂閲覽此書，云："此書《四庫存目》著録，其書已不可追尋，各家藏目亦無之。惟《宜稼堂書目》第三十七號有此書，標明二匣，影宋本，三十五元售之陸心源，即是此本。"⑥

4. 神機制敵太白陰經十卷　〔唐〕李筌撰　[王、瞿、蘇]

今存兩部，均爲十行二十四字。版心下有"汲古閣"三字。四册。

第一部，北京大學圖書館藏（LSB278）。王文進《明毛氏寫本書目》云："格式汲古閣。雙鑑。"傅增湘雙鑑樓收藏，《藏園群書

---

① 〔清〕陸心源《皕宋樓藏書志》，第581頁。
② 〔清〕陸心源撰，鄭曉霞輯校《儀顧堂集輯校》卷六《重刊北户録序》，揚州：廣陵書社，2015年，第90頁。
③ 〔清〕陸心源《皕宋樓藏書志》，第659頁。
④ 嚴紹璗《日藏漢籍善本書録》，第692頁。
⑤ 《皕宋樓藏書志案語摘録》，〔清〕陸心源著，馮惠民整理《儀顧堂書目題跋彙編》，第599頁。
⑥ 傅增湘《藏園訂補郘亭知見傳本書目》，第473頁。

經眼錄》云"己巳（1929）四月收得"，傅氏有跋述此書價值。① 後歸李盛鐸木犀軒。清光緒十一年（1885）李盛鐸跋述此書校勘價值甚詳，文云：

> 《太白陰經》，唐李筌撰。《四庫》所收止八卷本，且首缺《天無陰陽》《地無險阻》二篇。此外，有《孫祠書目》所載舊鈔十卷本，又淵如先生手校定本，莫子偲《經眼錄》載其跋，中稱：以《武備志》中所引李書校補，又檢《通典》《太平御覽》互加勘定。惜當日未及刊行，今校本亦不知流落何所。近人刊入《長恩書室叢書》，奪誤尤甚。惟錢錫之刻《守山閣》本係據一舊鈔，較他本爲勝，但少末四卷。復以昭文張氏所刻參以文瀾閣本，並取《通典》《御覽》勘校，可稱善帙。張氏所據，錢跋稱係影宋鈔本。其中卷三《將軍篇》、卷五《搜山燒草》《前茅後殿》《鼙鼓》《屯田》《人糧》《馬料》《軍資》《宴設》《音樂》等篇均佚；卷六《陣圖》亦多與錢鈔不類。此本《陣圖》與錢本不甚懸殊，而張本所佚之篇亦僅存其目，其他字句多同張本，亦有與《四庫》本同者。殆與張本同出一源，而鈔手低昂不無小有同異。惟《開塞四夷篇》，脱去"河東""隴右""河西"三節，其他亦多脱誤；然首尾完具，與尋常俗本要自不同。庚辛以來，東南藏書家十不存一，錢刻叢書板已燬於兵燹，今日得者已如瑶華祕笈，更何論舊鈔乎。則此書與孫氏校本同爲劫後遺編，收藏家所當珍貴矣。乙酉七夕，盛鐸記。②

鈐印：高士奇印、冬涵閲過、錢唐何氏夢華書館嘉慶甲子後所得書、何元錫印、何氏敬祉。③

---

① 傅增湘《藏園群書題記》，第 303 頁。
② 《木樨軒藏書題記及書錄》，第 14 頁。
③ 傅增湘《藏園群書題記》，第 303 頁。

5. 神機制敵太白陰經 十卷　〔唐〕李筌撰

存世第二部，山西省文物局藏。詳情不明，此據《中國古籍善本書目》著録。

6. 鐵網珊瑚 十六卷　〔明〕朱存理輯　〔蘇〕

近人曹大鐵藏書，今不詳所在。曹培根《曹大鐵〈藏書目録〉輯注》載：

> 《鐵網珊瑚》十六卷，《書品》《畫品》各八卷，録有清常道人趙琦美題記，曹大鐵跋一則。烏絲格精鈔，趙清常增益後存。曹氏有詞《踏莎行·代簡譚和庵求讓毛鈔朱存理〈鐵網珊瑚〉》。①

潘景鄭《著硯樓書跋》載《舊鈔本鐵網珊瑚》，言嘗見毛鈔本，云：

> 朱性父《鐵網珊瑚》一書，原本止《書品》四卷、《畫品》四卷，自趙清常據秦西陽、焦弱侯兩家鈔本，補輯爲《書品》六卷、《畫品》二卷，合十六卷，重爲釐訂行世，今明季及清雍正兩刻，已經改定之本，非復舊觀矣。傳汲古閣有精鈔一本，書法絶精，蓋從性甫手稿繕録者。藏家秖傳其事，未覩兹帙。今夏滬上賈人，忽覯是書，亟求一觀。開卷精絶，令人悦目，與毛鈔影宋無異。擬乞一校，靳而勿與，知未旬日已爲大腹賈以數百金易去。寒儒力薄，唯有中心懸懸而已。②

《秘本書目》著録有：

> 朱性甫手書《鐵網珊瑚》十四本。當年宋中丞（宋犖）初

---

① 曹培根《曹大鐵〈藏書目録〉輯注》，《藏書家》第 10 輯，齊魯書社，2005 年，第 137 頁。
② 潘景鄭《著硯樓書跋》，第 178 頁。

下車，訪其書，在常熟特托陶令物色之。陶令許每本六兩購之。余以先君當年得此，曾有詠歌，一時同人酬和，成一大卷，不忍輕棄。李海防每本加二兩，余亦不允。後車駕南巡，時高江村（高士奇）托徽州友人戴姓來許十兩一本，欲以進上，余亦辭之。去年病中無資覓參，止當銀二十四兩買參四兩，得以病愈，今猶未贖也。

可知汲古閣曾藏朱氏稿本，毛晉有《鐵網珊瑚歌》一首，即毛扆所謂"先君當年得此，曾有詠歌"。謝國楨云每葉夾縫間均有毛氏汲古閣印記，可見寶愛之至。① 此稿自汲古閣散出後，輾轉歸曾禧收得，最終入藏國家圖書館（11584）。周叔弢曾經眼毛鈔本，批注《秘本書目》云："此書不知尚在人間否，余見毛氏傳鈔本。"曹氏所藏鈔本既有趙琦美題記，則係潘景鄭所云趙氏重為鳌訂之本，而非"從性甫手稿繕録者"。不知是否即弢翁所見者。其詳待考。

7. 酒經三卷　〔宋〕朱肱撰　〔王、蘇〕

影宋鈔本。存世第二部。日本静嘉堂文庫藏，陸心源皕宋樓舊藏，《皕宋樓藏書志》卷五十三、《静嘉堂秘籍志》卷七著録。《藏書志》云："字畫工整，烏絲欄極精，毛氏印累累。《秘本目》所謂每本費銀四兩者，此類是也。"② 有錢謙益跋。是書宋本今藏國圖（06874），亦有錢謙益跋，内容與影鈔本相同。蓋毛氏借錢氏宋本影鈔，一併過録其跋。陸氏謂影鈔本為錢謙益舊藏，蓋誤認錢跋為手跡；又云毛鈔自北宋本出，皆非。《日藏漢籍善本書録》失載。

8. 寒山子詩一卷　〔唐〕釋寒山撰　**豐干拾得詩**一卷　〔唐〕釋豐干、釋拾得撰　〔王、瞿、蘇〕

影宋鈔本。今藏日本静嘉堂文庫，陸心源皕宋樓舊藏，《皕宋樓

---

① 謝國楨《江浙訪書記》，《謝國楨全集》第5册，第767頁。按，檢《鐵網珊瑚》縮微膠捲，未見每兩葉夾縫間有印記，唯每册首末鈐有"毛氏子晉""毛晉之印""子晉""汲古主人"及"毛扆之印""斧季"等毛氏父子常用印記。
② 〔清〕陸心源《皕宋樓藏書志》，第922頁。

藏書志》卷六十八、《儀顧堂題跋》卷十、《靜嘉堂秘籍志》卷三十二著錄。十一行十八字。一冊。陸氏云：

> 《寒山詩》一卷，毛氏汲古閣影宋鈔本。光緒五年，以番板五枚得此書於吳市。蓋何心耘博士舊藏也。端陽前五日，以舊藏廣州刊本及《全唐詩》校一過，《全唐詩》即從此本出。卷末"怡然居憩地日"以下缺亦同。廣州本序次既異，字句亦多不同。《拾得詩》缺《人生浮世中》《平生何所憂》《故林又斬新》《一入雙谿不計春》凡四首；《寒山詩》缺《沙門不持戒》《可貴一名山》《我見多知漢》《昔年曾到大海游》《夕陽赫西山》凡五首，非善本也。①
>
> 此本序缺首葉，遂照廣州本補錄于前。②

王文進《明毛氏寫本書目》云："《天禄》。"《天禄琳琅書目後編》宋版集部著錄《寒山子詩集》一函一冊，③乃汲古閣舊藏，鈐毛氏父子各印，蓋即毛鈔底本，今藏國圖（08382），首尾二葉爲毛氏鈔補。

9. 杜工部集二十卷補遺一卷　〔唐〕杜甫撰，〔宋〕王洙編　〔王、瞿、蘇〕

影宋鈔本。今藏日本靜嘉堂文庫，陸心源皕宋樓舊藏，《皕宋樓藏書志》卷六十八、《儀顧堂題跋》卷十、《靜嘉堂秘籍志》卷十著錄，《藏書志》作"影寫宋刊本，汲古閣藏書"。④ 傅增湘《藏園訂補郘亭知見傳本書目》、嚴紹璗《日藏漢籍善本書錄》逕作"清初毛氏汲古閣影寫宋刊本"。⑤ 王文進《明毛氏寫本書目》云："見

---

① 〔清〕陸心源《儀顧堂題跋》卷十，《儀顧堂書目題跋彙編》，第147頁。
② 〔清〕陸心源《皕宋樓藏書志》，第1214頁。
③ 《天禄琳琅書目》卷六，第307頁。
④ 〔清〕陸心源《皕宋樓藏書志》，第1204頁。
⑤ 傅增湘《藏園訂補郘亭知見傳本書目》，第977頁；嚴紹璗《日藏漢籍善本書錄》，第1438頁。

《皕宋樓》。今無悔齋得之寓目，其首序爲宋刻二葉。"十行二十字，白口，左右雙邊。缺卷一至三，殘存七册。版心有刻工姓名張逢、史彦、余青、吳圭等。末有毛扆跋。

《皕宋樓藏書志》録有毛扆跋全文，云：

> 先君昔年以此編授扆曰："此《杜工部集》乃王原叔泲本也。余借得宋板，命蒼頭劉臣影寫之。其筆畫雖不工，然從宋本鈔出者。今世行《杜集》不可以計數，要必以此本爲祖也。汝其識之。"扆受書而退。開卷細讀原叔《記》云："甫集初六十卷，今祕府舊藏、通人家所有稱大小集者，人自編撮，非當時第次。乃搜裒中外書九十九卷，除其重複，定取一千四百有五篇，起太平時，終湖南所作，視居行之次若歲時爲先後，分十八卷；又别録賦筆雜著二十九篇爲二卷，合二十卷。寳元二年十月記。"二十卷末有嘉祐四年四月望日姑蘇郡守王祺①後記，此後又有補遺六葉，其《東西兩川説》僅存六行而缺其後，而第十九卷缺首二葉。扆方知先君所借宋刻乃王郡守鏤板於姑蘇郡齋者，深可寳也，謹什襲而藏之。後二十餘年，吳興賈人持宋刻殘本三册來售。第一卷僅存首三葉，十九卷亦缺二葉，補遺《東西兩川説》亦止存六行，其行數、字數悉同，乃即先君當年所借原本也。不覺悲喜交集，急購得之，但不得善書者成此美事，且奈何？又二十餘年，有甥王爲玉者，教導其影宋甚精，覓舊紙從此本影寫而足成之。嗟乎！先君當年之授此書也，豈意後日原本之復來？扆之受此書也，豈料今日原本復入余舍？設使書賈歸于他室，終作敝屣之棄爾。縱歸于余，而無先君當年所授，不過等閒殘帙視之爾，焉能悉其源委哉？應是先君有靈，不使入他人之手也。鈔畢，記其顛末如此。歲在己卯重九日，隱湖毛扆謹識，時年六十。②

---

① "祺"爲"琪"字之誤。
② 〔清〕陸心源《皕宋樓藏書志》，第 1217—1218 頁。

可知毛晉曾命劉臣據所謂王洙原本影寫一部，授予毛扆；毛扆得宋刻殘本後，又命其甥王爲玉據劉臣本影寫配補宋刻爲全本。毛扆生於崇禎十三年（1640），六十歲是康熙三十八年（1699），是其命王爲玉影補時間；上推兩個二十餘年，可知毛晉命劉臣影鈔時間約在順治十二到十六年間（1655—1659）。

跋中所謂命王爲玉影寫而足成之宋刻殘本今藏上海圖書館，① 上圖本亦有毛扆此跋，與此本比較，有幾處不同："以此編授扆曰"，上圖本作"一編"；"乃搜裒中外書九十九卷"下，上圖本有小注："古本一卷，蜀本二十卷，集略十五卷，樊晃序小集六卷，孫光憲序二十卷，鄭文寶序《少陵集》二十卷，別題小集二卷，孫僅一卷，雜編三卷"；"定取一千四百有五篇"下，上圖本有小注："凡古詩三百九十有九，近體千有六"；"先君所借宋刻"，上圖本作"宋本"；"後二十餘年"，上圖本作"後廿餘年"；"宋刻殘本三冊"，上圖本作"二冊"；"又二十餘年"，上圖本作"又廿餘年"；"從此本影寫"，上圖本作"鈔本"。從"此編""此本""此書"等行文語氣看，皕宋本或即劉臣鈔本。②

《琅函鴻寶》解題述上圖本云："卷末毛扆題跋工楷略帶隸意，與所見他本批校題跋手跡不同，且未鈐印記，然未敢疑他人代筆也。"細看題跋筆意，與影鈔部分大略相似，疑跋文係王爲玉代錄者。《杜集書錄》以爲"上海館所藏一種，有宋刻原本，當爲正本，皕宋樓所藏蓋副本也"，③ 恐非。

據《皕宋樓藏書志》等書目著錄，書中無毛氏印鑒。

參本章第四節第9號。

10. 蒼崖先生金石例十卷　〔元〕潘昂霄撰　〔王、瞿、蘇〕

清初毛氏汲古閣鈔本。王文進《明毛氏寫本書目》云："《書鈔》。"《書鈔閣行篋書目》著錄"毛斧季鈔校本"。《秦漢十印齋藏

---

① 參看本章第四節第9號。
② 趙元方已有此懷疑，見趙元方《談宋紹興刻王原叔本〈杜工部集〉》，《文學遺產增刊》十三輯。
③ 周采泉編《杜集書錄》，上海古籍出版社，1986年，第10頁。

書目》卷四著錄有"明鈔本,毛斧季手校",與《書鈔》當爲同一本。今藏山西師範大學圖書館。十行二十二字,小字雙行同,白口,四周單邊,無直格。四册。卷十末題"海虞毛氏鈔藏",鈐"毛扆之印"。①

11. 芳芷栖詞二卷　〔明〕高濂撰　[王、瞿、蘇]

今藏日本静嘉堂文庫,陸心源皕宋樓舊藏,《静嘉堂秘籍志》卷五十著錄,云:"鈔一本。卷中有'毛晉私印'朱文、'汲古閣'朱文二方印,蓋毛晉所鈔錄也。"②《日藏漢籍善本書錄》則謂"明人毛晉手寫本",③一册。《皕宋樓藏書志》不載。王文進《明毛氏寫本書目》云:"《芳芷棲詞》二卷。明高濂撰。《松軒》。"《松軒》,指民國間江蘇省立國學圖書館館員趙鴻謙所撰《松軒書錄》。《松軒書錄》著錄國學圖書館所收丁丙八千卷樓舊藏書,其中有鈔本《芳芷栖詞》,涉及皕宋本詳情,云:

前有丁丙手寫長跋:光緒丙戌秋……歸安陸存齋觀察(陸心源)知余刊詞,郵寄此種,爲汲古閣舊藏,烏絲欄精鈔本。前有"毛晉私印""汲古閣"二印,後有"毛晉之印""毛氏子晉"二印;繼歸吾杭孫古雲襲伯,有"孫均私印";復歸古吴汪閬源館藏,有"汪士鐘印""三十五峰園主人"二印。尚有"徐康"一印,無考。余據以錄出,藏之八千卷樓。④

丁丙錄出之本今藏南京圖書館(114223)。

12. 宋五家詞十卷　[王、瞿、蘇]
(1) 可齋詞六卷　〔宋〕李曾伯撰
(2) 東溪詞一卷　〔宋〕高登撰

---

① 楊艷燕《山西師範大學圖書館藏善本書舉要》,《晉圖學刊》2010年5月第3期。
② 《静嘉堂秘籍志》,第2072頁。
③ 嚴紹璗《日藏漢籍善本書錄》,第1021頁。
④ 趙鴻謙《松軒書錄》,見《江蘇省立國學圖書館第四年刊》,1931年,第131頁。

（3）拙庵詞一卷　〔宋〕趙磻老撰

（4）碎錦詞一卷　〔宋〕李好古撰

（5）澹庵詞一卷　〔宋〕胡銓撰

清初毛氏汲古閣鈔本。今藏南京圖書館（GJ/EB/112439）。八行十八字，白口，左右雙邊。合一册。版心下有"汲古閣"三字。清丁丙跋，丁氏《善本書室藏書志》卷四十分別著錄，《可齋詞》："毛晉未綴跋尾，當屬待梓之本。王奕清曾纂刊《歷代詩餘》，未嘗選其一闋，詞人姓氏不列其名，殆當日未見此書。則傳本之罕見亦可見矣。"《東溪詞》："此册版心有'汲古閣'三字，蓋毛晉嘗擬續刻《六十家詞》，當寫而未梓之帙，後跋亦未綴也。"《拙庵詞》："此詞僅十八闋，版心有'汲古閣'三字，後未綴跋，殆毛子晉續刻六十家未曾付梓之詞也。"《碎錦詞》："鈔手極舊，版心有'汲古閣'三字，蓋毛氏舊物也。"《澹庵詞》："此册爲毛氏舊鈔，又得曹種水朱筆校正，與公之忠義合之雙美，洵足輝映百世矣。"①

13. 宋元四家詞四卷　［王、瞿、蘇］

清初毛氏汲古閣鈔本。今藏南京圖書館（GJ/EB/112023）。合一册。清梁同書跋、丁丙跋。凡包括：

（1）近體樂府一卷　〔宋〕周必大撰

（2）王周士詞一卷　〔宋〕王以寧撰

（3）寧極齋樂府一卷　〔元〕陳深撰

（4）吳文正公詞一卷　〔元〕吳澄撰

丁氏《善本書室藏書志》卷四十著錄，云："此爲汲古閣寫本……皆從宋槧元刊單行詞集照寫，楷法精工之至。版心下有'汲古閣'三字。每家卷首鈐有'厲鶚'朱文連珠小方印。面葉有梁山舟先生手書云：《汲古四家詞》，厲樊榭先生家藏本，山舟奉贈祖先生。押以'山舟文'朱圓印、'日毋齋'朱文長印。卷首又有'祖州祕玩''蕭山蔡陸士藏玩書畫鈐記'朱文二方印。"② 朱氏《彊村

---

① 丁丙《善本書室藏書志》，第1742、1744、1750、1753、1776頁。

② 丁丙《善本書室藏書志》，第1776—1777頁。

叢書》本《王周士詞》以此爲底本重刻。

以上《宋五家詞》《宋元四家詞》，王文進《明毛氏寫本書目》合稱爲"宋元九家詞十五卷"，云：

> 按《善本》作李（魯）［曾］伯編七家，《江蘇館》云格式汲古閣，凡陳深《寧極齋樂府》、《吳文正公詞》、王寧《周士詞》、周必大《近體樂（部）［府］》、趙（璠）［璠］老《拙庵詞》、李好古《碎錦詞》、胡銓《澹庵詞》、高登《東溪詞》，各爲一卷。又員伯《可齋詞》六卷。又按《善本》另有《東溪詞》一卷。又《江蘇館》又《碎錦詞》一卷、《可齋詞》六卷。

14. 典雅詞十四種　［王、瞿、蘇］

影宋鈔本。今藏日本静嘉堂文庫，陸心源皕宋樓舊藏。《静嘉堂秘籍志》卷十二著録作"毛鈔典雅詞，影宋鈔五本"，① 子目爲：

（1）西麓繼周詞一卷　〔宋〕陳允平撰　第一册
（2）燕喜詞一卷　〔宋〕曹冠撰
（3）拙菴詞一卷　〔宋〕趙璠老撰
（4）碎錦詞一卷　〔宋〕李好古撰　以上第二册
（5）雙溪詞一卷　〔宋〕馬取洽撰
（6）袁宣卿詞一卷　〔宋〕袁去華撰
（7）文簡詞一卷　〔宋〕程大昌撰　以上第三册
（8）澹庵長短句一卷　〔宋〕胡銓撰
（9）巢令君阮户部詞一卷　〔宋〕阮閱撰
（10）章華詞一卷　撰人無考
（11）篁嵊詞一卷　〔宋〕劉子寰撰　以上第四册
（12）孏窟詞一卷　〔宋〕侯寘撰
（13）龍川詞一卷　〔宋〕陳亮撰
（14）知稼翁詞一卷　〔宋〕黃公度撰　以上第五册

《皕宋樓藏書志》無"典雅詞"之總題名，分別著於録，其中

---

① 《静嘉堂秘籍志》，第409頁。

《孅窟詞》《碎錦詞》《袁宣卿詞》見卷一百二十，其餘見卷一百十九。《袁宣卿詞》，《藏書志》作舊鈔本，《秘籍志》有河田羆案語云："當作汲古閣影宋本。"《孅窟詞》闕上半。各詞集在皕宋樓收藏時當爲單行本，不知何時合訂爲五册。《日藏漢籍善本書錄》著錄爲"《典雅詞》十四種"，云"毛氏摹印宋刊本"，"摹印"當爲"摹寫"之誤；《燕喜詞》作者誤作宋曹寇。① 版式行款、鈐印情況不詳。

王文進《明毛氏寫本書目》著錄"《典雅詞》十五卷"，云："皕宋樓有九家；此爲静嘉堂所藏，凡十五家。"所開較以上所列者多《近體樂府》一種，此書在《皕宋樓藏書志》及静嘉堂著錄均作"毛斧季手校本"，並非毛鈔。王目又云"又按《江蘇館》有《澹菴長短句》一卷"，詳情不明。

清丁丙曾據此本傳鈔，鈔本今藏南京圖書館。民國間繆荃孫亦曾收藏傳鈔本一部，後歸北平圖書館，今藏臺北故宮博物院。據傳鈔本，可知毛氏原本行款爲十行十八字。

另《皕宋樓藏書志》卷一百二十載《養拙堂詞》一卷，云"毛斧季手鈔本"。"鈔"係"校"字之誤。《静嘉堂秘籍志》不誤。②附此説明。瞿冕良《中國古籍版刻辭典》"汲古閣"條、施廷鏞《古籍珍稀版本知見錄》所載毛斧季鈔本當即此本。

《孅窟詞》有汲古閣刻《宋名家詞》本。

15. 群賢梅苑十卷　〔宋〕黃大輿輯　[王、瞿、蘇]

影宋鈔本。王文進《明毛氏寫本書目》云"静嘉"。今藏日本静嘉堂文庫，陸心源皕宋樓舊藏，《皕宋樓藏書志》卷一百二十、《静嘉堂秘籍志》卷十二著錄。三册。《日藏漢籍善本書錄》失載。

16. 文章善戲不分卷　〔宋〕鄭持正編　[王、瞿、蘇]

《秘本書目》云："《文章善戲》一本。元人鈔本影摹。世無其

---

① 嚴紹璗《日藏漢籍善本書錄》，第2028頁。
② 《皕宋樓藏書志》，第2128頁；《静嘉堂秘籍志》，第2064頁。

書。一兩。"王文進《明毛氏寫本書目》:"按《皕宋樓》作宋鄭持正,一卷,云影寫宋刊,汲古舊藏。"見陸氏《皕宋樓藏書志》卷一百十五,著錄爲"影寫宋刊本,① 汲古閣舊藏"。② 今藏日本静嘉堂文庫,《静嘉堂秘籍志》卷四十八著錄作毛鈔一本,僅錄原書樊士寬跋,未言行款版式及有無鈐印等信息,不知即《秘本書目》所載者否。《日藏漢籍善本書錄》未收。

附錄二

毛晉編著各書之清稿本、鈔本及毛晉諸孫鈔本,與以上毛氏汲古閣鈔本傳錄古書性質不完全相同,謹附於此。

1. 汲古閣集 〔明〕毛晉撰 [瞿、蘇]

稿本。今藏常熟市圖書館,爲鐵琴銅劍樓後人瞿鳳起捐贈。十行十九字,小字雙行同,白口,左右雙邊。版框:21.1cm × 15.2cm。四册。此書字體與毛鈔《宋氏文房譜》等相同,非毛晉手書,當爲清稿本。包括《和古人詩》《和今人詩》《和友人詩》《野外詩》四部分。清王振聲校并跋。

鈐印:毛氏子晉、毛晉之印、鐵琴銅劍樓。

2. 虞鄉雜志不分卷 〔明〕毛晉輯 [瞿、蘇]

明末毛氏汲古閣鈔本。今藏國圖(07452)。十行二十一字,小字單行同,白口,左右雙邊。一册。版心下有"汲古閣"三字。有毛晉朱墨筆校改。張元濟《涵芬樓燼餘書錄·史部》、傅增湘《藏園訂補郘亭知見傳本書目》均定爲毛晉手稿本。有蟲蛀殘缺。

鈐印:海鹽張元濟經收、涵芬樓藏。

3. 詞海評林三卷 〔明〕毛晉撰 [瞿、蘇]

明末鈔本。今藏國圖(18149)。傅增湘定爲"毛氏汲古閣稿

---

① 《静嘉堂秘籍志》(1960頁)有河田羆案語,云"宋"當作"元"。
② 《皕宋樓藏書志》,第2042頁。

本",① 國圖編目作明末鈔本。二十册。論填詞協律之法，爲毛晉增訂明張綖《詩餘圖譜》之作。此乃毛晉欲附刻入汲古閣所刻詞集叢編《詞苑英華》中者，因故未能付梓。每册書衣題"副本幾""詞苑英華（小令、小長調等）"，審係毛晉筆跡。有康熙四十九年（1710）毛扆跋（由其子代筆），云：

  《詩餘圖譜》填詞之法備焉矣。先君此書之作規模之而更充廣焉。凡少一字者居前，多一字者居後，旁搜博覽，彙綴成帙，釐爲三卷，一生心力固不僅於是，而孜孜矻矻，已大費詳慎。正欲付梓，而玉樓之召孔迫，惜哉。今其原本即云守而勿失，然不能成先人之志，以垂將來而傳永久，是則扆之大罪也。將來或遇有力者，不惜多金以登梨棗，其幸爲何如耶？庚寅秋大病之後翻閱是書，草率命兒代書於簡端云。扆。

  曾經吴興許博明、四明盧氏抱經樓收藏，《四明盧氏藏書目録》亦著録爲稿本。後歸陳清華。傅增湘曾經眼，著録作"《詞苑英華》二十册"，係據書衣題名，國圖編目據卷端題，故不同。
  鈐印：海虞毛晉子晉圖書記、汲古閣、毛鳳苞印、汲古閣藏、扆印、抱經樓、曾藏吴興許氏申申閣中、許氏祕笈、博明私印、讀書樂、吴興許博明氏裛辛齋藏書印、叢桂小筑藏書記。
  瞿冕良《中國古籍版刻辭典》"汲古閣"條著録《詞苑英華》八種四十五卷（宋黄昇《花庵絶妙詞選》十卷，又《中興以來花庵絶妙詞選》十卷，宋武陵逸史《草堂詩餘》四卷，後蜀趙崇祚《花間集》十卷，明顧梧芳《尊前集》二卷，明楊慎《詞林萬選》四卷，明張綖《詩餘圖譜》三卷，明王象晉《秦張兩先生詩餘合璧》二卷）。是書有汲古閣刻本，子目正是此八種。疑瞿氏僅見傅增湘所著録之"詞苑英華"之名，而據汲古閣刻本妄加子目，實則兩書内容完全不同。

---

① 傅增湘《藏園群書經眼録》，第1348頁。

4. 硯史一卷　〔宋〕米芾撰　［王、瞿、孫］

清雍正八年（1730）虞山毛綏福鈔本。今存臺北"國圖"（06830）。八行十八字，白口，左右雙邊。葉心下有"汲古閣"三字。版框：18.9cm×14.1cm。一冊。毛綏福係毛晉之孫，毛扆次子。王文進《明毛氏寫本書目》云："《寒瘦》。"爲鄧邦述寒瘦山房藏書，《寒瘦山房鬻存善本書目》卷五著錄爲"毛氏汲古閣寫本"。書中有毛綏福鈔書題記：

> 雍正八年庚戌重陽後七日，錫園假儒珍侄大父手閲本録。頗疑其中或有訛也。

又鄧氏題記云：

> 汲古閣在明末時藏書最盛，而尤致力於影鈔，余所藏《南宋小集》五十冊，真天壤瓌寶也，其世澤亦比之絳雲、述古爲長。此册雖寥寥數編，而字體適與《寶晉》相似，何其妍雅如此，是即錫園所手録歟？不可不什襲珍之。宣統三年辛亥三月既望，正闇居士。①

鈐印：隱湖草堂、毛綏福印、綏福、錫園、汲古、日午當天塔影圓、殷亦傅印、元宰、潤雨（連珠方印）、載見詩第十三句、景斯、元子世家、景思、群碧樓。

莫友芝云："胡心耘有毛氏鈔影宋本。"② 與此當非同一本。

《鐵琴銅劍樓藏書目録》卷十六著録舊鈔本一帙，云："汲古毛氏有刻本，此其原鈔本也。書字甚精。卷首襄陽自題，亦似其筆法，當從舊本摹出者。（原注：卷首末有'西河居士'及'毛氏藏'二朱記。）"頗疑"西河居士""毛氏藏"二朱記係毛奇齡印鑒，所述非汲古閣鈔本。

---

① 《寒瘦山房鬻存善本書目》所載與此文字略有小異。
② 傅增湘《藏園訂補邵亭知見傳本書目》，第646頁。

是書有崇禎間汲古閣刻《山居小玩》本。

第三節　見於著錄而存佚不詳之毛鈔本目錄

凡僅見於《汲古閣珍藏秘本書目》中著錄而後世不見記載之毛鈔本，清初以來各種公私藏書目錄、提要式著作及古籍知見錄等著述中提到而今不知下落的毛鈔本，存佚不能確定，輯入此目。凡有疑義者，歸入第四節。

一、經部

1. 關氏易傳　［王、瞿、蘇］

《秘本書目》："《關氏易傳》一本。精鈔。三錢。"又有舊鈔《關氏易傳》《正易心法》《潛虛發微論》合一本。王文進《明毛氏寫本書目》云："按天一閣本作北魏關朗，一卷。"

此書有汲古閣刻《津逮秘書》本。

2. 易解　〔唐〕李鼎祚撰　［王、瞿、蘇］

《秘本書目》："李鼎祚《易解》十本。宋板影鈔。五兩。"王文進《明毛氏寫本書目》云："見《皕宋樓》，作十卷。"《皕宋樓藏書志》卷一著錄張紹仁校宋本《易傳》十卷附《略例》一卷，載張氏跋云："黃蕘翁近從海寧陳君仲魚借來汲古閣毛褒華伯影宋大字本，余因從蕘翁轉假以校此本。"① 陳仲魚即陳鱣，陳氏《宋本〈周易集解〉跋》詳載此汲古閣鈔本，云：

> 《周易集解》十卷，影宋寫本。首題"易傳卷第幾"，下題"李氏集解"。今所行十七卷本作"周易集解"，下云"唐資州李鼎祚輯"，非其舊也。前列《易傳序》稱"祕書省著作郎臣李鼎祚序"，次載晁公武書，又次李燾書，又次鮮于侃書，又次侃子申之書，末附《易傳略例》，後載計用章序。每葉十六行，

---

① 《皕宋樓藏書志》，第5頁。

行十八字。自乾坤二卦以外，卦爻下俱列某官某月二世等字，作三行。凡遇"貞""恒"等字俱缺筆。……此即從嘉定本影寫者。用明時戶口册籍紙，上有"嘉靖伍年"等字，既薄且堅，反面印格摹寫，工整絶倫，纖豪無誤。前有"毛襃字華伯號質庵"印，襃即毛晉之長子，知爲汲古閣藏書。裝潢極精，以墨箋爲面背，藏經紙作籤，殆所謂"宣綾包角藏經箋"也。凡十册，每册黏籤猶是舊題。①

可知此汲古閣影鈔本係毛襃舊藏。陳氏又述其遞藏云："攷毛扆斧季《汲古閣秘書目》，以此居首，注云'宋板影鈔'，定價銀五兩，以呈潘稼堂。又不知幾易主，後爲潢川吳氏所有。"下述獲得經過甚詳，此不録。知吳氏之後，經五柳居歸黃丕烈，最後爲陳氏收得。張金吾《愛日精廬藏書志》卷一載："《易傳》十卷附《略例》一卷，影寫宋刊本，汲古閣藏書。此本《易傳》十卷、《略例》一卷，猶是宋時舊第，中遇宋諱若'貞'、若'殷'、若'恒'，俱缺末筆，蓋影寫宋嘉定重刊本也。首頁有毛襃圖記。"② 所述即陳氏藏本。不知在陳、張之間如何流轉。今則存佚不詳。陳氏云即《秘本書目》所載之"宋板影鈔"本，而此鈔本中無毛扆藏印，疑非同一本。

黃丕烈引何焯校《津逮秘書》本跋云："斧季云，是書胡氏初開者訛脱不可讀，其尊人得宋本，遂重開之，獨爲一書之冠云。""癸巳（1713）之冬，復命祇役武英。乙未夏初，御前以宋槧本數種重裝，中有是書，果毛氏舊物分授斧季之兄奏叔者，後歸季氏，不知何時進入天府，信乎斧季之言不妄也。書一刻於乾道，再刻於嘉定，有鮮于侃及其子申之二跋，所見者乃嘉定大字本。"③ 所謂"其尊人得宋本，遂重開之"即汲古閣刻《津逮秘書》本。所謂宋本今仍存世。周叔弢批《秘本書目》云："宋蜀本，今在德國。毛氏舊

---

① 〔清〕陈鱣《經籍跋文》第3—4葉，清光緒四年成都葉氏龍眠山房刻本。
② 〔清〕張金吾《愛日精廬藏書志》卷一，第1頁。
③ 〔清〕黃丕烈《蕘圃藏書題識再續録》卷一，《黃丕烈藏書題跋集》，第861—862頁。

藏，自故宮散佚者。"① 不知如何流入德國。第二次世界大戰中，普魯士國家圖書館遭到盟軍轟炸，該館緊急籌畫轉移館藏，此宋本被轉移到波蘭克拉科夫的雅蓋隆大學雅蓋隆圖書館。2007 年高田時雄訪問該館時，發現此本只殘存卷八、九、十，共三卷兩冊。② 今可見是書卷五至十共六卷全文電子版，書中鈐有毛晉、毛表父子印記及"季振宜藏書"印。經學者考證，此宋本或非嘉定原刻，陳鱣等所見影宋鈔本據此影鈔，但影寫不真，脫誤甚多。③

3. 繫辭精義 ［王、瞿、蘇］

《秘本書目》："《繫辭精義》二本。宋板精鈔。三兩。"

4. 詩外傳 十卷

黃丕烈收藏有元刻本《詩外傳》，"嘉慶壬戌春遊京師，得元刻毛鈔本，與此本正同"。④

5. 皇祐新樂圖記 三卷 ［宋］胡瑗撰 ［王、瞿、蘇］

《浙江採集遺書總錄》丙集著錄，云"汲古閣照宋槧寫本"，⑤而《四庫》所收并非此本，而是"兩淮馬裕家藏本"，云："舊本從明文淵閣錄出，……明萬曆三十九年趙開美跋。"⑥

王文進《明毛氏寫本書目》云："宋板影鈔。傳書。"⑦ 係據僞《上善堂書目》之"汲古閣景宋鈔《皇祐樂圖》三卷"而來，不可信。

---

① 《周叔弢批校古籍選刊》第三冊《汲古閣珍藏秘本書目·易解》條批語。
② ［日］高田時雄《宋刊本〈周易集解〉的再發現》，《國際漢學研究通訊》第二期，中華書局，2011 年，第 138 頁。
③ 高樹偉、張鴻鳴《德國柏林國立圖書館藏宋本〈周易集解〉新考》，《版本目錄學研究》第十二輯，國家圖書館出版社，2020 年，第 119 頁。
④ ［清］黃丕烈《蕘圃藏書題識續錄》卷一，《黃丕烈藏書題跋集》，第 729 頁。
⑤ 《浙江採集遺書總錄》，第 129 頁。
⑥ 《四庫全書總目》，第 320 頁。
⑦ 王目解題提及 "傳書" 數處，而檢蔣汝藻藏并編《傳書堂善本書目》、王國維《傳書堂藏書志》，王目所提之書皆未見。不知 "傳書" 何指，待考。

6. 春秋左傳句解七十卷　〔宋〕林堯叟撰　〔王、瞿、蘇〕

王文進《明毛氏寫本書目》："博山張鏡芙藏。"張鏡芙（1889—1972）名鑒祥，一字錚夫，山東藏書家，藏書處名"千目廬"。

7. 春秋左氏傳事類始末五卷　〔宋〕章沖撰　〔瞿、蘇〕

8. 春秋公羊傳二十卷　〔瞿〕

9. 唐明皇御注孝經一卷　〔王、瞿、蘇〕

《秘本書目》："《唐明皇御注孝經》一本。宋板影鈔。五錢。"王文進《明毛氏寫本書目》："宋板影鈔一本。見《結一廬》，作三卷。按汪士鐘刻《注疏》本附《釋文》一卷，云據毛鈔本補刊。"按《結一廬書目》卷一："《孝經注》一卷，計一本，唐玄宗明皇帝御撰。汲古影寫宋咸平四年刊本。"並非"作三卷"。

10. 論語集解十卷　（三國魏）何晏撰

日本田中慶太郎《羽陵餘蟫·甲部》載：①

> （《論語集解》）室町時代寫本似乎傳入中國，從述古堂錢氏《讀書敏求記》中可見藏有影抄正平本，《愛日精廬藏書志》記載"《論語集解》十卷，日本舊抄本，述古堂藏書"，並解説"遇'吾'字缺首筆，'語'字亦然。豈避日本諱耶？"此書後轉歸陸心源，現藏於靜嘉堂文庫。筆者也藏有述古堂所藏之汲古閣後人毛扆的影寫本。

按錢曾《讀書敏求記》卷一之上著録"何晏《論語集解》十卷"，云是高麗鈔本，後人考證實爲日本鈔本，據正平年間（1347—

---

① （日）田中慶太郎《羽陵餘蟫》，日本昭和21年（1946）龍文書局版，第66—67頁。又見（日）田中慶太郎編，（日）高田時雄、劉玉才整理《文求堂書目》第16册附録三《羽陵餘蟫》，賈永會譯，錢婉約審校，國家圖書館出版社2015年，第345—348頁。

1370）古本傳鈔。① 田中氏所得"述古堂所藏之汲古閣後人毛扆的影寫本"不詳今藏何處。《羽陵餘蟫》有《論語序》首半葉書影，書影下有兩行説明云："汲古閣影寫足利時代寫本論語集解。語字法書之實例，送假名影寫，非常珍貴。"此葉上鈐有"毛氏子晉""汲古閣"二印，田中氏云係毛扆影寫，則書中當有毛扆印鑒。

11. 論語集説十卷　〔宋〕蔡節撰

《摛藻堂四庫全書薈要》據通志堂本繕録，據毛晉影宋鈔本校對。②

12. 十二先生論語集義　［王、瞿、蘇］

《秘本書目》："《十二先生論語集義》五本。精鈔。二兩。"

13. 孟子注十四卷

清乾隆間曲阜孔氏微波榭刻本《孟子趙注》末有戴震跋云：

> 吾友朱君文游出所藏校本二示余。一有"虞山毛扆手校"印記，稱引小宋本、元本、鈔本，又有宋本又或稱廖氏本，而逐卷之末，多記從吳文定鈔本一校。何屺瞻云："毛斧季從真定梁氏借得宋槧本影鈔。"今未見其影鈔者。而此本《盡心下》惟"梓匠輪輿"章有章指，餘並闕。……外有章丘李氏所藏北宋蜀大字章句本，毛斧季影鈔者，並得趙岐《孟子篇序》。③

何屺瞻即何焯，毛扆之晚輩知交，所言當可信。"真定梁氏"爲梁清標，梁氏藏有宋蜀刻本《孟子注》十四卷，乾隆時入内府，民國間影印入《四部叢刊》及《續古逸叢書》，今梁氏原本及毛扆影鈔本皆不知所蹤。毛扆影鈔《孟子篇序》事見《三經音義》。

---

① 詳見《藏園批注讀書敏求記校證》第72—75頁。
② 《四庫全書薈要總目提要》，第193頁。
③ 跋文又見《戴震集》卷十，上海古籍出版社，2009年，第205頁。

上海圖書公司藏有毛扆手校《四書集注》（汲古閣刻《四書六經讀本》之一），用宋咸淳本、淳祐本等校勘，鈐"虞山毛扆手校"印記，經陳揆稽瑞樓、曹大鐵遞藏。① 疑即戴震所見校本。

14. 張狀元孟子傳二十九卷　〔宋〕張九成撰　［王、瞿、蘇］

《秘本書目》云："《張狀元孟子傳》八本。影宋本精鈔。四兩八錢。"王文進《明毛氏寫本書目》："宋板精鈔八本。見《天禄琳琅》，作宋張九成，二十九卷，七本，云影宋廖氏本。又《邵亭知見》作半葉十四行二十五字，左欄外附篇名。"《天禄琳琅書目》卷四"影宋鈔經部"類著録爲一函八册，非七本，云："影鈔字法、紙墨皆極精良。闕補卷四、卷八、卷十、卷十六。"鈐印有：宋本、甲、毛晉（連珠印）、子晉（連珠印）、毛晉私印、子晉、汲古主人、毛扆之印、斧季。② 《四庫全書薈要》本曾據以參校。③ 莫友芝曾見汪士鐘藏宋本，云："頁左端綫外標篇名，同治丁卯冬見于胥門。四庫所據豈即此本耶，何闕佚之相同也。"④ 又云："《天禄琳琅》載九成此書影宋鈔本，亦二十九卷，蓋即從此本出。"⑤ 此本後入潘氏滂喜齋，曾影印入《四部叢刊三編》，無毛氏印記，今不詳所之。

15. 四書管窺八卷　〔元〕史伯璿撰　［王、瞿、蘇］

王文進《明毛氏寫本書目》云"《總目》"。按《四庫全書總目》卷三十六著録《四書管窺》八卷，云："此本乃毛晉汲古閣舊鈔，《大學》《中庸》《孟子》尚全，惟《論語》闕《先進》篇以下，蓋傳寫有所佚脱。然量其篇頁，釐而析之，已成八卷。"⑥

---

① 2007年廣陵書社已影印此本。
② 《天禄琳琅書目》，第101—102頁。
③ 《四庫全書薈要總目提要》，第196頁。
④ 《藏園訂補邵亭知見傳本書目》，第144頁。
⑤ 〔清〕莫友芝著，張劍點校《宋元舊本書經眼録》，中華書局，2008年，第14頁。
⑥ 《四庫全書總目》，第301頁。

16. 五經文字三卷　〔唐〕張參撰　［王、瞿、蘇］

《秘本書目》："《五經文字》三本。宋板影鈔。六兩。"王文進《明毛氏寫本書目》："宋板精鈔二本（引按，當作三本）。見宋存室。按，叢書樓覆本作唐張參，三卷。""見宋存室"謂見海源閣楊氏宋存書室收藏。楊氏藏本今在國圖（07973），已改定爲清初席氏釀華草堂影宋鈔本。八行十四字，小字雙行二十一字。三册。版框：22.0cm×15.0cm。①

17. 新加九經字樣一卷　〔唐〕唐玄度撰　［王、瞿、蘇］

《秘本書目》："《九經字樣》一本。影宋板精鈔。二兩。"王文進《明毛氏寫本書目》："宋板精鈔一本。同。唐唐元度。""同"謂同上條"見宋存室"。今藏國圖（07974），亦改定爲清初席氏釀華草堂影宋鈔本。八行十四字，小字雙行二十字。三册。版框：21.8cm×19cm。②

以上二書合一函，鈐印有：趙宋本、墨妙筆精、虞山席鑑玉照氏收藏、釀華草堂、席氏玉照、別字萸山、汪士鐘印、三十五峰園主人、憲奎、秋浦、東郡楊紹和字彥合藏書之印、宋存書室、知曾經席鑑、汪士鐘、楊氏海源閣遞藏。

楊氏《宋存書室宋元秘本書目》《楹書隅錄》等書著錄。③周叔弢於民國十八、十九年間（1929—1930）自楊敬夫處得之，後捐北圖。弢翁批《楹書隅錄》云"白紙精美"，"白紙精鈔，席氏原裝，書品寬大"。④

兩書卷末各有毛扆跋一通，頗涉汲古閣刻書、鈔書故實，兹錄於此。《五經文字》跋云：

吾家當日有印書作，聚印匠二十人，刷印經籍。扆一日往

---

① 《自莊嚴堪善本書影》，第130頁。
② 《自莊嚴堪善本書影》，第132頁。
③ 詳參王紹曾、崔國光等整理訂補《訂補海源閣書目五種》，第72—75頁。
④ 《周叔弢手批楹書隅錄》卷一《新加九經字樣》條，第52頁。

觀之，先君適至，呼扆曰："吾縮衣節食，遑遑然以刊書爲急務，① 今板逾十萬，亦云多矣。竊恐秘册之流傳者尚十不及一也。汝曹習而不察，亦知印板始於何時乎？蓋權輿於李唐而盛於五代也。"後夏日納涼，請問其詳。先君曰："古人讀書，盡屬手鈔。至唐末，益州始有墨板，皆術數、字學小書而不及經傳。經傳之刻，在於後唐。"自後考之，後唐長興三年，詔用西京石經本，雇匠雕印，廣頒天下。（見《五代會要》第八卷）宰臣馮道等奏曰："請依石經文字刻《九經》印板。"又按《國史志》，長興三年，詔儒臣田敏校《九經》，鏤本於國子監。扆購得《五經文字》一部，係從宋板影寫者，比大曆石本注益詳備，前有開運丙午九月十一日田敏序。按：丙午，開運三年也，則田敏之奉詔在後唐長興三年，越十六年，至石敬塘之世而雕成印本。由此觀之，蓋祖於五代本矣。石刻舉世有之，但剝蝕處杜撰增補，殊不足據，要必以此本爲正也。虞山毛扆識。

《新加九經字樣》跋云：

余當年有《九經字樣》，與《五經文字》並得。崑山校《經解》時，兩書皆攜去。歸時，失去《九經字樣》，不勝悵怏。聞武林趙師道書坊有宋板者，覓之不得。後聞錢遵王往彼影寫一本，亦未之見。昨過錢塏家（遵王孫也），始得見之，借歸與石刻細校。石刻"宀"字之末多"寧寍"二字，此本無之。據注云"一十一字，五字重文"，則無者爲準。又"乏"字注文"反正爲乏"，石刻誤作"人反正"。《雨部》"靁"字音"靈"，石刻誤音"灵"。則此本勝於石刻矣。至釋"看"字云"凡物見不審，則手遮目看之，故從手"；釋"蓋"字云"今或作盖者，乃從行書廿，與苔、若、著等字，皆訛俗"；釋"鼎"字云"上從貞，下象析木以炊，篆文出如此，析之兩向，左爲爿，爿音牆，右爲片。今俗作鼎，云象耳

---

① "刊"字誤書爲"看"，描改爲"刊"。

足形。誤也";釋"晨"字云"從白,象叉手,辰省之義"。其於小學,可謂精詳矣。此書既得之,又失之,今復宛轉而得之,殆彼蒼憐余篤好小學,投老而使之一樂乎。亟命友人影寫一通,寫畢述此,以識生平之幸云。庚寅秋八月虞山毛扆識,時年七十有一。

兩跋又見楊氏《楹書隅錄》卷一。可知毛扆購得從宋板影寫本《五經文字》,據以影寫;借得錢遵王(錢曾)據宋板影寫本《九經字樣》,據以影寫。皆非直接從宋本影寫者。

楊氏著錄兩書,認爲即《秘本書目》著錄之本,而毛氏汲古閣影宋鈔本例皆鈐"宋本""甲""汲古主人"及毛晉、毛扆父子印,今此二本中並無毛氏各印。故北圖編目時,趙萬里先生斟酌再三,乃據席氏各印改訂爲清初席氏釀華草堂影宋鈔本。書中既有毛扆跋,疑此二書即就毛氏影宋鈔本影鈔者。

18. 六經正誤 〔王、瞿、蘇〕

《秘本書目》:"《六經正誤》五本。宋板影鈔。六兩。"王文進《明毛氏寫本書目》:"宋板影鈔一本。按《邵亭》嘉靖刊作宋毛居正,六卷。""一本"係"五本"之誤。

19. 新集古文四聲韻 五卷 〔宋〕夏竦撰 〔王、瞿、蘇〕

《秘本書目》云:"《新集古文四聲韻》五本一套。夏竦字子喬。世無其書。此三書者(引按:此書及《增廣鐘鼎篆韻》《集篆古文韻海》)皆世間絕無而僅有者也。十兩。"未言是鈔本還是刻本。王文進《明毛氏寫本書目》云:"見《天禄》,云影鈔宋本。按《邵亭》云汪氏刻本據此。"《天禄琳琅書目》卷四"影宋鈔經部"著錄"琴川毛氏藏本",云:"此本影鈔,楷法皆本歐陽,篆文從者如懸,衡者如編,頗得蔡邕書勢之妙,洵可寶也。"[①] 著錄鈐印有:宋本、希世之珍、毛晉之印、毛氏子晉、毛扆之印、斧季、

---

① 《天禄琳琅書目》,第103頁。

汲古閣。

乾隆四十四年（1779）新安汪啟淑刻本自稱據汲古閣影宋鈔本付雕，汪氏刻書跋云：

> 右夏英公竦《古文四聲韻》五卷，西陂宋氏所藏汲古閣影宋鈔也。友人曲阜桂未谷馥持以示余，愛不忍釋，遂付開雕。……鈔本於英公序闕百數十字，則未谷從其友人處見《永樂大典》校本，因借鈔補入，蓋是書校讐之力未谷佽我良多云。①

《四庫全書總目》卷四十所著錄之"刑部郎中汪啟淑家刊本"即此本。"西陂宋氏"當係商丘宋犖之後人。汪刻本中照樣摹刻各卷首末之毛氏父子印記，但位置與《天祿目》所述不同，無"宋本""希世之珍"二印，且《天祿目》編成於乾隆四十年，所載內府之書不能流落外間，疑當時有兩部毛鈔本。

是書有宋本傳世，今藏國圖（03749），爲瞿氏鐵琴銅劍樓舊藏，陸心源曾經借校於汪刻本之上，云："（宋本）蓋即汲古影宋本所從出也。"②

20. 汗簡七卷　〔宋〕郭忠恕撰　［瞿、蘇］

21. 字通一卷　〔宋〕李從周撰　［王、瞿、蘇］

王文進《明毛氏寫本書目》云："宋板影鈔。萬卷。""萬卷"不知何指，清耿文光《萬卷精華樓藏書記》僅著錄知不足齋本。

按乾隆四十六年（1781）當塗黃鉞充四庫館纂修官，得見毛氏影宋本，錄其副後以贈鮑廷博，鮑氏刻入《知不足齋叢書》中。《增訂四庫簡明目錄標注》卷十云："毛氏汲古閣影宋本，每葉十

---

① 《新集古文四聲韻》，清乾隆四十四年汪啟淑刻本（國圖 A02124）卷末跋。
② 嚴紹璗《日藏漢籍善本書錄》，第 304 頁。

行，每行大字十八，小字夾行二十。"①

22. 復古編二卷　〔宋〕張有撰　〔王、瞿、蘇〕

《秘本書目》云："張有《復古編》二本，宋板影鈔。二兩。"國圖藏傅增湘批注清鈔本《秘本書目》此條下過錄清吳震批語云："此書今藏童二樹先生處。"童二樹（1721—1782）名鈺，清代畫家、藏書家。王文進《明毛氏寫本書目》誤作"三本"，云："見《拜經樓》，作二卷。"按《拜經樓藏書題跋記》卷一云："《增修復古編》二卷，汲古閣鈔本。有'雲鶴''錫山龍亭華氏珍藏''世濟美堂''項氏圖籍''汲古閣'諸圖記。"②"錫山龍亭華氏珍藏"乃晚明藏書家華夏藏印，"世濟美堂""項氏圖籍"乃項元汴藏印，華、夏二家年代皆早於毛氏，則《拜經樓》所載絕非毛鈔，蓋毛氏家藏舊鈔本。

臺北"國圖"藏舊鈔本一部（00984），鈐有"毛晉之印""子晉""虞山汲古閣毛子晉圖書""毛扆之印""斧季""筆精墨妙""文節公裔""苕溪經鉏堂倪氏考藏真本"諸印，毛氏各印皆不真。此即江澄波《古刻名鈔經眼錄》所載"清汲古閣影宋鈔本《復古編》"，江氏云"此書抗戰時期從管氏操觚齋散出，後爲張葱玉先生收去"，③蓋自張氏處歸文獻保存同志會，後入藏中央圖書館。《古籍珍稀版本知見錄》著錄者當亦此本。

瞿冕良《中國古籍版刻辭典》"汲古閣"條宋張有《復古編》二卷、元吳均《增修復古編》分列兩條。

二、史部

23. 戰國策三十三卷　題〔漢〕高誘注　〔王、瞿、蘇〕

《秘本書目》："《戰國策》三本。從絳雲樓北宋本影寫，乃高誘注，與世行鮑彪注大不同。鮑注西周起，此東周起。此東周起

---

① 〔清〕邵懿辰撰，邵章續錄《增訂四庫簡明目錄標注》，第171頁。
② 〔清〕吳騫《拜經樓藏書題跋記》，第30—31頁。
③ 江澄波《古刻名鈔經眼錄》，第28頁。

者，乃東遷後之東西也。其中如'今日不雨明日不雨'，方與蛀字叶韻，不開口則合二爲一矣，故云雨，謂開口也。今作兩，謬甚。他如此類甚多，良可寶也。六兩。"《四庫全書》所收"衍聖公孔昭煥家藏本"即此本，説詳《四庫》提要，提要云："近時揚州所刊，即從此本録出。"① "揚州所刊"，指盧見曾雅雨堂刻本。盧刻末有錢謙益、陸貽典跋，可據知錢氏之宋本得自梁溪高氏。陸氏跋云：

  庚寅冬（順治七年，1650），牧翁絳雲樓災，其所藏書俱盡於咸陽之炬，不謂高氏本尚在人間。林宗葉君印録一本，假余較此，頗多是正，而摹寫訛字，猝未深辨。并一一校入，尚擬借原本更一訂定也。戊戌季冬六日，校畢記。

  己亥春，從錢氏借高氏原本校前十九卷。孟冬暇日，過毛氏目耕樓，借印録高氏本校畢，此書始爲全璧云。敕先。

汲古閣曾收藏明穴硯齋黑格鈔本《戰國策注》一部，亦"從東周起"，"雨"不作"兩"，蓋與汲古影鈔本同出一源。今藏國圖（11288）。

24. 元經薛氏傳　[王、瞿、蘇]

《秘本書目》："《元經薛氏傳》二本。宋板影鈔。一兩二錢。"王文進《明毛氏寫本書目》："按，明覆本作隋王通，薛收續，阮逸注，十卷。"

25. 蜀鑑　[王、瞿、蘇]

《秘本書目》："《蜀鑑》二本。宋板影鈔。一兩二錢。"王文進《明毛氏寫本書目》："按明覆本作宋郭允蹈，十卷。"

---

① 《四庫全書總目》卷五十一《戰國策》提要，第461頁。

26. 蜀漢本末三卷　〔元〕趙居信撰　［瞿、蘇］

國圖普通古籍中收藏一帙（4037），版心下刻"汲古閣寫本"五字，《汲古閣彙紀》謂鈔寫字體謹實，楮墨較新，當是後人所仿，非汲古閣鈔本。《藏園訂補郘亭知見傳本書目》卷四著錄："黑格寫本，九行十七字。題汲古閣本，不確。"疑即此本。

27. 兩漢詔令　［王、瞿、蘇］

《秘本書目》："《兩漢詔令》三本。綿紙宋板影鈔。二兩四錢。"王文進《明毛氏寫本書目》誤作二本，云："見《採進》，作宋林虙、樓昉，二十三卷。"《浙江採集遺書總錄》丁集著錄。

28. 歷代兵制　［王、瞿、蘇］

《秘本書目》："《歷代兵制》二本。從宋板精鈔。三兩。"瞿冕良《中國古籍版刻辭典》"汲古閣"條云宋陳傅良撰，八卷。

29. 補漢兵志　［王、瞿、蘇］

《秘本書目》："《補漢兵志》一本。宋板影鈔。一兩。"王文進《明毛氏寫本書目》誤作精鈔。瞿冕良《中國古籍版刻辭典》"汲古閣"條云宋錢子文撰，一卷。《愛日精廬藏書志》卷十九著錄舊鈔本一部，云："玉蘭堂、毛子晉、季滄葦、席玉照、楊繼梁俱有印記，題籤尚是子晉手筆，可貴也。"①

30. 東家雜記二卷　〔宋〕孔傳撰　［瞿、蘇］

國圖收藏一帙（08055），著錄爲清初毛氏汲古閣影宋鈔本。十行十八字，白口，左右雙邊。版框：20.4cm×14.7cm。② 二册。清席鑑跋，勞健跋。自莊嚴堪舊藏。③ 據宋刻遞修本影鈔，宋本亦藏國圖（03786），漫漶、補版甚多，鈔本悉與之同，個別異體字有小小

---

① 《愛日精廬藏書志》，第311頁。
② 《自莊嚴堪善本書影》，第301頁。
③ 李國慶《奘翁標注〈錢遵王讀書敏求記校正〉》，載《藏書家》第14輯，齊魯書社，2008年，第117頁。

差異；宋本原有"義門夏氏""夏""白和""七峰道人""春湖居士七峰山人""孫育之印""仲殷（連珠印）"等前代各印，亦照式用朱筆摹寫；宋本末葉書眉有明成化乙巳（二十一年，1485）袁則明題識，影鈔本移鈔至末葉空白行內。卷上原闕第三十六葉，勞健據藝風堂影宋本鈔配。

鈐印：趙宋本、席氏玉照、席鑑之印、虞山席鑑玉照氏收藏、墨妙筆精、釀華草堂、詠周孔之圖書、沅叔藏書、龍龕精舍、書潛、雙鑑樓、雙鑑樓藏書印、藏園居士、沅叔審定、長春室主、增湘私印、江安傅沅叔收藏善本、雙鑑樓藏書記、萊娛室、周暹。

席鑑跋云：

> 往聞何義門太史得宋槧本《東家雜記》二卷，毛省庵先輩從之影寫一本。余於丙申仲夏得之汲古閣中，其楮墨之妙，無庸贅言。此書爲先聖四十七代孫傳所編，首列首《杏壇圖說》，記夫子車從出國東門，登杏壇，顧弟子曰"兹魯將臧文仲誓盟之壇也"，睹物思人，命琴而歌，歌曰："暑往寒來春復秋，夕陽西去水東流。將軍戰馬今何在，野草閒花滿地愁。"此歌盡人能誦之，皆莫辨誰作，不謂顧出此書。信乎讀書之不可以不廣也。按諸家《琴史》俱失載，但玩其語意，未必果爲夫子之歌耳。傳，字世文，有宋知撫州，中散大夫。康熙著雍閹茂之歲四月既望，茮荑山人席鑑跋。（末鈐印：席鑒、別字茮荑）

席鑑收藏善本佳槧甚多，而題識跋語至爲稀見，此爲僅見者，無從比對其真偽。"丙申仲夏"，爲康熙五十五年（1716），時毛扆（省庵）已去世三年，席鑑年方十七歲。"著雍閹茂之歲"爲康熙五十七年戊戌，席氏尚不及弱冠之年，可謂早慧。

此本之定爲毛鈔，可疑之處有四：①書中無毛氏印記，與毛氏影鈔本鈐印習慣不同。其定爲毛鈔本，唯賴席氏跋語。②毛扆確曾影寫一部，爲席氏所得，但揣摩席氏跋文語氣，並未言"即此本"云云，所跋並非毛鈔本。③跋謂毛扆從何焯（義門）所得宋槧本影寫，而今存宋本並非何焯所藏。④此本曾經傅增湘收藏（"沅叔收藏"至"萊娛室"十二方印爲傅氏印記），《藏園訂補邵亭知見傳本書目》著錄毛鈔本都會明確"汲古閣毛氏精鈔本""汲古閣景宋本"等，此本並未言鈔寫者，僅作："影寫宋刊本。十行十八字，白口，左右雙闌。鈐席鑑藏印。余藏。"蓋藏園老人亦不作毛鈔本看。

席鑑亦以影鈔本著稱，所鈔《五經文字》《九經字樣》（此二種國圖藏，見本節15、16號）、《班馬字類》（臺北故宮藏故善001279－001280）等與此本鈔寫風格極相似，鈐印習慣相同，疑此本亦爲席氏釀華草堂影鈔本。

勞健跋錄後備考：

《東家雜記》毛氏景宋鈔本，江安傅氏舊藏。癸酉歲，叔弢得之日本文求堂，重其有席氏手跋也。頃出以見示，卷上闕第三十六葉。叔弢所著藝風堂景宋咸淳本此葉適完，因屬余據以鈔補之。此書流傳甚罕，自胡氏琳琅祕室用活字本印行，始顯於世。胡氏所據爲愛日精廬景宋鈔本，亦闕此葉，胡氏未察，既改易行款連接寫之，雖文義不相屬，而人無從知其有缺佚矣。按《愛日精廬藏書志》，張氏所藏景宋鈔本出於錢氏述古堂，今與毛本所闕相同，是出一源之證。黃蕘圃昔嘗致疑此二鈔本其源是一是二，不意數百年後得此佳證以決，良足快意也。戊寅二月，桐鄉勞健篤文記。（末鈐印：勞篤文、思宜居士）

國圖另有清抄本一帙（07407），摹寫席氏及前代各印，袁跋亦在末葉，知即據此本傳鈔者。

31. 錦里耆舊傳一卷　〔宋〕勾延慶撰　〔瞿、蘇〕
瞿冕良《中國古籍版刻辭典》"汲古閣"條著錄。

32. 宋朝南渡十將傳不分卷　〔瞿、蘇〕
曾經清藏書家周錫瓚收藏，黃丕烈曾以之與《四將傳》對勘。

見《蕘圃藏書題識》卷二。① 瞿冕良《中國古籍版刻辭典》"汲古閣"條作宋章穎撰，十卷。

33. 宋遺民錄 ［瞿、蘇］

黃丕烈云："余向得《宋遺民錄》於郡故家，爲汲古毛氏影寫明刻本，而又經斧季手校，各種援引文字異同，已珍惜之至，出重直購之矣。"②

34. 宋遺民廣錄目 一卷 ［瞿、蘇］

王文進《明毛氏寫本書目》云："精鈔二十七（蕃）［番］。《孝慈》。"見《孝慈堂書目》遺逸類，云："汲古閣鈔本，一冊，鈔白，二十七番。"。

35. 大唐西域記 ［王、瞿、蘇］

《秘本書目》："《大唐西域記》四本。綿紙精鈔。二兩。"王文進《明毛氏寫本書目》："按，玉蘭堂鈔本作唐釋玄奘，十二卷。"瞿冕良《中國古籍版刻辭典》"汲古閣"條作十卷。

36. 武林舊事 ［王、瞿、蘇］

《秘本書目》："《武陵舊事》四本。精鈔。六卷第十四葉以前世有刻本，十五葉以後至十卷秦西巖從内府鈔得，今覓善書者通本精鈔。""陵"蓋"林"字之誤。王文進《明毛氏寫本書目》："又見日本《羽陵餘（譚）［蟫］》，云影元鈔。"日本田中慶太郎《羽陵餘蟫》乙部著錄"汲古閣影元鈔本"。③

黃裳曾收得黑格舊鈔本四冊，云："原六卷，後四卷曹炎手補。卷前有'虞山毛晉'朱文方印，又有毛斧季印，鈐於卷中。意此非毛氏鈔，而以汲古舊紙寫成者。""卷前有尺鳧（吴焯）朱墨筆跋凡

---

① 《黃丕烈藏書題跋集》，第 86—87、877 頁。
② 〔清〕黃丕烈《蕘圃藏書題識》卷十，《黃丕烈藏書題跋集》，第 621 頁。
③ ［日］田中慶太郎《羽陵餘蟫》，第 196 頁。

七八通,寫於康熙雍正中,俱見汪璐《藏書題識》。"①

37. 九域志十卷　〔宋〕王存等纂修　[王、瞿、蘇]

《秘本書目》:"《九域志》十本。宋板精鈔。八兩。"《浙江採集遺書總錄》戊集著錄"汲古閣影宋寫本",云:"此書流傳頗罕。朱彝尊謂崑山徐氏所藏宋槧本首有缺卷。② 兹本亦從宋刻精摹,有首卷而無末卷,復借得吳門朱氏鈔足之,始成完璧云。"③《四庫全書總目》卷六十八著錄兩江總督採進本《元豐九域志》十卷,提要云:

> 此爲明毛晉影鈔宋刻,乃元豐間經進原本,後藏徐乾學傳是樓中。字畫清朗,訛闕亦少,惟佚第十卷,今以蘇州朱煥家鈔本補之,仍首尾完具。案張淏《雲谷雜記》稱南渡後閩中刊書不精,如睦州宣和中始改嚴州,而新刊《九域志》直改爲嚴州。今檢此本内睦州之名,尚未竄改,則其出於北宋刻本可知。近時馮集梧校刊此書,每卷末具列考證,其所據亦此本也。④

王文進《明毛氏寫本書目》:"見《天禄琳琅》,作宋王存。"《天禄琳琅書目》卷四著錄"琴川毛氏藏本",云:"是書影鈔,紙墨精潔,字畫整嚴,非率爾操觚者。"著錄藏書印有:宋本、甲、毛晉(連珠印)、毛扆之印、斧季、子晉書印、汲古得脩綆、子晉之印、毛氏子晉、汲古主人。⑤ 即《四庫》所錄之本。據藏印,知毛晉影鈔本並未經傳是樓收藏,提要應改爲"此爲明毛晉影鈔宋刻。宋刻乃元豐間經進原本,後藏徐乾學傳是樓中",方不致引人誤解。清乾隆四十九年(1784)馮集梧校刊所據校本有"曰浙本者,浙江書局所進本也",即毛鈔本。

---

① 《前塵夢影新錄》卷一,第1頁。
② 引按:朱彝尊《曝書亭集》卷第四十四《跋元豐九域志》謂徐氏所藏宋本"失四京第一卷,次卷亦多闕文"。
③ 《浙江採集遺書總錄》,第256頁。
④ 《四庫全書總目》,第596頁。
⑤ 《天禄琳琅書目》,第108頁。

38. 洛陽伽藍記五卷　〔北魏〕楊衒之撰　〔蘇〕

黃丕烈云："坊友胡立群年幼多識，爲余言薛氏有毛斧季手鈔《洛陽伽藍記》一本，余急欲一見，久而未得。"①

是書有汲古閣刻《津逮秘書》本。

39. 汲古閣校刻書目　〔王、蘇〕

顧湘《汲古閣校刻書目小引》稱曾得毛氏原本，云：

> 吾鄉毛潛在先生，搜羅古籍精槧善本，以餉藝林，汲古閣之名照耀宇內。湘嘗於書肆中得舊鈔《校刻書目》一册，有毛子晉汲古閣朱印，審爲毛氏原本。懶於校勘，欲刻未果。今夏，鮑君芳谷復以悔道人手輯一本見貽，兩本俱前後倒置，體例未一。因略爲整齊排比，施諸剞氏。展是卷者，覺二百年前風流好事，猶顯顯心目間也。道光二十一年（1841）歲次辛丑嘉平月朔日，同里後學顧湘書於小石山房，時大雪初霽。

此書收入清同治十三年（1874）顧湘所輯《小石山房叢書》中。

40. 隸釋二十七卷　〔宋〕洪适撰

上海圖書館藏明鈔本有清袁廷檮跋云："此本初爲蕘圃所得，中缺第四至六之三卷，經潤賷校勘，知爲善本。後又得汲古閣毛氏影宋本，精妙完全，較此尤善。予因以舊鈔《回溪史韻》易得此本，並皆影宋本所有缺卷影補。"又有陳鱣、顧廣圻、魏錫曾校并跋，皆云是書有毛鈔本。②

41. 隸續十四卷　〔宋〕洪适撰　〔王、蘇〕

王文進《明毛氏寫本書目》誤作十二卷，"适"字誤作"適"，

---

① 〔清〕黃丕烈《蕘圃藏書題識》卷三，《黃丕烈藏書題跋集》，第130頁。
② 《上海圖書館善本題跋真蹟》第7册，第230頁。

云:"元板影鈔。《愛日》。"按《愛日精廬藏書志》卷二十著録"校影鈔宋本",云:"顧君澗蘋(廣圻)據毛氏影寫宋刊本校,卷十三'鄧君闕畫像'下校補跋尾一段,計八十八字,又補'無名人墓闕畫像'一行,'王稚子闕''沛相范皮闕'後俱補繪畫像。顧澗蘋爲蕘圃校,自第八卷至末皆據汲古閣毛氏影鈔宋本,時嘉慶丁巳八月。(共一百十九葉,又跋三頁,又元空三十五頁。)"① 此校本今藏國圖(15101),顧千里用毛鈔本校楝亭曹氏刻本,卷八前有跋云:

  《隸釋》廿一卷,宋槧不復得見,元泰定間所刻僅首七卷,曹楝亭取朱竹垞從汲古閣傳鈔宋本增一百十七翻而重刻之,則此本也。予嘗見毛氏真本勘之,前七卷毛無鈔,即用泰定刻,曹改其式樣,誠爲未善,自八卷以後,雖脱去卷第十三、第十七内各一翻,又真本有空白卅五葉,曹輒删之,而大段行款則全合也。杭州汪氏合《隸釋》刻本反是,於是而增多之葉,失之遠矣。向者欲各爲刊誤,及《隸釋》纔畢,爲某人乞索以去,遲久未刻,故《隸續》遂不更卒業。此即增多一百一十九翻之稿也。書其原委,示後之讀是書者。元和顧千里。(末鈐印:千翁)②

所謂"朱竹垞從汲古閣傳鈔宋本",見朱彝尊《曝書亭集》卷四十三《隸續》跋,云:"《隸續》二十一卷,范氏天一閣、曹氏古林、徐氏傳是樓、含經堂所藏僅七卷而已。近客吴關,訪得琴川毛氏舊鈔本。雖殘闕過半,而七卷之外增多一百一十七翻,末有乾道三年弟邁後序。"③ 即顧廣圻據校之本,但並非朱氏傳鈔,而是"毛氏真本"。

  顧氏所校極爲精細,舉凡文字筆畫有小異處均予校出,則毛鈔本雖已佚失,其校勘價值仍能賴以不泯。

---

① 《愛日精廬藏書志》,第320頁。
② 此跋收入《思適齋書跋》,録文略有小異:"刻本反是",《跋》無"是"字;"一百一十九",《跋》作"一百一十七"。
③ 〔清〕朱彝尊《曝書亭集》卷四十三《隸續跋》,《四部叢刊》景清康熙五十三年刻本。

42. 增廣鐘鼎篆韻　〔元〕楊鉤撰　［王、瞿、蘇］

《秘本書目》："《增廣鐘鼎篆韻》七本一套。楊鉤字信文。從文淵閣原本鈔，鈔價大費，十四兩。"按明《文淵閣書目》卷十二昃字號第一廚書目"鐘鼎篆韻一部一册（闕）"，當即其底本。王文進《明毛氏寫本書目》："按《邵亭》作元臨江楊鉤集，七卷。一作楊筠。"瞿目云七卷。

43. 天下金石志三卷　〔明〕于奕正撰　［瞿、蘇］

傅增湘云："明末毛氏汲古閣寫本，九行十八字。前有劉侗、金鉉序，又崇禎壬申于氏識語。鈐有毛晉印，又張金吾、吳雲藏印。"① 張金吾《愛日精廬藏書志》未著錄。

三、子部

44. 賈誼新書　［王、瞿、蘇］

《秘本書目》："《賈誼新書》一本。宋本鈔出。五錢。"王文進《明毛氏寫本書目》："按明刻宋潭州本作十卷。"

45. 孝史　［王、瞿、蘇］

《秘本書目》："《孝史》五本。宋板影寫。五兩。"王文進《明毛氏寫本書目》："按《敏求記》作宋謝諤，五十卷，凡《君紀》五、《后德》一、《宗表》四、《臣表》三十五、《婦則》二、《文類》二、《事附》一。"

46. 虎鈐經　［王、瞿、蘇］

《秘本書目》："《虎鈐經》四本。綿紙精鈔。一兩六錢。"王文進《明毛氏寫本書目》："按天一閣本作宋許潤，二十卷。"瞿冕良《中國古籍版刻辭典》"汲古閣"條云二十卷。

---

① 傅增湘《藏園訂補邵亭知見傳本書目》，第464頁。

47. 白猿經三卷　〔王、瞿、蘇〕

王文進《明毛氏寫本書目》云："精鈔一百一（蕃）〔番〕。《孝慈》。"《孝慈堂書目》子部兵家類："《白猿經》三卷，全元子序。毛氏精鈔。三册。綿紙，一百一番。"

48. 本草注節文　〔宋〕陳日行撰　〔王、瞿、蘇〕

《秘本書目》："《本草注節文》四本。陳日行。宋板影鈔。二兩四錢。"

49. 女科書　〔王、瞿、蘇〕

《秘本書目》："《女科書》八本。竹鈔。一兩六錢。"

50. 醫學燈傳　〔王、瞿、蘇〕

《秘本書目》："《醫學燈傳》十本。竹鈔，二兩。"

51. 傷寒論十卷**傷寒明理論**三卷**論方**一卷　〔金〕成無己撰　〔瞿、蘇〕

清錢大昕《竹汀先生日記鈔》卷一載："晤周漪塘，見毛氏影金刻鈔本成無己《傷寒論》十卷，小字密行。前有皇統甲子洛陽嚴器之、大定壬辰澠池令魏公衡、武安王絳三人序，後有冥飛退翁王鼎後序，凡四册。又《傷寒明理論》二册，大字，亦影金鈔本。（自注：皆黄蕘圃所藏。）"①

52. 甲乙經　〔王、瞿、蘇〕

《秘本書目》："《甲乙經》六本。從宋板影鈔。三兩。"王文進《明毛氏寫本書目》："按正統本作晉皇甫謐，十二卷。"

53. 潛虛一卷　〔宋〕司馬光撰　附**潛虛發微論**一卷　〔宋〕張敦實撰　〔王、瞿、蘇〕

---

① 〔清〕錢大昕撰，何元錫編次《竹汀先生日記鈔》卷一，清嘉慶十年何氏夢華館刻本，第22葉。

《秘本書目》："《潛虛》一本。宋本影寫。五錢。"又有舊鈔本《潛虛發微論》，與《關氏易傳》合一本。王文進《明毛氏寫本書目》："天一閣本作宋司馬光，一卷。"錢大昕《竹汀先生日記鈔》載："讀司馬温公《潛虛》及張敦實《發微論》，後有淳熙壬寅泉州教授陳應行跋。係毛氏影宋鈔本，袁又愷所藏。"①邵懿辰亦云："毛有影宋淳熙本。"②當係據錢説而言。陳樹杓《帶經堂書目》卷三著録"傳録汲古閣影宋本"，云："書估胡姓出示淳熙泉州刻《潛虛》二册，紙墨精潔，收藏圖記甚多，索值百金……想即毛氏所從影鈔本也。"

54. 禮經葬制　追遠録　〔王、瞿、蘇〕

《秘本書目》："《禮經葬制》《追遠録》合一本。元板精鈔。一兩。"

55. 一行神光經　〔王、瞿、蘇〕

《秘本書目》："《一行神光經》一本。精鈔。六錢。"

56. 大六壬管氏神書　〔王、瞿、蘇〕

《秘本書目》："《大六壬管氏神書》一本。楷鈔。一兩。"

57. 天文精義賦 四卷　題〔宋〕岳熙載撰　〔瞿、蘇〕

徐乃昌《積學齋藏書記·子部》著録汲古閣鈔本，云："是書見《國史經籍志》，不著撰人，卷數亦不合。然各家書目均不載，疑即此書。首葉次行署'管勾天文岳熙載撰'。管勾天文，是宋時官名，則熙載爲宋人無疑。"③

---

① 〔清〕錢大昕撰，何元錫編次《竹汀先生日記鈔》卷一，清嘉慶十年何氏夢華館刻本，第19b葉。
② 傅增湘《藏園訂補邵亭知見傳本書目》，第599頁。
③ 徐乃昌撰，柳向春、南江濤整理，吴格審定《積學齋藏書記》，上海古籍出版社，2020年，第133頁。

58. 易通變四十卷　〔宋〕張行成撰　［瞿、蘇］

《邵亭知見傳本書目》著錄。

59. 靈臺占不分卷　〔明〕佚名撰　［瞿］

瞿冕良《中國古籍版刻辭典》"汲古閣"條著錄。

60. 珊瑚木難　〔明〕朱存理輯

臺北"國圖"藏清初何堂手鈔本《山村遺稿》一部，題記云："仇山村詩，世之傳者蓋少，予癸巳秋得錄其遺稿四卷於憨開顧氏。乙未初夏，過從叔心翁先生齋中，見毛子晉所鈔朱野航《珊瑚木難》，又搜得其所著三十餘篇，因別錄一帙，以續於後。"①

61. 金壺記三卷　〔宋〕釋適之撰　［王、瞿、蘇］

《秘本書目》云："《金壺記》一本。影宋板精鈔。一兩二錢。"王文進《明毛氏寫本書目》云："影宋精鈔一本。見《浙江採進》，三卷。近汪石璟得於日本。"汪石璟即汪時璟（1887—1952），抗戰期間曾任僞華北政府"中國聯合準備銀行"總裁；所謂"得於日本"，當指《静嘉堂秘笈》之二所影印之皕宋樓舊藏宋本，此宋本曾經季振宜、徐乾學插架，而無毛氏印記。《浙江採集遺書總錄》已集、《天禄琳琅書目》卷四著錄毛鈔本，云："一函二册。影鈔紙白如雪，墨色不尚濃厚，取其匀淨，幾與刊本摹印無異。"著錄鈐印有：宋本、甲、毛晉私印、子晉、毛扆之印、斧季、毛晉、汲古主人。②

上海圖書館收藏鈔本一帙（759493 - 95），鈐印有：毛晉私印、子晉、汲古主人、斧季、毛扆之印、開卷一樂、趙宋本、席氏玉照、席鑑之印、茮山珍本。疑爲另一毛鈔本。

62. 皇宋書錄　〔宋〕董史撰　［王、瞿、蘇］

《秘本書目》："《皇宋書錄》一本。影宋板精鈔。八錢。"臺北

---

① 《標點善本題跋集錄》，第566頁。
② 《天禄琳琅書目》，第113頁。

傅斯年圖書館收藏《皇宋書録》四卷一冊（A745.092 570），鈐有"毛晉秘笈""曾藏張蓉鏡家""悟真閣""蕘圃"等印，封面有清蔣洲題記云："《皇宋書録》全冊，上中下三卷。① 汲古閣毛氏照宋刻摹寫善本。虞山蔣氏敬一堂藏。"② 檢史語所數位典藏資料庫整合系統，有卷上首葉書影，其上"毛晉秘笈"印不真。資料庫已改定爲清乾隆間鈔本。

瞿冕良《中國古籍版刻辭典》"汲古閣"條作"宋董更《書録》十卷"，"更"字誤。

63. 法書通釋 〔明〕張紳撰 ［王、瞿、蘇］

《秘本書目》："《法書通釋》一本。張紳。精鈔，三錢。"瞿冕良云八卷。

64. 法帖釋文攷異 〔明〕顧從義撰 ［王、瞿、蘇］

《秘本書目》："《法帖釋文攷異》二本。精鈔。一兩。"王文進《明毛氏寫本書目》："精鈔二本。按明顧從義本十卷。"

65. 文房四譜 〔宋〕蘇易簡撰 ［王、瞿、蘇］

《秘本書目》："《文房四譜》二本。宋本精鈔。一兩六錢。"王文進《明毛氏寫本書目》云："宋板精鈔二本。見《持静齋》，作宋蘇易簡，五卷。"按《持静齋書目》"鈔本子部"云："《文房四譜》五卷，精鈔本，跋云：'乾隆丙午借醉經樓黄椒升藏本鈔，有醉經樓、桗雲諸印。'又一舊鈔本，校勘甚爲精密，有高象南、毛褒、華伯、信古樓收藏諸印。"③ 毛褒爲毛晉之子，王文進蓋據此定爲毛鈔本。此本今藏臺北"國家圖書館"（06827），著録爲"舊鈔本"，④恐非《秘本書目》著録之本。

---

① 按：上中下三卷、外四篇，合計爲四卷。
② 《傅斯年圖書館善本題跋輯録》第1冊，第290頁。
③ 〔清〕丁日昌編《豐順丁氏持静齋書目》，清光緒二十一年江標師鄦室朱印本，第13a葉。
④ 《"國家圖書館"善本書目初稿》子部，第45頁。

66. 學古編　〔元〕吾丘衍撰　［王、瞿、蘇］

《秘本書目》："《學古編》一本。綿紙精鈔。五錢。"王文進《明毛氏寫本書目》："見《采進》，作二卷。又《閑居錄》一卷。"《浙江採集遺書總錄》庚集云："《學古編》一册。汲古閣寫本。……今本爲毛氏所錄，極精楷。"① 《四庫全書總目》著錄浙江巡撫採進本，即此本。

《閑居錄》見本章第二節 51 號。

67. 墨子　［王、瞿、蘇］

《秘本書目》："《墨子》一本。宋板影鈔。一兩。"另有"竹紙舊鈔"四本。王文進《明毛氏寫本書目》："按明本作周墨翟，十五卷。"

68. 顔氏家訓七卷攷證一卷　［王、瞿、蘇］

《秘本書目》："《顔氏家訓》七卷《攷證》一卷，二本。影宋板精本。四兩。"王文進《明毛氏寫本書目》："宋板精鈔［二］本。見汪士鐘影鈔本，作北齊顔之推，卷末附琴式木記。""汪士鐘影鈔本"不詳。汪士鐘舊藏元刻本今藏上海圖書館，已影印入《中華再造善本》，前序後有"廉臺田家印"琴式長記。此本有清何焯、孫星衍、黃丕烈、錢大昕跋，皆謂宋版，非是；何焯謂此本是汲古閣舊物，但書中無毛氏印記。

69. 李涪刊誤　［王、瞿、蘇］

《秘本書目》："《李涪刊誤》一本。宋板影鈔。五錢。"王文進《明毛氏寫本書目》："按《百川》本二卷。"

70. 因話錄六卷　〔宋〕趙璘撰　［王、瞿、蘇］

《秘本書目》："《因話錄》六卷二本。趙璘。精鈔。一兩。"王

---

① 《浙江採集遺書總錄》，第 419 頁。

子霖《古籍版本學》曾提及"毛晉影鈔宋本《因話錄》"。①

71. 南部新書十卷**補遺**一卷　〔宋〕錢易撰　[瞿、蘇]

朱文鈞舊藏一帙，《蕭山朱氏六唐人齋藏書目錄》卷三著錄爲"清毛扆校鈔本，汲古後人省庵扆題識"。②王文進《文祿堂訪書記》卷三著錄"清毛斧季校鈔本"，③即此本。今藏國圖（17216），定爲清鈔本。有毛扆跋云：

  甲辰年，訪書于李中麓先生家，見有此本。彼以其皮相而忽之，予即命童子影鈔攜歸，復假舊本較正一過，依此錄出，可稱善本矣。陬月人日，汲古後人省庵扆誌。

據此知曾有毛鈔本。此本序卷端鈐"汲古閣""毛氏子晉"二印，毛扆跋末鈐"汲古主人"印，而甲辰爲康熙三年（1664），時毛晉已下世，各印當是毛扆補鈐者。書末又有"古虞毛氏奏叔圖書記"，乃毛表印記，蓋此本後在其兄弟間流轉。

72. 雞肋編三卷　〔宋〕莊綽撰　[瞿]

瞿冕良《中國古籍版刻辭典》"汲古閣"條著錄。

73. 清波雜志十二卷**別志**三卷　〔宋〕周煇撰　[王、瞿、蘇]

《秘本書目》："四本。周煇字昭禮。宋板影寫。二兩四錢。"王文進《明毛氏寫本書目》誤作十卷，"煇"誤作"暉"，"影寫"誤作"精鈔"。

74. 能改齋漫錄十八卷　〔宋〕吳曾撰　[王、瞿、蘇]

《秘本書目》："《能改齋漫錄》十六本。此書從內閣宋本鈔出，

---

① 《王子霖古籍版本學文集》第一冊，第 25 頁。
② 朱家溍編《蕭山朱氏六唐人齋藏書目錄》，第 200 頁。
③ 王文進《文祿堂訪書記》，第 207 頁。

內閣本原缺第二卷，今焦弱侯先生藏本完全者，以第一卷後半僞作第二卷，當以此本爲正。"臺北"國圖"所藏舊鈔本（07094）有竺樵題記云："余丙戌春寓明瑟園，初見顧氏憩問堂鈔本十八卷，秀水朱氏曝書亭本亦然。戊戌冬，又得琴川毛氏舊鈔本，則有第五卷《沿襲》一卷，而首卷《事始》則不分爲一二兩卷者也。"① 竺樵所見當即《秘本書目》著錄之本。

75. 西溪叢語　〔宋〕姚寬撰　［王、瞿、蘇］

《秘本書目》"語"誤作"話"，云："二本。姚寬。精鈔。一兩。"王文進《明毛氏寫本書目》云："按《邵亭》作三卷。"

是書有明崇禎間汲古閣刻《津逮秘書》本。

76. 雲麓漫鈔 十五卷　〔宋〕趙彥衛撰　［王、瞿、蘇］

《秘本書目》："《雲麓漫鈔》十五卷六本。趙彥衛字景安。宋板影鈔。三兩六錢。"

77. 肯綮錄　〔宋〕趙叔向撰　［王、瞿、蘇］

《秘本書目》："《肯綮錄》一本。趙叔向。精鈔，三錢。"王文進《明毛氏寫本書目》："按鮑廷博鈔本作宋趙叔簡，一卷。"瞿冕良《中國古籍版刻辭典》"汲古閣"條云一卷。

78. 賓退錄 十卷　〔宋〕趙與旹撰

黃丕烈跋所藏校宋鈔本《賓退錄》云："頃鮑淥飲以是書毛鈔本屬其子歸餘，中途爲捷足者得之。……毛本云宋本對錄，則非影寫矣。與王見宋本時有歧異，而所云二百有二番及十行十八字皆同，惟毛仍失序一番爾。中所校序次先後及增損字微異，未知同此一刻否也，俟再訪之。"② 此校本今藏國圖（A00468）。按《秘本書目》有叢書堂從宋板鈔《賓退錄》十卷二本，今不詳所之。

---

① 《標點善本題跋集錄》，第317頁。
② 〔清〕黃丕烈《蕘圃藏書題識》卷五，《黃丕烈藏書題跋集》，第271頁。

第三章　毛氏汲古閣鈔本流傳佚存考

79. 澠水燕談錄 九卷　〔宋〕王闢之撰

黃丕烈跋所藏舊鈔本《澠水燕談錄》云："越歲丙寅，觀書香雨齋吳氏，見有鈔本《澠水燕談錄》三册，閱其目爲十卷，且卷首鈐'毛晉''汲古主人'印，信爲善本，遂假歸，費一日力對勘訖。其分十卷者，蓋析六卷'先兆'一門爲七卷，而以後八、九、十即原書之七、八、九也。第十卷仍缺，並行款亦不及此，字句更多誤，益信書之難得善本，雖毛鈔亦未可信，何論其他耶？"①

80. 續世説　〔宋〕孔平仲撰　[王、瞿、蘇]

《秘本書目》："《續世説》十本。孔平仲字毅父。綿紙，從宋板鈔。六兩。"王文進《明毛氏寫本書目》："按《邵亭》有影宋陳道人本，作孔平仲，十二卷。"瞿冕良《中國古籍版刻辭典》"汲古閣"條云一卷。

81. 玉照新志　〔宋〕王明清撰　[王、瞿、蘇]

《秘本書目》："《玉照新志》一本。精鈔。五錢。"王文進《明毛氏寫本書目》云："按《邵亭》作宋王明清，六卷，云山塘汪氏影元本五卷。"

82. 廣客談　[王、瞿、蘇]

《秘本書目》："《廣客談》一本。精鈔。五錢。"王文進《明毛氏寫本書目》云："按袁褧《小説》本一卷。"國圖藏有明鈔本一袠（10568），黃裳舊藏，鈐印"毛晉私印""子晉""士禮居藏"等僞印，另有"徐乾學印""崑山徐氏藏書"二印，似亦不真。此本是否明抄，大可存疑。頗疑爲坊賈據《秘本書目》之著録僞造以牟利之本。

83. 默記　〔宋〕王銍撰　[王、瞿、蘇]

《秘本書目》："《默記》一本。王銍字性之。宋板影鈔。八錢。"

---

① 〔清〕黃丕烈《蕘圃藏書題識》卷六，《黃丕烈藏書題跋集》，第321頁。

王文進《明毛氏寫本書目》"銈"誤作"鍾",云:"按穴硯齋鈔作三卷,鮑廷博鈔本一卷。"瞿冕良《中國古籍版刻辭典》"汲古閣"條云一卷。

84. 碧雲騢 〔宋〕梅堯臣撰 [王、瞿、蘇]

《秘本書目》:"《碧雲騢》一本。精鈔。三錢。"王文進《明毛氏寫本書目》:"按《顧氏文房》本一卷。"

85. 玄中記 [王、瞿、蘇]

《秘本書目》:"《玄中記》一本。精鈔。二錢。"王文進《明毛氏寫本書目》:"按《邵亭》作《元中記》一卷,郭璞。""元"字係避諱。

86. 玉泉子 [王、瞿、蘇]

《秘本書目》:"《玉泉子》一本。精鈔,五錢。"王文進《明毛氏寫本書目》:"按《邵亭》不著撰人,一卷。"瞿冕良《中國古籍版刻辭典》"汲古閣"條云唐佚名撰。

87. 愧郯錄 [王、瞿、蘇]

《秘本書目》:"《愧郯錄》二本。宋板影鈔。一兩六錢。"王文進《明毛氏寫本書目》:"按天津李嗣香藏宋板作岳珂,十五卷。"

88. 負暄野錄 二卷 〔宋〕陳槱撰 [瞿、蘇]

傅增湘曾見舊鈔本,《藏園群書題記》云:"此精楷寫本,烏絲闌,半葉八行,行十六字。前後均有'汲古主人'及毛晉、毛扆印,蓋汲古閣所繕録也。是書舊無刻本,諸家所藏皆出傳寫。至乾隆之季,鮑氏乃刊入《知不足齋叢書》中。"① 《藏園訂補邵亭知見傳本書目》則著録爲"汲古閣舊藏精寫本"。②

---

① 傅增湘《藏園群書題記》,第444頁。
② 傅增湘《藏園訂補邵亭知見傳本書目》,第742頁。

89. 雲煙過眼錄　[王、瞿、蘇]

《秘本書目》："一本。元人鈔本影寫。三錢。"王文進《明毛氏寫本書目》："按明本作宋周密，四卷、續錄一卷。"

90. 醉翁談錄　[王、瞿、蘇]

《秘本書目》："《醉翁談錄》二本。影宋板精鈔。一兩二錢。"王文進《明毛氏寫本書目》云："按趙魏鈔本作宋金盈之，五卷。"按潘景鄭《著硯樓書跋》著錄"殘本《新編醉翁談錄》四卷"云："不著撰人，全書八卷，今佚其半，存卷五之八，都四卷。……檢《汲古閣秘本書目》，著錄影宋鈔本《醉翁談錄》二册，值一兩二錢，當即此本。卷尾毛氏藏印累累可證。後歸汪氏藝芸書舍。全書影寫工整，訛字以粉筆塗改，間有一二校正處，當是斧季手筆，彌足珍弆。"① 潘氏所見本今藏國圖（10395），已改訂爲"明鈔本"，有毛扆校，卷尾所鈐毛氏印有：仲雝故國人家、汲古得脩綆、子晉書印、半在魚家半在農、毛扆之印、斧季。

91. 西京雜記 六卷　題〔晉〕葛洪撰　[瞿、蘇]

傅增湘曾見舊寫本："失名人據汲古閣鈔本校。吳志忠又據《稗海》本校。涵芬樓藏。"② 瞿冕良《中國古籍版刻辭典》"汲古閣"條著錄。

是書有汲古閣刻本。

92. 正始之音　[王、瞿、蘇]

《秘本書目》："《正始之音》一本。精鈔。四錢。"

93. 純正蒙求　[王、瞿、蘇]

《秘本書目》："《純正蒙求》三本。精鈔。一兩五錢。"王文進《明毛氏寫本書目》云："按《邵亭》作元胡炳文，三卷。"

---

① 潘景鄭《著硯樓書跋》，第 215 頁。
② 傅增湘《藏園訂補邵亭知見傳本書目》，第 813 頁。

94. 訓蒙集解　［王、瞿、蘇］

《秘本書目》："《訓蒙集解》一本。綿紙精鈔。前有《陽明先生訓蒙大義》四則。三錢。"

95. 博物志十卷　〔晉〕張華撰　［王、瞿、蘇］

黃丕烈《士禮居叢書》本據所藏汲古閣影宋鈔本開雕。①《秘本書目》有北宋板一本，云"其次序與南宋板不同，係蜀本大字，真奇物也。四兩"。蓋即鈔寫底本。邵懿辰云："汲古有影北宋鈔本，佳。"② 當是據《士禮居叢書》而言。

96. 續博物志十卷　〔宋〕李石撰　［王、瞿］

王文進《明毛氏寫本書目》云："見《十印齋》，又《書鈔閣》。按原目有叢書堂紅格鈔本。"《秦漢十印齋書目》卷三子部著錄："一本。汲古閣精鈔本。"《書鈔閣行篋書目》著錄。

97. 説郛六十卷　〔明〕陶宗儀撰　［瞿、蘇］

邵章《增訂四庫簡明目錄標注》引孫詒讓批語云：

> 黃巖王子裳孝廉詠霓購得汲古閣鈔本《説郛》六十卷，有毛斧季校語，余辛未春在京寓曾從借閱，與俗本迥異，真祕笈也。③

98. 道德經河上公注　［王、瞿、蘇］

《秘本書目》："《道德經河上公注》一本。宋板影鈔。一兩。"王文進《明毛氏寫本書目》："按明本作二卷。"

---

① 〔清〕黃丕烈《蕘圃刻書題識》，《黃丕烈藏書題跋集》，第704頁。
② 傅增湘《藏園訂補邵亭知見傳本書目》，第873頁。
③ 〔清〕邵懿辰撰，邵章增訂《增訂四庫簡明目錄標注》，第547頁。

四、集部

99. 錢杲之注離騷　［王、瞿、蘇］

即《離騷集傳》。《秘本書目》："《錢杲之注離騷》一本。宋板影鈔。此書世間絕無。一兩五錢。"王文進《明毛氏寫本書目》"杲"誤作"果",云:"《邵亭》作《離騷集傳》,一卷。"今國圖藏有宋本《離騷集傳》一部（04290）,鈐有毛晉、毛褒父子及汲古閣各印,當即其鈔寫底本。黃丕烈跋宋本云:

> 此錢杲之《離騷集傳》,宋板之精絕者。余檢《汲古閣珍藏秘本書目》集部云"錢杲之注《離騷》一本,宋板景鈔。此書世間絕無,一兩五錢。"今爲宋板,宜乎價增十倍矣。顧余竊有疑焉。此書有"戊戌毛晉"印,又有"毛褒字華伯號質庵"印,則是書已傳兩世,而斧季手寫書目售于潘稼堂,不列宋板,豈留其真本耶？抑已經散失耶？不可得而知也。①

蓋毛氏分家時宋本分給毛褒,毛扆因其"世間絕無",僅影鈔一部而已,自不得出售原本。

100. 支遁集二卷　〔晉〕支遁撰　［王、瞿、蘇］

王文進《明毛氏寫本書目》:"按《邵亭》云依汲古閣鈔本錄。"見《邵亭知見傳本書目》著錄。②清嘉慶間阮元依毛扆汲古閣舊鈔本過錄一帙,進呈内府。③過錄本今藏臺北故宮博物院。上卷詩十八首,下卷書銘贊十五首。

101. 陰鏗何遜集　［王、瞿、蘇］

《秘本書目》:"《陰鏗何遜集》一本。從元人鈔本鈔出,文文水

---

① 〔清〕黃丕烈《蕘圃藏書題識》卷七,《黃丕烈藏書題跋集》,第368頁。
② 傅增湘《藏園訂補邵亭知見傳本書目》,第941頁。
③ 阮元《揅經室外集》卷二。

跋原委甚詳。六錢。"王文進《明毛氏寫本書目》"鏗"誤作"堅",云:"按《邵亭》明本作《陰常侍集》《何水部集》,各爲一卷。"所謂"元人鈔本"今藏日本静嘉堂文庫,《皕宋樓藏書志》卷六十七著録,有文嘉、葉奕跋,鈐"葉林宗"朱文方印、"汲古主人""毛氏子晉"朱文二方印。①

102. 東皋子集 三卷　〔唐〕王績撰　〔蘇〕

邵章云:"汲古有影宋鈔本。"②

103. 張説之文集 二十五卷　〔蘇〕

黄丕烈跋所藏明鈔本《張説之文集》云:"己巳三月初八日校毛鈔本十卷。"③知此書有毛鈔本。明鈔本後歸南林蔣氏,今藏臺北"國家圖書館"(09480)。王國維云:"南林蔣氏有明鈔本,極佳。"④又云:"黄蕘翁復以毛鈔校此本前十卷,毛鈔出於錢牧翁家宋本,有詩無文,故止十卷。"⑤"毛鈔出於錢牧翁家宋本",不知何據。

104. 王右丞文集　〔唐〕王維撰　〔王、瞿、蘇〕

《秘本書目》云:"《王右丞文集》四本。影宋板精鈔。六兩。"王文進《明毛氏寫本書目》:"《王右丞文集》,宋板影鈔四本。見《天禄》。按《邵亭》作《王摩詰集》十卷。"瞿冕良《中國古籍版刻辭典》"汲古閣"條標目作《王摩詰文集》。周叔弢批注《秘本書目》云:"余有宋本,即毛氏舊藏。此書天禄琳琅著録,已毁於火。"按《天禄琳琅書目》卷四著録琴川毛氏鈔本《王摩詰文集》一函四册,云:"此書前後無序,未審爲宋代何時刊本。自元明以來,刻維集者甚多,今得此影鈔,以留宋槧面目,亦超出於諸家之

---

① 《静嘉堂秘籍志》,第1208頁。
② 〔清〕邵懿辰撰,邵章增訂《增訂四庫簡明目録標注》,第642頁。
③ 〔清〕黄丕烈《蕘圃藏書題識續録》卷三,《黄丕烈藏書題跋集》,第791頁。
④ 傅增湘《藏園訂補邵亭知見傳本書目》,第969頁。
⑤ 王國維《傳書堂藏書志》,第860頁。

上矣。"① 當即毛鈔《王右丞文集》。《四庫全書薈要》本曾據《天祿》本參校。②

《天祿琳琅書目》著錄鈐印有：宋本、甲、毛晉之印、毛氏子晉、毛晉（連珠印）、汲古主人、子晉（連珠印）、東吳毛氏圖書、子晉書印、汲古得脩綆、汲古閣、毛晉私印、子晉。

黃丕烈所藏校宋本《王右丞詩集》六卷，有舊跋云："《摩詰集》先借毛斧季十丈宋槧影寫本，屬道林叔校過。"③ 按：道林即何畋。何氏校本後歸昭文張氏，據《愛日精廬藏書續志》卷四，知此爲何焯跋。④ 今此校本不詳所之。

弢翁之宋本今藏國圖（08384），鈐有"宋本""甲""鬻及借人爲不孝""筆研精良人生一樂"等毛氏各印。

105. 李太白集 〔王、瞿、蘇〕

《秘本書目》："《李太白集》四本。從絳雲樓北宋板覓舊紙延馮寶伯影鈔。絳雲樓原缺一本，因世行本次序不同，無從補入。八兩。"王文進《明毛氏寫本書目》："按宋蜀本三十卷。"

《絳雲樓書目》唐文集類有"宋板《李翰林草堂集》四册，二十卷。"

明崇禎三年（1630）汲古閣曾刊刻《李翰林集》二十五卷，據毛晉跋，係據"吳門舊本"付刻。

106. 臺閣集一卷 〔唐〕李嘉祐撰 〔王、瞿、蘇〕

《秘本書目》："《臺閣集》一本。宋本影鈔。八錢。"王文進《明毛氏寫本書目》："見《蕘圃題識》。按汲古刻本一卷。"黃丕烈收藏《臺閣集》一卷，謂係"汲古閣鈔元本"，有題識兩則，云：

嘉慶甲戌夏五月，新收此毛子晉舊藏鈔本《臺閣集》，因出

---

① 《天祿琳琅書目》，第115—116頁。
② 《四庫全書薈要總目提要》，第358頁。
③ 〔清〕黃丕烈《蕘圃藏書題識》卷七，《黃丕烈藏書題跋集》，第384頁。
④ 《愛日精廬藏書志》，第800頁。

向藏精鈔本手校一過。精鈔本無目與序，此皆有之，似勝。至詞句亦多異同。世無古刻，不敢定其誰是也。復翁。

　　精鈔本向亦疑爲毛鈔。今觀此本却有"毛氏圖書"，似較可信。印鈐"元本"，末有宋人跋，豈元翻宋本歟？彼精鈔亦無宋諱，想亦出元本也。書無古刻，而但從鈔本徵信，難矣。復翁又記。①

所云精鈔本今藏國圖（05390）。

是書有崇禎十二年（1639）毛氏汲古閣刻《唐人八家詩》本，何焯曾據毛扆影寫宋刊本校。② 不知《秘本書目》、黃丕烈、何焯三家所云是否同一本。

國圖另藏有毛晉手校《唐人八家詩》本（11373）。

107. 高常侍集十卷　〔唐〕高適撰　［王、瞿、蘇］

《秘本書目》："《高常侍集》二本。從宋板精鈔。四兩。"王文進《明毛氏寫本書目》："《四庫》著錄作唐高適，十卷。按《邵亭》云多絕句一卷。"按莫友芝云："明正德中刻本，頁二十行，行十八字，校《四庫》所據汲古閣影宋精鈔本多絕句一首，與王、岑二家合刻。"③《四庫全書總目》卷一四九著錄，只云"從宋本影鈔"，④並未明言是汲古閣影宋本，不知莫氏何據。

108. 錢起詩集　〔唐〕錢起撰　［王、瞿、蘇］

《秘本書目》："《錢起詩集》一本。精鈔。五錢。"王文進《明毛氏寫本書目》："按明活字本作《錢考功集》，十卷。"

---

① 〔清〕黃丕烈《蕘圃藏書題識》卷七，《黃丕烈藏書題跋集》，第391頁。
② 傅增湘《藏園訂補郘亭知見傳本書目》，第1004頁。
③ 傅增湘《藏園訂補郘亭知見傳本書目》，第991頁，《增訂四庫簡明目錄標注》，第652頁略同。
④ 《四庫全書總目》，第1281頁。

109. 劉賓客外集十卷　〔唐〕劉禹錫撰　［王、瞿、蘇］

王文進《明毛氏寫本書目》："宋板影鈔。《天祿》。"《天祿琳琅書目》卷四著録琴川毛氏鈔本《劉賓客外集》一函二册，云："陳振孫《書録解題》曰：'禹錫集本四十卷，逸其十卷，常山宋次道裒集其遺文，得詩四百七篇，雜文二十二篇，爲《外集》。然未必皆十卷所逸也。'是書雖無次道序跋，而卷數篇目相同，乃即振孫所指之本影鈔。"① 著録鈐印有：宋本、甲、毛晉（連珠印）、毛晉私印、汲古主人。

《四庫全書總目》卷一五〇著録江蘇巡撫採進本《劉賓客文集》三十卷《外集》十卷，提要云："其雜文二十卷、詩十卷，明時曾有刊版，獨《外集》世罕流傳，藏書家珍爲祕笈。今揚州所進鈔本，乃毛晉汲古閣所藏，紙墨精好，猶從宋刻影寫。謹合爲一編，著之於録，用還其卷目之舊焉。"② 天祿所藏當即此所謂"揚州所進鈔本"。而《四庫全書薈要總目提要》云："今依前安徽巡撫臣裴宗錫所上明槧本及前兩淮鹽政臣李質穎所上馬裕家藏《外集》鈔本繕録，據明毛晉影宋鈔本恭校。"③ 疑所述有誤，"馬裕家藏《外集》鈔本"即揚州進呈四庫館之"明毛晉影宋鈔本"，不應另據以校勘。

《帶經堂書目》著録《劉賓客文集》三十卷《外集》十卷，謝韞盦鈔校本，《外集》明人鈔本，合裝一帙，有提要云："此本明人從毛晉汲古閣影宋本傳録。"④ 此本不知存世與否。

《秘本書目》云："《劉賓客文集》十本。綿紙舊鈔。六兩。"又"宋板《劉賓客外集》四本，《正集》人間所有，《外集》世罕有之，八兩"。蓋即其影鈔底本。

國圖藏有清鈔本《外集》一帙（06313），是付刊前之寫樣本，書末有題識一行："乙酉夏仲，假毛丈斧季宋本對鈔。銓識。"不知"銓"是何人，既稱"毛丈斧季"，則"乙酉"當是康熙四十四年（1705）。另翁同龢跋云：

---

① 《天祿琳琅書目》，第117頁。
② 《四庫全書總目》，第1290頁。
③ 《四庫全書薈要總目提要》，第364頁。
④ 〔清〕陳樹杓編《帶經堂書目》卷四。

《劉賓客外集》八卷，世尠傳本。

《四庫》所收揚州所進乃毛氏汲古閣鈔本，據以入錄。此本係校刊樣本，亦從毛斧季宋本出，惟止八卷，與《提要》所稱十卷稍異耳。末題"銓"記，未知其人，當是吾鄉老輩。珍重藏之。同龢記。光緒庚辰正月。(末鈐"龢"印)

國圖另藏清鈔本《劉賓客文集》一帙（05392），目錄首葉鈐有"毛扆之印""斧季"及"南昌彭氏""知聖道齋藏書"等印，毛扆二印不真，疑欲偽充《秘本書目》之所謂"綿紙舊鈔"本。

110. 王建詩集八卷 〔唐〕王建撰 ［王、瞿、蘇］

王文進《明毛氏寫本書目》云："宋板影鈔。《孝慈》。"按《孝慈堂書目》詩文集類："《王建詩集》，王建仲初。八卷。汲古閣鈔本。一冊。八十二番。"

另《中國版刻圖錄》著錄宋臨安府陳解元宅刻本，解題云此本傳世凡三帙，其一"存前五卷，後半毛氏汲古閣影宋鈔補，原爲浙人孫鳳鈞藏書，今不知飄墮何所"。①

是書汲古閣有刻《唐人六集》本，卷端首行有木記云："汲古閣毛晉據宋本考較。"

111. 玄英先生詩集十卷 〔唐〕方干撰 ［王、瞿、蘇］

王文進《明毛氏寫本書目》云："宋板影鈔。見黃跋云。按《孝慈堂》，與《群玉》合訂一本。"

國圖藏明鈔本一帙（A00539），即《蕘圃藏書題識》卷七黃跋所謂"校明影宋鈔本"，有毛綬萬跋云："此卷雖鈔錄草率，然尚是先王父遺書分授相弟者。予亦分得一黑格條鈔本，頗多異同，並校一過。歲在甲午日唯長至，汲古孫綬萬識。"又有黃丕烈跋云："道光辛巳冬，見黑格條鈔本，有子晉跋語，即是分授綬萬之本也。價

---

① 《中國版刻圖錄》第一冊，第15頁。

昂未收，聞是香嚴藏本。"① 綏萬所得所謂"黑格條鈔本"不知是汲古閣鈔本抑或藏本，此本黃丕烈亦曾寓目，見《題識》。

按《孝慈堂書目》："汲古閣鈔本，照宋板。五十五番。合上（《李群玉詩集》）一冊。"

《愛日精廬藏書志》卷二十九著錄汲古閣藏叢書堂鈔本，有毛晉跋兩篇。國圖有涵芬樓舊藏清鈔本一帙（07646），有毛晉跋兩篇，字體不似，《涵芬樓燼餘書錄》謂是本必從叢善堂鈔本傳錄，故悉相同。②

112. 丁卯集　〔唐〕許渾撰　　[瞿、蘇]

國圖所藏清鈔本（17983）有歸兆鏗跋，引黃丕烈跋云："宋本每葉二十行，行十九字，此則每葉二十行，行十八字，惜未得毛鈔景宋本一校之。"云云。此黃跋不見於《蕘圃藏書題識》。傅增湘云："明末毛氏汲古閣寫本，行款失記。錢曾、陳墫遞藏，今在顧君麐士處。"③ 顧麐士即顧鶴逸，過雲樓主人。不知黃、傅所云是否同一本。

國圖另藏明鈔本《增廣音注唐鄆州刺史丁卯詩集》（12284）一帙，有毛晉跋云：

> 此元時刻本，其編目與宋刻迥異，故余家新刻悉遵宋本，於此不同。

所謂"余家新刻"指明崇禎十二年毛氏汲古閣刻《唐人八家詩》本，周叔弢曾收得毛扆據宋書棚本批校本，又有毛表跋并倩人據馮竇伯藏鈔本補鈔《續集》，據元勤成書堂本補鈔《再續》一卷。今藏國圖（08415）。跋云：

> 癸卯余月佛浴日，季弟假錢氏宋本勘校一過，其中訛謬止

---

① 〔清〕黃丕烈《蕘圃藏書題識》卷七，《黃丕烈藏書題跋集》，第423頁。
② 《涵芬樓燼餘書錄》，第672頁。
③ 傅增湘《藏園訂補郘亭知見傳本書目》，第1057頁。

二十有三字，但字畫或依古體，或依今體，如"煙"與"煙"字、"卤"與"西"字、"遜"與"歸"字、"湮"與"濕"字、"扗"與"在"字、"朙"與"明"字、"牕"與"窓"字、"應"與"應"字、"侣"與"似"字、"雁"與"鴈"字、"亱"與"夜"字、"艸"與"草"字、"行"與"行"字等，殊與宋本天壤。今一點一畫俱爲改正，非予敢妄爲改竄，亦聊存漢代衣冠之意，恐識者見而笑予之愚也，故拈出識之。汲古後人毛表。（末鈐印：秦朱父）

集内《酬邢杜二員外》前空七行，目錄内有□□□僕射題，(余)[餘]則失去。

余月望前三日閱竟，下卷目錄失刻《冬日開元寺贈元孚上人二十韻》，題訛謬止三字，惜宋本中失落二十二首，未爲全璧爾。正庵又識。

宋刻止此二卷，馮竇伯所藏鈔本有《續集》一卷，未知是佳本否。命僮子録附於後。

此本舊著録爲毛表校并跋，按跋文謂"季弟假錢氏宋本勘校"，"季弟"即毛扆，知非毛表校。"錢氏"疑即錢穀，今存世有錢穀舊藏元刻本（國圖06644），或即所謂"錢氏宋本"。毛氏父子於此書鈔、刻、校、補，十分看重，惜毛鈔本已不可得見。

113. 薛許昌詩集 十卷　〔唐〕薛能撰　[王、瞿、蘇]

《孝慈堂書目》詩文集類："《許昌詩集》，薛能，十卷。汲古閣照宋鈔本。□册。六十六番。"王文進《明毛氏寫本書目》云："宋板影鈔。《皕宋》。"按《皕宋樓藏書志》卷六十九著録"陸敕先校宋本"，① 又見《儀顧堂題跋》卷十及《静嘉堂秘籍志》卷三十二，有無名氏跋云：

歲乙未，有以毛校鈔舊本《許昌集》求售者，爲静軒弟意

---

① 〔清〕陸心源《皕宋樓藏書志》，第1244頁。

所欲，讓歸之。今秋得汲古刊本，乃從靜軒處取而校之，並補鈔原序跋凡五紙。毛鈔本前後均有"毛子九讀書記"方印，卷一首葉"鳳""苞"二字圓方兩小印，又有"宋本"二字楷員印。但未識當時既有佳本，何以不取付刻也。妙道人記。①

不知此跋所謂"毛校鈔舊本"與《孝慈堂書目》著錄者是否同一本。

瞿冕良《中國古籍版刻辭典》"汲古閣"條作"薛許昌文集"，恐誤。

是書有汲古閣刻《唐人八家詩》本，康熙三年（1664）毛扆曾據宋本校，今藏國圖（11384）。

114. 温飛卿詩集　〔唐〕温庭筠撰　［王、瞿、蘇］

《秘本書目》："《温飛卿詩集》一本。宋板影鈔，三錢。"王文進《明毛氏寫本書目》云："按汲古閣刻本作《金荃集》七卷《別集》一卷。"周叔弢批注《秘本書目》云："余藏毛文光校本。文光為斧季侄。"弢翁所藏毛文光校汲古閣刻《五唐人詩集》本《金荃集》今藏國圖（08418）。

115. 笠澤叢書　〔唐〕陸龜蒙撰　［王、瞿、蘇］

《秘本書目》："《笠澤叢書》二本。精鈔。八錢。"王文進《明毛氏寫本書目》云："按《邵亭》作唐陸龜蒙，四卷、補一卷，云許槤刻宋本七卷。"

116. 雲臺編三卷　〔唐〕鄭谷撰　［王、瞿、蘇］

王文進《明毛氏寫本書目》云："宋板影鈔。傳書堂。云格外'毛氏正本汲古閣藏'。又見《邵亭》，稱張金吾有此。"《傳書堂藏書志》不載。張金吾《愛日精廬藏書志》卷二十九著錄作"舊鈔本，汲古閣藏書"，云："後附補遺十三首及祖無擇撰《墓表》。又

---

① 《靜嘉堂秘籍志》卷三十二，第1241頁。

附錄四則、曹鄴等投贈詩八首，則毛氏子晉所輯也。後附毛氏手跋，'清'字缺末二筆，蓋避家諱。每頁格闌外有'毛氏正本汲古閣藏'八字。"① 《藏書志》錄有毛晉跋全文。

117. 浣花集十卷　〔唐〕韋莊撰　［王、瞿、蘇］

王文進《明毛氏寫本書目》云："宋板影鈔。黃跋。"黃丕烈跋所藏宋刻本《浣花集》云："余藏韋莊《浣花集》向有三本：一爲黑格精鈔本，一爲藍格舊鈔本，一爲毛氏影鈔宋本。三者之中，影鈔爲上。然得此殘宋刻證之，則又在影鈔者之上矣。"② 黃跋宋本今在日本静嘉堂文庫。《舊山樓書目》亦載："《浣花集》，汲古鈔藏本，二本。"③ 蓋即黃氏舊藏。疑黃氏所見所謂"毛氏影鈔宋本"係毛文蔚所藏，非毛晉。④

是書有毛氏綠君亭刻本。蘇曉君《汲古閣匯紀》著錄上海圖書館有明末毛氏綠君亭鈔本（綫普406661），非是，此本實爲刻本。

118. 穆伯長集三卷　〔宋〕穆脩撰　［王、瞿、蘇］

《秘本書目》："《穆伯長集》一本。穆脩。精鈔。八錢。"王、瞿皆作三卷。

119. 河南先生集二十卷　〔宋〕尹洙撰　［王、瞿、蘇］

《秘本書目》："《河南先生集》二十卷六本。尹洙字師魯。竹鈔。二兩四錢。"

120. 慶湖遺老集十卷拾遺一卷補遺一卷　〔宋〕賀鑄撰　［王、瞿、蘇］

《秘本書目》："《慶湖遺老集》十卷《拾遺》一卷《補遺》一卷四本。賀鑄字方回。竹鈔。二兩。"

---

① 《愛日精廬藏書志》，第479頁。
② 〔清〕黃丕烈《蕘圃藏書題識》卷七，《黃丕烈藏書題跋集》，第445頁。
③ 《舊山樓書目》，第69頁。
④ 參本書第二章第四節·備考。

121. 王盧溪集　［王、瞿、蘇］

《秘本書目》："《王瀘溪集》十本。宋板影鈔。六兩。""瀘"當作"盧"。王文進《明毛氏寫本書目》："按嘉靖本作宋王庭珪，五十卷。"

122. 巽齋小集一卷　〔宋〕危慎撰　［王、蘇］

123. 靖逸小集一卷　〔宋〕葉紹翁撰　［王、蘇］

《秘本書目》："《巽齋小集》一卷。危慎字逢吉。《清逸小集》一卷。葉紹翁字嗣宗。合一本。影宋板精鈔。六錢。""清"當作"靖"。汲古閣影宋鈔《南宋六十家小集》中亦有此二種，此蓋鈔出單行之本。

124. 湖山類稿六卷　〔宋〕汪元量撰　［王、瞿、蘇］

王文進《明毛氏寫本書目》："見傳書堂，存三卷。黃跋稱甲部。"按黃丕烈跋所藏舊鈔本云："戊寅秋八月，從毛鈔元本甲部本校。毛鈔藏濂溪坊蔣雲濤家，因湖估獲觀。"① 蓋因鈐有"元本""甲"二印，故稱"元本甲部"。黃跋舊鈔本今藏臺北"國家圖書館"（10737）。②

國圖所藏明鈔本《汪水雲詩》（A01202）有毛扆跋云："丙戌五月二十四日，從《湖山類稿》細勘一過。凡·者《類稿》所無也。毛扆。"

125. 玉井樵唱二卷　〔元〕尹廷高撰　［王、瞿、蘇］

王文進《明毛氏寫本書目》云"抱經"。按盧址《四明盧氏藏書目錄》："《玉井樵唱正續》，汲古閣精鈔本，有'楊灝之印''毛晉之印''汲古閣主人'。"又見《藏園訂補郘亭知見傳本書目》，云

---

① 〔清〕黃丕烈《蕘圃藏書題識》卷八，《黃丕烈藏書題跋集》，第508頁。
② 《標點善本題跋集錄》，第554頁。

"抱經樓遺書"。① "汲古閣主人"之"閣"字當爲衍字,汲古閣並無此五字印記。

126. 霞外詩集　〔元〕馬臻撰　［王、蘇］

《秘本書目》:"《霞外詩集》二本。精鈔。二兩。"王文進《明毛氏寫本書目》:"按汲古刻本作元馬臻,十卷。"

是書有明崇禎十一年(1638)汲古閣刻《元人集十種》本。

127. 虞伯生詩　〔元〕虞集撰　［瞿、蘇］

《舊山樓書目》著錄:"汲古精鈔本,二本。"② 瞿冕良《中國古籍版刻辭典》"汲古閣"條云八卷補遺一卷。

是書有明崇禎十四年(1641)汲古閣刻本。

128. 野處文集　〔元〕邵亨貞撰　［瞿、蘇］

《舊山樓書目》著錄:"汲古閣精鈔本。十本。"瞿冕良《中國古籍版刻辭典》"汲古閣"條云四卷。

129. 楚國文憲公雪樓程先生文集十卷　〔元〕程鉅夫撰

蔣汝藻藏明鈔本一帙,有毛晉跋云:

　　國初彙刻程文憲《雪樓集》三十卷,校閱家意爲點竄,失其舊恉,識者病之。比愚庵先生得吳門顧氏所藏《玉堂類稿》《奏議存稿》凡十卷,乃元時寫本,未與詩文合輯者。其書爲公門下士揭公手校,審當精密,非如後世刻本之竄亂。因借錄一通,爲他日校勘公集之證。始余得元寫本《剗源集》,既已付梓問世,海內許爲善本。今復得此,竊疑神者見餉,使以流傳乎,喜而識此。癸酉八月既望,隱湖毛晉。③

---

① 傅增湘《藏園訂補郘亭知見傳本書目》,第1310頁。
② 《舊山樓書目》,第70頁。
③ 王國維《傳書堂藏書志》,第1048頁。

可知毛晉曾據元寫本《玉堂類稿》《奏議存稿》鈔錄。

130. 薩天錫詩集 〔元〕薩都剌撰　　［王、瞿、蘇］

王文進《明毛氏寫本書目》："案《士禮居題跋記》：'《薩天錫詩集》，子晉手鈔，板心有"篤素居"三字。'"見黄丕烈《蕘圃藏書題識》卷九。① 瞿目云十卷。

黄氏所跋爲"明晉安謝氏小草齋鈔本"，今藏臺北"國家圖書館"（10959），跋云：

> 余藏《薩天錫詩集》向有二本，一爲明刻黑口而葉石君校補者，一爲舊鈔而八卷，標題'雁門集'者。此小草齋鈔本爲第三本，儲諸篋衍久矣，却未曾參校。去年又得一舊鈔，爲汲古閣藏本，中有子晉手校處，其書爲竹紙黑格，版心有'篤素居'三字，此爲第四本。今春養疴杜門，偶取毛本以校龔本，似毛較勝，蓋毛本鈔在前也。諸體中，毛偶有脱佚未補，龔却有之，惟七言絶句中，毛與龔互有存佚，然彼此俱無跡可尋，未知何故，當取葉校及八卷本勘之。龔本即小草齋鈔本，龔氏蘅圃曾讀一過，其云"丁卯"者，未紀年號，就其鈔手風氣驗之，當在乾隆年間，已甲子一周矣。今予校此，適又歲在丁卯，抑何巧邪？因并誌之。黄丕烈。
>
> 覆取葉校本，知此所脱者七言絶句，當據毛本增入，至毛本所脱而此有者，葉校亦有也。復翁。②

"篤素居"爲毛晉書齋名，知黄氏所得爲毛鈔本。
是書有明崇禎十一年（1638）汲古閣刻《元人集十種》本。

131. 鐵崖遺稿一卷　　〔元〕楊維楨撰
《孝慈堂書目》："汲古閣毛氏集。一册。鈔白。"

---

① 〔清〕黄丕烈《蕘圃藏書題識》卷九，《黄丕烈藏書題跋集》，第541頁。另參《傳書堂藏書志》，第1060頁。
② 按，此跋又見王國維《傳書堂藏書志》，第1061頁。

132. 玉笥山人集 〔元〕鄧雅撰 ［王、瞿、蘇］

《秘本書目》："《玉笥山人集》四本。精鈔。四兩。"王文進《明毛氏寫本書目》："按洪武本作元鄧雅《玉笥集》，十（本）〔卷〕。"瞿冕良《中國古籍版刻辭典》"汲古閣"條云十卷。

133. 玉山璞稾二卷 〔元〕顧瑛撰 ［瞿、蘇］

《四庫全書簡明目錄》："許氏有毛斧季鈔本二卷，吳焯跋。"①

134. 古賦辨體八卷外集二卷 〔元〕祝堯撰 ［瞿、蘇］

瞿冕良《中國古籍版刻辭典》"汲古閣"條著錄。

135. 永嘉集十二卷 〔明〕張著撰 ［蘇］

汪憲《振綺堂書目》著錄："《張永嘉集》一册。十二卷。明臨江同知常熟張著則明撰。毛晉墨筆跋。汲古閣鈔本。"②

劉承幹《嘉業堂藏書志》卷四著錄舊鈔本一帙，③ 載毛晉跋云：

> 《永嘉集》，永嘉先生張著作也。字則明，其先居溫之平陽，元末游學常熟，道梗，遂家焉。洪武三年開科，中鄉試十一名。邑中科目自先生始。有二子，一名規，一名矩。裒集詩文一十二卷正，吳文恪公、王文端公爲之序，周榘爲之傳，宣德中鏤版行世。余以顧僧虔借鈔，伊外祖何慈公藏本也。卷尾有跋，云得之荻溪王氏。隱湖晉識。

可知毛晉曾借鈔何慈公藏本。

國圖收藏清鈔本一帙（09504），亦載毛晉跋，與嘉業堂本同。此本正文、跋文字體相同，均非毛晉手跡。

嘉業堂本有"汪士鐘藏""真意""結社溪山""金星軺藏書記"

---

① 〔清〕邵懿辰撰，邵章增訂《增訂四庫簡明目錄標注》，第805頁。
② 國圖藏清鈔本（01453），第43葉。
③ 繆荃孫、吳昌綬、董康撰，吳格整理校點《嘉業堂藏書志》，復旦大學出版社，1997年，第674頁。

"文瑞樓"等印，國圖藏本無藏書印記。均非振綺堂舊藏，疑皆據振綺堂藏本傳鈔者。

136. 東皋錄三卷　〔明〕釋妙聲撰　〔王、瞿、蘇〕

王文進《明毛氏寫本書目》云："見《總目》，云其詩及雜文有毛晉手跋，稱洪武十七年其徒德璵刊，詩三文四。"按《四庫全書總目》卷一六九著錄《東皋錄》三卷，云："《明史·藝文志》《明僧弘秀集》皆作七卷，此本有汲古閣印，蓋毛晉家鈔本。前有晉題識，亦稱德璵所刻凡詩三卷、雜文四卷。而其書雜文及詩僅共爲三卷，蓋傳錄時所合併也。"①

137. 唐僧弘秀集　〔王、瞿、蘇〕

《秘本書目》："《唐僧弘秀集》二本。影宋板精鈔。三錢。"王文進《明毛氏寫本書目》脫"影"字："武進陶蘭泉有宋陳道人本十卷。"

是書汲古閣有刻本。

138. 衆妙集　〔王、瞿、蘇〕

《秘本書目》："《衆妙集》一本。影宋板精鈔。一兩五錢。"王文進《明毛氏寫本書目》脫"影"字："按汲古刻本一卷。"

是書有汲古閣刻《詩詞雜俎》本。

139. 二妙集　〔王、瞿、蘇〕

《秘本書目》："《二妙集》一本。影宋板精鈔。一兩五錢。"王文進《明毛氏寫本書目》脫"影"字，云："按《邵亭》有金段成己、段克己《二妙集》八卷，云成化修元本。"

140. 初唐四傑集　〔王、瞿、蘇〕

《秘本書目》："《初唐四傑集》一本。宋板影鈔。一兩。"

---

① 《四庫全書總目》，第1467頁。

141. 艸堂雅集十三卷　〔元〕顧瑛編　［蘇］

莫友芝云："顧俠君是書首册久缺，竹垞從毛氏鈔本補全。"①

142. 以介編(祝壽詩) 不分卷　〔明〕毛晉自輯　［瞿、蘇］

瞿冕良《中國古籍版刻辭典》"汲古閣"條著錄。

是書有汲古閣刻本。

143. 樂府古題要解　〔唐〕吳兢撰　［王、瞿、蘇］

《秘本書目》："《樂府古題要解》一本。吳兢。綿紙精鈔，五錢。"

是書有明崇禎三年（1630）汲古閣刻本。

144. 木天禁語　〔元〕范梈撰　［王、瞿、蘇］

《秘本書目》："《木天禁語》一本。范梈。綿紙精鈔。五錢。"王文進《明毛氏寫本書目》："高翰生注作《木天（葉）［禁］語》一卷。"

145. 環溪詩話三卷　〔宋〕吴沆撰　［王、瞿、蘇］

《秘本書目》："《環溪詩話》三卷一本。吴沆字德遠。竹紙鈔。三錢。"王文進《明毛氏寫本書目》作"精鈔"，衍"精"字。

146. 西清詩話三卷　〔宋〕無爲子撰　［王、瞿、蘇］

《秘本書目》："《西清詩話》三卷一本。無爲子撰。綿紙精鈔。六錢。"

147. 娛書堂詩話二卷　〔宋〕趙與虤撰　［王、瞿、蘇］

《秘本書目》："《娛書堂詩話》二卷一本。趙與虤字威伯。竹紙鈔。三錢。"

臺北"國家圖書館"收藏一帙（14752），共四卷一册，《"國家

---

① 《藏園訂補郘亭知見傳本書目》，第1547頁。

圖書館"善本書志初稿》著錄爲明鈔本,① 書中鈐有"汲古主人""子晉"及黃丕烈、韓應陛、張珩諸家印,昌彼得云:"此帙爲常熟毛氏汲古閣舊藏,鈐有'汲古主人''子晉'兩朱文方印,士禮居所刻《汲古閣秘本書目》曾列載之;惟作二卷,當係筆誤。"② 今審定"汲古主人""子晉"二印係僞作,此本必非《秘本書目》所載之本,是否明鈔亦令人生疑。《秘本書目》所載之本待訪。

臺圖所藏《歲寒堂詩話》(14725)亦鈐有上述諸印,係出同一家作僞。③

148. 詩學禁臠 題〔元〕范德機撰

清初毛表鈔本。南京圖書館藏清吴翌鳳鈔本一部(GJ/KB1429),吴氏跋云:"往丙申歲求《洪覺範天廚禁臠》於亡友余景初,景初遂以此本授余,猶是汲古叔子舊鈔。惜其疏解粘滯,殊乏風人之旨。重是亡友所貽,重録一通,附諸家詩話之後。時壬寅六月望日,延陵生翌鳳書。""汲古叔子"即毛表。知此本係乾隆四十七年壬寅(1782)吴氏從毛表鈔本傳録者。又録毛表題識云:"丁酉臘月八日,隱湖書農毛表手録。戊戌如月望日閲。"後有馮武題識,略云:"偶見是書……内弟毛奏叔喜而録之,以其副贈余。是書向無刻本,可備案頭清覽。己亥季夏,馮武識。"知毛表又曾録一副本贈其姐夫。今兩本均未見傳世。

149. 歸田詩話三卷 〔明〕瞿佑撰 [王、瞿、蘇]

《秘本書目》:"《歸田詩話》三卷一本。瞿佑字宗吉。竹紙精鈔。六錢。"

150. 東坡樂府二卷**拾遺**一卷 〔宋〕蘇軾撰 [王、瞿、蘇]

王文進《明毛氏寫本書目》云"《梔書》"。《梔書隅録》卷五著

---

① 《"國家圖書館"善本書志初稿·集部》四,第249頁。
② 昌彼得《增訂蟬庵群書題識》,第370頁。
③ 見本章第五節第91號。

錄元延祐七年（1320）葉曾雲間南阜草堂刻本《東坡樂府》（今藏國圖，08620），黃丕烈舊藏，有黃氏跋，云又有汲古閣影宋鈔本，以延祐本與毛鈔本對勘，"非一本，二卷雖同其序次，前後字句歧異，當兩存之。鈔本附《東坡詞拾遺》，有紹興辛未孟冬至游居士曾慥跋"。黃氏疑《直齋書錄解題》所載之宋刻即毛鈔所自出。① 趙萬里謂毛鈔本編次與明吳訥《四朝名賢詞》本同，又謂《直齋》所著錄者實爲宋人傅幹注坡詞，非毛鈔所出。②

151. 詳注周美成片玉集十卷　〔宋〕周邦彥撰　［瞿、蘇］

黃丕烈跋所藏宋刻本《詳注周美成片玉集》云："汲古鈔本雖有十卷，却無注"，"《虞美人》弟三闋據毛汲古閣鈔本校'生'作'先'"。③《秘本書目》有"元板《片玉詞》二本，一兩二錢"，疑即鈔寫底本。

152. 樵歌三卷　〔宋〕朱敦儒撰

清嘉慶間阮元依毛晉汲古閣舊鈔過錄一帙，進呈內府。過錄本今藏臺北故宮博物院。見《揅經室外集》卷三。繆荃孫云："宋朱晞真《樵歌》三卷，吳枚庵鈔校本。與知聖道齋藏毛鈔《樵歌拾遺》相校，則《拾遺》所采全在本書，似從其中選出者。何以名之'拾遺'，殊不可解。"④

153. 蘆川詞一卷　〔宋〕張元幹撰

黃丕烈得影宋本《蘆川詞》二卷，跋云："《蘆川詞》一卷，載諸《書錄解題》。余向藏毛鈔却作一卷，與此多不同"。⑤

是書有汲古閣刻《宋名家詞》本。

---

① 〔清〕黃丕烈《蕘圃藏書題識》卷十，《黃丕烈藏書題跋集》，第639頁。
② 趙萬里《元延祐刻〈東坡樂府〉跋》，《趙萬里文集》第二卷，第314—316頁。
③ 〔清〕黃丕烈《蕘圃藏書題識》卷十，《黃丕烈藏書題跋集》，第642頁。
④ 繆荃孫《雲自在龕隨筆》卷三，《繆荃孫全集·筆記》，第73頁。
⑤ 〔清〕黃丕烈《蕘圃藏書題識》卷十，《黃丕烈藏書題跋集》，第646頁。

154. 弁陽老人詞一卷　〔宋〕周密撰　［蘇］

韓應陛藏舊鈔本一帙，有鮑廷博校，末有過録毛扆識語，言及影鈔之事，云：

> 甲子仲夏，借崑山葉氏舊録本影寫，用家藏《草窗詞》參校。毛扆識。
>
> 《西湖十景詞》嚮缺末二首，偶閲《錢塘志》中載公謹三首，所缺者恰有之，亟命兒鈔補。其餘脱落處未識今生得見全本否也。己巳端午前一日，扆又識。

此舊鈔本今藏國圖（18292），① 因葉心下有 "芷蘭之室" 四字，館目定爲清芷蘭之室鈔本。

155. 蘋洲漁笛譜　〔宋〕周密撰

黄丕烈跋所藏校宋鈔本《賓退録》云："頃鮑渌飲以是書毛鈔本屬其子歸余，中途爲捷足者得之，同得者尚有毛鈔周公謹《蘋洲漁笛譜》，沈冠雲臨惠氏父子校閲本《逸周書》共十番，今欲倚價歸余。"② 鮑渌飲即鮑廷博，鮑氏《知不足齋叢書》本《蘋洲漁笛譜》卷端下題 "汲古主人摹本開雕"。

156. 中州樂府一卷　〔金〕元好問撰　［王、瞿、蘇］

黄丕烈曾藏毛鈔本一帙，有李德經題識云：

> 余應文選局之募，傭書於讀未見書齋。主人出毛鈔《中州樂府》，屬摹補目録及後碑牌於首尾目録前，即《中州集》之目録連刻者。茲祇就《樂府》目録補之，故前空數行，刊刻年月一葉即係第十八葉。茲因别書一葉，故附於後，不標小號云。

---

① 鄒百耐《雲間韓氏藏書題識彙録》，并載第一則題識，著録，第 200 頁。
② 〔清〕黄丕烈《蕘圃藏書題識》卷五，《黄丕烈藏書題跋集》，第 271 頁。

嘉慶戊辰冬，尹傳李德經識。①

《蕘圃藏書題識》卷十詳載濂溪蔣氏元刻本與毛鈔本之異字。

王文進《明毛氏寫本書目》云"《愛日》"。張金吾《愛日精廬藏書志》卷三十六著錄"毛氏影寫元至大本"，云：

> 宗室文卿從郁、張信甫中孚、王元佐澮三人俱有小傳，毛本删去。案子晉跋云，小敘已見詩集中，不更贅。向嘗疑《樂府》三十六人皆有小傳，且妄以爲必有與《中州集》詳略互見之處，甚以毛氏删之爲惜。今得此本，乃知小傳止有三篇，其人俱《中州集》未載者，蓋以補詩集之闕也。毛氏云云，殆偶未詳考歟？後有"至大庚戌良月平水進德齋刊"木印。②

則雖云"影寫"，實並非全照原書鈔錄。張氏未言有黃跋、李德經題識，兩本當非同一本。

上海圖書館收藏明鈔本一部（綫善762618–27），《中州集》十卷《中州樂府》一卷，八行十七字。十册。鈐印有：虞山汲古閣毛子晉圖書、毛扆之印、斧季、筆精墨妙、秀水朱氏潛采堂圖書、虞山翁氏桐花館章、綏卿珍藏。毛氏父子印記不詳真僞，志此備考。蘇曉君《汲古閣匯紀》著錄上圖本。瞿冕良《中國古籍版刻辭典》"汲古閣"條所錄當即此本。

《中州集》十卷《中州樂府》一卷有汲古閣刻本。

157. 吳文正公詩餘一卷　〔元〕吳澄撰　［王、瞿、蘇］

王文進《明毛氏寫本書目》："《吳文正公詩（錄）［餘］》一卷，《藝風續記》云錄毛鈔。"按《藝風藏書再續記》"影寫本第六"著錄一帙，從汲古閣鈔本影寫，繆氏云："此毛斧季校本，從《文正公集》百卷本鈔出。若通行四十九卷，無此詞也。百卷本明初刻，

---

① 〔清〕黃丕烈《蕘圃藏書題識》卷十，《黃丕烈藏書題跋集》，第658頁。
② 〔清〕張金吾《愛日精廬藏書志》，第762頁。

頗罕見。"① 繆鈔本今藏美國芝加哥大學東亞圖書館（T5624 2331），書末過錄毛扆題識云："庚申（康熙十九年，1680）小除夕，借陸翼皇集本錄出詩餘一類，弟九十九卷。辛酉新正四日燈下校于金臺旅館。省庵。"② 知毛扆曾有鈔本。

158. 花間集　[王、瞿]

《秘本書目》："《花間集》二本。南宋板精鈔。三兩。"又著錄北宋版四本。王文進《明毛氏寫本書目》云："蜀趙崇祚。潘明訓藏。"潘氏寶禮堂藏書已全部捐贈北京圖書館，檢國圖館藏無此書，蓋捐贈之前已散出。臺北"國家圖書館"收藏明藍格鈔本一帙（14900），鈐印有：汲古閣、子晉、毛扆之印、斧季、西河季子之印、法式善印、慵盦小印、翁之潤藏、澤之祕笈。不知是否即潘氏藏本。此本毛氏各印皆不真。

是書有崇禎間汲古閣刻《詞苑英華》本。

159. 宋詞一百家　[王、瞿、蘇]

《秘本書目》："宋詞一百家。未曾裝釘。已刻者六十家，未刻者四十家，俱係秘本，細目未及寫出，容俟續寄。一百兩。"

160. 元詞二十家　[王、瞿、蘇]

《秘本書目》："元詞二十家。精鈔。尚未裝訂。十兩。"

王文進《明毛氏寫本書目》云："彭氏知聖道齋有宋元詞二十二帙，題曰《汲古閣未刻詞》，行款同已刻者，云得於謙牧堂藏書中。又藏李西涯輯《南詞》《宋元人小詞》，合此三書，於六十家外可得六十二家，安得好事者刊爲後集。又見抱經樓有毛晉編稿本《詞海評林》，無卷數。"見彭元瑞《知聖道齋讀書跋尾》卷二，云"每帙鈐毛子晉諸印"。③ 謙牧堂爲清康熙時揆敘藏書處，汲古閣舊

---

① 繆荃孫《藝風藏書記》，第530頁。
② 李文潔《美國芝加哥大學圖書館藏中文古籍善本書志·集部》，國家圖書館出版社，2019年，第352頁。
③ 〔清〕彭元瑞《知聖道齋讀書跋尾》，第35頁，《叢書集成初編》本。

藏書歸其所有者頗多。揆敘所得當爲汲古原本，彭氏據以傳鈔，《知聖道齋書目》卷四詳列其目。彭鈔後爲董康售歸日本人，藏於大倉文化財團集古館。揆敘所藏則下落不明。2013 年，北京大學整體購回大倉存藏的古籍九百餘部，知聖道齋鈔本《汲古閣未刻詞》二十二種二十四卷亦在其中。二十二種爲：

（1）陽春集一卷　〔五代〕馮延巳撰

（2）東山詞一卷　〔宋〕賀鑄撰

（3）信齋詞一卷　〔宋〕葛郯撰

（4）樂齋詞一卷　〔宋〕向滈撰

（5）樵歌詞拾遺一卷　〔宋〕朱希真撰

（6）梅詞一卷　〔宋〕朱雍撰

（7）晦庵詞一卷　〔宋〕朱熹撰

（8）竹洲詞一卷　〔宋〕吳儆撰

（9）梅屋詩餘一卷　〔宋〕許棐撰

（10）虛齋樂府二卷　〔宋〕趙以夫撰

（11）和清真詞一卷　〔宋〕楊澤民撰

（12）白玉蟾詞一卷　〔宋〕葛長庚撰

（13）漱玉詞一卷　〔宋〕李清照撰

（14）斷腸詞一卷　〔宋〕朱淑真撰

（15）風雅遺音二卷　〔宋〕林正大編

（16）文山樂府一卷　〔宋〕文天祥撰

（17）松雪齋詞一卷　〔元〕趙孟頫撰

（18）雪樓先生樂府一卷　〔元〕程文海撰

（19）樵庵詞一卷　〔元〕劉因撰

（20）雁門集一卷　〔元〕薩都剌撰

（21）古山樂府一卷　〔元〕張埜撰

（22）雲林詞一卷　〔元〕倪瓚撰

《知聖道齋書目》漏列《竹洲詞》一種。彭氏鈔本在清末頗爲詞家轉鈔付刻，江標輯刻《宋元名家詞》、王鵬運《四印齋所刻詞》中皆收録多種。

《秘本書目》宋詞"已刻者六十家"，一般認爲即明崇禎間汲古閣刻《宋名家詞》，共六十一家，今國圖藏有清陸貽典、黃儀、毛扆、季錫疇、瞿熙邦等校跋本（06669）。疑《秘本書目》所謂"六十"係約舉之數。未刻宋詞四十家及元詞二十家，蓋自謙牧堂之後即散佚，故彭氏僅得二十二家而已。

與撰敘同時代的康熙間藏書家王聞遠《孝慈堂書目》載："汲古閣詞鈔，唐宋元三朝人，三卷。毛氏未刻本，三冊。鈔。三百二十六番。"三卷不詳有幾家。

黃丕烈曾藏多部毛鈔詞集，《百宋一廛賦》殘宋本《侍郎葛公歸愚集》之黃氏注云："余藏汲古毛氏精鈔《宋人詞百種》中有之。"① 又《玉照堂詞鈔》跋稱："余藏毛鈔詞極夥，多有出於六十家外者。"② 《虛齋樂府跋》云："既而思所藏尚有精鈔《宋元人詞》，亦出於汲古閣，遂取以覆校此本。"③《風雅遺音跋》云："是時，適有友人借鈔毛氏鈔本《宋元人詞》，盡發所藏以供展玩。"④ 不知在汲古閣未刻宋元詞中有幾種。

清瞿世瑛《清吟閣書目》卷一載："《宋元人詞》，汲古閣鈔本，七本。"子目不詳。

清末朱澂《結一廬書目》卷四載：

> 《宋名家詞》，計十二本。明毛晉編。精鈔本。按晉曾編宋人詞一百家，及刊者六十家，未刻者四十家。此本係知不足齋依晉原本重錄，計四十家，末二家有錄無書，緣《詩詞雜俎》已刊，實三十八家也。
>
> 《元名家詞》，計八本。明毛晉編。精鈔本。計二十家。⑤

楊成凱云："詳其語意，朱本宋詞四十家係毛氏未刊者。宋李清照《漱玉詞》及朱淑真《斷腸詞》二家，因毛氏《詩詞雜俎》已

---

① 〔清〕黃丕烈《百宋一廛賦》，《黃丕烈藏書題跋集》，第957頁。
② 〔清〕黃丕烈《蕘圃藏書題識續錄》卷四，《黃丕烈藏書題跋集》，第828頁。
③ 〔清〕黃丕烈《蕘圃藏書題識》卷十，《黃丕烈藏書題跋集》，第650頁。
④ 同上書，第651頁。
⑤ 《結一廬書目》，《觀古堂書目叢刻》本，第25葉。

刻，故有錄無書。然此二家在彭氏傳鈔《汲古閣未刻詞》中，有王鵬運四印齋校刻本，實與毛氏刻本不同，不可略而不錄。朱氏所藏《元名家詞》二十家，或亦爲知不足齋傳鈔毛本。毛本久已無聞，朱藏傳鈔本今亦不可蹤跡。"① 國家圖書館藏清知不足齋鈔本《唐宋八家詞》（08618），計《金奩集》一卷補一卷、《逍遥詞》一卷、《石湖詞》一卷補遺一卷、《和石湖詞》一卷、《龜峰詞》一卷、《樂齋詞》一卷、《相山居士詞》一卷、《綺川詞》一卷，不知有無從汲古閣未刻宋元詞中傳鈔者。

161. 宋金人詞十種　　［王、瞿、蘇］

清韓應陛曾收藏《宋金人詞》十種五册，子目爲：

（1）初寮詞一卷　　〔宋〕王安中撰

（2）空同詞一卷　　〔宋〕洪璨撰

（3）知稼翁詞一卷　　〔宋〕黄公度撰　以上第一册

（4）竹屋癡語一卷　　〔宋〕高觀國撰

（5）僑庵詩餘一卷　　〔宋〕李楨撰　以上第二册

（6）和石湖詞一卷　　〔宋〕范成大撰，〔宋〕陳三聘和

（7）北樂府一卷（附錄）　以上第三册

（8）菊軒樂府一卷　　〔金〕段成己撰

（9）東浦詞　　〔宋〕韓玉撰　以上第四册

（10）渭川居士詞一卷　　〔宋〕吕勝己撰　第五册

韓氏云："每卷首冠以目錄，凡子目題詞皆低三格。每半葉十行，行十八字，每葉板心下有'汲古閣'三字。每册首有'毛晉之印'朱文、'毛氏子晉'朱文、'黄印丕烈'朱文、'蕘圃'朱文四方印，每卷末有'平江黄氏圖書'朱文方印。"② 民國間陽湖陶氏《景汲古閣鈔宋金詞七種》即據韓氏舊藏本影刻，所缺三種爲《竹屋癡語》《僑庵詩餘》《北樂府》，蓋至陶氏付刊時已佚不傳。民國

---

① 林夕（楊成凱）《汲古閣未刻詞》，見氏著《閑閑書室讀書記》，廣西師範大學出版社，2011年，第142頁。

② 鄒百耐《雲間韓氏藏書題識彙錄》"集類"，第201頁。

二十二年，韓氏藏書散出，宋元本及明鈔校本百餘種寄存上海金城銀行保管庫，吳湖帆等曾往觀，吳氏云"毛鈔宋詞五册，雖精，惜非影宋"。①

王文進《明毛氏寫本書目》據陶氏刻本著録作《宋金元七家詞》八卷："名見武進陶蘭泉藏本，已刊行，格式同前。"②凡王安中《初寮詞》、洪瑹《空同詞》、黄公度《知稼翁詞》、范成大《石湖詞》、金段成己《菊軒樂府》、韓玉《東浦詞》、吕勝己《渭川居士詞》，附《北樂府》，各爲一卷。按松江韓氏藏本同，作九家，不重者有《竹屋癡語》《僑庵詩餘》。"

瞿冕良《中國古籍版刻辭典》"汲古閣"條各詞分別標目，分別有范成大《石湖詞》一卷、陳三聘《和石湖詞》一卷，不確。

朱氏《彊村叢書》本《和石湖詞》《竹屋癡語》所據汲古閣鈔本，蓋即此本。

162. 宋人詞三種

（1）簫臺公餘詞一卷　〔宋〕姚述堯撰

（2）綺川詞一卷　〔宋〕倪稱撰

（3）文定公詞一卷　〔宋〕丘崈撰

此三種見清汪遠孫《振綺堂書目》鈔本集部著録，云"合一册，汲古閣手鈔本"，兹據以擬題爲"宋人詞三種"著録。

黄丕烈跋所藏繡谷亭吳氏鈔本《簫臺公餘詞》云："用毛鈔本校，頗有勝於此本者。"③不知是否即汪氏藏本。

第四節　毛鈔配補之書

古代藏書家對家藏殘缺圖書常有鈔配的習慣，將殘書補全，亦一快事。葉德輝《藏書十約》之五即爲"鈔補"，謂："舊書往往多

---

① 吳湖帆《醜簃日記》民國二十二年七月五日，《吳湖帆文稿》，第42頁。

② 參本章第二節附録一第12、13號。

③ 〔清〕黄丕烈《蕘圃藏書題識續録》卷四，《黄丕烈藏書題跋集》，第827頁。此本今藏上海圖書館（756754A）。

短卷，多缺葉，必覓同刻之本，影鈔補全。或無同本，則取別本，覓備書者録一底本，俟遇原本，徐圖換鈔，庶免殘形之憾。若遇零編斷册，尤宜留心，往往有多年短缺之卷，一旦珠還合浦，仍爲一家眷屬者。"① 毛晉汲古閣刻書，頗好追求全本，並且經常搜集佚作，刊爲補遺。② 其於鈔書亦然，毛氏父子等外出辦事、訪友、遊玩之時，隨時留心異書，常借鈔以補家藏之缺。其可考者如：汲古閣刻本《孔子家語》毛晉跋云：

> 嗟乎！是書之亡久矣。一亡于勝國王氏，其病在割裂；一亡于包山陸氏，其病在倒顛。先輩每慶是書未遭秦焰，至于今日，何異與焦炬同煙銷耶？予每展讀，即長跽宣尼像前，誓願遘止，及見郴陽何燕泉敘中云云，不覺泣涕如雨。夫燕泉生於正德間，又極稽古，尚未獲一見，余又何望哉！余又何望哉！撫卷浩歎，愈久愈痛。忽丁卯秋，吴興賈人持一編至，迺北宋板王肅注本子，大書深刻，與今本迥異，惜二卷十六葉已前皆已蠹蝕。因復向先聖焚香叩首，願窺全豹。幸己卯春，從錫山酒家復覯一函，冠冕巋然，亦宋刻王氏注也，所逸者僅末二卷。余不覺合掌頓足，急倩能書者，一補其首，一補其尾，二册儼然雙璧矣。縱未必夫子舊堂壁中故物，已不失王肅本注矣。三百年割裂顛倒之紛紛，一旦而垂紳正笏於夫子廟堂之上矣，是書幸矣！余幸矣！巫公之同好。凡架上王氏、陸氏本，俱可覆諸醬瓿矣。即何氏所注亦是暗中摸索，疵病甚多，未必賢于王、陸二家也。但其一序亦可參考，因綴疏於跋之下。虞山毛晉識。

毛晉得北宋板《孔子家語》，缺卷二十六葉以前部分，得從錫山酒家鈔補爲全璧，歡呼雀躍之情躍然紙上。

《五色綫》一書凡三卷，毛晉輯《津逮秘書》據其家藏本付刊，

---

① 葉德輝《藏書十約》，見〔明〕祁承㸁等撰《澹生堂藏書記（外八種）》，第48頁。
② 詳參丁延峰《汲古閣毛氏刻書的輯佚貢獻述略》，《版本目録學研究》第十一輯，第223頁。

僅上下二卷。某日毛扆訪書於章丘李中麓，於亂帙中得冀京兆刻本，乃有中卷者，其序述原委甚明，喜而攜歸，乃令人鈔入家刻中，書得以補全。① 毛扆收得焦竑舊藏成化刻本《管窺外編》，其"天帝"一條內缺二紙，偶訪郡友，見案頭有殘本，又屬大字翻版，而所缺處獨全，因借歸鈔補，遂成完書。②《春渚紀聞》傳本罕見，毛晉得鈔本十卷，刊入《津逮秘書》，惟卷九內尚有缺葉一翻，久後毛扆復得宋刻尹氏本，乃影寫卷九所缺之葉，並目錄八紙補入《津逮》本（國圖 08221）中。③《五色綫》《春渚紀聞》書版分授毛表，皆已質之他所，毛扆不能補刊行世，深致歎息。此外今宋刻宋元遞修本《沖虛至德真經》八卷（國圖 09617），缺葉配毛氏汲古閣影宋鈔本；明洪武刻本《（洪武）蘇州府志》五十卷（國圖 11482），序文、缺葉毛氏汲古閣影補；宋乾道九年（1173）高郵軍學刻紹熙三年（1192）謝雩重修本《淮海集》四十卷《後集》六卷《長短句》三卷（國圖 12369），缺葉缺字汲古閣影宋鈔補；山西祁縣圖書館藏宋紹定二年（1229）池州張洽刻本《昌黎先生集考異》十卷，卷七末有毛氏鈔配四葉。④ 毛扆在泰興季振宜處，見宋尤袤刻本《山海經》，係檇李項氏故物，有文三橋跋。季氏歿後，其書散為雲煙，此書歸於崑山徐氏，無由得見。後為郡友所購，毛扆隨即借校，其尤序、文跋亦影寫之，行數、葉數皆雙鉤以識之，稱"他日從此錄出，亦可稱善本矣"，⑤ 滿足之情溢於言表。《舊山樓書目》著錄《攻媿集》廿四本，有汲古鈔補。《履齋示兒編》二十三卷，張元濟曾見一宋刊本，"有三分之二為汲古閣補鈔，持靜齋散出，十行廿字，大字"。⑥ 山東省圖書館藏宋紹興二十一年兩浙西路轉運司刻本《臨川先生文集》，有墨筆鈔配一百三十六葉，除全葉補鈔外，凡破損、污

---

① 《汲古閣書跋》，第 132 頁。
② 此本今藏上海圖書館（780366-67），見《上海圖書館善本題跋真蹟》第 8 冊，第 103 頁。
③ 見潘天禎輯《毛扆書跋零拾》，《潘天禎文集》，第 303 頁。
④ 魏隱儒《書林掇英》，第 318 頁。
⑤ 明刻本《山海經》毛扆跋，國圖藏（12274）。
⑥ 張元濟《邵亭知見傳本書目批注》，《張元濟全集》第 10 卷，第 228 頁。

損、欄綫不清的地方都進行了描補，並補缺字，鈔寫精審，一絲不苟，用力甚勤，非俗手所爲，且鈔補葉上鈐有毛晉、毛扆父子印鑒，疑即毛氏所補。凡此均可見其廣搜秘笈而使之完整流布於世之苦心。

其他整卷鈔配者有：

1. 學易記九卷　〔元〕李簡撰

明鈔本（卷一、四、五、八、九配清鈔本），今藏南京圖書館。六册。卷前有清丁丙跋，謂"是書半爲汲古閣舊鈔"。① 有八千卷樓諸印及"毛晉私印""汲古主人"兩印。

2. 增修東萊書説三十五卷**圖説**一卷　〔宋〕呂祖謙撰，〔宋〕時瀾修正　[王、瞿]

王文進《明毛氏寫本書目》："見《天禄續編》，云補鈔宋本。按《邵亭》，補卷一至十二，卷三十一至三十五。"今藏國圖（10503）。宋刻部分存四卷：卷十二至十五；卷一至十一、《圖説》配毛氏汲古閣影宋鈔本；其餘各卷佚失。半葉十四行十九字，白口，四周雙邊。六册。清宮舊藏，《天禄琳琅書目後編》卷二著錄，② 云：

> 宋巾箱本，第十三卷至三十卷刊本；第一卷至十二卷、第三十一卷、第三十五卷影宋鈔本。槧法固精妙，鈔者筆法墨氣俱勻細入格，幾不可辨，不止如唐摹晉帖，下真蹟一等也。
>
> 汲古閣藏本，毛晉父子印記甚多，尋其首末有印，猶未改裝也。有"甲"字印。

此係巾箱小本，緊行密字，今仍爲汲古舊裝。《秘本書目》有"巾箱本小宋板《東萊書説》十六册"，當即影補底本。

鈐印：沈與文印、姑餘山人、宋本、甲、毛晉（連珠印）、汲古

---

① 〔清〕丁丙《善本書室藏書志》，第25頁。
② 《天禄琳琅書目》，第408頁。

主人、毛晉私印、子晉、毛晉之印、毛氏子晉、毛扆之印、斧季。

3. 析城鄭氏家塾重校三禮圖二十卷 〔宋〕聶崇義集注

蒙古定宗二年（1247）析城鄭氏家塾刻本，卷一至二毛氏汲古閣據宋刻本影鈔配入（圖3-6）。十三行二十一字，黑口，左右雙邊。十册。今藏國圖（07277）。鈐印：宋本、甲、毛晉之印、毛晉、毛晉私印、毛氏子晉、汲古主人、子晉、慈谿李氏家藏、思浩之印。

曾爲蔣汝藻插架之物，王國維《傳書堂藏書志》卷一著錄，云："此本刊印皆精，惟闕前三卷，明人景寫補全，字畫亦精雅。"① 並不認爲是毛氏鈔配。

4. 龍龕手鑑四卷 〔遼〕釋行均撰 ［瞿、蘇］

宋刻本，卷二配毛氏汲古閣影宋鈔本。十行大小字不等，白口，左右雙邊。汪士鐘舊藏，民國時歸祁陽陳澄中。今藏國圖（09589）。毛鈔配補之卷極精，幾可亂真。《秘本書目》："宋板《龍龕手鑑》六本一套，每本六兩，實價三十六兩。售宋。"疑即影補底本。

5. 孔子家語十卷 舊題〔魏〕王肅撰

《秘本書目》載："北宋板《孔子家語》五本，有東坡居士折角玉印，係蜀本大字。"云云。後爲桐城蕭穆所得，轉歸劉世珩玉海堂，劉氏曾影刻行世，"戊午秋，劉氏攜之行篋，在浦口客邸被焚燬"。② 經莫棠、陸心源等審定，此書實爲南宋刻本。半葉九行十六至十八字不等，注文雙行，約六字當大字之二。有毛晉、毛扆兩跋。毛晉跋與前引大同小異，末署時間爲崇禎丙子（九年，1636）。毛扆跋稱，其家藏原闕二卷十六頁已上，後於惠山酒家得藏前半殘帙，因互補鈔爲兩完本，其酒家本爲錢謙益奪取，已燬於絳雲之火，而此本獨存云云。

---

① 王國維《傳書堂藏書志》，第44頁。
② 傅增湘《藏園訂補邵亭知見傳本書目》，第484頁。

6. 書小史十卷　〔宋〕陳思撰　［王、瞿、蘇］

宋刻本，卷一至五配汲古閣影鈔本。陸氏皕宋樓舊藏，今藏日本靜嘉堂文庫。半葉十一行二十字，小字雙行同，白口，左右雙邊。版框：20.1cm×13.9cm。二册。毛氏藏印有：宋本、甲、毛晉、毛晉之印、子晉書印、毛晉私印、子晉、毛氏子晉、汲古主人、卓爲霜下傑、汲古閣、汲古得脩綆。宋刻部分另鈐"仲雅"及"貞元"①連珠印，全書有"平陽汪氏藏書印""文琛""厚齋""汪士鐘印""民部尚書郎"等印。蓋毛晉得王世貞舊藏宋本後五卷，另鈔補爲全書。經長洲汪氏及陸心源皕宋樓遞藏。

7. 自警編九卷　〔宋〕趙善璙編

張元濟《〈邵亭知見傳本書目〉批注》載一部："癸丑陽五月，見一宋刊本，十行廿字。有三分之二爲汲古閣補鈔，持靜齋散出。十行廿字，大字。"《持靜齋書目》著錄："《自警編》九卷，宋刊本，所引書名猶存，可以校補時本。有'毛晉''子晉'諸印。"②此本今藏臺北"國家圖書館"（07568），著錄爲宋端平元年（1234）九江郡齋刻本，實爲明洪武元年蜀藩刻本。③鈐印有：子晉氏、毛晉之印、子晉、毛扆之印、斧季、泰峰所藏善本、曾在上海郁泰峰家、莐圃收藏。

8. 事類賦三十卷　〔宋〕吳淑撰並注

宋紹興十六年（1146）兩浙東路茶鹽司刻本。今藏國圖（08696）。卷六至十、十七至十九配明鈔本，黃丕烈審定爲毛氏鈔補，有跋云：

---

① 陸心源誤作"鼎元"，見《儀顧堂題跋》卷九，《儀顧堂書目題跋彙編》，第134頁。
② 《持靜齋書目》卷三，〔清〕莫友芝著，梁光華等點校《莫友芝全集》第七册，上海古籍出版社，2019年，第464頁。
③ 參郭立暄《中國古籍原刻翻刻與初印後印研究·通論編》，第253頁。

毛氏鈔補闕卷未必全據宋刻，若錢藏鈔本，① 審其筆意似爲有明嘉靖時鈔，則較舊矣。且以宋刻存卷證諸錢藏鈔本，雖行款未必全合，而大段相同，可見其鈔之照宋傳錄，特非影宋耳。茲鈔業有毛氏圖記，可見其鈔補之出于毛氏，未便竟輟而去之。且錢藏鈔本究降于宋刻一等，傳錄不無脫誤，故但以錢本手校其異于毛鈔上，遇錢本之灼見其誤者，不復錄出。惟原闕十四、十五、十六，當據錢本足之，願俟異日。其餘散缺零葉錢本有者亦當補入。三月初十校毛鈔補卷訖，因記。②

9. 杜工部集二十卷**補遺**一卷　〔唐〕杜甫撰，〔宋〕王洙編

兩種宋刻本配補毛氏汲古閣影宋鈔本。今藏上海圖書館（綫善756183-92）。封面有趙之謙題籤云"宋寶元二年王洙本杜工部集"，下注"杜集流傳海內者此爲第一"。③

宋刻本一：十行十八至二十一字不等，小字雙行字不等，白口，左右雙邊。存卷一第三至五葉，卷十七至二十（其中卷十九缺第一至二葉）及補遺第一至六葉。宋刻本二：十行二十字，小字雙行字不等，白口，左右雙邊。存卷十至十二。合計宋刻僅存七卷又三葉、補遺六葉。毛鈔配補部分：卷一第一至二葉（即王洙《杜工部集記》），卷一第六葉至卷九，卷十三至十六。書末有毛扆跋。《秘本書目》云："《杜工部集》十本。先君當年借得宋板影鈔一部，謂扆曰：'世行杜集幾十種，必以此本爲祖，乃王原叔本也。原叔搜裒中外書九十九卷，除其重複，以時序爲次，編成詩十八卷、文二卷，遂爲定本。'扆謹藏之。後吳興賈人以宋刻殘本來售，取而校之，即先君所鈔原本也，其缺處悉同，因倩善書者從鈔本補全之。不知先君當年從何處借來，今乃重入余手，得成全書，豈非厚幸。三十兩。"當即此本。疑毛扆補鈔時並未細審宋刻殘本實爲兩種。

杜甫集以北宋寶元間王原叔洙編次、嘉祐間蘇州郡守王琪校刻

---

① 黃氏曾以錢曾舊藏鈔本校宋刻本。
② 又見黃丕烈《蕘圃藏書題識再續錄》卷二，《黃丕烈藏書題跋集》，第899—900頁。字句偶小異。
③ 引自《杜集書錄》，第9頁。《中華再造善本》影印本未印此籤。

之白文無注本爲最古，一切注釋分類本都從之出。王琪原刻本久佚，其南宋翻刻本在明末清初時尚有流傳。上圖所藏此本，曾影印入《續古逸叢書》，張元濟撰有跋文（顧廷龍執筆），據諱字、行款、注例、刻工等詳加考證，認爲宋刻本一爲南宋初期浙中翻刻王琪本，宋刻本二爲南宋紹興三年（1133）吳若據王琪本重校刻於建康府學，即世所稱之"吳若本"；汲古閣之鈔配，亦有兩種行款、注例，即據兩種宋刻配本影鈔，但未鈔録刻工。① 影印本出版後，趙元方又進一步考證，結論是：宋刻本一是唯一的王琪本翻刻；宋刻本二既不是王琪本，也不是吳若本，而是吳若本之後的刻本，與吳若本有同有異。②

曾爲潘祖蔭舊藏，潘氏《滂喜齋藏書記》卷三著録爲北宋本，③認爲即王琪原刻本，非是。

毛扆跋疑是從皕宋樓藏本過録者（參看前節），有若干改動。其字體與毛鈔本《西崑酬唱集》之跋文字體絶似，當出自同一人手筆。

書中未鈐毛氏印鑒。

參本章第二節附録一第 9 號。

10. 駱賓王文集十卷　〔唐〕駱賓王撰　　［瞿、蘇］

南宋初蜀刻本，卷六至十配毛氏汲古閣影宋鈔本，序文、目録二葉亦毛氏鈔補。《秘本書目》云："宋板《駱賓王集》二本，藏經紙面，八兩。"當即此本。清汪士鐘、楊氏海源閣遞藏，今藏國圖（00881）。半葉十一行二十字，白口，左右雙邊。第十卷鈔寫字體與

---

① 另參考《中國版刻圖録》，《琅函鴻寶——上海圖書館藏宋本圖録》，第 116 頁，《杜集書録》，第 8 頁，《中華再造善本總目提要》。
② 趙元方《談宋紹興刻王原叔本〈杜工部集〉》，《文學遺産增刊》十三輯。此文署名"元方"，文中提到錢曾述古堂鈔本，"1947 年始出現於北京，曾爲我所收得，今歸北京圖書館"，知即藏書家趙元方先生。關於宋刻本二是否吳若本的問題，後又有岳珍《"吳若本"〈杜工部集〉刻工考》（《杜甫研究學刊》1999 年第 4 期）、聶巧平《"二王"本〈杜工部集〉版本的流傳》（《廣州大學學報》2000 年第 4 期）、孫微、王新芳《吳若本〈杜工部集〉研究》（《圖書情報知識》2010 年第 3 期）等文章，有進一步討論。
③ 《滂喜齋藏書記》，第 72 頁。

卷六至九略異。清黃丕烈、顧廣圻跋。

11. 歸愚集 〔宋〕葛立方撰

黃丕烈曾藏有宋刻殘本及舊鈔本《侍郎葛公歸愚集歸愚集》，舊鈔本中多《樂府》一卷，爲宋刻所無。黃跋舊鈔本云："余家殘宋本楮墨精雅，爲宋刻中之上駟，至《樂府》一卷，亦係汲古精鈔，取與此本相對，惟序次紊亂，未能如毛鈔之舊。"① 宋刻殘本今藏上海圖書館，已影印入《中華再造善本》，舊鈔本則不詳所之。

12. 梧溪集七卷 〔元〕王逢撰

元至正至明洪武間刻景泰七年（1456）陳敏政重修本。今藏國圖（07126）。十三行二十二字，黑口，四周單邊。卷一至四及他卷缺葉配汲古閣影元鈔本。清康熙十六年（1677）陸貽典校并跋云："虞山覯菴陸貽典校補于汲古閣，丁巳九月下浣。"鈐印有：元本、甲、毛晉（連珠印）、毛晉之印、毛氏子晉、子晉（連珠印）、子晉、毛晉私印、子晉書印、士禮居藏、恬裕齋鏡之氏珍藏、鐵琴銅劍樓。

日本靜嘉堂文庫收藏一部，鈐毛晉、毛扆父子各印，當即此鈔配所據底本。有顧千里跋云：

> 鮑丈渌飲向欲刊行《梧溪集》，知毛子晉所藏在先從兄抱沖小讀書堆，屬予勘定，而未果也。今丈已下世，令嗣規續成先志，以作《知不足齋叢書》之廿九集，深嘉厥意。從望山姪借出，竭三旬力，補改傳鈔闕誤。惟是六、七兩卷板心有粉墨塗改痕跡，於次第頗舛錯。蓋景泰板模糊斷爛，致有此失。又悉爲之推求訂正，庶幾稱善矣。然終少七卷第四葉，故其三葉末《節石銘》題下梧溪自注云"有後序"，而今俄空焉。此集在毛氏時已難得，錢曾《敏求記》具言之。予并見汲古別本鈔刻各半者，此兩卷尤舛錯脫落，相較殊遜。不知世間尚存洪武印本，

---

① 〔清〕黃丕烈《蕘圃藏書題識》卷八，《黃丕烈藏書題跋集》，第485頁。

可足是一葉以成完璧否也？校既畢，遂誌於尾而歸之。時嘉慶丁丑歲，顧千里書。（末鈐印：千里）①

可知汲古所藏刻本及鈔配本顧千里都曾寓目，且曾比較異同。

13. 朝野新聲太平樂府 九卷

元至正間刻本，序文、太平樂府姓氏、目錄、卷一至卷五毛氏汲古閣鈔配。今藏上海圖書館（756079－82）。八行十四字，黑口，左右雙邊。版框：10.5cm×16.4cm。四册。鈐印有：毛晉、汲古主人、毛扆之印、斧季、潘祖蔭藏書記。

第五節 存疑各本

凡一鈔本不能確定是否毛鈔，或前人認爲是毛鈔而今審定有疑義者，輯入此目。《上善堂書目》已知係僞作，則其中所載毛鈔本皆不可信，自不待辨。另王文進《明毛氏寫本書目》中所載，有若干部云"見傳書堂""傳書"，但檢蔣汝藻藏並編《傳書堂善本書目》、王國維《傳書堂藏書志》，大多并未著錄，有十六部僅見於僞《上善堂書目》，頗疑所謂"傳書"並非蔣氏書目，亦不可信，以下不再列目考辨。此十六部爲：《五代史補》、《五代史闕文》合一本，《灰燼紀聞》《太和野史》《勘書樓書目》《連江葉氏書目》《漳浦吳氏書目》《釋藏目錄》《夢溪筆談》《秘閣閒談》《虛窗手鏡》《太平紀要》《徐散騎文集》《花萼集》《吕吉甫惠卿集》《西漢文類》。瞿冕良《中國古籍版刻辭典》"汲古閣"條著錄若干種，不見其他書目記載，而此數種汲古閣皆有刻本，疑係從刻本傳鈔者，亦歸入此節。凡提及汲古僞印，參見本書附錄《毛氏汲古閣印鑒輯考》。

1. 周易 九卷 略例 一卷 ［王、瞿、蘇］

王文進《明毛氏寫本書目》："影鈔宋岳氏本。見《愛日》。按

---

① 又見《靜嘉堂秘籍志》卷十一，第376—377頁。

《邵亭》作《周易注》十卷，半葉八行十七字，每卷附相臺岳氏刊于家塾篆文木記。"按每卷末木記爲"相臺岳氏刻梓荆谿家塾"。《愛日精廬藏書志》卷一、《邵亭知見傳本書目》卷一著録，均不言有毛氏印。今國圖藏有清初影元鈔本一帙（14761），即影鈔相臺岳氏本，無藏書印鑒，疑即《愛日》《邵亭》著録之本。

2. 易小傳六卷　〔宋〕沈該撰　［王、瞿、蘇］

《天禄琳琅書目後編》卷八著録"琴川毛氏影宋鈔本"，① 王文進《明毛氏寫本書目》云："影鈔宋紹興本。"今藏國圖（12373）。十行十九字。十二册。每册卷末鈐有"宋本""甲""毛晉之印""子晉""汲古主人"等毛氏各印，國圖編目前輩審定皆係偽作，改定爲清鈔本。原藏僞滿長春僞宮，後由故宮博物院接收，1960年撥歸北圖。②

3. 童溪易傳三十卷

《四庫全書薈要總目提要》經部易類《童溪易傳》條："今依内府所藏通志堂刊本繕録，據明毛晉影宋鈔本恭校。"③ 即《天禄琳琅書目》卷四所著録之影宋鈔本，《天禄目》此書前有《周易輯聞》《復齋易説》二書，皆影宋鈔本，提要云："此書與前兩部字體相似，行款亦同，當屬一家影鈔之書，故紙墨皆極精良，足供寶玩。"④ 蓋即認定爲毛鈔。

4. 周易輯聞八卷**易雅**一卷**筮宗**一卷

《四庫全書薈要總目提要》經部易類《周易輯聞》條："今依内府所藏通志堂刊本繕録，據元田澤本、明毛晉影宋鈔本恭校。"⑤ 即

---

① 《天禄琳琅書目》，第564頁。
② 參陳國慶撰，王清原整理《瀋陽圖書館藏長春僞宮殘存宋元珍本目録考略》，載《歷史文獻》第六輯，上海古籍出版社，2004年，第78頁。
③ 《四庫全書薈要總目提要》，第110頁。
④ 《天禄琳琅書目》，第98頁。
⑤ 《四庫全書薈要總目提要》，第110頁。

《天禄琳琅書目》卷四所著録之影宋鈔本《周易輯聞》。①

以上兩部《天禄目》皆未載藏印，恐非毛鈔。

5. 儀禮要義五十卷　〔宋〕魏了翁撰　［王、瞿、蘇］

王文進《明毛氏寫本書目》云："木犀。"李盛鐸木犀軒舊藏。今藏北京大學圖書館（LSB 2617），著録爲毛氏汲古閣鈔本。九行十八字，白口，左右雙邊。六册。鈐印有：毛氏圖史子孫永保之、海寧楊芸士藏書之印、張月霄印、愛日精廬藏書、張承涣印、子謙、麐嘉館印、李傳模印、明墀之印、李氏木陔、木犀軒藏書、木齋藏書、木齋宋元祕笈。

按："毛氏圖史子孫永保之"及"張月霄印""愛日精廬藏書"三印皆係僞作。此本乃坊估假造汲古閣鈔書紙（版心下有"汲古閣"三字）鈔寫、鈐蓋僞印以欺世之作。以宋淳祐十二年（1252）魏克愚刻本（《中華再造善本》影印本）相校，可知鈔本訛脱衍倒不可勝數，鈔工極劣。《愛日精廬藏書志》亦未著録。

6. 三禮圖二十卷

《四庫全書薈要總目提要》經部禮類《三禮圖》條："今依天禄琳琅明毛晉影宋鈔本繕録，據通志堂本恭校。"② 按《天禄琳琅書目》卷四著録影宋鈔本《三禮圖》，云："此書圖畫、人物、器具，用筆工細，乃精於繪事者所作，知影鈔時殊費經營矣。"③ 并未言是毛鈔，《薈要提要》恐誤。

7. 四書通證六卷　〔元〕張存中撰　［王、瞿、蘇］

今藏臺北"國家圖書館"（00803），該館定爲"舊鈔本"。④ 十三行二十四字，小字雙行同，白口，四周單邊。王文進《明毛氏寫

---

① 《天禄琳琅書目》，第97頁。此書在《天禄琳琅書目》中排在《童溪易傳》之前，在《四庫全書薈要》中則排在後。
② 《四庫全書薈要總目提要》，第186頁。
③ 《天禄琳琅書目》，第100頁。
④ 《"國家圖書館"善本書志初稿·經部》，第214頁。

本書目》云："影鈔元板，竹紙。長白光裕如藏，卷末附'琴川汲古閣秘鈔校定本'篆書一行。"王氏《文禄堂訪書記》卷一著録爲"明毛子晉影鈔元本"。① 按原書卷末末行實題"琴川汲古閣祕鈔精定本"一行。函套書籤題"四書通證（毛氏精鈔本）"。有朱筆校。光裕如即光熙，滿洲那木都魯氏，字裕如，晚清藏書家。《古籍珍稀版本知見録》亦載"明毛子晉影鈔元本"，② 即此本。鈐印有：東吳毛氏圖書、西河季子之印、裕如祕笈、光熙之印。

按："東吳毛氏圖書""西河季子之印"二印不真。此乃僞造之毛鈔。其他毛鈔本亦未見有"祕鈔精定"之類自我標榜之語。

8. 群經音辨七卷　〔宋〕賈昌朝撰　［王、瞿、蘇］

影宋鈔本，據宋紹興十二年（1142）汀州寧化縣學刻本影鈔。王文進《明毛氏寫本書目》云："見《上善堂》《皕宋樓》。按原目有宋板三本。"今藏日本静嘉堂文庫。陸氏皕宋樓舊藏，陸心源定爲"汲古毛氏影寫宋紹興刊本"，見《儀顧堂續跋》卷四、《皕宋樓藏書志》卷十二、《静嘉堂秘籍志》卷三著録，《日藏漢籍善本書録》作"明毛氏汲古閣影宋刊本"。③ 八行十四字，小字雙行十四至十六字不等，黑口，四周雙邊。四册。鈐有"希世之珍""毛氏子晉""子晉"及陸氏各印。民國二十三年（1934），中華學藝社向静嘉堂借照，影印入《四部叢刊續編》，所附張元濟跋亦承陸氏説，視爲毛鈔本。今按，影印雖略有失真，仍可看出毛氏各印不真；鈐印只是一見於全書首葉而已，亦與汲古影宋本常於卷首末鈐多方印記之習慣不合。此本絶非毛鈔本。

陸氏另藏有清臧庸（在東）手校本一帙，有臧氏跋曰："癸丑六月七日，在東據毛氏影鈔宋本精校十七葉。"④ 臧氏所據不知是否即陸氏藏本。

此書張士俊澤存堂亦有刊本。張氏刻書跋云："秀水先生（朱彝

---

① 王文進《文禄堂訪書記》，第46頁。
② 施廷鏞《古籍珍稀版本知見録》，第134頁。
③ 當作"明毛氏汲古閣影寫宋刊本"，漏一"寫"字。
④ 《静嘉堂秘籍志》，第53頁。

尊）復以《群經音辨》七卷相授，……復向毛氏借南宋本，祕不宣，……毛氏另以鈔本見示。"可知毛氏確曾有過鈔本。陸心源云："以澤存堂刊本互校，開卷即見張刻之謬（舉例略）……此外筆畫之殊，更難枚舉。蓋張氏所祖鈔本受之朱竹垞，欲借汲古南宋本，子晉祕不肯出，而別示以鈔本，張氏即據以校改付雕，蓋別本亦出宋本，改易行款，照錄而非影寫，又經妄人屢改，故脱誤如此。"①據陸説，毛晉借予張士俊之鈔本鈔寫粗疏。而今陸氏藏影鈔本與宋紹興刻本②比對，文字異同之處不多，非張士俊所據之本。

9. 九經三傳沿革例一卷　　［王、瞿、蘇］

王文進《明毛氏寫本書目》云："按黃丕烈覆相臺本。"按黃丕烈並不曾覆刻此書。

10. 説文解字篆韻譜五卷　〔南唐〕徐鍇撰　　［王、瞿、蘇］

王文進《明毛氏寫本書目》云："《稽瑞》。"按清陳揆《稽瑞樓書目》"小櫥叢書"類："《説文韻譜》五卷，汲古閣影宋鈔，五册。"今藏臺北"國家圖書館"（00927），該館定爲舊鈔本。素紙鈔寫，無行格欄綫。據鈐印，知曾經毛晉之孫綏福、陳氏稽瑞樓、瞿氏鐵琴銅劍樓、張乃熊遞藏。《鐵琴銅劍樓藏書目錄》未著錄。張氏《适圃善本書目》著錄爲："宋徐鉉撰。景宋鈔本。汲古閣、稽瑞樓舊藏。"蓋不認爲是毛鈔。傳世汲古閣之影鈔、精鈔各本，例於各卷首尾鈐多方印記，此本僅卷三上之末、卷五末有毛氏印，與毛鈔本鈐印習慣不同，當係經毛氏收藏之清初鈔本。

鈐印：黃一經珍藏印、一經庭、黃庭印、一經、汲古閣、毛鳳苞印、字子九、毛晉私印、子晉、毛印扆、斧季、稽瑞樓、汲古、綏福、毛綏福、景思、景斯、載見詩第十三句、瞿氏鑒藏金石記、恬裕齋藏、吳興張乃熊适伯父鑑藏印記、适圃收藏。

---

① 〔清〕陸心源《儀顧堂續跋》卷四，《儀顧堂書目題跋彙編》，第303—304頁。另參《四部叢刊續編》影印本末所附張元濟、陸心源兩篇跋文。

② 宋本即汲古閣舊藏，今藏國圖（12354）。

11. 重續千字文 二卷　〔宋〕葛剛正撰並篆注　　［王、瞿、蘇］

《秘本書目》有宋板二本一套，云："世間絶無，並不知有是書，而篆書精妙，真奇書也。"未言有鈔本。王文進《明毛氏寫本書目》云："見《隅録》，又《郋園》。按崇禎本作宋葛剛正，一卷。"

楊氏《楹書隅録》卷一著録影宋精鈔本一部，云："雖無毛氏印章，然楮墨絶佳，篆法精妙，與予所藏所見汲古影宋諸書宛出一手，或即斧季喬梓由宋版過録者，致足珍也。"① 楊氏純係推測之言而已。此本不詳所之。

葉德輝《郋園讀書志》卷二著録一本，云"毛氏汲古閣影宋鈔本"，今藏湖南省圖書館（善 193.3/2）。正文篆書，每行四字，每二行後次以真書注釋，每行二十字。鈐印有：毛氏圖史子孫永保之、開卷一樂、宋本、郋園過目、葉氏祕宋樓藏、葉定侯、石林後裔、東明審定、東明所藏、更生、葉啓發藏、葉啓勛、啓勛珍賞、葉氏啓勛讀過、子貞、夢篆樓、拾經樓。葉氏云："（楊以增）太史於此書宋本考之甚詳，然據《汲古閣秘本書目》有宋本，遂定此影鈔宋本出自毛氏，② 殊不知毛氏當日於宋本外固有影寫極精之副本在，今此本是也。此爲毛氏原裝原釘，書根所寫書名尚完好如故，書面用蛋壳青冷金箋，毫無破損，流傳三百年之久，豈真在處有神物護持耶！……全書真書，體兼歐、柳，字法勁秀，篆書玉筯文，整齊勁挺，在當時必倩工書者影摹，非傭書手筆也。"③ 葉氏盛贊此本影寫之精，殊不知書中所鈐"毛氏圖史子孫永保之""開卷一樂""宋本"三枚印及"席鑑之印""席氏玉照"二印皆不真。書中有葉啓勛跋，跋文又見氏撰《拾經樓紬書録》卷上，其弟啓發《華鄂堂讀書小識》卷一亦有跋文，皆沿葉德輝之説，盛稱此"毛鈔本"鈔寫精絶。

是書國圖另藏影宋鈔本一帙（19459），鈐有"開卷一樂""毛晉私印""子晉"及"席鑑之印"、"席氏玉照"五枚僞印，"開卷一

---

① 《藏園批注楹書隅録》卷一，第 47 頁。
② 引按：謂楊氏《楹書隅録》著録之本。
③ 葉德輝撰，楊洪開點校《郋園讀書志》，上海古籍出版社，2019 年，第 107—110 頁。

樂"及席氏二印與葉氏藏本同，蓋出於同一家僞造。

12. 漢隸字源六卷　〔宋〕婁機撰　［王、瞿］

王文進《明毛氏寫本書目》云："宋板影鈔。《邵亭》。"按《邵亭知見傳本書目》云："張金吾有汲古閣舊鈔本。"① 見張氏《愛日精廬藏書志》卷七，著錄爲"舊鈔本，汲古閣藏書"，謂卷首有毛子晉印記。②《汲古閣匯紀》據此著錄作汲古閣藏舊鈔本。

傅增湘云："汲古閣有影鈔本，後歸錢塘丁氏，今藏江南圖書館。"③ 知爲丁氏八千卷樓所藏。江南圖書館即今南京圖書館之前身。《善本書室藏書志》未著錄。是書有明末汲古閣刻本，疑此爲據汲古閣刻本傳鈔者。

13. 字鑑五卷　〔元〕李文仲撰　［瞿、蘇］

清影元鈔本。今藏國圖（07983），著錄爲清初毛氏汲古閣影元鈔本（圖3-7）。八行十九字，小字雙行同，白口，左右雙邊。版框：23.4cm×16.0cm。④ 二册。清何焯校。眉端黏籤，朱墨筆係何焯校。王文進《明毛氏寫本書目》誤作"宋板影鈔"，云"《楹書》"，《楹書隅錄》卷一著錄。經楊氏海源閣、自莊嚴堪遞藏。周叔弢云："中有夾籤，是何仲子手筆。汲古原裝。何氏手校本亦在余家。"⑤ 鈐印有：毛晉私印、汲古主人、席鑑之印、席氏玉照、萸山珍本、三十五峰園主人、汪印士鐘、汪振勳印、楳泉、開卷一樂、協卿仲子、臣和、紹和協卿、楊氏協卿平生真賞、宋存書室、海源閣、東郡楊氏鑑藏金石書畫印、東郡楊紹和字彥合藏書之印、楊彥合讀書、協卿讀過、楊承訓印、修汲軒、唐越國公四十二世子孫、楊善夫讀過、儀晉舊堂、周暹。

兹審定毛氏、席氏印皆不真，此書乃是僞造的毛鈔本，絕非

---

① 《藏園訂補邵亭知見傳本書目》，第180頁。
② 《愛日精廬藏書志》，第122頁。
③ 傅增湘《藏園群書經眼錄》，第117頁。
④ 《自莊嚴堪善本書影》，第150頁。
⑤ 《藏園批注楹書隅錄》，第47頁。

"汲古原裝"。

14. 切韻指掌圖一卷**檢例**一卷　〔宋〕司馬光撰　［王、蘇］

王文進《明毛氏寫本書目》云："《切韻指掌圖》一卷,《邵亭》云影鈔宋本,原作二卷。"按《邵亭知見傳本書目》云"毛鈔影宋本一卷"。傅增湘云："余昔年游南中,得影宋本,為汲古閣所寫,鉅編精楷,絕可愛玩,旋歸之北平館中。第毛氏所摹原本則不可得睹矣。"① 又"汲古閣影寫宋刊本。余藏,後讓與北平圖書館"②。今國家圖書館並無此書。疑即王重民《中國善本書提要》所載美國國會圖書館藏本。《中國善本書提要》載：影宋鈔本一帙,"卷末有'程景思刊'一行,知從宋刻本出。卷內有'汲古主人''東吳毛氏圖書'等印記,並是偽作"。③ 疑為原國立北平圖書館遷臺善本書之一。

瞿冕良《中國古籍版刻辭典》"汲古閣"條僅著錄明邵光祖《切韻指掌圖檢例》一卷,《汲古閣匯紀》以上海圖書館藏本（綫善787753）為毛鈔,④ 該本無毛氏印記,恐非毛鈔。

15. 漢書一百卷　〔漢〕班固撰,〔唐〕顏師古注　［王、瞿、蘇］

16. 後漢書九十卷　〔南朝宋〕范曄撰,〔唐〕李賢注　［王、瞿、蘇］

此二種合裝一帙。王文進《明毛氏寫本書目》作《前後漢書》,云："宋板影鈔二十本。潘明訓藏。存惠帝紀二至平帝十二、律曆志一至上志地理志八下（引按：疑排版有誤）,又後漢光武帝紀一至皇后紀十下至郡國志二十三。"

此二書由潘氏轉歸陳澄中,後售予國圖。《漢書》（18135）存二十卷：卷一至十二,二十一至二十八；《後漢書》（18136）存十卷：卷一至十。清初毛晉跋（圖3-8）,清朱錫庚、翁同書及李盛

---

① 傅增湘《宋本切韻指掌圖跋》,《藏園群書題記》,第59頁。
② 傅增湘《藏園訂補邵亭知見傳本書目》,第187頁。
③ 王重民《中國善本書提要》,第64頁。
④ 蘇曉君《汲古閣匯紀》,第203頁。

鐸、袁克文跋，袁跋盛稱此"毛鈔"之佳。傅增湘謂毛晉跋"恐不足據"，在《藏園群書經眼錄》中以清影寫本著錄，不認爲是毛鈔。① 國圖編目前輩亦審定毛晉跋係僞作，且書中無毛氏印記，故定此兩本爲"清初影宋鈔本"，否認毛鈔之説。

《經眼錄》詳録諸家跋文，皆言此毛鈔影宋之精，此不具引。朱氏跋敘得書始末甚詳，云出自書肆衍慶堂。蓋即乾隆間書賈僞造以充毛鈔者。

17. 國語補音三卷　〔宋〕宋庠撰　［王、瞿、蘇］

王文進《明毛氏寫本書目》云："《皕宋》。"按《皕宋樓藏書志》卷二十四著録是書宋刊本、明弘治刊本，不載毛鈔本。《儀顧堂題跋》亦只有宋刊本跋。《静嘉堂秘籍志》《日藏漢籍善本書録》亦不載。《静嘉堂文庫漢籍分類目録》載寫本一部，不知即王氏所云之本否。

18. 別本十六國春秋不分卷　題〔北魏〕崔鴻撰　［王、瞿、蘇］

王文進《明毛氏寫本書目》云："《邵亭》。又江蘇館有別本，不分卷。"見《邵亭知見傳本書目》卷五著録。"江蘇館"即江蘇省立國學圖書館，南京圖書館之前身。南京圖書館藏有明末鈔本一帙（GJ/EB/131026）。按：《秘本書目》有舊鈔本二十本二套，或即《邵亭》著録之本。

19. 契丹國志二十七卷　〔宋〕葉隆禮撰　［蘇］

國圖藏（A01179），著録爲清初毛氏汲古閣鈔本。鈐印有：東吴毛氏圖書、西河季子之印、汲古后人、席鑒、別字莨山、釀華草堂、夕陽淡秋景。

按："東吴毛氏圖書""西河季子之印""汲古后人"三印皆不

---

① 傅增湘《藏園群書經眼録》，第 163—166 頁、173 頁。《後漢書》存卷，《經眼録》誤作"存帝紀后紀十卷、志注補三十卷，計四十卷"，《藏園訂補邵亭知見傳本書目》不誤。

真。此本當非毛鈔本。

20. 北狩見聞錄一卷 〔宋〕曹勳撰 ［瞿］

清鈔本，今藏上海圖書館（777043）。十四行二十二字。版框：24.5cm×17.7cm。一册。卷末有"海虞毛鳳苞子晉甫手錄"一行。素紙鈔，殘損嚴重。《上海圖書館善本書目》著錄爲汲古閣鈔本，① 後該館改訂爲清鈔本，不復作毛鈔。鈐印有：子晉、汲古主人、毛晉。未見書影，真偽待考。

21. 辛巳泣蘄錄一卷 〔宋〕趙與裒撰 ［王、瞿、蘇］

王文進《明毛氏寫本書目》云："見《富岡文庫書影》。"今檢日本昭和十一年（1936）京都小林寫真製版所印本《富岡文庫善本書影》未見。

《秘本書目》載："《辛巳泣蘄錄》一本。綿紙舊鈔。三錢。"國家圖書館藏明鈔本一部（03656），鈐有"汲古閣""毛晉私印""鐵琴銅劍樓"等印記，當即此舊鈔本。《鐵琴銅劍樓藏書目錄》卷九著錄。《浙江採集遺書總錄》丁集所著錄之"汲古閣寫本"，② 疑即今國圖藏本。

22. 南遷錄一卷 舊題〔金〕張師顏撰 ［王、瞿、蘇］

王文進《明毛氏寫本書目》云："見《採進》，作一卷。"《浙江採集遺書總錄》丁集、《結一廬書目》鈔本類經部著錄。國圖收藏一帙（08046），著錄爲毛氏汲古閣鈔本。十四行二十二字，白口，左右雙邊。版框：18.8cm×16.0cm。一册。民國十八年（1929），周叔弢得黃丕烈校葉石君本，與此册對勘一過，於此書卷首作跋語並補錄張序及黃氏題識。凡黃本異同可兩存者，注之眉端，其顯然脱誤則不盡錄。後弢翁又見松江韓氏藏明鈔本《金國南遷錄》，有金孝章墨筆手校，乃傳寫一過，別有朱筆識語，不知出誰氏，亦並錄

---

① 《上海圖書館善本書目》史部雜史類。
② 《浙江採集遺書總錄》，第178頁。

之。按《秘本書目》云："《南遷錄》一本。綿紙舊鈔。二錢。"癸翁批語云："余藏毛氏鈔本，是竹紙舊鈔。"鈐印有：毛晉私印、字子晉、東吳毛氏圖書、西河季子之印、敘齋所藏、十經齋藏書、于或山字仲樽印。

《汲古閣匯紀》云："從用紙、字體及版式風格看，殆爲汲古閣藏明鈔本，而非毛氏所鈔。"① 今按：書中所鈐毛氏四印皆不眞，此乃僞造的毛鈔本。

23. 行朝錄三卷　〔清〕黄宗羲撰　［瞿、蘇］

清初鈔本。今藏山東省博物館。清王仁俊跋。《中國古籍善本書目》著録爲清初毛氏汲古閣鈔本。此書記南明興亡史，與汲古閣藏書、鈔書旨趣不合，是否毛鈔，令人生疑。書影未見。

24. 种太尉傳一卷　〔宋〕趙起撰　［王、瞿、蘇］

《愛日精廬藏書志》卷十三著録："舊鈔本，汲古閣藏書"，"卷首有毛子晉、毛斧季印記"。② 王文進《明毛氏寫本書目》云："宋河汾散人趙得起。《邵亭》。"見《邵亭知見傳本書目》卷五，當即《愛日》本。按趙起字得君，王文進、瞿冕良皆誤題著者。

25. 幽蘭居士東京夢華錄十卷　〔宋〕孟元老撰　［瞿、蘇］

臺北"國家圖書館"藏（04047），著録爲"明虞山毛氏汲古閣影鈔宋刊本"，鈐"汲古主人""子晉"二印。有羅振玉篆書題名"汲古毛氏景宋本東京夢華錄"。張乃熊《菦圃善本書目》景宋景元本類著録"汲古閣景宋鈔本，羅叔藴（羅振玉）題面"，即此本。張氏得自烏程蔣氏，王國維《傳書堂藏書志》卷二載："影元鈔本。字體圓活，似從元翻淳熙本出。卷三末'天曉諸人入市''諸色雜賣'二條稍有修節，似非宋本之舊。餘與明季刊本異處，皆以此本

---

① 蘇曉君《汲古閣匯紀》，第557頁。
② 《愛日精廬藏書志》，第203頁。

爲長。有'汲古閣主人'（引按，原衍"閣"字）、'子晉'二印。"① 即此本。《國立南京圖書館善本甲庫書目》著錄作"明虞山毛氏汲古閣影鈔宋刊本"。按：毛氏印係僞作。國家圖書館藏清鈔本一帙（53715），亦鈐此二印。辨見下章。

26. 金石錄 三十卷 〔宋〕趙明誠撰 ［瞿］

清鈔本。北京德寶 2010 年春季拍賣會（五周年特集專場）、西泠印社拍賣有限公司十周年慶典拍賣會拍品，2021 年入藏天一閣博物館。九行十九字，小字雙行同，白口，左右雙邊。版框：19.4cm×14.5cm。六冊。格紙版心下有"汲古閣"三字。卷前有康熙三年（1664）徐渭仁（紫芝老人）題記，云："此册係汲古毛氏經天一閣錄出者，當世守之無失。"② 卷末有"插花山樵贇觀於渤海氏滄浪室"題記一行。鈐印有：虞山汲古閣圖書、松竹閣、心如秋月、徐紫珊藏、宴坐養和齋書畫記、徐文台竹尋盦收藏印、曾藏顧少梅家、武陵顧氏藏本、長松下當有清風。

今按："虞山汲古閣圖書"一印鎸刻頗爲拙劣，恐非毛氏所有，且不見於他書。疑此所謂毛鈔本是僞作。

莫友芝云："（《金石錄》）葉舊鈔、汲古閣鈔二本，是昭文張氏目。"③ 張氏《愛日精廬藏書志》卷二十著錄"舊鈔本，汲古閣藏書"一部，有何焯跋云："鈔此書者，格行皆仿澉東老漁元本槧成，可謂好事矣。康熙壬辰，汲古主人命余校後跋中譌字，因識。後生何焯。"④ 所述汲古閣鈔本與今天一閣藏本亦不同。張氏本今不詳所在。瞿冕良《中國古籍版刻辭典》"汲古閣"條有《金石錄》一目，當係據莫氏、張氏而來。

27. 歷代鐘鼎彝器款識 〔宋〕薛尚功撰 ［瞿、蘇］

清雍正三年（1725）虞山陸琪曾據毛鈔本影寫一部，今藏黑龍

---

① 王國維《傳書堂藏書志》，第 387 頁。
② 參見《册府千華——民間珍貴典籍收藏展圖錄》，第 119—121 頁。
③ 《藏園訂補邵亭知見傳本書目》，第 458 頁。疑"是"爲"見"字之誤。
④ 《愛日精廬藏書志》，第 319 頁。

江大學圖書館。《第二批國家珍貴古籍名錄》04332號。陸鈔本有潘承弼（景鄭）跋，跋文又見潘氏《著硯樓書跋》。

瞿冕良《中國古籍版刻辭典》"汲古閣"條著錄作《歷代鐘鼎彝器款識法帖》二十卷。

2002年，中國嘉德國際拍賣有限公司春季拍賣會上拍一帙（LOT 1450）。拍品介紹稱，大字均爲雙鉤添墨影鈔，影鈔工整；四冊；有"汲古閣"、趙氏"舊山樓劫餘"、"次公"等印。知爲趙宗建舊山樓舊藏，但《舊山樓書目》未著錄。拍賣圖錄所出書影上未見"汲古閣"印，真偽待考。

民國間上海古書流通處據鈔本影印一帙，此鈔本上鈐有"毛晉私印""子晉"及"懷辛主人""藝風堂""荃孫"等印。嘉德四季第37期拍賣會曾上拍一帙（LOT 3275），首葉有前人朱筆批云："此本殆從阮刻本鈔出，除卷末有'藝風校，癸丑十一月又校，小珊'十三字外，其中絶無繆氏校語，可知賈人託藝風老人校本以謀利者也。"按此本所鈐毛晉二印亦係偽作，蓋欲以冒充名家鈔校本。

28. 漢制考四卷　〔宋〕王應麟撰　[瞿、蘇]

瞿冕良《中國古籍版刻辭典》"汲古閣"條著錄。疑係據汲古閣刻《津逮秘書》本傳鈔者。

29. 中興館閣錄十卷**續錄**十卷　〔宋〕陳騤撰　[蘇]

顧千里《百宋一廛賦》："《中興館閣》，《錄》《續》繫聯。《永樂大典》，證明匪全。奪胎肖貌，簡或間編。潛采自鄶，洵無譏焉。"黃丕烈注云："居士從兄抱冲道人所藏乃毛氏影鈔精本，惟貌惟肖者也。然宋本誤裝《續錄》卷第七提舉編脩《國史會要》一葉及提舉秘書省《提綱史事》二葉上入《錄》之七卷中，而影鈔者竟改填板心字爲'中興館閣錄'云云以實之，非見宋本，無由覆正也。外此所見鈔本，更非毛比矣。"① 抱冲道人者，元和藏書家顧之逵。傅增湘曾見顧氏過雲樓藏本，著錄作"南宋館閣錄"，傅氏云：原題

---

① 〔清〕黃丕烈《百宋一廛賦》，《黃丕烈藏書題跋集》，第945頁。

《中興館閣録》，"明末毛氏汲古閣寫本，九行二十一字。顧麐士藏。"① 蓋即顧之逵舊藏本。按《秘本書目》有："《中興館閣録》三本。舊鈔。一兩五錢。"疑黄、顧各家所藏即此舊鈔本。

30. 大金集禮四十卷　[瞿、蘇]

周叔弢批注《錢遵王讀書敏求記校證》之《大金集禮》四十卷云："余收精鈔本，相傳爲汲古閣所寫。"② 所云精鈔本今藏國圖（08106），存三十八卷（卷一至二十五、二十七至三十二、三十四至四十）。九行十八字，白口，左右雙邊。二十册。鈐有"安樂堂藏書記""怡府世寶"等印，無毛氏印記。傅增湘亦曾寓目，云："影鈔本，九行十八字，似毛鈔。有怡府及盛昱各印，景賢遺書。"③ 國圖編目定爲清鈔本。

31. 醫論不分卷　〔明〕王肯堂撰　[王、瞿、蘇]

王文進《明毛氏寫本書目》云："《王宇泰醫論》三卷。見《孝慈堂》，云毛斧季鈔。"按《孝慈堂書目》子部醫書類："毛斧季精鈔。一册。鈔白。九十五番。"

上海圖書館收藏一帙，著録爲清初毛氏汲古閣鈔本（829851）。九行十八字，白口，四周雙邊。版框：13.6cm×20.2cm。一册。陳清華舊藏。《祁陽陳澄中舊藏善本古籍圖録》解題云："是書分《靈蘭要覽》《痘疹發微》《雜論雜記》三部分，卷端各自分別，實爲三卷，惟葉數連屬耳。此本雖用黄紙，但鈔寫之前亦經上蠟，錯字則以白粉填改，皆與平素所見汲古毛氏影鈔或精鈔本同，所鈐印章亦無疑問。然卷末所附顧錫麒、黄丕烈、姚椿三跋則爲贋品，不免畫蛇添足之嫌。"④ 鈐印有：虞山汲古閣毛子晉圖書、筆精墨妙、竹泉珍祕圖籍、瘦聞齋。今按：所鈐毛氏印章不真；無毛扆印記，與《孝慈堂》所載亦不合。僞造印記、跋文，蓋欲冒充名家藏本以

---

① 傅增湘《藏園訂補邵亭知見傳本書目》，第418頁。
② 李國慶《弢翁標注〈錢遵王讀書敏求記校證〉》，《藏書家》第14輯，第116頁。
③ 《藏園訂補邵亭知見傳本書目》，第432頁。
④ 《祁陽陳澄中舊藏善本古籍圖録》解題，第157頁。

牟利。

32. 古本葬經内篇一卷　〔晉〕郭璞撰　**葬經翼**不分卷　〔明〕繆希雍撰　**難解**一卷　［蘇］

合鈔一册。《汲古閣匯紀》著録，謂"汲古閣影明鈔本"，① 非是。此本實爲據汲古閣刻本傳鈔者，今藏南京圖書館（GJ/EB/3002787）。

33. 雪菴字要一卷　〔元〕李玄暉撰　［瞿、蘇］

瞿冕良《中國古籍版刻辭典》"汲古閣"條著録："元釋李溥光《雪菴字要》（一名《雪菴大字書法》）一卷。"此當即《秘本書目》所載："《雪菴字要》一本，綿紙舊鈔本。洪武間跋云，得於琴川陳蒼崖先生家，後有成化十七年辛丑琴川俞洪跋。三錢。"瞿氏誤爲毛鈔。此本今藏臺北"國家圖書館"（06683），定爲明鈔本，有黄丕烈、鄧邦述、張元濟題記。周叔弢批《秘本書目》此條云："此書藏江寧鄧氏。"即此本。

書中毛氏鈐印有：毛晉私印、子晉、汲古主人、虞山毛晉、子晉書印、汲古得脩綆、毛扆之印、斧季。

34. 法書考　〔元〕盛熙明撰　［王、瞿、蘇］

《秘本書目》："盛熙明《法書考》，舊紙舊鈔。一兩。"《浙江採集遺書總録》庚集著録"汲古閣寫本"，《四庫全書總目》著録"浙江巡撫採進本"，知《四庫》據以鈔録。疑即《秘本書目》所云之舊鈔本。瞿冕良《中國古籍版刻辭典》"汲古閣"條云八卷。

35. 貞觀公私畫史一卷　［瞿、蘇］

瞿冕良《中國古籍版刻辭典》"汲古閣"條有此目。施廷鏞《古籍珍稀版本知見録》亦載："《貞觀公私畫史》一卷，唐裴孝源

---

① 蘇曉君《汲古閣匯紀》，第283頁。

撰，汲古閣鈔本。"①《鐵琴銅劍樓藏書目錄》卷十五載舊鈔本一帙，云："舊出汲古毛氏鈔本，卷首有'毛氏子晉'朱記。"蓋即諸家所見之本。此本今藏國圖（06863），"毛氏子晉"印不真，國圖著錄爲清鈔本。

36. 硯箋一卷　〔宋〕王得臣撰　［王、瞿、蘇］

王文進《明毛氏寫本書目》著錄《塵史》條云："又《年譜》注有《硯箋》。"指江標編《黃蕘圃先生年譜》。按黃丕烈《硯箋跋》云："此本係舊鈔而毛藏者，前云毛鈔本，誤也。"②

37. 河南邵氏聞見後錄三十卷　〔宋〕邵伯溫撰　［王、瞿、蘇］

《秘本書目》："《邵氏聞見錄》二十卷四本。邵伯溫。綿紙舊鈔。一兩六錢。"又"《邵氏聞見後錄》三十卷四本。邵博。綿紙舊鈔。一兩六錢"。王文進《明毛氏寫本書目》云："見《善本》，云宋板影鈔。又江蘇館。按原目又《前錄》二十卷，云綿紙舊鈔，各作四本。"按丁丙《善本書室藏書志》卷二十一："《河南邵氏聞見後錄》三十卷，明汲古閣寫本，黃蕘翁校，張紹仁藏。……錢遵王《敏求記》云：'余既繕寫伯溫《聞見錄》，又購得邵博《後錄》舊鈔本，曾經前輩校。'此或即遵王所稱舊鈔也。有'讀異齋從校正''善本''張紹仁印''訒菴''執經堂藏善本'諸印。紹仁字學安，長洲人，有執經堂，收藏古刻，校勘甚勤。"③ 今藏南京圖書館。南京圖書館藏本《善本書室藏書志》有其館員曹菊生按語云："改爲'明末毛氏汲古閣刻《津逮秘書》本'。"④ 知題"汲古閣寫本"原係丁氏筆誤，王文進等皆受其誤導。

38. 誠齋雜記二卷　題〔元〕林坤撰　［瞿、蘇］

清鈔本。今藏山東省圖書館，《山東省圖書館藏珍品圖錄》著錄

---

① 施廷鏞《古籍珍稀版本知見錄》，第128頁。
② 〔清〕黃丕烈《蕘圃藏書題識》卷五，《黃丕烈藏書題跋集》，第239頁。
③ 《善本書室藏書志》，第887頁。
④ 《善本書室藏書志》，第907頁。

作"毛氏汲古閣鈔本"。八行十九字，白口，左右雙邊。版框：18.9cm×13.5cm。一册。葉心下有"汲古閣"三字。① 此本從版式、字體看，與汲古閣刻《津逮秘書》本完全相同，疑即據《津逮秘書》傳鈔之本。

39. 南村輟耕録三十卷　〔元〕陶宗儀撰

清鈔本。西泠印社 2010 年秋季藝術品拍賣會拍品。十行二十字，白口，四周單邊，無界行。版框：19.6cm×13.8cm。八册。拍品説明云："所用鈔紙，書口或曰'汲古閣本'、或曰'汲古閣'，字體不統一，應爲多人鈔寫。内中有避'玄'字諱。"書籤題："鈔本輟畊録，癸未春草□□題。"（鈐"叔韋"印。）書中鈐印有：汲古主人、毛晉之印、供舍利室鑑藏書畫印。

今按："汲古主人""毛晉之印"二印不真。是書有汲古閣刻《津逮秘書》本，從書影看，此鈔本當係據《津逮秘書》本傳鈔者。

40. 五色綫二卷　〔唐〕段成式撰　　［蘇］

蘇曉君《汲古閣彙紀》著録爲清初毛氏汲古閣鈔本，② 北京大學圖書館藏（LX 6602）。此本實爲據汲古閣刻《津逮秘書》本傳鈔者，《北京大學圖書館藏古籍善本書目》已改正。③

《津逮秘書》本爲上下二卷，缺卷中，毛扆曾鈔配補入，有題識云：

> 《五色綫》凡三卷，先君所藏止上下二卷，遂刊入《津逮秘書》。辛酉夏日，余訪書于章邱李氏（中簏先生之後），于亂帙中得冀京兆刻本，乃有中卷者，其序述原委甚明。喜而攜歸，已十年矣。兹因上伏曝書，令鈔入家刻中，並録其序。且附冀公事略于後，以見其人之足重如此。但此版當年分授先兄，已

---

① 參《山東省圖書館藏珍品圖録》，第 112 頁。
② 《汲古閣彙紀》，第 239 頁。
③ 《北京大學圖書館藏古籍善本書目》，第 305 頁。

質他所，不得補刊，與世共之，爲可惜爾。①

此鈔配本不知存世與否。

41. **麈史**三卷　〔宋〕王得臣撰　［王、瞿、蘇］

《秘本書目》有"綿紙舊鈔一本"。羅振常《善本書所見錄》卷三著錄明鈔本，② 今在臺北"國家圖書館"（07261），定爲明藍格鈔本，有毛扆校并跋云：

> 辛卯五月十一日，從舊鈔三本校畢。一爲何元朗所藏，一爲欽仲陽所藏，一爲舅氏仲木所藏。三者之中，何本最善，惟其所自皆出于一。此則又是別本，然亦大有佳處，今亦可稱善本矣。汲古後人毛扆識，時年七十有二。③

此當即《秘本書目》著錄之本。王文進《明毛氏寫本書目》云："見《蕘圃題識》注稱。"黃丕烈曾藏何義門手校舊鈔本一帙，何校提及有毛鈔本。黃氏云：何義門所云毛鈔作某與此藍格鈔本不盡合。④

42. **劇談錄**

王子霖《古籍版本學》論汲古閣鈔本特點時，舉此書爲例，並附書影。⑤ 八行十九字，無行格，版心下題"汲古閣"。從書影看，實爲據汲古閣刻《津逮秘書》本傳鈔者。

43. **暌車志**五卷　〔宋〕郭彖撰　［王、瞿、蘇］

《秘本書目》："《暌車志》五卷一本。郭彖字次象。後有沈與文

---

① 《汲古閣書跋》"附編"，第 132 頁。
② 羅振常《善本書所見錄》，第 107 頁。
③ 又見《雲間韓氏藏書題識彙錄》"子類"，第 90 頁。
④ 〔清〕黃丕烈《蕘圃藏書題識》卷五，《黃丕烈藏書題跋集》，第 277 頁。
⑤ 《王子霖古籍版本學文集》第一册，第 188 頁。

跋，謂此書柳安愚在宋刻本臨摹者。八錢。"王文進《明毛氏寫本書目》云："《邵亭》。"按《邵亭知見傳本書目》云："汲古有影本。"① 然據《秘本書目》則非汲古所鈔。

44. 全芳備祖前集二十七卷後集三十一卷　〔宋〕陳景沂輯，〔宋〕祝穆訂正　［瞿、蘇］

《第二批國家珍貴古籍名錄》04904 號（圖 3-9）。上海辭書出版社圖書館藏，定爲清初毛氏汲古閣鈔本。十二冊。各卷卷首朱筆題寫卷次，前後字體不一，鈔手非一人。無毛氏印記，其他鈐印有：莊親王寶、蕤翁、峴、南齋侍兒、陶齋鑑藏、孫詒經印、藏修居士、東郡楊紹和彥合珍藏、朱本之印、素人。知曾入清莊親王府，遞經楊峴、端方、孫詒經、楊氏海源閣、朱本等收藏。

此書版式是九行十九至二十二字不等，烏絲欄，四周雙邊，三魚尾，上下大黑口，上二魚尾之間印"汲古閣毛氏鈔本"，與其他毛鈔本格紙樣式均不同。汲古閣所刻書有的版式與之類似，如《（寶祐）重修琴川志》《八唐人集》《中吳紀聞》（圖 3-10）等。北京德寶 2012 年 9 月夏季拍賣會曾上拍這種鈔書紙空白格紙五張（圖 3-11）。2020 年 10 月，中貿聖佳 25 周年春季藝術品拍賣會"小殘卷齋珍藏暨萬卷——古籍善本專場"上拍汲古閣鈔《全芳備祖》等散葉七葉，十行十八字，白口，四周單邊，版心下有"汲古閣毛氏鈔"六字；另有汲古閣鈔書紙空白頁一紙，與德寶所拍相同。

中貿聖佳所拍之七葉，格紙及鈔書字體與臺北"國家圖書館"藏舊鈔本《全芳備祖》（07886）極相似（圖 3-12）。臺圖本版心下亦有"汲古閣毛氏鈔"六字，書中鈐"婁東張氏鑒藏""劉喜海印""燕庭"等印，書中有批校數處，《後集》卷十三末有題識一行"讀書堆殘宋刊本散在坊間，借歸續校"，卷十四末有題識一行"嘉慶元年冬借顧抱冲鈔校"，書末有陸貽典跋。該館定爲清道光、咸豐間人作僞之本，《"國家圖書館"善本書志初稿》云："此本有數疑，題汲古鈔而無毛氏印章一也，陸跋荒疏而字體不類二也，嘉慶元年云

---

① 《藏園訂補邵亭知見傳本書目》，第 868 頁。

云，讀［書］堆殘宋本云云，似蕘圃口吻，亦無黃跋三也；照此情形，不獨毛鈔作僞，張安等印章并靠不住，不過道咸鈔本耳。卷末有清陸貽典手書題跋，似作僞。"① 則中貿聖佳所拍當之殘葉亦當是僞作，而同時上拍的空白鈔書紙恐亦不真，因此上海辭書出版社圖書館藏本也很有作僞嫌疑。

上海辭書出版社圖書館藏本原爲楊氏海源閣舊藏，《海源閣書目》著錄作舊鈔本，② 亦不認爲是毛鈔。

45. 理法器撮要　題［泰西］利瑪竇撰

韓應陛曾收藏求是樓鈔本《理法器撮要》一部，末有跋曰："右書三卷，圖注精詳，詮詁明確，約而不泛，簡而能明，洵天文、數學家不易得之寶也。戊寅初夏，借得汲古閣毛氏鈔本，因令胥鈔錄一過，雖字跡繪工遠遜毛本，然大意不失，尚可見廬山面目。爰書數語，藏之篋衍。求是樓主人識。"③ 提及毛鈔本。然據學者考證，《理法器撮要》約成書於嘉慶二十三年（1818），係托名利瑪竇之僞書。④ 跋文"借得汲古閣毛氏鈔本"云云，當是依託之言。

46. 離騷草木疏 四卷　〔宋〕吳仁傑撰　　［瞿、蘇］

清初影宋鈔本。今藏美國哈佛大學哈佛燕京圖書館。十二行二十四字，白口，左右雙邊。一册。鈐印有：汲古閣、毛氏圖史子孫永保之、正鋆秘笈、黟山黃氏竹瑞堂藏書、葛君、曾亮、長尾甲印、雨山艸堂、不可思議、均之心賞、密均樓、美人芳草、蔣祖詒、穀孫。鈔寫底本爲宋慶元六年（1200）羅田縣庠刻本。宋本今存國家圖書館（00879）。

此本之定爲毛鈔，見沈津《中國珍稀古籍善本書錄》，⑤ 所據唯

---

① 《"國家圖書館"善本書志初稿》子部第2册，第336頁。
② 《海源閣書目》子部類書類，《增訂海源閣書目五種》，第996頁。
③ 鄒百耐《雲間韓氏藏書題識彙録》，第115頁。
④ 陳拓《僞書背後的西學知識史：托名利瑪竇之〈理法器撮要〉考》，《國際漢學》2022年第1期。
⑤ 沈津《中國珍稀古籍善本書錄》，第345頁。

首末所鈐汲古閣二印而已。丁延峰《藏園群書經眼録補正續》一文已有質疑，丁文據《秘本書目》、王目、瞿目皆不著録，謂"沈氏僅據毛氏藏印就斷爲毛鈔，尚待考證"，其説可從。① 此本係蔣祖詒舊藏，王國維爲蔣氏所撰《傳書堂藏書志》未著録。

今按：書中"汲古閣""毛氏圖史子孫永保之"二印不真。"汲古閣"印他書未見，"毛氏圖史子孫永保之"係僞作。

傅增湘曾見"影寫宋刊本"，鈐汲古閣印，行款爲十一行二十一二字，與此不同。② 韓應陛曾收藏明人據宋本鈔《離騷草木疏》一卷，鈐有"毛晉私印""汲古主人"朱文二方印。③ 今皆待訪。

47. 杜工部七言律詩二卷　〔唐〕杜甫撰，〔元〕虞集注　［瞿、蘇］

清鈔本。中山大學圖書館藏（VI222.742/30.2）。八行十八字，小字雙行同，白口四周雙邊。二册。《中山大學圖書館古籍善本書目》著録，云："卷端下蓋'甲''元本''毛氏子晉'及'毛晉之印'篆文方朱印。目録頁有'夏樹嘉''田耕堂'等篆文方朱印。"④《中國古籍善本書目》著録作清鈔本（集部第910號）。按"甲""元本"二印毛氏一般是鈐蓋在版框外，從未有在卷端下鈐蓋者，疑此毛氏印皆不真。書影未見。該館新版《中山大學圖書館古籍善本書目》仍著録爲清鈔本，云"鈐'滋畬''夏樹嘉印''田耕堂藏''羨門氏''泉唐夏氏金石秘笈子孫永保''平叔'"印，⑤ 削去汲古四印未録。

48. 吕和叔文集五卷　〔唐〕吕温撰　［蘇］

臺北"國家圖書館"藏（09773），原爲蔣汝藻舊藏，《傳書堂

---

① 丁延峰《藏園群書經眼録補正續》，《圖書館雜志》2010年第3期。文中謂此本今藏上海圖書館，非是。
② 傅增湘《藏園訂補邵亭知見傳本書目》，第929頁。
③ 鄒百耐《雲間韓氏藏書題識彙録》，第114頁。
④ 中山大學圖書館編《中山大學圖書館古籍善本書目》，第255頁，1982年廣州版。
⑤ 中山大學圖書館編《中山大學圖書館古籍善本書目》廣西師範大學出版社，2004年，第531頁1548號。

藏書志》卷四著録作"校明鈔本"。① 臺館定爲明鈔本，不認爲是毛鈔。鈐印有：毛晉一名鳳苞、隱湖小隱、毛晉私印、一字子九、汲古閣等。傅增湘《藏園訂補邵亭知見傳本書目》著録："明末毛氏汲古閣寫本，有崇禎甲申毛晉跋。有朱筆校字及黄丕烈跋。"② 即此本。

跋文録後備考：
（1）毛晉跋

從友人處借嘉靖壬午清明日吴門忍齋黄冀録本訂一遍，卷首有"六爻堂""黄女成氏"二印記。崇禎甲申二月初吉丙戌元宵後五日，又求施師重訂。

（2）黄丕烈跋

舊鈔《吕衡州文集》十卷本，余得諸東城顧五癡家，惜亡其首三卷，後海鹽家椒升來，以新鈔本售余，雖亦十卷，序次與舊鈔不同。馬鋪橋周香嚴先生借兩本去，取所藏葉石君家鈔本對之，知舊鈔者爲佳，而海鹽本蓋分前五卷以符十卷之數耳。葉本有劉序并全目，余俱鈔得，而前三卷異同較海鹽本爲勝者，盡録之，擬補顧本所失落也。厥後香嚴又得吴岫所藏五卷舊鈔本，余亦借校，亦幾幾乎稱善矣。近從書友郁某得一毛子晉手跋本，亦祇五卷，而與海鹽本不同，其所謂五者，蓋取十卷而紊亂之者也。爰取葉本、顧本參訂，知第一、第二乃是葉本之第一、二、三，以一二卷爲一卷，三卷爲二卷也；三卷之前五篇，乃葉、顧本第四卷之半，後十篇則又葉、顧本之第八卷也；四卷爲葉、顧本之第九卷，五卷爲葉、顧本之第十卷。顛倒錯亂，不知其由，姑存之以待考核云爾。黄丕烈識。

嘉慶壬戌冬十一月望前二日，復從周丈香嚴處借得一舊鈔

---

① 王國維《傳書堂藏書志》，第896頁。
② 傅增湘《藏園訂補邵亭知見傳本書目》，第1031頁。

本，亦五卷，與此行款正同，顛倒錯亂，却復如此，知此本由來有舊矣。卷端墨書一行，云"照依錢少室家藏本鈔寫"，朱印一，文云"沈印穀伯"。卷末有跋五行，云："此書向無佳本，讀之不勝魯魚，近在君宣齋頭獲覯此編，有'王庭槐圖書'并校錄跋語，云彼先君從内府傳寫者，亟取歸而讐正之，大約次序相同，互有少差耳，俟有博學，還祈請正。萬曆丙辰仲秋記於懸磬室。"爰錄此備考。蕘翁丕烈。①

49. 張司業集三卷　〔唐〕張籍撰　[瞿、蘇]

《結一廬書目》鈔本類著錄，一册。莫棠云："汲古閣影宋鈔三卷本。"② 此本今藏上海圖書館（794406），定爲"清初公文紙影宋抄本"。③ 十行十八字，白口，左右雙邊。鈐"毛晉私印""子晉""結一廬藏書印"等印，劉位坦跋。書影未見。

50. 司空表聖文集十卷　〔唐〕司空圖撰　[王、瞿、蘇]

王文進《明毛氏寫本書目》云："宋板影鈔。《鐵琴》。"按《鐵琴銅劍樓藏書目錄》卷十九："汲古毛氏鈔藏本。編次不分體，每卷首行卷第下有'一鳴集'三字，以陸敕先校北宋本《杜荀鶴文集》證之，知自宋本傳錄者。有朱筆校正。卷首有'黃子羽讀書記''毛子晉氏'二朱記。"《古籍珍稀版本知見錄》亦著錄。此本今藏國圖（04259），已改訂爲明鈔本。其中朱筆校正，國圖編目著錄作毛表校。

鈐印：黃子羽讀書記、毛氏子晉、汲古閣、東吳毛氏圖書、子晉書印、汲古主人、稽瑞樓、鐵琴銅劍樓。

51. 李推官披沙集六卷　〔唐〕李咸用撰　[王、瞿、蘇]

王文進《明毛氏寫本書目》云："宋板影鈔。傳書。"《傳書堂

---

① 按：黃跋又見《蕘圃藏書題識》卷七，《黃丕烈藏書題跋集》，第 395 頁。
② 《增訂四庫全簡明目錄標注》，第 664 頁。
③ 《上海圖書館善本題跋真蹟》第 11 册，第 208 頁。

藏書志》卷四載"景宋鈔本",云"從鄧氏群碧樓所藏宋本影鈔",並非毛鈔。

52. 碧雲集三卷　〔唐〕李中撰　[王、瞿、蘇]

清初鈔本。今藏國圖（19919），著録爲毛氏汲古閣鈔本。十行十九字，黑口，左右雙邊。一册。清黄丕烈跋。陳清華舊藏。外封面爲趙宗建所題；內封面爲黃丕烈題："癸未秋收重裝"，"毛子晉家傳鈔元本"。

鈐印：毛晉之印、鳳苞（連珠印）、元本、毛子九讀書記、士禮居藏、竹泉珍秘圖籍、曾在舊山樓、趙印宗建、非昔居士。

卷前黃跋云：

> 予今春送考玉峰，曾獲宋槧唐人詩集，《碧雲》其一也。適從坊間取毛刻《八唐人集》，此種尚有，對勘一過，毛刻多闕失，宋槧皆有之，毛却未言所據何本。今又得此鈔本，知爲毛氏舊藏，鈐有"元本"印記，是所據爲元本，故與宋槧殊，而以此入刻，未載源流，使人悶悶，今始豁然，可與宋槧並藏，遂收而重裝之。裝成爲癸未秋八月十有七日，時晴霽竟日，明月猶圓，坐學耕堂之南軒書此。秋清逸士記。(末鈐印：黃丕烈印)

卷末黃跋云：

> 此毛氏鈔本又爲子晉手校，卷中朱筆校字、跋中墨筆增字皆其手跡也。毛氏鈔固足重，子晉校尤可珍，予特表而出之，以俟來者考焉。蕘夫又記。(末鈐印：黃丕烈印)

王文進《明毛氏寫本書目》云："見《蕘圃題識》，按《續識》又一書。"見黃丕烈《蕘圃藏書題識》卷七，跋宋本時提及此本。

《續識》並非"又一書",正是上引二跋。① 黃跋宋本云:"七月下澣,湖賈以毛子晉舊藏黑格竹紙鈔本示余,方曉毛所據以入刻者乃元本也,上有'元本'二字印知之。朱、墨二筆校字皆子晉手跡。"黃氏稱此本爲毛鈔,所據爲"元本"印、毛晉校。按《秘本書目》:"《碧雲集》一本。舊鈔。三錢。"似據此定爲汲古閣舊藏鈔本爲宜。

是書有崇禎十二年(1639)汲古閣刻《唐人八家詩》本。

53. 讒書 五卷 〔唐〕羅隱撰 〔蘇〕

傅增湘云:"清嘉慶十二年吳騫刊《拜經樓叢書》本,余藏。余據毛氏汲古閣寫本及黃廷鑑校士禮居本校。"②

國圖收藏傅校《拜經樓叢書》本一帙(00310),乃辛巳年(1941)據李盛鐸舊藏清任昌諫鈔本校勘者。

54. 姚少監詩集 十卷 〔唐〕姚合撰 〔王、瞿、蘇〕

王文進《明毛氏寫本書目》誤作"文集"(瞿冕良亦誤),云:"宋板影鈔。《蕘圃》。"《蕘圃藏書題識》卷七著錄,標題作"姚少監詩集十卷,汲古閣鈔本",黃跋實以此爲毛子晉舊藏,謂"審是明人鈔本"。③ 此本曾入涵芬樓,《涵芬樓燼餘書錄》著錄,云:"前五卷鈔筆極舊。殷、敬、真等字間有缺筆。半葉十行,行十八字。後五卷補寫,行款同。前五卷有朱筆點校,殆出汲古主人之手。"④ 今藏國圖(07642),著錄爲明鈔本,亦不作毛鈔。存卷一至五,卷六至十配清鈔本,末有毛晉跋。

是書有汲古閣刻《唐人六集》本。

55. 杜荀鶴文集 三卷 〔唐〕杜荀鶴撰 〔王、瞿、蘇〕

影宋鈔本。今藏日本靜嘉堂文庫,陸心源皕宋樓舊藏,《靜嘉堂

---

① 〔清〕黃丕烈《蕘圃藏書題識》卷七、《蕘圃藏書題識續錄》,《黃丕烈藏書題跋集》,第439—441、791頁。
② 《藏園訂補邵亭知見傳本書目》,第1077頁。
③ 〔清〕黃丕烈《蕘圃藏書題識》卷七,《黃丕烈藏書題跋集》,第418頁。
④ 《張元濟古籍書目序跋彙編》,第699頁。

秘籍志》卷三十二著録，云："《杜荀鶴集》，毛鈔二本。"①《皕宋樓藏書志》卷七十一作"《杜荀鶴文集》三卷，影寫南宋本。"②《日藏漢籍善本書録》則著録爲："古寫本，原虞山毛氏等舊藏。"③ 有顧廣圻題識，云：

> 《讀書敏求記》云："余藏九華山人詩，是陳解元書棚宋本，總名《唐風》者。後得北宋繕，乃名《杜荀鶴文集》，而以'唐風集'三字注於下。竊思荀鶴有詩無文，何以集名若此？殊所不解。《通考》云：'《唐風集》十卷。'更與顧雲撰序刺謬矣。"此本爲虞山毛氏所藏，想從北宋本傳録者，與述古繕寫本同出一源，而鈔手工整，雖非影宋，已迥勝世俗流傳之本矣。④

蓋陸氏、顧氏皆不認爲是毛鈔。

清耿文光《萬卷精華樓藏書記》卷一〇八著録鈔本《唐風集》三卷，云："此本爲虞山毛氏所藏，想從北宋本傳録者，與述古繕寫本同出一源，可珍也。"承用顧氏之言，而不云有顧氏題識，不知是否與陸氏藏本爲同一帙。

王文進《明毛氏寫本書目》云："宋板影鈔。見《静嘉堂》。又蕭山朱氏藏本作《唐風集》，無印。"蕭山朱文鈞收藏一帙，《蕭山朱氏六唐人齋藏書録》卷四著録："《唐風集》三卷，毛氏影宋精寫本。鈐'今爲梴所寶''夢嚴秘笈''澄懷'等印。"⑤ 今藏國圖（17177），定爲清初影宋鈔本。書中無毛氏印記，朱氏定爲毛鈔本，不知何據。

《愛日精廬藏書志》卷二十九載舊鈔本《杜荀鶴文集》，有馮武跋云："此予家藏南宋板鈔本。癸卯春仲，借得隱湖毛氏北宋版細校

---

① 《静嘉堂秘籍志》，第1269頁。
② 〔清〕陸心源《皕宋樓藏書志》，第1273頁。
③ 嚴紹璗《日藏漢籍善本書録》，第1491頁。
④ 見《皕宋樓藏書志》，第1273頁。又見顧廣圻《思適齋書跋》，第91頁。
⑤ 朱家溍編《蕭山朱氏六唐人齋藏書録》，《蕭山朱氏藏書目録》，第214頁。

一過，異同處悉兩存之。海虞馮氏。"① 《鐵琴銅劍樓藏書目錄》卷十九著錄宋刊本，有陸貽典跋云："毛斧季新得沙溪黃子羽所藏北宋本，既未分體，且多詩三首，與世本迥異。偶過汲古閣，出以示余，且以家刻本見貽，因校此本，携歸識於燈下。壬寅仲冬二十八日，陸貽典。"② 國圖藏汲古閣刻《唐人四集》本《唐風集》（11388）有壬寅年毛扆校、陸貽典校并跋，書前鈐"宋本校過"戳記，即陸氏所謂"家刻本"。清末仁和朱氏結一廬收藏南宋蜀刻本《杜荀鶴文集》，一帙（今藏上海圖書館，828718-21，已印入《中華再造善本》），書中鈐有"黃子羽""毛氏子晉"印，蓋即陸跋所謂"毛斧季新得沙溪黃子羽所藏北宋本"，而癸卯、壬寅爲康熙二年、元年，毛晉已逝世三年，書中却只毛晉一印而無毛扆印記，不知何故。

56. 李洞詩集 二卷　〔唐〕李洞撰　［王、瞿、蘇］

王文進《明毛氏寫本書目》云："宋板影鈔。静嘉。"按《静嘉堂文庫漢籍分類目錄》集部別集類有此書，未著版本，當即《日藏漢籍善本書錄》所著錄之"明刊本，葉石君寫補本"，③ 亦即《皕宋樓藏書志》卷七十一所著錄之"葉石君鈔本"，又見《静嘉堂秘籍志》卷三十二。各書中均未著錄毛鈔本，不知王氏何據。

57. 周賀詩集 一卷　〔唐〕周賀撰　［蘇］

清影宋鈔本。今藏東北師範大學圖書館。十行十八字，白口，左右雙邊。版框：17.9cm×13.1cm。末鈔有"臨安府棚北睦親坊南陳宅書籍鋪印"條記一行。《第五批國家珍貴古籍名錄》11856號。

鈐印：西河季子之印、季印滄葦、滄葦、武陵仲子、積學齋徐乃昌藏書、延古堂李氏珍藏、劉明陽、翁雲、東萊劉占洪字少山藏書之印、天津劉氏研理廎藏。

是書宋本今存，藏國家圖書館（07015）。

---

① 《愛日精廬藏書志》，第483頁。
② 《鐵琴銅劍樓藏書題跋集錄》卷四，第218頁。
③ 嚴紹璗《日藏漢籍善本書錄》，第1482頁。

58. 李丞相詩集　〔五代〕李建勳撰　〔蘇〕

清影宋鈔本。今藏天津圖書館（S3697）。十行十八字，白口，左右雙邊。版框：17.7cm×12.7cm。一冊。卷上末鈔有"臨安府洪橋子南河西岸陳宅書籍鋪印"條記一行。是書宋本今存，藏國家圖書館（04262）。

鈐印：西河季子之印、季印振宜、滄葦、武陵仲子、積學齋徐乃昌藏書、徐乃昌讀、延古堂李氏珍藏、東萊劉占洪字少山藏書之印、研理樓劉氏藏。

以上兩種皆徐乃昌舊藏，徐氏《積學齋藏書記》集部著錄，云："鈔手精絕，爲毛鈔無疑。"① 其所據一則"鈔手精絕"，一則有"西河季子之印"。檢書影，知此印係僞作。天津圖書館定《李丞相詩集》爲"清影鈔宋臨安府陳宅書籍鋪本"，不認爲是毛鈔。疑兩書出於同一家僞造。

59. 白蓮集十卷風騷旨格一卷　〔五代〕釋齊己撰　〔蘇〕

傅增湘《藏園訂補郘亭知見傳本書目》載："明末毛氏汲古閣寫本。李木齋先生藏，行款失記，余曾借校。"② 在《藏園群書題記》中又稱之爲"汲古毛氏藏鈔本"。③ 此本今藏北京大學圖書館，半葉十二行二十字，黑格。《風騷旨格》目錄後有明嘉靖八年（1529）柳僉題記五行，是據柳氏鈔本傳鈔者，説詳傅氏《題記》。有"毛晉私印""一字子九""汲古主人""毛晉之印""毛氏藏書子孫永寶"及"抱經樓"印，知爲毛晉舊藏。《北京大學圖書館藏古籍善本書目》著錄爲明鈔本。

是書有汲古閣刻《唐三高僧詩集五種》本。

60. 廣成集十二卷　〔五代〕杜光庭撰　〔王、瞿、蘇〕

瞿氏《鐵琴銅劍樓藏書目錄》卷十九載舊鈔本，云："蜀杜光

---

① 徐乃昌《積學齋藏書記》，第 196 頁。
② 傅增湘《藏園訂補郘亭知見傳本書目》，第 1078 頁。
③ 傅增湘《藏園群書題記》，第 642 頁。

庭撰。後有無名氏作《光庭傳》一篇。汲古閣鈔本。卷首有'毛晉私印''字子晉'二朱記。"此本今在國圖（07016），已改訂爲明鈔本。另卷十二末葉鈐"東吳毛氏圖書"印。書末附杜光庭傳記一篇，尾鈐毛扆"西河季子之印"。王文進《明毛氏寫本書目》云："宋板影鈔。"施廷鏞《古籍珍稀版本知見錄》亦著錄。① 王、施所見疑即瞿藏本。按：所鈐三印與《南遷錄》相同，皆不真。

此外，美國哈佛大學哈佛燕京圖書館亦藏有舊鈔本《廣成集》一帙（T5329 4190），鈐印"汲古閣收藏"等僞印，② 書影未見，不知與瞿藏本異同若何。

61. 騎省集三十卷　〔宋〕徐鉉撰　［王、瞿、蘇］

王文進《明毛氏寫本書目》："宋板影鈔。見《持靜齋》。按，南陵徐積餘覆本從此出。"《持靜齋書目》卷四："《騎省集》三十卷，毛晉舊鈔精校足本，有'虞山汲古閣字子晉圖書''藝海樓''顧沅收藏'諸印。"③ 毛氏印"字"當爲"毛"之誤，真僞不詳。按，民國八年（1919）徐乃昌覆宋刻《徐公文集》，所據爲日本大倉文化財團藏宋紹興十九年明州公庫刻本，非汲古閣影宋鈔本，見徐氏刻本跋。檢諸家書目，除《持靜齋》外，亦未提及有毛鈔本。

62. 王黄州小畜集三十卷　〔宋〕王禹偁撰　［王、瞿、蘇］

王文進《明毛氏寫本書目》著錄。按《秘本書目》："八本。影宋板鈔。十八卷副頁有錢宗伯硃筆字，二十三卷後有趙清常題識、趙清常手校，有錢宗伯硃筆字，在副頁記二十五、二十六、二十七章文。四兩八錢。"趙清常即脈望館主人趙用賢（1535—1596），嘉靖至萬曆間人，可知此書並非汲古閣鈔本。

63. 伊川擊壤集二十卷　〔宋〕邵雍撰　［瞿、蘇］

臺北"國家圖書館"藏（10091），著錄爲清康熙二十三年

---

① 施廷鏞《古籍珍稀版本知見錄》，第131頁。
② 《美國哈佛大學哈佛燕京圖書館藏中文善本書志·集部》1907號。
③ 《持靜齋書目》，《海王邨古籍書目題跋叢刊》第三册，第485頁。

（1684）虞山毛扆影元手鈔本。九行二十字。無版框行格。四册。有毛扆跋、朱墨筆圈點。每册末鈐"汲古閣"印。

毛扆跋云：

> 堯夫先生《擊壤集》二十卷，先君昔年曾依成化本刻入《道藏八種》中，今夏于敕先篋中見元刊本，亦作二十卷，首有宋治平丙午序，爲成化本所無，書中款式悉本宋時原式，因借歸，與家刻對勘，覺成化刊與此本遠遜多矣，留之汲古閣中，窮三閱月之力寫成副本，俟異日有好事者刊刻流布，庶可補先君所刊之遺憾，扆所深願也。康熙甲子仲秋月，汲古後人毛扆謹識。（末鈐印：毛扆之印、斧季）

今按："毛扆之印""斧季""汲古閣"三印皆不真；正文、跋文字體一致，與毛扆筆跡亦不合，此本當非毛扆鈔本。若此跋内容不僞，則康熙二十三年（甲子，1684）毛扆曾據元刻本鈔寫一帙。疑此本係據毛扆鈔本傳鈔者。

《愛日精廬藏書志》卷三十、《皕宋樓藏書志》卷七十五皆著録有汲古閣舊藏元刊本。

64. 東坡先生和陶淵明詩 四卷　〔宋〕蘇軾撰　[瞿、蘇]

明末影宋鈔本。今藏義烏市圖書館。十行十六字，白口，左右雙邊。二册。2011 年西泠印社曾影印。鈐印有：子晉、汲古主人。按此二印係僞作。

65. 宛丘先生集 四十卷　〔宋〕張耒撰　[瞿、蘇]

上海圖書館藏有明鈔本（綫善 786798 – 802），有丁晏跋云：

> 《宛邱集》爲吾鄉文獻，傳世甚希。往年購得《張文潛集》二册，有文無詩。己丑春，在京都琉璃廠書肆見鈔本《張右史集》四函，苦索值昂不能購，悵然如有所失。歸里後，六月中旬，有持汲古閣鈔本《宛邱先生集》來售，亟買而藏之，此本

迺阮唐山司寇故物也。……屠維赤奮若且月己卯,邑後學丁晏志。①

此本鈐有"汲古閣""毛鳳苞印""子晉氏"等印,係汲古閣插架舊物。瞿冕良《中國古籍版刻辭典》"汲古閣"條著錄者當即此本。

66. 頤庵居士集二卷　〔宋〕劉應時撰　〔瞿〕

江澄波《古刻明鈔經眼錄》著錄,謂爲"明毛氏汲古閣鈔本",收藏印記有:虞山汲古閣毛子晉圖書、毛扆、斧季、籍書園本。② 謝國楨《江浙訪書記》亦載此本,云"元和顧氏舊藏,明鈔本","是書爲明鈔本,有汲古閣毛氏印記",③ 知爲顧鶴逸過雲樓藏書,謝氏不認爲是毛鈔。今藏地不詳。

瞿冕良《中國古籍版刻辭典》"汲古閣"條誤作二十二卷。

67. 寶晉英光集　〔宋〕米芾撰　〔蘇〕

傅增湘云:"明末毛氏汲古閣寫本,九行十八字,前岳珂序,序後有戒庵跋。有毛扆藏印。唐翰題手跋,言是毛氏汲古閣寫本。戒庵爲江陰李詡。邢君之襄藏。"④ 此本今藏國圖(10306),半葉九行十八字,無格。鈐有"毛扆之印""斧季"等印。非毛鈔風格,已改定爲清初鈔本。

68. 無爲集十五卷　〔宋〕楊傑撰　〔瞿、蘇〕

《邵亭知見傳本書目》:"張金吾有汲古閣舊鈔本。"⑤ 按張金吾《愛日精廬藏書續志》卷四著錄"舊鈔本",載毛晉跋云:

宋名家詩文全集,余家藏亦不少。偶造白門,向屯部周浩

---

① 《上海圖書館善本題跋真蹟》第12冊,第180頁。
② 《古刻明鈔經眼錄》,第252頁。
③ 謝國楨《江浙訪書記》,《謝國楨全集》第5冊,第635頁。
④ 傅增湘《藏園訂補邵亭知見傳本書目》,第1151頁。
⑤ 傅增湘《藏園訂補邵亭知見傳本書目》,第1111頁。

若索異書，首出楊次公《無爲集》十五卷見貽。乃趙士粲所編，鏤版於紹興癸亥年。大書深刻，紙墨雙妙。亟命童子三四，窮五日夜之力，依樣印書。雖字畫不工，皆余手訂正者，又得葉石林《建康集》章草韻石刻，皆快事也。崇禎十六年八月九日，石城橋下雨航毛晉。①

此書後歸陸心源，《皕宋樓藏書志》卷七十五、《靜嘉堂秘籍志》卷三十三皆著録爲舊鈔本，亦過録毛氏此跋。蓋張氏、陸氏皆不認爲是汲古閣所鈔。

69. 新刊古杭雜記詩集 四卷　〔元〕李有撰　［王、瞿、蘇］

王文進《明毛氏寫本書目》云："見同前，② 云板心作'汲古閣寫本'。"一册。《善本書室藏書志》卷二十一著録，云：

《説郛》有《古杭雜記》，題元李有撰。與此本參校，僅首二條相同，餘皆互異。觀其標題，"古杭雜記"爲總名，而"詩集"爲子目，乃全書之一集也，載理、度二朝嘲笑之詞有關事實者，如《本事詩》之例。此本爲汲古閣鈔，版心有白文"汲古閣寫本"五字。目録後有識語云"已上係宋朝遺事，一新繡梓，求到續集，陸續出售，與好事君子共之"二行，與愛日精廬藏本同。又有"一依廬陵正本"六字一行。蓋元時江西書賈所刊也。光緒庚辰午月，鮑叔衡從江陰試棚寄到，梓入《掌故叢編》。有"竹泉珍祕圖籍""謏聞閣"二印。③

"謏聞閣"當是"謏聞齋"之誤。《江蘇第一圖書館覆校善本書目》著録。今藏南京圖書館，已改訂爲清鈔本。南圖曹菊生批《善本書室藏書志》云："書腳題'汲古閣黑格，僞'。"④

---

① 《愛日精廬藏書志》，第 803 頁。
② 指同《河南邵氏聞見後録》。
③ 《善本書室藏書志》，第 905—906 頁。
④ 《善本書室藏書志》，第 910 頁。

70. 閑閑老人滏水文集二十卷附錄一卷　〔金〕趙秉文撰　［王、瞿、蘇］

王文進《明毛氏寫本書目》"滏水"誤排作"水滏"，云"《叢刊》"。見《四部叢刊》影印本，《叢刊》牌記云："借湘潭袁氏藏汲古閣精寫本景印，原書葉心高營造尺六寸六分，寬四寸八分。"湘潭袁氏，即清嘉道間藏書家袁芳瑛（1814—1859），藏書處名臥雪廬。袁氏後人袁榮法《剛伐邑齋藏書志》著錄，云："全集有朱筆校字，頗疑是汲古主人所校。"① 今藏臺北"國家圖書館"（15540），該館定爲"精鈔本"，② 未言鈔寫者。半葉九行十九字，無格。有朱筆校字。末有章壽康題"汲古主人精鈔本無上妙品"一行。"此書外有木匣，根處橫刻題'毛鈔滏水集全函'，左下端則附刻'徐氏藜光閣藏'印記。"③ 鈐印有：徐氏藜光閣藏、筆耕、桐蔭深處是吾廬、家私萬卷手藏書、幼樵秘笈、章綬銜印、紫伯等。

今按：書中無毛氏印鑒，恐非毛鈔本。傳世毛鈔本中亦未見有"無上妙品"之類的自我標榜之語。傅增湘曾寓目，定爲"清精寫本"，亦不認爲是毛鈔。④

《秘本書目》載："《閑閑老人集》二十卷。八本。舊鈔。三兩二錢。"國圖藏清康熙四十二年何煌家鈔本（03591）有何氏跋云："借汲古閣鈔本影寫，皆朱竹垞太史本對校，兩家本子俱錯誤，殆不可讀。然朱本實勝毛本也。安得元槧本盡改其譌字爲快也。"所言汲古閣鈔本疑即《秘本書目》之"舊鈔"。

71. 筠溪牧潛集七卷　〔元〕釋圓至撰　［瞿、蘇］

瞿冕良《中國古籍版刻辭典》"汲古閣"條著錄，疑係據崇禎十二年汲古閣刻本傳鈔者。

---

① 袁榮法《剛伐邑齋藏書志》，第587頁。
② 《國立中央圖書館善本書目》，第84頁。
③ 《"國家圖書館"善本書志初稿》集部二，第1頁。
④ 傅增湘《藏園訂補郘亭知見傳本書目》，第1284頁。

72. 琅嬛記 三卷　〔元〕伊世珍撰　［瞿、蘇］

瞿冕良《中國古籍版刻辭典》"汲古閣"條著錄，疑係據汲古閣刻《津逮秘書》本傳鈔者。

73. 鼓枻稿 一卷　〔明〕虞堪撰　［瞿、蘇］

日本靜嘉堂文庫有明鈔本，陸心源舊藏，《皕宋樓藏書志》卷一百十一著錄："舊鈔本，汲古閣舊藏。"① 鈐"汲古閣""宋蔚如收藏印"等印。《靜嘉堂秘籍志》改訂作"明鈔一本"，② 蓋以此本為汲古閣舊藏鈔本，而不認為是汲古閣所鈔。有宋賓王、黃丕烈跋，《蕘圃藏書題識》卷九著錄。宋跋云：

> 間嘗謂汲古所刻多譌字，惟鈔本獨善，此汲古閣鈔本也，不特底本異常，而筆畫間皆得篆隸義，較書如埽落葉，旋掃旋有也。雍正丁未四月十一日較。宋賓王記。③

臺北史語所傅斯年圖書館另藏一帙（A846.1/583），著錄為毛氏汲古閣鈔本，亦有宋賓王跋，跋文與《皕宋樓藏書志》所載相同。鈐印有"崦西艸堂""潘荼坡圖書印""潘氏桐西書屋之印""宗室盛昱收藏圖書印""宗室文愨公家世家""聖清宗室盛昱伯羲之印""不在朝廷又無經學""群碧樓"等印記，鄧邦述《群碧樓善本書錄》僅著錄為"鈔本"。④ 此本無汲古閣、宋賓王印記，當係據皕宋本傳鈔者，史語所著錄為毛鈔，係據宋氏跋文而來，非是。

74. 毛晉書存　［蘇］

陳清華舊藏，今由其女國瑾保存。《祁陽陳澄中舊藏善本古籍圖錄》著錄為"明末毛晉鈔本"。⑤ 一冊十八開。有"毛晉之印""汲

---

① 〔清〕陸心源《皕宋樓藏書志》，第1973頁。
② 《靜嘉堂秘籍志》卷四十四，第1775頁。
③ 同上。
④ 《群碧樓善本書錄》，第227頁。
⑤ 《祁陽陳澄中舊藏善本古籍圖錄》三七二號。

古閣""沅叔鑒賞"三印。有壬午年（民國三十一年，1942）傅增湘題識，云：

> 子晉墨蹟傳世甚稀，余家藏有《唐風集》，爲汲古閣初刻手校樣本，每詩詞均加"子晉"小印。今獲見此册，取以印證，筆法正如出一手，其爲真蹟審矣。顧或以册中所錄多宋儒語錄，疑與子晉生平不類，以余攷之，殊不盡然。嘗觀陳確庵爲子晉撰《乞言小傳》，述其治家之法，旦晚則率諸子拜家廟，以次謁見師長，月以爲常，以故一家之中能文章、嫻禮義，彬彬如也。生平無疾言遽色，凝口不動，人不能窺其喜愠。及其應接賓朋，等殺井井，顧中庵嘗笑謂之曰："君胸中殆有一夾袋册耶？"以是觀之，子晉之爲學，雖以考古搜遺爲事，而立身要以躬行實踐爲歸，故平時作書，特取宋明諸儒之言用資省覽，意即中庵所謂"夾袋册"也。世人第見子晉以藏書名一時，所刻群書傳播海内，推爲博學嗜古之流，與錢遵王輩同年而語，抑淺之乎測子晉矣。此册屬爲題識，因推論子晉生平，以告來者。嗟乎，近世士大夫馳騖聲氣，耽書嗜古，稱爲名高，而於身心性命曾不之檢，雖復目下十行，讀破萬卷，奚足貴哉。

傅氏言此書與毛晉手校之書"筆法正如出一手，其爲真蹟審矣"。按：傳世善本書中有毛晉題跋識語或校記者不少，取以比對此本，筆法與此並不"如出一手"，此本絕非毛晉親筆。藏園老人見多識廣，不應不認得毛晉手跡，疑此題識是應陳澄中所請而題，礙於友人情面，不便揭破其僞。"毛晉之印"在《圖錄》中没有展示，有"汲古閣"印，頗爲拙劣，毛氏印記大多工穩典雅，書卷氣十足，從未有如此水準之用例，恐係僞作。

毛晉存世手跡，有行書、楷書，皆與《毛晉書存》不同。毛鈔本《清塞詩集》有毛晉跋，爲行書（圖3-14）；錢塘丁氏八千卷樓所藏宋刻本《晉書》亦有毛晉跋，爲楷書（圖3-15），見《盍山書影》。① 兹取以與《毛晉書存》（圖 3-13）對比，足可見其不真。

傳世另有兩件毛晉書跡，分別見於 2011 年泰和嘉成春季拍賣會（1281 號《毛晉書法》）、2014 年嘉德四季 37 期拍賣會（2795 號毛晉《行書書論》立軸），皆鈐有"汲古閣""毛晉之印"二印，其中"汲古閣"印與此相同。三件書法書風不一，不知何者爲真跡。

75. 歲時雜詠四十六卷　〔宋〕蒲積中輯　［瞿、蘇］

瞿冕良《中國古籍版刻辭典》"汲古閣"條著錄。按《秘本書目》云："《歲時雜詠》十二本，竹紙舊鈔。六兩。"瞿氏蓋誤舊鈔爲毛鈔。

76. 河岳英靈集二卷　〔唐〕殷璠撰　［王、瞿、蘇］

王文進《明毛氏寫本書目》云："宋板影鈔。黃跋。"按《蕘圃藏書題識》卷十《河岳英靈集》二卷，言及"汲古主人毛斧季手校本"，並未言是"宋板影鈔"。② 毛校、黃跋本今藏國圖（07765），爲明刻本。

是書有汲古閣刻《唐人選唐詩八種》本。

77. 竇氏聯珠集五卷　〔唐〕竇常、竇牟、竇群、竇庠、竇鞏撰〔唐〕褚藏言編　［蘇］

今藏上海圖書館（綫善 789890），著錄爲明末毛氏汲古閣鈔本。十行十九字，無版框行格。明毛晉校，清姜渭跋。此本鈐印有：璜谿、介青、靖印、蔣氏介青、吳下阿靖、卷石山房。別無毛氏印鑒。定爲毛鈔，不詳何據。疑爲舊鈔本而經毛晉校改者。《中國古籍稿鈔校本圖錄》收錄此本，有解題云："此帙毛晉據《唐詩紀事》校，更改處與汲古閣刻本《唐人四集》同，蓋爲刻本之底本。眉端墨筆爲毛氏手迹。清姜渭得此帙，復據舊鈔本、毛氏刻本校。後又經清

---

① 《盋山書影·宋本》，民國十八年（1929）國學圖書館印行，第 46 頁。
② 《黃丕烈藏書題跋集》，第 586 頁。

蔣靖收藏。"①

姜渭跋云：

> 何義門先生校汲古閣刊本，跋云："康熙辛卯春日，購得葉九來所藏宋本，乃顧大有舊物，因改正五十餘字。中行《杏山館聽子規》一篇諸本皆脫去。尤可笑者，和峴、王崧二跋中'大天'字皆訛爲'大夫'，人不通今古，其陋乃至此耶。"云云。（以上俱何語）此本辛酉歲假于吳門蔣君芥青，偶校一過，正毛本之謬脫三十餘處，其中如"丁挽"（毛誤作"下"）、"滁東"（毛誤作"除"）、"紛如畫"（毛誤作"畫"）、"少人家"（"人"誤作"年"）、"李舍人少尹"（毛誤作"君"）、"假日看花"（"日"誤作"七"）其甚者，非此本其何由改之，兹誠爲善本矣。蔣君其什襲而藏諸。同治元年寒食後三日，風雨之夕，渭漫記。（末鈐印：姜渭、瑸谿）

據此可知，姜渭並未收藏過，只是向蔣氏借來校讀毛刻本而已。

78. 松陵集十卷　〔唐〕皮日休、陸龜蒙撰　〔王、瞿、蘇〕

王文進《明毛氏寫本書目》云："宋板影鈔。藝風堂。按武進陶氏覆本板心'汲古閣'。"按《藝風堂藏書續記》卷六：

> 毛鈔影宋本。皮日休、陸龜蒙同撰。每半葉十二行，行二十二字。高六寸五分，廣四寸四分。白口。首葉有"子晉"（引按：當作"毛晉"）朱文兩聯珠小方印，又有"義門藏書"朱文長方印。近時重毛鈔過於麻沙舊刻，荃孫止存此種，真工絕也。②

民國二十年（1931）武進陶湘據以覆刻行世，傅增湘爲之作序，

---

① 《中國古籍稿鈔校本圖録·校本》，第646頁。
② 繆荃孫《藝風藏書續記》卷六，《藝風堂藏書記》，第381頁。

序文又收入《藏園群書題記》卷十九。《藏園訂補邵亭知見傳本書目》云："明末毛氏汲古閣影寫宋刊本，十二行二十二字，即自毛扆、何焯所據校之宋本影出。"① 此本後歸劉承幹嘉業堂，《嘉業堂藏書志》卷四著錄，云："避宋諱，間有缺半字者，與他本稍異。'通'字缺筆作'逼'，蓋家諱也。書法雅與汪氏藝芸書舍、黃氏士禮居影宋本相近，其爲乾嘉間影錄本無疑。卷端有子晉僞章，或以爲汲古鈔本，非也。"② 此本後入藏國圖（05958），國圖編目審定"毛晉""義門藏書"二印皆僞，定爲清初影宋鈔本。

是書有汲古閣刻本。

79. 才調集十卷　〔五代〕韋縠輯　〔瞿、蘇〕

清初影宋鈔本，今藏北京大學圖書館。十行十八字，白口，左右雙邊。六冊。李盛鐸木犀軒舊藏，《四部叢刊初編》曾據以影印，《四部叢刊書錄》作"錢氏述古堂影宋寫本"，傅增湘則"明末毛氏汲古閣影寫宋刊本"③ "述古堂鈔本"兩種說法都有。④ 王文進《文祿堂訪書記》卷五"明毛子晉影鈔宋本"⑤，施廷鏞《古籍珍稀版本知見錄》"毛子晉影鈔宋本"，⑥ 皆指此本。《北京大學圖書館古籍善本書目》則定爲"影鈔宋本"，⑦ 不云是錢鈔抑毛鈔。《讀書敏求記》卷四之下載錢氏藏《才調集》有三帙，第三是"影寫陳解元書棚本"，⑧ 即此本。錢氏述古堂鈔本例皆於版框左上方寫有"虞山錢氏述古堂藏書"或"錢遵王述古堂藏書"字樣，而此本並無。鈔寫風格及鈐印做法與毛氏影鈔本類似，似仍以定爲毛鈔爲宜，錢氏只是收藏過而已。

---

① 《藏園訂補邵亭知見傳本書目》，第1514頁。
② 《嘉業堂藏書志》，第1163頁。按此當是董康的鑒定意見。
③ 傅增湘《藏園訂補邵亭知見傳本書目》，第1515頁；《藏園群書經眼錄》，第1263頁。
④ 傅增湘《藏園群書題記》，第945頁。
⑤ 王文進《文祿堂訪書記》，第368頁。
⑥ 施廷鏞《古籍珍稀版本知見錄》，第149頁。
⑦ 《北京大學圖書館古籍善本書目》，第381頁。
⑧ 〔清〕錢曾《讀書敏求記》，第439頁。

鈐印：宋本、甲、毛晉私印、子晉、汲古主人、大布衣、錢曾、述古堂圖書記、錢曾之印、遵王、錢氏校本、虞山錢曾遵王藏書、賢者而後樂此、求赤讀書記、錢孫保印、友竹軒、筠、雪苑宋氏蘭揮藏書記。

是書有汲古閣刻《唐人選唐詩八種》本。

80. 元音十二卷　〔明〕孫原理輯　[瞿、蘇]

瞿冕良《中國古籍版刻辭典》"汲古閣"條著錄。國圖收藏清鈔本一帙（17165），鈐"毛氏家藏""毛古愚藏"等印，爲毛奇齡印記，疑瞿氏所見即此本，誤認爲是汲古閣印。

81. 滄螺集六卷　〔明〕孫作撰

又題《東家子滄螺集》。九行十七字，白口，左右雙邊。卷末跋後末行題"虞山汲古閣寫本"七字。收入陳乃乾輯《元四家集》，民國十一年（1922）上海古書流通處影印。影印本未見有毛氏印記。

82. 坡門酬唱二卷　〔宋〕邵浩編　[王、瞿、蘇]

王文進《明毛氏寫本書目》誤作"鄒浩"，云："宋板影鈔。《天禄》。"檢《天禄琳琅書目後編》卷八有《坡門酬唱》一函六册，題"宋邵詣撰"，謂"此從宋本影鈔者"，並未云是毛鈔。《天禄目》著錄之本今藏國圖（12374），書中亦未見有毛氏印記。

83. 稼軒長短句十二卷　〔宋〕辛棄疾撰

黄丕烈跋所藏元大德三年（1299）廣信書院刻本《稼軒長短句》云：

余素不解詞，而所藏宋元諸名家詞獨富，如《汲古閣珍藏秘本書目》中所載原稿皆在焉。然皆精鈔舊鈔，而無有宋元槧本。頃從郡故家得此元刻《稼軒詞》，而歎其珍秘無匹也。《稼軒詞》卷帙多寡不同，以此十二卷者爲最善，毛氏亦從此鈔出，惜其行款、體例有不同耳。澗薲據毛鈔以增補闕葉，非憑空撰出者可比。而《洞僊歌》中缺一字，鈔本亦無，因以墨釘識之。其十一卷中四之五一葉，亦即是卷七之八一葉之例，非文有脫落而故強就之也。是書得此補足，幾還舊觀。①

可知黃氏曾收藏毛鈔本。元本今藏國圖（08625）。

另臺北故宮所藏原平館善本書中有明謝氏小草齋鈔本《稼軒長短句》一帙，鈐有"東吳毛氏圖書""西河季子之印"等印，二印係偽作。

84. 仙源居士惜香樂府十卷　〔宋〕趙長卿撰　　［瞿、蘇］

今藏北京大學圖書館（LSB/8054），著錄清初毛氏汲古閣鈔本。十行十八字，白口，左右雙邊。版心下有"汲古閣"三字。存四卷：卷六至九。一册。鈐印有：西河季子之印、汲古后人、李印盛鐸、木齋、木犀軒藏書、李滂、少微。

今按："西河季子之印""汲古后人"係偽作，且書中別無毛氏父子名印，鈔工筆力亦弱甚，不是汲古閣鈔書風格。當係坊賈偽造的毛鈔本。是書有汲古閣刻《宋名家詞》本，蓋即偽鈔所據。

85. 樵隱詩餘一卷　〔宋〕毛平仲撰　　［瞿、蘇］

86. 近體樂府一卷　〔宋〕周必大撰　　［瞿、蘇］

87. 西樵語業一卷　〔宋〕楊炎正撰　　［瞿、蘇］

以上三種今藏上海圖書館。黑格鈔本，半葉十行十八字。經摺裝，合一册。版心下題"汲古閣"三字。鈐印有"顧嗣立印""俠君氏"。《上海圖書館善本書目》著錄爲汲古閣鈔本，② 今該館已改定爲清初鈔本。疑皆係據汲古閣刻《宋名家詞》傳鈔者。

---

① 按，又見《堯圃藏書題識》卷十，《黃丕列藏書題跋集》，第648頁。
② 《上海圖書館善本書目》集部詞曲類。

88. 省齋詩餘一卷　〔宋〕廖行之撰　〔蘇〕

施廷鏞《古籍珍稀版本知見錄》著錄，謂"毛斧季從孫氏藏本鈔錄"①。按黃丕烈藏舊鈔本《省齋詩餘》一卷（與《養拙堂詞》合鈔），有毛扆朱筆校，并跋云："壬戌四月十四日，從孫氏藏本校正。"當即施氏著錄之本，《知見錄》誤"校正"爲"鈔錄"。此本今藏臺北"國家圖書館"（14752），該館定爲"明烏絲闌鈔本"。黃丕烈跋述及汲古閣藏詞，錄此備考：

　　毛氏舊藏諸詞，余所收最富，精鈔本二種都有，稿本止有廖詞，余皆列諸《讀未見書齋詞目》矣。此二種又出汲古後人毛斧季手校者，非特舊鈔，且於所校之本必溯其原，詳哉言之，小毛公其真知篤好者耶？余往往見毛氏詞本有舊鈔手校者、有謄清稿本者、有畫一精鈔者，雖一詞部，不嫌再三講求，余何幸而一一收之，如前人之兼有其本，自幸竊自怪也。癸酉四月朔，復翁。②

89. 白石詞一卷　〔宋〕姜夔撰　〔瞿、蘇〕

90. 海野詞一卷　〔宋〕曾覿撰　〔瞿、蘇〕

以上二種見瞿冕良《中國古籍版刻辭典》"汲古閣"條著錄，疑係據汲古閣刻《宋名家詞》本傳鈔者。

91. 歲寒堂詩話一卷　〔宋〕張戒撰　〔王、瞿、蘇〕

王文進《明毛氏寫本書目》："宋板影鈔。松江韓氏。"謂松江韓應陛舊藏。③今藏臺北"國家圖書館"（14725）。書中鈐印有：子晉、汲古主人、士禮居藏、黃丕烈印、蕘圃。今按："子晉""汲古主人"二印係僞作。參前《娛書堂詩話》（第三節第146號）。

---

① 施廷鏞《古籍珍稀版本知見錄》，第152頁。
② 《蕘圃藏書題識》卷十，《黃丕烈藏書題跋集》，第652頁。
③ 鄒百耐纂《雲間韓氏藏書題識彙錄》，第195頁。

國圖有清咸豐九年（1859）韓應陛鈔本一帙（11243），有韓氏跋尾云：

《歲寒堂詩話》，用士禮居藏毛氏影宋本影鈔，并手摹其朱筆校字。其前後藏書印屬周杞亭模。按原書之爲毛氏鈔，有印爲憑，且曾見毛鈔本字又有如彼者。至其鈔之爲影宋，據其包紙所記筆跡，雖非出於黃，而有黃書架編號字，當不誣也。咸豐己未八月十二日，應陛。

可知韓氏係據此僞毛鈔本傳鈔。

92. 碧雞漫志四卷　〔宋〕王灼撰　[王、瞿、蘇]

王文進《明毛氏寫本書目》誤作"碧溪雜志"（瞿冕良亦誤），云"抱經"。按抱經樓主人盧址《四明盧氏藏書目錄》著錄，云："汲古閣影宋精鈔本。有'毛晉''汲古主人''棨鶴主人'諸印。有校跋曰：'己酉三月望日，錢遵王假毛黼季汲古閣本校定訛闕。惜家藏舊本少第二卷，無從是正爲恨'。"此本今藏國圖（18097），以紙墨鈔工非毛氏風格，已改定爲明鈔本。書中鈐印有：毛晉、汲古主人、卓爲霜下傑、子晉書印、弦歌草堂、琴雀主人、汲古主人、聽松風處、四明盧址抱經樓藏書印、季海、初照樓。

93. 鳴鳳記不分卷　〔明〕王世貞撰　[瞿]

瞿冕良《中國古籍版刻辭典》"汲古閣"條著錄，疑係據汲古閣刻《六十種曲》本傳鈔者。

94. 梨園按試樂府新聲一卷　[王、瞿、蘇]

王文進《明毛氏寫本書目》："宋板影鈔。德化李氏。"王氏《文禄堂訪書記》卷五作"明毛子晉影鈔宋本"。按當作"元板影鈔"。德化李氏舊藏本今在北京大學圖書館，定爲清初汲古齋影元鈔本，有李盛鐸跋，跋文不云是毛鈔。

第四章　毛氏汲古閣鈔本的價值

第一節　毛鈔各書現存版本對比

毛鈔本各書有些有其他各種版本存世，有些僅毛鈔一個本子存世，先通過下表（表1）將毛鈔本與這些其他版本作一簡單對比分析，以見毛鈔本之文獻價值（附錄各本暫不列入）。"現存此書其他版本"一格所列一般是此書最早、最重要或最通行的本子。

表1　毛鈔各書現存版本對比表

序號	書名	毛鈔版本	現存此書其他版本
經部			
1	漢上易傳十一卷漢上先生履歷一卷	清初影宋鈔本	宋刻本（存9卷：卷三至卷十一）；通志堂經解本
2	三山拙齋林先生尚書全解四十卷	清初鈔本（卷三十四配清鈔本；□蘭頤跋）	明刻本；明范氏天一閣鈔本（存23卷）；清初徐氏傳是樓鈔本（存34卷）
3	書義主意六卷	明末影鈔元至正八年（1348）建安劉氏日新堂刻本（合一函）	清鈔本；清道光五年（1825）葉氏友多聞齋刻本
4	群英書義二卷		
5	詩經解頤四卷	清初鈔本	明洪武刻本；明初刻本（存卷三）；通志堂經解本
6	瑟譜十卷	清初鈔本（清黃丕烈跋）	
7	春秋集注十一卷綱領一卷	清初影宋鈔本	宋寶祐三年（1255）臨江郡庠刻本；宋德祐元年（1275）衛宗武華亭義塾刻本
8	春秋繁露十七卷	清初影宋鈔本（存卷五至八、十四至十七）	宋嘉定四年（1211）江右計臺刻本

續表

序號	書名	毛鈔版本	現存此書其他版本
9	論語十卷	清初影鈔元盱郡重刻宋廖瑩中世綵堂本（合一函）	元盱郡重刻宋廖瑩中世綵堂本
10	孟子十四卷		
11	四書箋義十二卷紀遺一卷	明末影鈔元致和元年（1328）刻本	清鈔本；清嘉慶間阮元進呈影鈔元致和元年刻本
12	三經音義： ①孝經今文音義一卷 ②論語音義一卷 ③孟子音義二卷	清初影宋鈔本（清毛扆跋）（合鈔一册）	士禮居刻本；抱經堂刻本；《孟子音義》有清初影宋鈔本
13	干禄字書一卷	清初影鈔明嘉靖六年（1527）孫沐萬玉堂刻本（清毛扆校）	明嘉靖六年孫沐萬玉堂刻本
14	佩觿三卷		
15	類篇十五卷	清初影宋鈔本	清影鈔宋刊大字本
16	班馬字類五卷	清初影宋鈔本	明鈔本
17	集韻十卷	清初影鈔南宋明州刻本（清段玉裁、阮元跋）	宋刻本；清初錢氏述古堂影鈔本；曹寅揚州使院刻本
18	六藝綱目二卷	清初鈔本（清朱錫庚跋）	明藍格鈔本；清鈔本
史部			
19	牛羊日曆一卷	清初鈔本	明朱絲欄鈔本；清鈔本
20	江南野史十卷	明末鈔本	明穴硯齋鈔本
21	契丹國志二十七卷	清初鈔本	元刻本；明數卷齋鈔本
22	石林奏議十五卷	明鈔本（明毛晉跋、傅增湘跋）	宋刻本；清鈔本
23	歷代山陵考一卷	明末鈔本	明刻本；清初錢曾鈔本
24	漢官儀三卷	影鈔宋紹興九年（1139）臨安府刊本	宋紹興九年臨安府刊本
25	東漢會要四十卷	清初影宋鈔本	宋寶慶二年（1226）建寧郡齋刻本

續表

序號	書名	毛鈔版本	現存此書其他版本
26	舊聞證誤十五卷	清初影宋鈔本	清鈔本；四庫全书本
子部			
27	小學五書： ①管子弟子職注一卷 ②女誡一卷 ③呂氏鄉約一卷 ④鄉儀一卷 ⑤居家雜儀一卷	清初影宋鈔本	《呂氏鄉約》《鄉儀》有宋嘉定五年（1212）李大有刻本
28	浦江鄭氏家範一卷	清初鈔本	
29	家訓一卷	清初影明鈔本	
30	農書三卷蠶書一卷於潛令樓公進耕織二圖詩一卷	明末影宋鈔本	清初錢氏述古堂鈔本
31	楊氏算法： ①田畝比類乘除捷法二卷 ②算法通變本末一卷 ③乘除通變算寶一卷 ④算法取用本末一卷 ⑤續古摘奇算法一卷	清初影宋鈔本	明宣德八年（1433）朝鮮慶州府翻刊洪武十一年（1378）古杭勤德書堂本；清嘉慶間阮元進呈鈔本
32	御題算經七種： ①周髀算經二卷音義一卷 ②孫子算經三卷 ③夏侯陽算經三卷 ④九章算經 ⑤張丘建算經三卷 ⑥緝古算經三卷 ⑦五曹算經五卷	影鈔宋嘉定六年（1213）鮑澣之汀州重刻元豐監本	宋嘉定六年鮑澣之汀州重刻元豐監本
33	認龍天寶經葬乘至寶經一卷金函經一卷穴法賦一卷雪心賦一卷	清初鈔本（合一本）	

續表

序號	書名	毛鈔版本	現存此書其他版本
34	天機望龍經一卷	清初鈔本	
35	天機撥砂經□卷	清初鈔本	
36	劉氏心法一卷楊公騎龍穴詩一卷	清初鈔本	
37	先天後天理氣心印補注三卷	清初鈔本	
38	地理囊金集注一卷	清初影鈔明弘治間刻本	
39	堪輿倒杖訣一卷	清初影鈔明嘉靖十二年（1533）刻本	
40	堪輿說原一卷	清初鈔本	
41	易林注十六卷	清初影元鈔本	四部叢刊影印元刻殘帙；明天啓六年（1626）唐瑜、唐琳刻本
42	三曆撮要一卷	明末影宋鈔本	宋刻本
43	五代名畫補遺一卷	明末影宋鈔本	宋臨安府陳道人書籍鋪刻本
44	宋氏文房譜一卷	清初鈔本	
45	宋氏閨房譜一卷		
46	膳夫經手錄一卷		清鈔本
47	雲林堂飲食制度集一卷		清鈔本；碧琳琅館叢書本
48	頤堂先生糖霜譜一卷		明鈔本（明趙琦美校并跋）；楝亭十二種本；清鈔本
49	酒經三卷	清初影宋鈔本（兩部）	宋刻本；清初錢氏述古堂鈔本

續表

序號	書名	毛鈔版本	現存此書其他版本
50	藏一話腴二卷	明末鈔本（清王振聲校）（合一册）	古今説海本；明鈔本（清王振聲校并跋）
51	閑居録一卷		元至正十八年（1358）孫道明鈔本
52	寅齋聞見一卷		
53	唐國史補三卷	明末影宋鈔本	明鈔本；説郛本；汲古閣刻津逮秘書本
54	揮塵前録四卷後録十一卷第三録三卷餘話二卷	清初影宋鈔本。前録卷一至二、三録配清影宋鈔本（清朱步沆校并跋）	宋龍山書堂刻本；汲古閣刻津逮秘書本
55	歷代蒙求一卷	清初影鈔元至順四年（1333）衢州刻本（兩部）	清嘉慶間阮元進呈影鈔元刊本
56	石藥爾雅二卷	清初鈔本（兩部）	正統道藏本；明稽古堂新鎸群書秘簡本；清嚴可均家鈔本
57	仙苑編珠三卷	清康熙間鈔本	明鈔本；清初鈔本
集部			
58	陶淵明集十卷	清初影宋鈔本	宋刻遞修本
59	鮑氏集十卷	清初影宋鈔本	明正德五年（1510）朱應登刻本；漢魏六朝諸名家集本；清影宋鈔本
60	謝宣城詩集五卷	明末影宋鈔本	清影宋鈔本；明萬曆七年（1579）史元熙覽翠亭刻本
61	李群玉詩集三卷後集五卷	明崇禎十一年（1638）鈔本	宋刻本
62	孟東野詩集十卷	清初影宋鈔本	宋刻本

續表

序號	書名	毛鈔版本	現存此書其他版本
63	清塞詩集二卷	明末鈔本（明毛晉跋，清黃丕烈校并跋）	
64	禪月集二十五卷	明末影宋鈔本	明柳僉鈔本；明鈔本；清初影宋鈔本；汲古閣刻唐三高僧詩集本
65	盤洲文集八十卷	明末影鈔宋刊盤洲文集本（存盤洲樂章三卷洪文惠公行狀一卷）	宋刻本
66	誠齋集一百三十三卷	明末鈔本（三部）	宋刻本
67	誠齋尺牘三卷	明末影鈔宋端平元年（1234）刊誠齋集本（存卷一至二）	
68	劍南詩續稿八卷	明末鈔本（明毛晉校）	
69	方是閑居士小稿二卷	清初鈔本（清嚴元照跋）	元至正二十年（1360）屏山書院刻本；清初鈔本
70	翠微先生南征錄十一卷	清初鈔本	清康熙三十年（1691）郎遂還樸堂刻本；清鈔本
71	棠湖詩稿一卷	清初影宋鈔本	宋臨安陳宅書籍鋪刻本
72	剪綃集二卷	清初影鈔南宋陳宅書籍鋪刻本（兩部）	汲古閣刻詩詞雜俎本；清鈔本
73	梅花衲一卷	清初影鈔南宋陳宅書籍鋪刻本（兩部）	清鈔本
74	芸居乙稿一卷	清初影宋鈔本	
75	亞愚江浙紀行集句詩七卷	清初影宋鈔本	清黃氏醉經樓鈔本（卷五至七配清鈔本）
76	存悔齋詩一卷補遺一卷	明末鈔本（毛晉跋、清毛扆校補并跋）	元至正五年（1345）俞楨鈔本

續表

序號	書名	毛鈔版本	現存此書其他版本
77	漢泉曹文貞公詩集十卷後錄一卷	明末鈔本（存6卷：卷六至十、後錄一卷）	元至元四年（1267）曹復亨刻本；明祁氏澹生堂鈔本
78	金臺集二卷	清初影元鈔本	汲古閣刻元人十種詩本；清康熙二十四年（1685）金侃鈔本
79	句曲外史詩集二卷集外詩一卷	清初鈔本（清錢大昕、黃丕烈、方若蘅、邵淵耀等題記及觀款）	明初刻本；明鈔本
80	韓山人詩集一卷附集一卷	清初影明鈔本	清初鈔本
81	十家宮詞	清初影鈔南宋陳宅書籍鋪刻本	宋刻本（存六卷）；清康熙二十八年胡介祉貞曜堂刻本
82	三家宮詞三卷	清初鈔本	明天啓五年（1625）毛氏綠君亭刻本
83	南宋六十家小集九十八卷	清初影宋鈔本	宋刻本；清鈔本
84	古文苑	明末影宋鈔本	宋刻本；明趙均影宋鈔本
85	唐中興間氣集二卷	清初影宋鈔本	明刻本
86	極玄集一卷	明末影宋鈔本	明刻本；汲古閣刻唐人選唐詩本
87	文則二卷	明末影鈔本	明成化刻本
88	分門纂類唐歌詩一百卷	清初影宋鈔本（存7卷：卷十八、二十□、九十一、九十三至九十六。清毛扆跋）	宋刻本（存11卷）；明鈔本（存7卷）
89	西崑酬唱集二卷	清初鈔本	明嘉靖十六年（1537）張綖玩珠堂刻本；明鈔本；明末馮班鈔本

續表

序號	書名	毛鈔版本	現存此書其他版本
90	永嘉四靈詩五卷	清初影宋鈔本	清初鈔本
91	前賢小集拾遺五卷	清初影宋鈔本	清鈔本
92	增廣聖宋高僧詩選前集一卷後集三卷續集一卷	清初影宋鈔本（兩部）	清趙氏亦有生齋鈔本
93	九僧詩一卷	清初影宋鈔本（清毛扆跋）	清乾隆四十一年（1776）張德榮鈔本
94	閑齋琴趣外篇六卷	清初影宋鈔本	清鈔本
95	酒邊集一卷	清初影宋鈔本	明鈔本；汲古閣刻宋名家詞本
96	稼軒詞四卷	清初影宋鈔本	元大德三年（1299）廣信書院刻本
97	虛齋樂府二卷	清初影宋鈔本（清黃丕烈跋）	清初錢氏述古堂影宋鈔本；明鈔本
98	可齋雜稿詞四卷續稿三卷	清初影宋鈔本	清鈔本
99	梅屋詩餘一卷	清初影鈔宋臨安陳宅書籍鋪刻本（鄧邦述、吳湖帆等題記）（合裝一冊）	清初錢曾述古堂鈔本
100	石屏長短句一卷		
101	絕妙好詞七卷	清初鈔本（朱孝臧跋）	清康熙二十四年（1685）柯崇樸小幔亭刻本
102	唐宋諸賢絕妙詞選三卷	清初影宋鈔本	明萬曆四年（1576）舒伯明刻本；明萬曆四十二年秦塾刻本
103	天下同文前甲集五十卷	清初影鈔元大德刊本	
104	天下同文一卷	清初鈔本	
105	樂府補題一卷	清初鈔本	
106	新刊張小山北曲聯樂府三卷外集一卷	清初鈔本（清毛扆校）（兩部）	清鈔本

綜合分析上表，可以把毛鈔各書大致分爲三類：（1）鈔寫底本尚存；（2）毛鈔底本失傳，而有其他版本傳世；（3）毛鈔孤本單傳。下面對毛鈔本的價值略作分析。

一、底本尚存

鈔寫底本尚存者可分爲兩種情況：一是汲古閣曾收藏過的毛鈔所從出之本尚存，如清高宗御題《算經七種》；二是毛鈔所從出之本已佚，但有與之相同的版本存世，如《春秋繁露》《春秋集注》《干祿字書》《佩觿》《契丹國志》《漢官儀》《酒經》《三曆撮要》《揮麈錄》《棠湖詩稿》《十家宮詞》《分門纂類唐歌詩》，有可能毛氏曾經借鈔。作爲鈔寫底本的宋元本仍存，貴重程度自然超過影鈔本，但這些宋元本明清以來大都是孤本單傳，毛氏影鈔本的存在，相當於給這些書增加了一個副本，其價值不容小覷。如《春秋繁露》，明胡維新編刻《兩京遺編》本最爲常見，而僅八卷，爲十七卷足本之節本；明嘉靖三十三年（1554）周采刻本即所謂"明初黑口本"訛脫百出。① 是書以宋刻江右計臺本最爲精善。毛鈔本與江右計臺本相校，訛字雖亦不免：如卷五 2b/10 "衛侯燬"，毛鈔誤作 "煅"；卷七 10b/9 "若天之四重"，毛鈔誤作 "若夫"；卷八 4b/6 "官府園囿"，毛鈔作 "宮府園囿"；卷十七 1a/6 "冬之水氣"，毛鈔誤作 "多之水氣"。但通觀全書，毛鈔仍不失爲善本。且江右計臺本不見明人著錄，清代學者皆以爲宋本久佚，② 至民國時張元濟、傅增湘都沒見過宋本，毛鈔本的價值自然凸顯，惜流傳過程中僅存四卷。又如《漢上易傳》，以通志堂本流傳最廣泛，其祖本即汲古閣影宋鈔本，國圖雖有宋刻本，但缺前兩卷，《四部叢刊續編》影印時即取毛鈔本配補。像《算經七種》《春秋集注》《春秋繁露》《漢官儀》之

---

① 傅增湘《跋校本〈春秋繁露〉》，《藏園群書題記》，第35頁。
② 清乾隆三十八年（1773）四庫館臣上《春秋繁露》奏云："蓋海内藏書之家，不見完本三四百年於茲矣。今以《永樂大典》所存樓鑰本詳爲勘訂，……神明焕然，頓還舊笈。雖曰習見之書，實則絶無僅有之本也。"說明四庫館臣也沒見過宋本《春秋繁露》。《四庫全書總目》，第244頁。

宋本都曾深藏内府，民間流傳之本自以"下眞蹟一等"的毛鈔本爲佳。

二、底本失傳

毛氏汲古閣鈔本大多從宋元明舊本鈔録，經過三百多年滄桑，其鈔寫底本大多已不存世，而所鈔之書有其他宋元本存世者，與毛鈔本對校，常有異文，毛鈔本的文獻價值是不可替代的。

如《國語》，傳世版本有兩大系統：一爲宋宋庠校本，末附宋氏自撰《國語補音》三卷，因宋庠字公序，後世習稱"公序本"或"宋公序本"；一爲北宋仁宗天聖七年（1029）刻本，明道二年（1033）據之重刊印行，後世習稱"天聖明道本"，或逕稱"天聖本""明道本"。清代中期以前，公序本頗爲流行，如錢曾在清初嘗謂"今世所行《國語》，皆從公序本翻雕"，① 至嘉慶初年，顧千里亦云公序本印行之後，"世盛行之，後來重刻，無不用以爲祖"。② 公序本現存有宋刻遞修本，天聖明道本之宋版原本早已佚失不傳，而汲古閣影鈔本正是從絳雲樓所藏北宋版天聖明道本影寫者，校勘價值自然突出，《汲古閣珍藏秘本書目》舉例云："與世本大異，即如首章'昔我先王世后稷'，今時本脱'王'字，蓋言先王世爲后稷之官也，此與《史記》合。"

又如《小學五書》，包括《管子弟子職注》一卷，《女誡》一卷，《吕氏鄉約》一卷，《鄉儀》一卷，《居家雜儀》一卷。宋本久佚，《四庫全書》亦未收此書，世所罕見。其中《吕氏鄉約》與《鄉儀》兩種傳世有宋嘉定五年（1212）李大有刻本，今藏國圖，《中華再造善本》已影印，取與毛鈔本對勘，可見：①兩本行款不同，宋刻本每半葉七行行十四字，小字雙行行十七字，毛鈔本十行行二十字，小字雙行同，且宋刻本李大有刊書跋爲毛鈔本所無，可知毛鈔所據宋本與此不是同一版本；②兩本文字除"託托""鬭鬪"

---

① 〔清〕錢曾《讀書敏求記》卷一之上"韋昭注國語"條，見《藏園批注讀書敏求記校證》，第70頁。
② 〔清〕顧千里《顧千里集》卷七《校刊明道本韋氏解國語札記序》，第134頁。

"閒間""蓋盖""辭辝""紙帋"等異體字之差異外，只一處毛鈔"慎"字不避諱，而宋刻本避諱缺筆，其他文字並無不同；③宋刻本刷印較晚，版面已模糊，時有斷版，殘缺字很多，如葉 2b/3 "誣妄百端皆是"，葉 2b/4 "面是背非""人之私隱無狀可求"，葉 3a/5 "及意在侵侮""怠惰謂不修事業"，葉 3b/1 "不計家之有無"，葉 3b/6 "家傳舊儀"，以及第 13 葉每一行的末尾字"雖力有不免""使之相勸""不能者乎""上之所禁""任俠姦利""至于禮俗""間有惰而不修"，葉 13b/1 "貧富所宜"，葉 35a/1 "如送葬止可前期致奠俟發引則送之"，葉 36b/7 "近世居喪"，葉 37b/7 "聚會若卒哭"，葉 38a/4 "會聚之類皆非所急""以書簡致意人亦亮之"，葉 38b/7 "小功緦麻唯哭臨受弔乃衣喪服自餘皆衣墨衰"，凡加"·"字均可據毛鈔本補正。

又如明朱善《詩經解頤》，最初是由朱善之子叔明鋟梓，建文四年（1402）丁隆重刊（自署洪武三十五年）。今上海圖書館所藏明初刻本，未知是朱刻還是丁刻，惜僅存卷三。毛鈔本與通志堂經解本同出丁刻，可互相參校。毛鈔固然脫誤不少，業經朱筆圈改（疑毛扆手筆），可據以校正通志堂經解本者仍然有多處：如通志堂本卷一 2b/1 "則必師因以致告"，"師因"當作"因師"；14a/4 "命石碏以爲之輔，則姑本定矣"，"姑本"當作"國本"，等等。

又如辛棄疾《稼軒詞》，自來傳誦極廣，而歷代刻本實不多見，其版本有十二卷本與四卷本兩大系統。十二卷本以國圖所藏元大德三年（1299）廣信書院刻本爲代表，人稱"大德本"，此系統文本流播最廣。汲古閣刻《宋名家詞》本《稼軒詞》四卷，幾爲有清一代研讀稼軒詞者唯一之憑藉，實乃併十二卷爲四卷者，亦源出大德本。汲古閣所影鈔之本，分甲乙丙丁四集，源出宋刻四卷本，文字優勝於通行本之處不可枚舉，商務印書館涵芬樓曾據以影印，附有詳細校記及跋文，可參看。梁啓超、鄧廣銘都曾盛贊影鈔本之善。①

至於上表所列其他各書宋元本已不存世而僅存明清刻本甚至鈔本者，其脫文訛字，多可據毛鈔本校正。

---

① 鄧廣銘《稼軒詞編年箋注》附錄，上海古籍出版社，1993 年。

三、孤本單傳

所謂"孤本單傳",即此書僅見毛氏汲古閣鈔本,並未見其他版本傳世。毛扆對堪輿術數之書似有獨特興趣,《汲古閣珍藏秘本書目》著錄的《星命秘書》十三種、《大六壬管氏神書》等已佚不傳,流傳至今的有上表所列的十餘種堪輿之書,如《古本葬經》《認龍天寶經》《天機望龍經》《天機撥砂經》《劉氏心法》《楊公騎龍穴詩》《堪輿倒杖訣》《地理囊金集注》《堪輿說原》《先天後天理氣心印補注》等,此類書不爲傳統士大夫所重,難得刻版行世,多以鈔本流傳,且極易失傳。又如《宋氏文房譜》《宋氏閨房譜》《寅齋聞見》等書,世所罕見,均賴毛氏鈔寫以傳。

第二節 敘錄

現存一百餘部毛鈔本,底本來源複雜,鈔手水平參差不齊,文本質量不可一律,流傳後世遭際各異,影響亦各不同。總體而言,大多屬於精品。茲選取二十二種做個案研究,以深入探討其文獻價值。

一、瑟譜

明朱載堉撰。清初毛氏汲古閣鈔本。

朱載堉(1536—1611),字伯勤,號句曲山人,青年時自號"狂生""山陽酒狂仙客",又稱"端靖世子",明代著名音樂家、曆學家。生於懷慶(今河南沁陽),爲明仁宗朱高熾第七代孫,鄭恭王朱厚烷世子。早年從外舅祖何瑭鑽研樂律、數曆之學,因不平其父獲罪被關,築室獨處十九年。其父逝後,朱載堉七疏讓國,辭爵歸里,潛心著書。著有《樂律全書》四十卷、《圓方句股圖解》一卷、《嘉量算經》三卷《問答》一卷、《律吕正論》四卷、《律吕質疑辨惑》一卷等二十餘部。事跡散見《明史》卷一一九。

此書一名《鄭世子瑟譜》,是目前所知朱氏最早的著作。前有《瑟譜小序》,署"嘉靖庚申季夏十有三日狂生載堉書於蘭臺之齋",

書末《瑟譜大序》亦云"（嘉靖）庚申歲《瑟譜》成，因爲之序"。"嘉靖庚申"爲嘉靖三十九年（1560），即成書之年。各卷及《大序》題"山陽酒狂仙客著"。標題名"譜"，但並非依照事物類別或系統編製的表冊，如年譜、家譜、菜譜之類，亦不是記錄樂曲和節奏指法的曲譜，而是有關"瑟"這種樂器的理論知識總結。主要内容是：卷一是對瑟及瑟屬樂器（箏、築、筑、箜篌）源流的考證；卷二辨先儒"清廟之瑟"之誤；卷三辨《世本》、陳暘《禮書》、《後漢書·禮樂志》相關樂理問題論述之誤；卷四闡述"古七聲二變"說、"旁合爲正、正合爲同""撮八撮四正合旁合訣"等在瑟的演奏上之應用；卷五辨析瑟與琴、瑟與箜篌歷史淵源之先後及演奏風格之"雅鄭"；卷六鼓瑟制度事類須知；卷七歷代名賢有關瑟屬樂器的言論、故事；卷八歷代關於瑟屬樂器的名賢諸賦；卷九歷代關係瑟屬樂器的名賢諸詩；卷十古今樂論。書中常用"狂子曰"或"狂仙曰"的形式對前述問題做進一步發揮。

此書在《千頃堂書目》及《明史·藝文志》中均未著録，① 刊刻時地不詳，亦未見有刻本流傳，僅一部毛氏汲古閣鈔本傳世。《秘本書目》云："《鄭世子瑟譜》一本，綿紙精鈔。"用汲古閣版格紙鈔，半葉十二行行二十五字，白口，四周單邊。並非影鈔，故不知原本行款如何。毛鈔本在清代没有翻刻，孤本單傳，至民國間始有武進陶湘涉園據之影印入《百川書屋叢書》中。

毛鈔本卷首有嘉慶七年壬戌（1802）黄丕烈跋，跋文收入《蕘圃藏書題識》卷一，文云：

> 此毛鈔本《鄭世子瑟譜》，余數年前得諸書友，云是宋商邱家故物。後既檢《汲古閣珍藏秘本書目》有之，知非通行本矣。去冬歙汪澣雲先生曾借觀留閲易月，蓋澣雲素諳琴理，觀此可通於瑟也。今春倩作《續得書十二圖》，極爲精妙。澣雲愛我實甚，未敢以俗物相酬，爰輟此乙部書，并佐以古琴一張。琴爲

---

① 《千頃堂書目》第56頁著録朱載堉所撰《高唐王瑟譜》《劉説瑟譜》，與此不是同一書。

太倉顧雪亭所質，亦舊物也。"我有嘉賓"，斷章取義，竊效得食相呼之雅矣。壬戌夏五月望前三日，吳縣黃丕烈識。①

據此知是書自毛家散出後，歸"宋商邱家"即宋犖所有，又入黃丕烈手，乃轉贈其友汪瀚雲。汪氏名梅鼎，字瀚雲，號映琴，又號蓼塘。清乾隆五十八年（1793）進士，官至浙江道御史。善鼓琴、書畫，著有《瀚雲詩鈔》八卷。汪氏之後，是書流傳情况不明。民國時爲義州藏書家李文石（葆恂）所藏，傳於其子放（字小石），傅增湘曾借觀，云："是書爲義州李文石葆恂所藏，其嗣君小石放工詩詞，精鑑別，博聞強識，朋輩中殆無其匹。七月十七日，余在津寓見此書，因求假閱，時君已抱疾，臥不能興，屬余就架上檢之。歸來檢鄭世子《樂律全書》，乃知此書固不在內，宜子晉之鄭重鈔藏也。方欲倩人錄副，而小石已於八月朔化去，仍擬影寫一通，珍重還之，庶無負死友云。丙寅八月初九日，沅叔。"② 傅氏欲錄副影寫，未成。

王文進《文禄堂訪書記》卷一有著錄。此本今已入選《第一批國家珍貴古籍名錄》，《名錄》號：10093。

二、班馬字類

宋婁機撰，宋李曾伯補遺。清初毛氏汲古閣影宋鈔本。

婁機（1133—1212）字彦發，嘉興（今屬浙江）人。乾道二年（1166）進士。累官至參知政事，卒贈金紫光禄大夫，加贈特進。《宋史》卷四百一十有傳。史稱其深於書學，尺牘人多藏弄云。著有《班馬字類》二卷、《漢隸字源》六卷、《廣干禄字書》五卷。

李曾伯（1198—?）字長孺，號可齋。覃懷（今屬河南）人，後居嘉興，故在此書序中稱婁氏爲鄉先生。宋理宗時，官四川宣撫使，賜同進士出身，後爲湖南安撫使，進觀文殿學士。景定五年（1264）起知慶元府兼沿海制置使。有《可齋雜稿》。《宋史》卷四

---

① 《蕘圃藏書題識》卷一，《黄丕烈藏書題跋》，第45頁。
② 傅增湘《藏園群書經眼錄》，第541頁。

百二十有傳。

婁氏大旨謂世率以《漢書》多假借，古文又時用偏旁，音釋各異，而班固之書實多述司馬遷之舊，論古字當自《史記》始，因取《史記正義》《索隱》《漢書音義》《集韻》諸書訂正古字，以求音義較然，而著《班馬字類》。李曾伯作《補遺》，景定五年自序略謂是書"究心字學，採摘二史，旁證曲盡，得之者可無魯魚亥豕之惑"，後隨侍其父入蜀，與老儒王揆相與考訂補闕，"凡有所得，書於四聲之下，共一千二百三十九字，補註五百六十三"。《四庫全書總目》卷四十一是書提要評價云："雖與《文選雙字》《兩漢博聞》《漢雋》諸書大概略同，而考證訓詁，辨別音聲，於假借通用諸字臚列頗詳，實有禆於小學，非僅供詞藻之捃撦。末有機自跋二則，辨論字義，亦極明析。"其中雖有失於簡汰以及誤引之失，"然古今世異，往往訓詁難通，有是一編，區分類聚，雖間有出入，固不失爲考古之津梁也"。所評中肯。

前有洪邁序、婁序二則及李氏自序。別本或有樓鑰序，此本所無。以上下平、上、去、入聲分卷。標題次行題"上平聲"，下注"補遺附"，以下各卷均同。取《史記》《漢書》中字標注音義，以二百零六韻分部。每字提行，以婁氏原書列前，原無其字者列爲補遺，附於每韻之末。原有其字而注未盡者，則補於注下，空一格，亦以"補遺"二字別之。《補遺》於婁氏原書亦頗爲更正。（詳參《鐵琴銅劍樓藏書目錄》卷七）避諱不甚嚴謹，"眘"字作"廟諱"（二十一震），光、寧二宗嫌名未避，而"桓""恆"二字末筆或缺或不缺。卷五末署"門生三山潘介校正"一行。

顧廣圻《思適齋書跋》卷一《班馬字類跋》謂是書有繁、簡二本。蓋《直齋書錄解題》卷三所著録二卷本爲簡本，因有李氏補遺而廣爲五卷者爲繁本。《宋史·藝文志》誤作《班馬字韻》。李氏序云："今從而廣之，名以《補遺》，附於韻後，併勒諸梓。"是其曾予以刊刻。今可見者有明鈔本兩種，清曹炎、席氏釀華草堂、鐵如意齋等舊鈔本數種，又有叢書樓刊本。

《汲古閣珍藏秘本書目》無《班馬字類補遺》之目，不知其據以影鈔之宋本詳情如何。而其摹寫之精，則後世無異詞。書中有校改，點畫偶誤均作修正，脫文奪句，復以朱筆校補，張元濟《涵芬樓燼餘書錄》定爲毛扆手筆，並云："《愛日精廬藏書志》卷七云'傳本絕稀，藏書家幾無有知其名者'，況此精鈔名校乎，是可寶已。"① 有"宋本""甲"等毛氏父子諸印及"涵芬樓""海鹽張元濟經收"等印記。

三、集韻

宋丁度等撰。清初毛氏汲古閣影鈔南宋明州刻修補本。

1.《集韻》版本

《集韻》最早於北宋慶曆三年（1043）刊行，兩宋時期各地屢有翻刻，流傳至今的宋刻本有三個：①明州本：南宋初年明州刊南宋中期修補印本，上海圖書館藏；②潭州本：南宋孝宗時期湖南地區刻本，國家圖書館藏；③金州本：宋淳熙十四年（1187）田世卿金州軍刻本，日本宮內廳書陵部藏（缺卷一）。後兩種分別是中日兩國皇宮的秘藏珍品，久不爲外間所知。明州本是《集韻》傳世最早的版本，清初錢曾述古堂插架舊物，著錄於《讀書敏求記》。自錢氏以後，輾轉歸怡府所藏，而《怡府書目》未見著錄，百餘年後怡府後人端華事敗，藏書散落，同治間爲翁同龢收得，又秘藏百餘年，2000年翁氏世藏善本圖書入藏上海圖書館，此本才重顯於世。元明兩代，《集韻》沒有刊刻過，明末清初，惟見有毛氏汲古閣、錢氏述古堂兩部影宋鈔本流傳於世。兩影鈔本行款、版式、刻工全同，皆出自明州本。錢鈔有字畫不完、缺漏空白處，毛鈔則否，當係錢鈔底本漫漶，而毛鈔底本已經重修，即祖本爲同一版本，而印次有先後。②

毛鈔本有不少用白粉塗改之處，如"春，荊山（鍾韻諸容切）"，塗改"春"爲"春"，"湖，《說文》小陂也（模韻洪孤切）"，塗改"小"爲"大"，等等，多是明州本有誤之處，而改正之文字大多與潭州本相

---

① 《張元濟古籍書目序跋彙編》，第439頁。
② 詳參顧廷龍《影宋鈔本〈集韻〉跋》，《顧廷龍文集》，第38頁。

合。趙振鐸先生謂這些粉塗是何時何人所塗均無法考證,① 實則這些粉塗正是出自毛晉或毛扆之手,毛氏父子有覆校汲古閣影鈔本並作朱筆校正或白粉塗改的習慣。

清康熙年間,兩淮巡鹽御史曹寅於揚州使院刻《楝亭五種》,其一爲《集韻》,世稱"楝亭本""曹本"或"局本",是清代通行之本。楝亭本書版存於江寧權使署,刷印近百年,書版損泐,於是嘉慶十九年(1814)桐城方維甸(葆巖)集資補刊重印,屬顧千里經營其事,是爲嘉慶補刊本(以下稱"顧修曹本")。此後從楝亭本出者還有日本天保九年(1838)刻本、光緒二年(1876)歸安姚覲元川東官舍刻本、清"浙寧簡香藏版"刻本等。

楝亭本無刻書序跋,未交代底本爲何。據顧千里《思適齋集》卷七《補刊集韻序》云:"國朝右文,秀水朱檢討彝尊從毛扆斧季家得其傳鈔本,於康熙丙戌歲,屬曹通政寅刊之,由是與同時所刊《廣韻》各書並行於世。"② 此説爲後人承襲,影響很大,直至當代。然而遍檢朱彝尊與曹寅相關史料,並未見有朱彝尊得毛鈔本囑曹寅刊刻之語,此乃是顧千里想當然之説。③

2. 段校本

毛鈔本《集韻》從汲古閣散出後,流傳情況不詳,清乾隆間爲著名藏書家周錫瓚收得。周錫瓚(1742—1819),字仲漣,號香巖居士,又號漪塘,嗜收藏宋槧精鈔秘本,與袁廷檮、黄丕烈、顧之逵合稱乾嘉時"藏書四友"。

段玉裁從周錫瓚處借得毛鈔本,校於楝亭本之上,並於毛鈔本後題跋云:

---

① 趙振鐸《記汲古閣影宋鈔本〈集韻〉》(《四川大學學報(哲學社會科學版)》1993年第1期)一文推斷毛鈔底本是南宋初杭州刻本,其實不然。趙氏所著《集韻研究》第六章"版本"仍謂毛鈔底本是明州本。本小節所引趙氏觀點皆出自《集韻研究》,不再一一出注。

② 〔清〕顧廣圻《顧千里集》卷八,第133頁。

③ 郭立暄《〈集韻〉的宋本及其傳本》,《復旦古籍所學報》第一期,復旦大學出版社,2012年,第186—202頁。

凡汲古閣所鈔書散在人間者無不精善，此書尤精乎精者也。書成於宋仁宗寶元二年，故太祖、太宗、真宗及太祖以上諱及其所謂聖祖諱皆缺筆，"禎"字下云："知盈切，上所稱。《說文》：祥也。""上所稱"者猶言今上之名也，故空一格。不言諱者，嫌於"名終則諱"也。"禎"不缺筆，蓋影寫失之。或云"禎"字本空白不書，但注云"知盈切，上所稱"以別於他諱也。自英宗以後諱皆不缺筆，則知此所影者的爲仁宗時本無疑。但其版心每葉皆云"某人重刊""某人重開""某人重刕"，則亦非最初板矣。丁度等此書兼綜條貫，凡經、史、子、集、小學、方言采摭殆徧，雖或稍有紕繆，然以是資博覽而通古音，其用最大。自明時已無刊本，亭林以不得見爲憾。康熙丙戌棟亭曹氏乃刻之。今年居蘇州朝山墩，從周君漪塘許借此本校曹本舛錯，每當佳處，似倩麻姑癢處爬也。凡曹缺處，此本皆完善，而曹所據本與此本時有不同。上聲十四賄此本以"梁益謂履曰屧"六字綴於"隧"字注，曹本則無此六字，而空白二寸弱。蓋最初版當大書屧字，注云"梁益謂履曰屧"，正在曹空白處耳。余復以己見正二本之誤。他日有重刊此書者，可以假道。"汲古閣""子晉""斧季"印章重重，當時愛寶亦云至矣。百數十年而周君珍藏，可謂傳之其人。周君學問淹雅，又復能作荆州之借，流布善本於天地間，以視世之扃鐍宋槧不肯借讀者，其度量相去何如也。乾隆五十有九年歲次甲寅六月十四日，金壇段玉裁跋。

段玉裁所校棟亭本後歸陸心源，民國時陸氏皕宋樓藏書爲日本岩崎氏静嘉堂文庫收購。段校本在《皕宋樓藏書志》卷十六著録爲"段懋堂校宋本"，《静嘉堂文庫漢籍分類目録》著録爲"集韻（段玉裁校宋本）一〇卷/宋丁度等奉敕撰　清刊（覆宋）"，[①] 所謂"清刊（覆宋）"，即棟亭本。而《静嘉堂秘籍志》卷三著録爲"段懋堂

[①] 《静嘉堂文庫漢籍分類目録》，第196頁。

校宋集韻，宋丁度等奉敕撰，一套，影宋鈔五本"，① 誤；《日藏漢籍善本書錄》著錄爲"明毛氏汲古閣影宋刊本，段玉裁手識本"，② 亦誤，汲古閣並未刻過《集韻》。

段校本每卷後皆記宋本葉數行數，如卷一末識云：

> 宋本三十五頁每頁廿二行，末頁十二行。
> 甲寅三月，借周漪塘所藏毛鈔宋本校。（十六日）凡照影宋本改者，書於本字本身旁側；凡以意正者，書於本行上下方；亦有照宋改本字，仍恐模糊，而書上下方者。若膺氏。

又識云：

> 毛子晉影鈔宋本，每葉板心之底皆有"某人重開""某人重刊""某人重刓"，"某人"者，刻工姓名也。每誤處用白塗之，乃更墨書之。每卷前後皆有"毛晉""子晉"圖書，"毛扆""斧季"小圖書。余既爲之跋，還漪塘，又書於此，欲令子孫寶之，傳之其人。玉裁。

毛鈔本自周錫瓚手中流出，轉歸大鹽商海寧查有圻聽雨樓所有，③ 嘉慶二十三年（1818），周氏乃借段校本過錄其校跋於顧修曹本之上，并跋云：

> 汲古閣毛氏影宋鈔本，余向年所藏，已歸海寧查小山名有圻家。此書段茂堂先生曾借去，精心校勘，可謂毫髮無遺憾。今借來照段本臨校，此書雖失，猶不失也。校畢書此，以誌欣幸。

---

① 《静嘉堂秘籍志》，第71頁。
② 嚴紹璗《日藏漢籍善本書錄》，第298頁。
③ 《上海圖書館善本題跋真蹟》第三冊，第300頁。

段氏校語頗爲精審，學者爭相傳鈔過録，除周錫瓚外，可考者有陳鱣、袁廷檮、顧之逵、鈕樹玉、陳慶鏞、黄彭年、韓泰華、周壽昌、莫友芝、莫繩孫、潘錫爵、董文焕、汪道謙、丁士涵、許克勤、龐鴻文、龐鴻書、衛天鵬、王秉恩、方成珪等數十家，影響可謂深遠。

3. 其他校本

毛鈔本歸查有圻後，查氏守之未久，又爲朱鶴年（1760—1834）所得，朱氏與阮元相友善，乃請阮元題辭。今毛鈔本卷一扉頁阮元題辭云：

> 此毛氏影鈔本，精審已極。首鈐"希世之珍"小印，真希世之珍也。書末有段茂堂先生跋，足見此書之蘊。毛氏但知此書之佳，而不知其蘊也。
> 道光十三年四月野雲山人出此書屬題，以得見此原本爲幸。阮元識。

野雲山人爲朱鶴年別號。
國圖藏清韓泰華校跋棟亭本《集韻》（國圖14254）上有韓氏題記，云：

> 道光乙未，得見汲古毛氏影宋鈔《集韻》十册，每頁二十二行，每行二十三格，板心長當今七寸二分，闊當今尺五寸强。首鈐"希世之珍"小印，真希世之珍也。因索價太昂，與之百金猶不肯售，急邀數友以棟亭本分校之，竭兩晝夜之功，其中頗不能精審，然已迥勝棟亭刻本矣。

道光乙未是道光十五年（1835），可知阮元題辭僅兩年後是書即從朱鶴年處流出。韓泰華校本後爲周壽昌所得，有校跋，並録清桂馥跋。

清馬釗亦曾對校毛鈔本，撰《集韻校勘記》十卷。馬釗字遠林，長洲人，陳奐弟子。《集韻校勘記》有清同治十二年（1873）孫氏玉海樓鈔本，孫詒讓校并跋，藏杭州大學圖書館。此本前有陳奐序云：

> 蓋《集韻》之流傳祇有局刻本，其景宋本向在蘇周漪塘家，後言入都，吳姓方侍郎出美金致之，倩名手寫其副，袁漱六太史來守松江，借副謄真，屬任校役，余轉以屬遠林，遂爲之取景宋、局刻兩本互考其得失異同，逐參附各說，成《校勘記》共□卷。

吳姓方即吳鍾駿（1799—1853），字崧甫，一字吹聲，號晴舫，又作姓方。吳縣（今蘇州）人，道光十二年一甲第一名進士及第，官至禮部侍郎。袁漱六即袁芳瑛（1814—1859），湖南湘潭人。道光二十五年進士，官至松江知府。咸豐間大藏書家，號臥雪廬主人。

《集韻校勘記》稿本今存復旦大學圖書館。

此外又有清丁士涵家鈔本，藏南京圖書館；又有清湯裕過錄并校跋本，藏國圖。

清末皕宋樓主人陸心源亦曾以毛鈔本校楝亭本，撰《校集韻》，刻入《潛園總集》中。民國間毛鈔本歸蕭山朱贊卿別宥齋，1949年後隨別宥齋藏書入藏天一閣博物館。

四、六藝綱目

元舒天民撰，元舒恭注，明趙宜中附注。清初毛氏汲古閣鈔本。

舒天民字執風，鄞縣人。舒恭字自謙，號說齋，天民之子。趙宜中字彥夫，始末無考。是書《四庫全書總目》著錄，附於小學類之後，云：

> 是書取《周禮·保氏》"六藝"之文，因鄭玄之注，標爲條目，各以四字韻語括之。其子恭爲之注，同郡趙宜中爲之附注，均能考證精核，於小學頗有發明。

《總目》又謂是書刊於元至正甲辰（1364），則非。書中有舒睿跋稱：

> 伯父埶風先生纂集六藝，名曰《綱目》，……惜未行世而歿也。其子自謙考訂箋注之，名公巨儒歷序表章之，然而未克刊行也。戊申春，予假館於良學錢氏，以此編示之，三復稱歎，遂矢以成其美。

則此書在舒睿之手方第一次刊行，其時已在明初。①

此毛鈔本鈐有"元本""甲"印，是毛氏以元本視之。書中"玄枵"作"元枵"，避"玄"字諱，疑係康熙年間毛扆鈔本。書末有清朱錫庚跋云：

> 是書《簡明目錄》附載小學類，其子綦爲之注，今此作男恭注，知此鈔筆誤者多也。卷首有汲古閣毛氏私印，又有"元本"印，有"甲"印。鈔寫精良，殆校刻未成，流傳可珍玩也。他日得乞中祕校之，斯爲完璧矣。大興朱錫庚識。
> 乾隆甲寅夏六月十有八日晨起雨中書此。

又有小字：

> 按《四庫總目》亦作其子恭，《簡明目錄》作綦，誤也。余別具著錄，暇日易紙書之。道光癸未下六月廿七日雨後記此。

朱錫庚（1862—？），字少河。大興（今北京）人。朱筠（字竹君，世稱"笥河先生"）次子。乾隆五十三年（1788）舉人。家富藏書，編爲《椒花吟舫書目》（國圖藏清鈔本），其中著錄"《六藝綱目》，一本，鈔"，即此本。書中鈐"笥河府君遺藏書畫"印，知

---

① 詳見葉啓發考證，葉啓勳、葉啓發撰《二葉書錄》，上海古籍出版社，2014年，第207頁。

是繼承其父舊藏。朱錫庚評價此鈔本云"筆誤者多"，又云"鈔寫精良"，前後矛盾。道光間錢氏守山閣刻入《指海》，民國間《叢書集成初編》又據《指海》本排印，最爲通行，與毛鈔本相校，異文甚多，可互相補正。

此書有道光二十八年（1848）東武劉喜海嘉蔭簃刻本，劉氏刻書跋云：

> 道光初元，於大興朱氏得見是書，筍河先生手校本也。喜其攷核明審，且便童蒙句讀，借歸鈔訂成帙，旋攜置行篋中二十餘稔。至蜀中，以示徐君青都，轉爲改正"數學"中脱誤若干字。客臘抵杭，朱述之大令云有盧抱經先生校本，因循未獲索觀。今兹長夏，敬就文瀾閣本檢校一過，付諸剞劂氏。時戊申秋九月東武劉喜海跋。

跋中所謂"筍河先生手校本"當即此毛鈔本，嘉蔭簃本據以精雕付刊，① 是此書最完善之本，咸豐三年（1853）聊城楊氏刻《海源閣五種》本、光緒間文選樓刻《玲瓏山館叢書》本、光緒間刻《益雅堂叢書》本、光緒四年（1878）刻《宏達堂叢書》本、光緒七年汪氏籒書簃刻本、民國二十四年（1935）張壽鏞約園刻《四明叢書》第三集本皆係據嘉蔭簃本重刻者，光緒十七年（1891）思賢書局本又從《海源閣五種》本出，足見此書傳播之廣。毛鈔本乃是嘉蔭簃本之祖本，其下各本俱爲毛鈔本之支與流裔。

民國時毛鈔本入周叔弢自莊嚴堪，1949 年後弢翁捐獻公家，今藏國家圖書館。（圖 4–1）

五、牛羊日曆

唐劉軻撰。牛，指牛僧孺；羊，謂楊虞卿、漢公兄弟；日曆，謂按日記牛、楊的經歷。此書是爲攻訐牛僧孺而作的傳奇小說。《新唐書·藝文志》《宋史·藝文志》小說家類著錄，《直齋書錄解題》

---

① 《清代版本圖錄》收錄此書，稱之爲"仿宋精刊"，誤。見第四卷，第 96 頁。

卷七著録入傳記類。

此書通行本爲清咸豐間伍崇曜刻《粵雅堂叢書續集》本及光緒間陸心源《十萬卷樓叢書》本，二者皆源出明姚咨茶夢齋鈔本《續談助》。《續談助》五卷，是宋晁載之採録《十洲記》至《膳夫經》等二十種書編纂的文言筆記小説集。載之字伯宇，中進士第，卒官封丘丞。黄庭堅嘗薦之於蘇東坡，謂其詩才奇麗。著有《封丘集》。晁公武《郡齋讀書志》卷十九《晁氏封丘集》有其小傳，稱之爲"世父"。

《續談助》每種後皆繫以跋語，述得書之由。今原書多佚而不傳。明嘉靖間流傳刻本，姚咨據以傳録，有跋云：

> 《續談助》五卷，宋刻本，爲故友秀水令江陰徐君子寅家藏。子寅殁後，其家人售於秦汝立氏，汝立迺余門人汝操之弟，青年癖古，儲蓄甚富，亦友於余。□假而手録，閲三逾月始訖事，惜乎斷簡缺文，未敢謬補，藏之茶夢閣，以俟善本云。嘉靖壬戌秋八月二日皇象山人姚咨識，時年六十有八。①

迄今三百餘年，茶夢齋鈔本流轉於錢曾、朱彝尊、張金吾、黄丕烈、孫原湘、張蓉鏡及常熟瞿氏諸藏書家之手，今藏國家圖書館。

此汲古閣鈔本末有識語署"陳留崇寧監伯宇記"，"伯宇"即晁載之，知此本亦是從《續談助》鈔出者。持與茶夢齋鈔本相校，僅數處不同，如：

> 年號"大和"，毛鈔本皆作"太和"。
> 其或能輸金袖壁，毛鈔本"袖"誤作"抽"。
> 暗記六經思溺詩賦，毛鈔本"思溺"作"溺思"。
> 更相阿和，茶夢齋本"阿"字爲空格。
> 時與登科第中書，毛鈔本"時"誤作"特"。
> 且曰座主，毛鈔本"且"誤作"具"。

---

① 《蕘圃藏書題識》卷五，《黄丕烈藏書題跋集》，第299—300頁。

潛被瘡痛，毛鈔本"痛"作"痏"。

十四日丁巳，毛鈔本"日"誤作"年"。

時晚得一青衣，毛鈔本無"時"字。

容態誌在吾目，茶夢齋本"吾"作"一口"，當係其底本模糊所致。

乃話於僧孺僧孺方持國柄，毛鈔本脫下"僧孺"二字。

舌能易人五藏，毛鈔本"藏"作"臟"。

承寵上□意，茶夢齋本"上"字爲空格。

一旦罷之，毛鈔本"旦"誤作"日"。

右鈔太和九年，毛鈔本脫"鈔"字。

諸犢又父事叔康，茶夢齋本"犢"字誤作"牘"。

以上異文反映毛鈔本並不是從茶夢齋本鈔錄的，恐別有所本。姚咨所見之宋刻本汲古主人容或亦得寓目，毛鈔本之底本亦可能是宋本。毛鈔本可與茶夢齋鈔本互相補正。

六、虞鄉雜誌

明末毛晉輯。明末毛氏汲古閣鈔本。

此書卷首有小引，云：

> 余［家］隱湖之曲，每遇風日晴美，［輒遊］山水佳處，［搜訪］古蹟，間有所得，或展卷之際，［有］涉吾鄉，並誌一編，存諸研北，時代先後，略無詮次。若邇來沿革，多載新志，至於人物之盛，詩文之富，備傳梨棗，非草莽臣所敢紀錄。①

常熟古簡稱虞，故又稱虞鄉。小引中"若邇來沿革，多載新志"云云，所謂"新志"當是指萬曆三十三年（1605）管一德所纂《皇

---

① 此據國圖藏汲古閣鈔本（07452）《虞鄉雜誌》錄文，凡［］字原稿爲殘損字。《虞山叢刻》本補全殘損，並於原稿殘損字旁加"。"。《汲古閣書跋》第14頁收此文，"［事］"字作"有"，其餘作□。

明常熟文獻志》十八卷。毛晉搜羅古蹟、古籍關於虞鄉之記載，編成此書，以資一邑之掌故。

書中按條編纂材料，均標所引書名，並於書眉用朱筆分注考古、水利、建置、職官、兵寇、可師、可鑒、技術、鬼神、仙釋、紀異、佚事、識古等目，以備將來分類之便。有所考訂，則於其條之末加按語。書中朱墨筆塗改刪補及眉批之處很多，可知是毛氏不斷修訂之手稿。張元濟《涵芬樓燼餘書錄・史部》著錄，云："每越數條，其筆墨粗細、濃淡，輒有變易，是必隨手摘錄之作。"① 用汲古閣版格紙鈔錄，惜蟲蛀殘缺處不少。

清嘉慶間虞山張海鵬輯刻《借月山房彙鈔》，收是書爲三卷，與此本頗有異同。民國間常熟丁祖蔭據此鈔本刻入《虞山叢刻》，補刻目錄，又據毛晉原引書籍補綴蠹蝕缺損文字。據丁氏刻書跋，以稿本與張海鵬本相校，"詳略互見：文同者五十五則，文異者十三則，刊本所無者一百十三則，稿本所無者亦一百一十則"，張海鵬本較稿本增減至百條以上，可見張氏所據爲另外的定本。稿本不分卷，張氏所據則釐爲三卷。張、丁二刻本都將是書定名爲《虞鄉雜記》。

七、幽蘭居士東京夢華錄

宋孟元老撰。此書是孟元老於靖康南渡之後，追忆宋徽宗政和、宣和年間故都汴京之繁盛景象而作。自都城、坊市、節序、風俗及當時典禮、儀衛，無所不載。

1. 元刻本與影鈔本存世情況

《東京夢華錄》存世各本有淳熙丁未浚儀趙師俠刻書跋，可知是書初刊於宋孝宗淳熙十四年丁未（1187），宋刻本今已無存。清嘉道間大藏書家黃丕烈曾收得吳翌鳳（號枚庵）藏舊鈔本，"係枚庵手校江氏宋刊本，云宋本八行十六字，取對元刻，行款不同，卷中紅筆校處亦多歧異"，② 所謂"江氏宋刊本"今亦不可得見。是書今存

---

① 張元濟著，張人鳳編《張元濟古籍書目序跋彙編》中冊，第 527 頁。
② 〔清〕黃丕烈《蕘圃藏書題識》卷三，《黃丕烈藏書題跋集》，第 138 頁。

最早版本爲元刻本，有兩部存世，分別收藏於國家圖書館、日本静嘉堂文庫。

（1）國圖藏本

半葉十四行行二十二至二十四字，細黑口，左右雙邊。黄紙淡墨印，有斷版、模糊葉，可知刷印較晚；且孟元老序、目録第一葉、第二葉A面、卷三第四五兩葉、卷十第六A葉係鈔配；首末鈐"宋本""毛晉""汲古主人""毛扆之印""斧季""東吴毛氏圖書"各印，是汲古閣插架舊物。毛扆《汲古閣珍藏秘本書目》載："《東京夢華録》一本，宋板，二兩。"即此本。書中又鈐有"袁克文""寒雲小印""佞宋"等袁氏各印，袁克文跋亦謂此爲宋刻本，並於書衣篆書題署二行"幽蘭居士東京夢華録十卷，汲古閣舊藏秘本。乙卯秋寒雲續收"。傅增湘《藏園群書經眼録》史部地理類著録，已改訂爲元刻本。① 是書自袁氏手中散出，轉讓於南海潘宗周寶禮堂。② 1949年後，潘氏後人潘世兹將寶禮堂藏書捐獻國家，入藏今國家圖書館。國圖編目亦審定此本爲元刻本。《汲古閣珍藏秘本書目》著録爲"宋板"，乃係汲古主人誤元刊爲宋槧。此本今有《中華再造善本》影印本（圖4-2）。

（2）静嘉堂文庫藏本

行款與國圖藏本相同。明顧元慶舊藏，清道光間爲黄丕烈插架之物，書前有黄氏跋文兩篇，跋文收入《蕘圃藏書題識》卷三。黄丕烈謂此本"裝潢精妙，楮墨古雅，板大而字細，人皆以爲宋刻，余獨謂不然。書中惟'祖宗'二字空格，餘字不避宋諱，當是元刻中之上駟"。③ 清末入藏陸心源皕宋樓，《皕宋樓藏書志》卷三十四有著録，後售歸日本静嘉堂文庫。日本昭和十六年（1941）静嘉堂曾將此本影印行世（圖4-3）。

此本傅增湘亦曾寓目，《藏園群書經眼録》著録云：

---

① 傅增湘《藏園群書經眼録》，第365頁。
② 張元濟《張元濟全集》第八卷《寶禮堂宋本書録》，第141頁。
③ 〔清〕黄丕烈《蕘圃藏書題識》卷三，《黄丕烈藏書題跋集》，第140頁。

余藏有弘治十六年癸亥刊本，行款與此相同，當即從此翻雕者。此本後有黃丕烈手跋，云《汲古閣秘本目》有宋刻，未知視此孰勝。然十年前余曾見汲古藏本於廠市，後爲袁寒雲收得，鈐有"宋本""甲"朱文印，即此版也。特緣刊印皆精，遂誤認爲淳熙原槧耳。（日本静嘉堂文庫藏書，己巳十一月十三日閲）①

又傅氏《藏園訂補邵亭知見傳本書目》亦著録云：

元刊本，十四行二十二字，細黑口，左右雙闌。傳世有二本：一本毛氏汲古閣舊藏，有毛氏印記黄紙淡墨印，今歸潘宗周寶禮堂；一本明顧元慶舊藏，有黃丕烈跋，今在日本静嘉堂文庫。二本余均寓目，袁本並曾借校。静嘉堂本近已影印行世。近又見内閣大庫散出殘葉，亦黄紙淡墨印，驟視幾與静嘉本無别，而字之偏旁有不同者，是元末明初已經修版矣。惜潘本遠在滬瀆，未能與静嘉堂本比勘，以決其是否一刻也。②

茲取《中華再造善本》影印國圖本及静嘉堂文庫影印本仔細比對，版刻字體等各處均毫無二致，可知兩部元刊本實爲同一版本，惟静嘉堂本版面清朗，刷印較早，而國圖本有斷版、補鈔，爲後印本。

（3）國圖藏影鈔本

國家圖書館普通古籍書庫中藏《東京夢華録》之清影鈔本一帙（53715），行款與元刻本同，鈔寫風格亦與元刻字體近似。鈐有"子晉""汲古主人""涵芬樓""海鹽張元濟經收"四印。張元濟《涵芬樓燼餘書録·史部》著録，云："昔黄蕘圃曾見元刻，謂書中惟'祖宗'二字空格，餘字不避宋諱，當是元刻中之上駟。今此本正

---

① 傅增湘《藏園群書經眼録》，第365—366頁。
② 傅增湘《藏園訂補邵亭知見傳本書目》，第398頁。

同。卷一有'汲古主人'及'子晉'印記,頗似毛氏舊鈔。"①(圖4-4)

(4)臺北"國家圖書館"藏影鈔本

傅增湘《藏園訂補邵亭知見傳本書目》又著録汲古閣影元鈔本云:

> 明汲古閣影寫元刊本,十四行二十二字,細黑口,左右雙闌。鈐有毛氏印。此本金誦清已石印行世,持校静嘉堂藏元刊本,仍有奪文誤字,疑不出一刻,或所據爲晚印殘補之本也。②

所謂"金誦清已石印行世"指民國間秀水金氏梅花草堂以石印技術影印本。金誦清其人,據胡道静《出版家陳乃乾傳略》云:"二十年代中期,古書流通處解體,乃乾先生與嘉興人金誦清等合資在上海設中國書店,經營舊書業。"③金氏印本無序跋,不知其手中之"明汲古閣影寫元刊本"從何得來。此本序前有羅振玉篆文大字題籤"汲古毛氏景宋本東京夢華録"一頁,書衣籤題"景宋本東京夢華録",不知何人手筆。今此本藏臺北"國家圖書館",《"國立中央圖書館"善本書目》著録爲"明虞山毛氏汲古閣影鈔宋刊本"。④該館官網上公布了此本上册(前五卷)電子版書影(圖4-5),便於利用,以之與國圖及静嘉堂所藏元刻本比對,行款及字體風格均與元刻本同,可知此本實影鈔自元本而非宋本,當以《藏園訂補邵亭知見傳本書目》所著録爲是。

兹審定上述兩影鈔本均係僞毛鈔,理由在於:

①不見著録

《汲古閣珍藏秘本書目》中無著録,清及民國各藏書家目録中亦

---

① 張元濟《張元濟古籍書目序跋彙編》中册,第524頁。
② 傅增湘《藏園訂補邵亭知見傳本書目》,第398頁。
③ 胡道静《出版家陳乃乾傳略》,見《胡道静文集·序跋題記、學事雜記》,上海人民出版社,2011年。
④ "國立中央圖書館"編印《"國立中央圖書館"善本書目》(增訂本),第318頁。

未見記載。黄丕烈跋元本云曾收藏“毛氏汲古閣舊藏鈔本”,[①] 而兩影鈔本中均無黄氏印鑒，可知並非黄氏藏本。

②僞造鈐印

毛氏汲古閣影鈔本今存世者很多，絶大部分都會鈐蓋“宋本(或元本)”“甲”“汲古主人”“汲古閣”“毛晉私印”“毛晉之印”“毛晉（連珠印)”“毛氏子晉”等印中之至少三四方，經毛扆收藏者則又加鈐“毛扆之印”“斧季”兩印，此乃毛氏汲古閣影鈔本之通例（詳見第三章第二節存世各毛鈔本之鈐印情況)。今兩影鈔本中僅有“汲古主人”“子晉”兩方，與鈐印通例不合；且與傳世真正之毛鈔本所鈐二印仔細比較，皆係僞印。之所以只有兩印，乃是怕僞印多了露出馬腳。兩本恐出同一家僞造。參見下圖真僞印之比較。真印即取自國圖所藏元刻本《東京夢華録》，國圖所藏毛氏汲古閣影鈔本《揮麈録》《鮑氏集》《禪月集》《方是閑居士小稿》《十家宫詞》《增廣聖宋高僧詩選》等皆鈐此二印。

真印	僞印	
	臺灣藏本	國圖清鈔本
	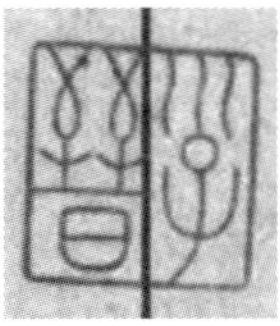	

毛氏汲古閣影鈔本名揚書林，有“下真跡一等”的美譽，僞造毛氏印鑒及毛鈔本以牟利是極有可能的（參附録《毛氏汲古閣印鑒輯考》)。

① 〔清〕黄丕烈《蕘圃藏書題識》卷三，見《黄丕烈藏書題跋集》，第140頁。

2. 各本異文

取兩元本之影印本及影鈔本各本對勘，可見影鈔本鈔寫尚屬工整，字體點畫與原書一致。因國圖藏元本有鈔配葉，影鈔本之底本亦有模糊、鈔配處，所以元本與影鈔本仍有不少異文。此外，存世有據元本覆刊之明刻本，頗肖元本，亦取以對勘。茲取卷三數葉之異文表列如下（表2，國圖元本此葉極其邋遢，下表異文皆係後來收藏者朱筆填補而成）：

1. 第二葉

表2

行	靜嘉堂元本	國圖元本	臺圖影鈔本	國圖影鈔本	明本
A 面					
1	橫街西	橫街西	橫街北	橫街北	橫街北
3	神觀□□	神觀後門	神觀□□	神觀□□	神觀□□
4	相國寺內萬姓交易	相國寺內萬姓交易	相國寺萬姓交易	相國寺萬姓交易	相國寺萬姓交易
5—6	飛禽貓犬	飛禽貓犬	飛禽走犬	飛禽走犬	飛禽走犬
7	時果臘脯	時果脯臘	時果臘脯	時果臘脯	時果臘脯
8	孟家道院	孟家道冠	正東道傍	正東道傍	正東道傍
10	資聖門前	資聖門前	資聖閣前	資聖閣前	資聖閣前
11	散任官員	罷任官員	罷任官員	罷任官員	罷任官員
B 面					
行	靜嘉堂元本	國圖元本	臺圖影鈔本	國圖影鈔本	明本
3	揭盂	建立	揭盂	揭盂	揭盂
7	丁家素茶寺	丁家素分茶	丁家素茶寺	丁家素茶寺	丁家素茶寺
11—12	北巷巷口	身北巷口	身北巷口	身北巷口	■■■■
12	生藥鋪鋪中	生藥鋪本鋪中	生藥鋪鋪中	生藥鋪鋪中	生藥鋪■■
13	五寺王監	五寺三監	五寺三監	五寺三監	五寺三監
13	以東向	以東向	以東街	以東街	以東街

2. 第四、五葉

國圖元本此二葉全係鈔補。"防火""天曉諸人入市""諸色雜賣"三則（見圖4-6，圖4-7，圖4-8，圖4-9），國圖元本與兩鈔本、明本略同，而與靜嘉堂本大不同。全文對比如下：

"防火"一則
靜嘉堂本：

收領公事。又於高處处磚砌望火樓，樓上有人卓望。下有官屋/數間，屯駐軍兵百餘人，及有救火家事，謂如大小桶、洒子、麻搭、斧/鋸、梯子、火叉、大索、鐵貓兒之類。每遇有遺火去處，則有馬軍奔/報。軍廂主馬步軍、殿前三衙、開封府各領軍級撲滅，不勞/百姓。

國圖元本、兩鈔本及明本：

及領公事。又於高處磚砌盖望火樓，常有人單望。下有官/屋數間，屯駐軍百餘人，及有救火家事，大小桶、洒、麻搭、斧/鋸、梯子、火叉、帶索、鉄貓兒之類。每遇有遺火去處，則有馬軍/奔報。馬步軍、殿前三衙、開封府各領軍汲水撲滅，不勞百/姓。（國圖元本脫"鉄貓兒"之"兒"字；臺圖影鈔本闕標題"防火"二字）

"天曉諸人入市"一則
靜嘉堂本：

每日交五更，諸寺院行者打鐵牌子或木魚循門報曉，亦/各分地分，日間求化。諸趁朝入市之人，聞此而起。諸門橋市/井已開，如瓠羹店門首坐一小兒，叫饒骨頭，間有灌肺及炒/肺。酒店多點燈燭沽賣，每分不過二十文，并粥飯點心。亦間/或有賣洗面水，煎點湯茶藥者，直至天明。其殺豬羊作坊，每人/檐豬羊及車子上市，動即百數。如果木亦集於朱雀門外及/州橋之西，謂之菓子行。紙畫兒亦在彼處，行販不絕。其賣麥麵，/秤作一布袋，謂之"一宛"；或三五秤作一宛，用太平車或驢馬馱/之，從城外守門入城貨賣，至天明不絕。更有御街州橋至南內前/趁朝賣藥及飲食者，吟叫百端。

國圖本及鈔本：

每日交五更，諸寺院行者打鐵牌木魚循門報曉，各分地/分，日間求化。趁朝入市之人，聞此而起。諸行門店多點燈/燭沽賣，每分錢不過二十文，并湯藥者，直至天明。殺豬羊/人檐及拖車子上市，動即百數。如果木亦集朱雀門外爲之/謂之菓子行。紙畫兒亦在彼處，行販不絕。用太平車或驢馬馱/之入城貨賣。更有御街州橋至南內前趁朝賣藥及飲食/者，吟叫百端。

分析上述異文可知，影鈔本當即就明刻本摹寫而成，實非影元。國圖所藏元本之闕爛文字亦係據明本鈔補，惟鈔寫略有訛誤。兩影鈔本之僞印相同，字體風格一致，疑出於一家之手。

1957年，古典文學出版社點校出版《東京夢華錄（外四種）》，以静嘉堂本爲底本，用秀水金氏影印影元鈔本（即今臺灣藏本）、明胡震亨《秘册彙函》本、清張海鵬《學津討原》本及涵芬樓影印明鈔百卷本《說郛》參校。點校本後附校勘記，已注意到上述静嘉堂本與影鈔本之不同，間有漏校，"夜間巡警收領公事"條下云：

景元寫本從"及領公事"起至本卷末止一葉，脱字甚多，與元刊本大相徑庭。緣景元寫本之底本，此葉係補版，板匡高度與全書不同，又將元刊本之兩葉（第三卷第五、六兩葉）併爲一葉（無第六葉）。文字異同，今不復記，但敘其出入於此。①

---

① 《東京夢華錄（外四種）》，古典文學出版社，第77頁。

點校本未能利用國圖所藏明刻本，故誤以爲"景元寫本之底本此葉係補版"，不知影寫所據實爲明刻本而已。

八、浦江鄭氏家範

明鄭濤撰。清初毛氏汲古閣鈔本。

浦江鄭氏，指自南宋建炎初年至明代天順年間，累世同居於浙江金華浦江縣的鄭氏家族，因曾多次獲元、明朝廷的嘉獎與旌表，又稱"義門鄭氏"。《鄭氏家範》一名《旌義編》，以朱熹《家禮》爲藍本，舉凡祖宗祭祀、婚姻嫁娶禮儀、家庭管理、家長職權、人員分工、財產分配、婦規、社交及睦鄰關係，都作了詳細規定，內容系統詳備，是古代大家族族規家範的代表。

《旌義編》著錄於《四庫全書總目》史部傳記類存目，提要云：

> 元鄭濤撰。濤字仲舒，浦江人，官太常禮儀院博士。鄭氏稱義門，自宋建炎初名綺者始，至濤爲八世。先是，綺六世孫龍灣稅課提領太和，爲家規五十八則。七世孫欽及其弟鉉，增添九十二則。其一百五十則，勒之於石，至濤，復謂禮有當隨時變通者，乃酌加增損爲一百六十八則，列爲上卷。又彙輯諸家傳記碑銘之文有關鄭氏事實者，列爲下卷。通名曰《旌義編》。宋濂序稱三卷，其書實止二卷，蓋序文傳寫之誤也。

鄭濤"官太常禮儀院博士"，是在明洪武間爲官，故不得題"元鄭濤撰"，《提要》偶疏。《旌義編》之修訂、增補歷三世而成，後世遞有翻刻、重纂：臺北故宮博物院藏原國立北平圖書館甲庫善本書中有明洪武十一年（1378）浦江鄭氏家刻三十年增補本，有洪武十一年宋濂序、三十年張紞序、三十年王鈍序，三卷；[①] 美國國會圖書館藏明刻本，卷末題"大明宣德戊申第九世奉議大夫蜀府左長史致仕楷重纂"，洪武十一年宋濂序，二卷；[②] 美國哈佛大學哈佛燕

---

① 《中國善本書提要補編》，第 24 頁，《甲庫叢書》已影印。
② 王重民《中國善本書提要》，第 141 頁。

京圖書館藏有明萬曆三十一年鄭元善刻二卷本；① 天一閣博物館有明書種堂刻二卷本，清范邦甸《天一閣書目》卷三子部著錄："《鄭氏家範》，刊本，宋浦江鄭綺撰，明翰林張壽序。"② 疑即此本。清代流行較廣的除《四庫》本外，有同治九年（1870）永康胡鳳丹退補齋刻《金華叢書》本。③ 各本所收家規均爲一百六十八則。

此毛鈔本前洪武十一年宋濂《浦江鄭氏家範引》，又有康熙七年（1668）新安胡胐序。胡序云：

> 吾歙師山鄭公致命時遺札子姪曰："孝友必如浦江義門，祖宗之榮也。"迄萬曆，乾菴江先生佐守金華，詢義門，獲其規，效於家五十餘年，厥嗣于常授施生璜，璜授鄭生永立。永立手家規，痛念其師山公札，喟然曰："予先人之志也夫！予先人之志也夫！"志迺志，事迺事，爰榜師山書院，敦請諸老講明之，且梓之，廣勵族人，請予序。

"師山鄭公"是元末學者鄭玉（號師山），《宋元學案》卷九十四有《師山學案》。鄭永立其人暫無考，其所梓《家範》亦未見著錄，毛鈔本即就其刊本鈔錄，由胡序溯其源，疑出自萬曆間刻本。

以毛鈔本與明萬曆三十一年鄭元善刻本比較，毛鈔本共一百六十九則，不分卷，較各本多一則："子孫不得無故設席，以致濫支，唯酒食是議，君子不取。"次於第一百三十五則"子孫受人贄帛皆納之公堂後與回禮"條後。其餘條目排序均一致，內容文字絕大部分相同。第三則末小注"祭器服，如深衣、席褥、盤盞、椀楪、椅桌、盥盤之類"，明本無；第一百五則"子姪雖年至六十者亦不許與伯叔連坐"，明本作"子姪年非六十者不許與伯叔連坐"，意思正相反；第一百六十一則（明本第一百六十則）末小注"主母不拘"，明本無；其餘尚有異文十餘處，對文義無甚影響，不具錄。毛鈔本之校

---

① 沈津《美國哈佛燕京圖書館中文善本書志》，第 186 頁。
② 清嘉慶文選樓刻本。
③ 《四庫全書存目叢書》已影印。

勘價值，於此可見。

九、藏一話腴

宋陳郁撰。清初毛氏汲古閣鈔本。

陳郁（1184—1275），字仲文，取蘇東坡詩"惟有王城最堪隱，萬人如海一身藏"之句，自號藏一。臨川（今屬江西）人。宋理宗朝曾奉特旨以布衣充緝熙殿應制，景定間爲東宮講學堂掌書兼撰述。與其子世崇并有文名。生平始末略見世崇《隨隱漫録》中。

是書多記南北宋雜事，間及詩話，偶或自抒議論。前有岳飛之孫棠湖翁岳珂序，稱其"所述《話腴》博聞強記，出入經史，研覈本末，則可法度；而風月夢怪，嘲謔訛誕，淫麗氣習，淨洗無遺，豈非自'思無邪'三字中踐履純熟致是耶"，不免誇飾。四庫館臣則評價不高，譏其説詩附會迂謬，議論有失考證，翁方綱謂"應存其目"，① 《四庫全書總目》因其"所記遺聞，多資勸戒，亦未嘗無一節之可取焉"，收入子部雜家類。

此書撰成後不知刊刻與否，傳世有四卷本、一卷本兩個系統。四卷本爲全本，入雜家類；一卷本是摘録其中若干條，入小説家類。一卷本流通很廣，古小説彙編如《重編本百川學海·戊集》《古今説海》《五朝小説》《説郛》《學海類編》等都有收録，刻本、鈔本都很多。四卷本則比較少見，主要以鈔本流傳，至民國間才有胡思敬《豫章叢書》本（分内外編）、張鈞衡《適園叢書》本（分甲乙集）這兩種刻本。汲古閣鈔本爲上下二卷，即叢書本之内外編或甲乙集，内容無異。

胡思敬刻本内外編各上下卷，附有《校勘記》《校勘續記》各一篇，胡氏跋云："右書據丁氏八千卷樓鈔本付刊，書中凡紀述舊聞、發明經義之處，多有可采，餘皆無甚精義。其分内外兩編尤不可曉，且亦時有舛誤，如内編卷下引《松漠紀聞》一條與本書全不相符，讀者審之。"知其出自錢塘丁氏藏本，即《善本書室藏書志》

---

① 〔清〕翁方綱撰，吴格整理《翁方綱纂四庫提要稿》，上海科學技術出版社，2005年，第535頁。

卷十九著録之"舊鈔本"，今藏南京圖書館（GJ/EB/110666）。

張鈞衡刻本甲乙集各上下卷，張氏跋云："其中所采詩文，如馬融之《圍棋賦》、洪平齋草真相制岳鄂王謝收復河南赦及罷兵表、范司諫彭臧詩周美成兩詩均極佳。《古今説海》《學海類編》止刊一卷，均不全。此本分甲乙上下卷，又經常熟王振聲以汲古閣藏本勘定，訛字較少，惟汲古本甲集爲卷上，乙集爲卷下，他本又分内外編，爲上下四卷，所編雖不同，書則無異也。"所謂經王振聲以汲古本勘定之本今藏四川省圖書館（《第二批國家珍貴古籍名録》4741號），書末附王氏所作校勘記，兹録於此：

序四行"則則可"，毛鈔"則"字不重，按《四庫總目》引作"具有"二字，當從之。

甲集卷上

一頁下一行"策勵"，毛鈔"勵"字無。

二頁上七行"淹遲"，毛鈔"池"作"滯"，是也。又"予當"，毛鈔"予"作"别"。下三行"西淮"，毛鈔作"淮西"，是也。又七行"與之"，毛鈔"[字]"作"南"，按此本"南"並作"[字]"，後不復出。又九行"昏井"，毛鈔"昏"作"辱"，是也。

三頁上一行"詞意"，毛鈔"詞"作"調"，非是。七行"兩留"，毛鈔作"雨溜"，是也。九行"朱大此召"，毛鈔"此"作"比"，是也。

九頁上四行"卒多"，毛鈔"卒"作"率"，是也。七行"專續"，毛鈔"專"作"傳"，是也。八行"決曰"，毛鈔作"訣白"，是也。

十頁下四行"善矣"，毛鈔"矣"作"也"。九行"柳州"，毛鈔"柳"作"郴"，是也。十行"重復"，毛鈔"復"作"複"。

十一頁上六行空格，毛鈔不空。九行"葳儀端潤"，毛鈔作"威儀端潤"，是也。

十二頁上一行"葆麗"，毛鈔"葆"改"藻"。

十三頁十五行"子竟",毛鈔"子"作"好"。下九行"微質",毛鈔"微"作"徵",是也。

末有跋云：

《藏一話腴》汲古閣本止作甲乙二卷,不復分上下,與此小異,而其文則同,但譌字差少耳。然其中可疑者尚多,惜無別本可訂。《説海》中所載,文既不全,字句亦多刪改,不盡可憑,而《學海類編》全同《説海》,益無可取。今悉錄毛本異字,《説海》《類編》則間參一二而已。此本行款視毛本較舊,不欲輒加點竄,且又學識淺陋,是非未能遽決,故別爲此記,俟博雅審定焉。文村王振聲識。

毛鈔本上有批校若干條,與上列校勘記不全同,當是王氏又以別本校過。

此外,《嘉業堂藏書志》卷三著錄"金孝章手鈔本"一帙,今藏臺北"國家圖書館"（07341）,即清康熙五年（1666）蘇州金俊明鈔本,金氏跋謂"訛舛特甚"。

可知諸本之中,當以毛鈔本最佳。

十、清塞詩集

唐周賀撰。明末毛氏汲古閣鈔本。毛晉、黃丕烈校並跋。

周賀（生卒年不詳）,字南卿,東洛（今河南洛陽）人。早年削髮爲僧,法名清塞,居於廬山、鎮江等地,後來又在少室、終南諸山隱居。唐敬宗寶曆年間,杭州刺史姚合愛其《哭僧》詩"凍鬚亡夜剃,遺偈病中書"之句,令其還俗復姓,改名爲賀。後仍隱居名山,淡泊以終。《唐才子傳》卷六有傳。

周賀擅長近體詩,多寫羈旅、送別情思,詩格清雅。《新唐書·藝文志》《宋史·藝文志》,均著錄《周賀詩》一卷,今存世有宋陳起書籍鋪所刻《周賀詩集》一卷,是現存最早的周賀詩單刻本,收詩七十七首。因周賀爲僧時日長而還俗爲士人時日短,載籍中多以其法名"清塞"稱之，編刊其詩集亦以"清塞"爲名，《郡齋讀書志》卷十八著錄《清塞詩》一卷，《直齋書錄解題》卷十九著錄《周賀集》一卷，云"別本又號《清塞集》"，宋李龏編《唐僧弘秀集》卷四亦收《清塞詩》四十五首，所載與書棚本有所出入。

此本爲明末汲古閣主人毛晉所編，跋云："坊刻《清塞》《周賀》離爲二集，篇章互混，其《留辭姚郎中》至《送僧》四十五首，乃菏澤李和父編入《唐僧弘秀集》中者也。因汰其重複，又編四十五首，釐爲上下卷，仍其舊名。"可知此本乃根據《唐僧弘秀集》及坊刻周賀詩集等汰除重複重新校錄而成者。上卷錄自《弘秀集》，下卷輯自周賀詩之坊刻本及各種選本，各四十五首，較《全唐詩》卷五百三所收僅少《送郭秀才歸金陵》《送李億東歸》《宿李樞書齋》三首而已。用汲古閣版格紙錄，版框外有"毛氏正本、汲古閣藏"八字，卷末有毛晉手跋。毛晉當時能見到周賀詩集的各種不同傳本，據以校錄成書，與上述兩宋本相校，頗有異文，偶能校正宋本之誤，如《春日重至南徐舊居》，書棚本"南徐"誤作"南除"；且書中屢有"《衆妙集》作某""一作某"之夾注，故此鈔本校勘價值甚高，惜當時未能刊刻。

清嘉慶間，此本爲大藏書家黃丕烈所得，有跋云："吾友陶公因係子晉手跋本歸余，余亦以汲古本重之。""陶公"蓋即其書友著名書賈五柳居主人陶蘊輝。黃跋又云："適聞思庵主昆峰上人處，有武林梵天寺賜紫沙門法欽編《唐宋高僧詩集》，有元祐元年楊無爲序者舊刻本，遂手校異字於每首上方，以資考證。且此書雖子晉亦未見過，曾於其家刻《弘秀集》中跋語及之，則余所見不差廣於子晉耶？"今此本書眉校語即出黃氏手筆，又在毛晉之外提供異文不少。名家批校，更爲此書增色。其後此本入藏楊氏海源閣，《楹書隅錄續編》卷四著錄，散出後歸北圖。

十一、汲古閣集

明毛晉撰。稿本。

毛晉在大量刻書、鈔書之同時，兼事著述及詩文創作，撰輯有《毛詩陸疏廣要》四卷、《隱湖題跋》二卷、《虞鄉雜記》三卷、《詞苑英華》四十五卷等。

是書含《和古人詩》《和今人詩》《和友人詩》《野外詩》各一卷，按詩作主題編次，約編成於崇禎十六年（1643）。《和古人詩》有崇禎十五年周榮起題詞、徐遵湯敘，《和今人詩》有陳瑚序，《和友人詩》有顧夢麟序，《野外詩》有金俊明序。毛晉曾從同邑魏沖（字叔子）學詩，後成立"佳日""尚齒""隱湖"等詩社，屢與友朋相唱和，顧序所謂"此三十餘年中者星橋煙水無日不來泛雪之船，無夜不連聽雨之榻"。各卷作序之人皆其詩社社友。"惟《野外》爲率然自明之言，《和古》《和今》《和友》皆次韻作也。然《和古》《和今》僅列所以次其韻者而止，《和友》則附見其友之詩，彼此互照。"（顧序）《和友人詩》收錄六七十人詩作，頗有助於考察毛晉之生平及交游。

此爲毛晉稿本，用汲古閣鈔書版格紙鈔寫，黑格，版心下有"汲古閣"三字，全書字體工整秀勁，繕寫精良，與傳世毛氏汲古閣精鈔本是同一風格。書中凡遇錯字皆用白粉塗改，亦汲古閣鈔本特點之一。清王振聲跋云："《汲古閣家塾藏板目》載《隱湖遺稿》四種，曰《和古》《和今》《和友》《野外》，注云'已刻'而印本顧未之見。"後世亦無刻本記載。咸豐間爲瞿氏恬裕齋所得，瞿氏念及毛氏刊布群書，厥功甚偉，而其自著乃將湮没，於是委託友人王振聲（字寶之，號文邨居士）勘校之，書中凡朱筆校字皆出王氏手筆，將卷端"和古""和今""和友""野外"諸題改爲"汲古閣集卷某"，版心"和古人詩卷"等五字亦改寫"汲古閣集卷一"。書前貼浮籤云"汲古閣"三字改寫"恬裕齋"，側寫右旁，並詳細說明其他應該格式，如空幾格等刊刻要求。咸豐十年（1860）刻版印行，惜僅刷印數部樣本，版片即燬於火。民國間常熟丁祖蔭又據此稿重新刊印，收入《虞山叢刻》，始有通行之本。丁氏刻書題記云：

> 此毛氏寫刊底本也，字體絕類《中州》諸籍。寫誤處塗鉛乙改，行式井然，似寫成而未登版者。現傳《汲古閣藏版目》，載隱湖遺稿四種，曰《和古》《和今》《和友》《野外》。注云已刻，而印本顧未之見。是帙向藏吾鄉罟里瞿氏，文邨居士（王

振聲）更定爲《汲古閣集》，釐成四卷，慫恿鏡之（瞿秉淵）、濬之（瞿秉清）兄弟梓行之。適以庚申之亂未果，去今又五十年矣。世事如雲，滄桑萬變，汲古楮墨，尚在人間。先生著作，乃反湮沒不著聞，斯亦後進者之責。亟謀社友，並《隱湖題跋》彙刊之，篇目悉仍其舊，蓋不欲奪毛寫之真也。

書中鈐有"毛氏子晉""毛晉之印""鐵琴銅劍樓"等印，今藏常熟市圖書館，爲鐵琴銅劍樓後人瞿鳳起捐贈。

十二、西崑酬唱集

宋楊億等撰。清初毛氏汲古閣鈔本。

楊億（974—1020），字大年，建州浦城（今屬福建）人。淳化三年（992）賜進士及第，歷官至翰林學士、户部郎中，卒諡文。《宋史》卷三百五有傳。宋真宗時，楊億在史館主持修撰《册府元龜》，修書期間與同僚錢惟演、劉筠等相唱和，後楊億將唱和詩編爲《西崑酬唱集》，對當時詩風影響很大，世稱"西崑體"。

《西崑酬唱集》初刊於何時，載籍無考。現存最早版本是明嘉靖十六年（1537）張綖玩珠堂刻本，檢《中國古籍善本書目》僅國家圖書館收藏有一部，黃永年先生考證玩珠堂本之底本實以南宋建陽麻沙坊肆俗本充數，無知妄作之誤較多。是書明清以來精善之本除毛鈔本外，有清初周楨、王圖煒合注本，源出宋刻善本，有裨校勘。[①] 周、王合注本爲黃先生舊藏，1985 年已影印出版。今以此本與毛鈔本對勘，異文如下表（表3）：

表3

頁/行[②]	詩題	周、王合注本	毛本	備注
卷上 5a/2	受詔修書述懷感事三十韻	乘軒恩衛鶴	恩作思	恩字誤

---

① 詳參黃永年《西崑酬唱集》影印前言，上海古籍出版社，1985 年。
② 周、王合注本。

續表

頁/行②	詩題	周、王合注本	毛本	備注
10b/2	休沐端居有懷希聖少卿學士	雕盤瓊蕤冰寒澌	冰字下注"去聲"	
12b/5	再次首唱韻和	紅蘭受露消晨竭	紅蘭受露銷晨渴	竭字誤
15a/2	槿花	珠露未晞時	晞作稀	稀字誤
19a/2	漢武		題下脫作者"億"	
21b/4		桂館蜚廉事轉勞	桂作柱	柱字誤
24b/3	館中新蟬	委蛻亭皋隨木葉	蛻作脫	脫字誤
28a/9	夜讌	解煩多蜜勺	蜜作密	密字誤
29a/9	鶴	瑞世鸞鳳徒自許	鳳作皇	鳳字誤
30b/6	公子		題下脫作者"億"	
32a/9		後門歸去九枝然	去作夜	
38a/2	宣曲二十二韻	取酒臨邛遠	邛作印	印字誤
39b/5		已鄣紈扇笑	鄣作障	
41a/6		腸柔祇自危	祇作已	
41a/7		一爲達微辭	一作聊	
46b/1	別墅	鉗奴藏廣柳	鉗作鈐	鈐字誤
46b/4		雲際尋橦枝	橦作撞	撞字誤
47b/4		出帶繁星急	帶作戴	戴字誤
48a/4	無題三首		第二首下衍作者"億"	
48a/7		不曾亡國自無言	亡作忘	
		風翩林葉迷歸燕	翩作翻	
50b/6		杏梁春暖燕爭泥	暖作晚	
52a/6	荷花	石城秋信早	早作斷	
53a/2		幽恨寄吳歈	恨作怨	
55a/7	再賦七言		題下脫作者"筠"	
56b/3		歌翻南國有餘音	翻作傳	
59b/5	淚二首	錦字停梭掩夜機	停梭作梭停	
67b/1	秋夜對月	玉盤承浩露	承作浮	

續表

頁/行②	詩題	周、王合注本	毛本	備注
68b/5	前檻十二韻	寶鏡腸空斷	鏡作鑑	
71a/3	小園秋夕	猶勝楊朱泣斷蓬	朱作歧	
71b/8	始皇	盡選豪富入咸陽	選作遷	
73b/2	初秋屬疾	屬疾猶貪桂補贏	補作浦	浦字誤
卷下 2a/3	寄靈仙觀舒職方學士	閒園露草開三徑	徑作逕	
5b/4	送客不及	衹是河梁傳怨曲	衹是作衹自	
8b/2	樞密王左丞宅新菊	吟情掩謝塘	吟作詩	
8b/6		靈芳遂茂時	遂茂作茂遂	
8b/9		夕照輝金葆	輝作揮	
9a/1		輕風接翠蕤	接作拂	
		味可登蘭藉	藉作籍	
10b/6	直夜	危枝誰見繞驚烏	烏作鳥	烏字誤
11a/7		金波先上結璘樓	璘作麟	
12a/5	洞戶	武陵夜遊曉翩翩	曉作驍	
13b/2	柳絮	章臺街裏翩輕吹	翩作翻	
14b/7	與客啟明	郄枝今我如何	如何作何如	如何誤乙
15a/9	無題	桂魄漸虧愁晚月	晚作曉	
19a/3	霜月	歸雁是悠悠	是作自	
20b/5	此夕	珠拋月浦空含淚	含作涵	
22b/6	勸石集賢飲	千古離騷怨楚詞	詞作辭	
23a/6		應念來朝猶眊燥	來朝作朝來	
24b/6	燈夕寄獻內翰虢略公	嶢闕罿飛河漢旁	旁作傍	
27b/3	李舍人獨直	內苑櫻桃兼酪賜	櫻桃作朱櫻	
29b/6	懷舊居	惟演	司封郎中知制誥錢惟演	
36a/1	致齋太一宮	宵殘素瑟稀	稀作希	
36b/6		若木競新英	競作競	

續表

頁/行②	詩題	周、王合注本	毛本	備注
42b/1	屬疾		題下脫作者"惟演"	
43a/1		發篋尋桐録	録作籙	
48a/6	清風十韻	朱網疏難掩	朱作珠	
48a/7		銅鑪泠易侵	泠作冷	泠字誤
48a/8		舞袖更餘態	餘作回	
49b/9		涼颺蕩暑初	颺作飈	
50b/9		披襟同楚榭	榭作樹	
57a/5	偶作	六幕風高雀在天	雀作鵲	雀字誤

除表中所列之外，其餘則異體字之異，如"群羣""牆墙""歎嘆""媿愧""虗虛""消銷""艸草""鉤鈎""隣鄰""沈沉""僊仙""魂寬""窓窗""祇秖""雀鶴""厭猒""妝粧""絃弦"等，是兩本用字習慣不同，無關詩義。從表中異文可以看出，周、王合注本與毛鈔本互有正誤，也有很多異文無從斷其正誤，可以兩存。

毛鈔本後有毛扆跋，文云：

> 宋初楊文公與錢、劉二公特刱詩格，組織華麗，一變晚唐詩體而效李義山，取玉山冊府之名，名"西崑詶唱"，人因目之曰"西崑體"。其《南朝》《漢武》等篇僅見于《瀛奎律髓》。先君每以不得見此為恨。甲辰三月，同葉君林宗入郡訪朱卧菴（自注：之赤），其榻上亂書一堆，大都廢曆及潦艸醫方，殘帙中有繕整一冊，抽視之，乃《西崑詶唱》也，為之一驚。卷末行書一行，云"萬曆乙丑九月十七日書畢"，下有"功甫"印，乃錢功甫手鈔也，因與借歸。次日林宗入城，喧傳得此。最先匍匐而來者，定遠先生也，倉茫索觀，陳書于案，叩頭無數而後開卷，朗吟竟日，索酒痛飲而罷。使先君而在，得見此書，不知若何慰悅。言念及此，不禁淚下沾衣也。案楊文公序云："景德中忝佐修書之任，紫微錢君希聖、秘閣劉君子儀並負懿文，更唱迭和，而予參詶繼之末，其屬而和者又十有五人。"今

三公之外，惟十一人。《代意》第七首下但名"秉"而無姓，其二人則闕如也。揣當年原本定係宋刻，何子道林書法甚工，屬擬宋而精鈔之。今流傳轉寫遍滿人寰，要必以此本爲勝也。外舅覲菴先生從錢鈔影寫一部，亦有跋語，今并考異附録于後。

甲辰爲康熙三年（1664），毛晉已去世五年，此本即鈔於是年。其底本爲"萬曆乙丑"錢功甫手鈔本。查萬曆（1573癸酉—1620庚申）無乙丑年，疑爲己丑（1589）之筆誤。錢功甫即藏書家錢允治，前文已有介紹。毛鈔本中凡宋諱"耿玄弦警槃驚竟貞楨徵讓"等字皆缺末筆，此皆北宋諱例，南宋孝宗"慎"字不諱，疑錢允治即自北宋本鈔寫。此外清康熙諱"玄""燁"二字均爲字不成。

跋中提及"定遠先生"極爲喜愛此書之情態。定遠先生名馮班（1602—1671），字定遠，晚號鈍吟老人。常熟人。與兄馮舒齊名，人稱"海虞二馮"，爲毛晉父子之好友。馮班鈔本《西崑酬唱集》今藏國圖（06663），有清初葉萬跋云："余曾録淨本，爲馮借失，以此見償。"葉萬即毛扆跋中提及的葉林宗（葉奕）之從弟，其所録"淨本"容或即自錢鈔本出，則馮鈔本亦源自錢鈔本。馮鈔本經葉萬、何煌先後校勘，文字與毛鈔本略有不同。又有馮班、顧廣圻等人跋語，允稱善本。此本流傳至今，各跋多已殘缺，正文亦多有缺損，卷下漫漶尤甚，且全書用行草鈔録，不易辨讀。是書善本當推毛鈔本爲第一。

毛鈔本曾經楊氏海源閣收藏，《楹書隅録》卷五著録，楊彦和題識云："此本先公得之江南，亦汲古閣影鈔之至佳者，筆精墨妙，雅可寶玩，誠稀世珍也。"康熙間朱俊升聽香樓刊本即自毛鈔本出，嘉慶間《浦城叢書》本又以朱本爲底本重刊，爲通行之本，皆毛鈔本之支流。

十三、增廣聖宋高僧詩選

宋釋希晝等撰，宋陳起輯。清初毛氏汲古閣影宋鈔本。

是書爲有宋一代詩僧作品選編。《前集》署"錢唐陳起編"，《後集》《續集》署"陳起宗之編"。《前集》收希晝、保暹、文兆、行肇、簡長、惟鳳、惠崇、宇昭、懷古等九家詩作凡一百三十四首；《後集》分上中下三卷，共收贊寧、善權等三十三家詩作一百五十二首；《續集》收擇鄰、清外等十九家詩作共五十一首。其中以惠崇最著名，其他詩僧生平多不可考。惠崇、保暹曾有詩集，見《宋史·藝文志》，惜已失傳。各集詩歌以五律、五古爲主，學承晚唐，宗法賈島，內容多爲酬唱應答，亦不乏記述行旅風光、寫景感懷之作，精字鍊句，詩風清奇，爲宋初晚唐體詩派之代表。

《前集》所收九家合稱"九僧"，宋初已有詩名，並有合集行世。歐陽脩《六一詩話》、司馬光《續詩話》均曾提及。《直齋書錄解題》卷十五著錄《九僧詩》一卷，云有上述九僧之詩"凡一百七首"，陳克（克當作充）序。《郡齋讀書志》卷二十有"《九僧詩集》一卷，陳充爲序，凡一百十篇"。《宋史》卷二〇九《藝文志八》亦有陳充《九僧詩集》一卷，惟不詳篇數。周煇《清波雜志》卷十一提到有景德五年（1008）張亢序本。今《前集》所收較晁、陳所見多出二十餘首，又有《後集》《續集》，當爲編者陳起廣爲收羅增補而成。

陳起刻本清初猶存，故毛氏汲古閣得以據之影鈔。今存世毛氏影鈔本有兩部，皆藏國圖。其中一部已影印入《中華再造善本》。兩部均避宋諱"樹""貞""玄""徵""慎""敦"字，缺末筆，《再造》本"樹"字偶不缺筆。另有小小異同，如"桓"字，《再造》本缺末兩筆，另一部不缺筆；《續集·曉上人還浙東》，"浙"字另一部誤作"淅"。

兩部影鈔本中均鈐毛氏父子各印。《再造》所影本經黃丕烈、汪士鐘遞藏，民國時爲袁克文所得，鈐有"佞宋""克文""三琴趣齋"及袁克文觀書肖像印。1931年爲周叔弢所得，後捐贈北圖。民國時傅增湘在京中書肆曾見："毛鈔《聖宋九僧詩選》一册，索五百金，還百金，不肯售。然實精美無倫。擬加至二百元。"[①] 不知是兩本中哪一部。

《高僧詩選》今有宋本存世，即臺北"國圖"所藏南宋嘉定至

[①] 《張元濟傅增湘論書尺牘》，第5頁。

景定間陳宅書籍鋪刊《南宋群賢小集》本。取與《再造》本毛鈔相校，凡宋本文字做墨釘處，毛鈔均爲空格；《後集》善權詩《春晚和吕少馮》"正似荻花江上鷗"，毛鈔"荻"作"荻"；除此之外，無絲毫差異，行肇詩《湘江有感上王内翰》"靳尚一言巧"，"尚"字偏旁"⺌"宋本缺第一點，毛鈔也照録不誤，可見毛鈔即出自此宋本。

國圖另藏有《九僧詩》一部，著録爲清初毛氏汲古閣影宋鈔本，鈐印毛氏父子、席鑑、惠棟、平陽汪氏、德化李氏等印記，遞經名家藏弄。有毛扆跋云：

> 歐公當日以九僧詩不傳爲歎，扆後公六百餘年，得宋本弄而讀之，一幸也；挍之晁、陳二氏皆多詩二十餘首，二幸也（自注：晁公武《郡齋讀書志》："九僧詩一卷，一百十篇。"陳直齋《書録解題》："一百七首。"今扆所得一百三十四首，比晁多二十四首，比陳多二十七首）；此本但有僧名，而不著所産，又從周煇《清波雜志》各得其地名，三幸也。又從《瀛奎律髓》得宇昭《曉發山居》一首，并爲增入。但陳直齋所云"景德初直昭文館陳充序，① 目之曰'琢玉工'，以對姚合'射雕手'者"，此本無之，誠欠事也。方虚谷謂司馬温公得之以傳世，則此書賴大賢而表章之，豈非千古幸事哉。《雜志》又謂序引崇到長安"人遊曲江少，草入未央深"，此亦無之，且謂惠崇能畫，引荊公詩爲據；讀《瀛奎律髓》，有宋景文公過惠崇舊居詩；又讀《楊仲弘集》，有題惠崇古木寒鴉詩，并歐公《詩話》、《清波雜志》二則附録於左。康熙壬辰三月望日，隱湖毛扆斧季識。

"康熙壬辰"爲康熙五十一年（1712），毛扆去世之前一年，則此書毛晉絶不可能見到，可知各本中之毛晉印記乃毛扆補鈐者。

---

① 《鐵琴銅劍樓藏書目録》卷二十三引此跋有案語云："今案《書録解題》作陳克，《清波雜誌》作張亢，《文獻通考》作陳充。"第672頁。

以《九僧詩》與《增廣聖宋高僧詩選前集》對勘，可見：

行款相同，卷端及版心書題不同；《九僧詩》前有目錄，"劍南希晝十八首"等，乃毛扆所補，"劍南"等地名即毛扆跋所謂"又從周煇《清波雜志》各得其地名"者，《高僧詩選》無目錄；避諱字缺筆與否不盡一致；惟鳳詩《弔長禪師》"海客傳遺偈"，《高僧詩選》"偈"作"碣"；《九僧詩》之宇昭詩末有毛扆從《瀛奎律髓》中所輯《曉發山居》一首，《高僧詩選》無；其餘僅幾處"水冰""柏栢"等異體字的不同。

即除毛扆所補之處外，兩書內容相同。故清王士禛云："《宋高僧詩》前後二集，錢唐陳起宗之編，多近體五言。予按前集即《六一詩話》所謂《九僧詩》也。"① 後世多懷疑《九僧詩》乃毛扆鈔錄《高僧詩選前集》、略為增補並重新命名者，已非宋本舊貌。如著名書賈錢聽默、民國間葉德輝、周叔弢等都懷疑毛扆並未親見宋本。② 九僧之生平事跡及詩作之結集情況，祝尚書《宋人總集敘錄》及《論宋初九僧及其詩》一文已有詳細考述。可知九僧詩集之宋本有景德元年（1004）直昭文館陳充序本，見《郡齋讀書志》《直齋書錄解題》，又有景德五年直史館張亢序本，見周煇《清波雜志》，然無論陳充本抑或張亢本，明人罕有著錄，亡佚已久，毛扆當無由得見。《九僧詩》毛扆跋謂"得宋本弄而讀之"，又《汲古閣珍藏秘本書目》著錄："《九僧集》一本，影宋板精鈔。"蓋所謂宋本即宋本《增廣聖宋高僧詩選》。

自毛扆鈔出《九僧詩》後，九僧之詩集遂有《九僧詩》與《增廣聖宋高僧詩選》兩個版本系統。清代各版本、鈔本《九僧詩》類皆以毛鈔本為源頭。

乾隆年間朱奐滋蘭堂從席玉照家購得毛鈔《九僧詩》一本。朱奐字文游，藏書甲於吳中，號稱"視裝訂籤題根腳上字，便曉屬某家某人之物"，③ 其侄邦衡亦以藏書名，《藏書紀事詩》卷五有合傳。

---

① 〔清〕王士禛《帶經堂詩話》卷二十《禪林類》。
② 錢聽默跋見下文。見葉德輝《郋園讀書志》卷十五《九僧詩集》跋，第686頁；《弢翁藏書年譜》，第55頁。
③ 顧廣圻《清河書畫舫十二卷》，見《顧千里集》卷二十，第331頁。

古農余蕭客館於滋蘭堂，博覽其藏書，因得鈔錄一帙，並有跋云：

> 九僧詩在宋屢爲難得，汲古主人更六七百年得見，誠爲幸事。況所傳本視直齋、公武所見又多二三十首，宜跋語之色飛而神動也。第汲古佳鈔以謹守宋槧之舊推重士林，而此本首據《清波雜志》九僧各冠地里，又以《瀛奎律髓》一篇添入宇昭之下，則與宋本稍齟齬矣。余謂《清波》一條既載跋後，則卷首地里自當删去；而《瀛奎》一篇宜列毛公跋後，附入今跋，以還宋本舊觀，以補汲古主人好古之萬一，或不至以此獲罪於當世諸君子也。九僧詩入有唐中葉錢、劉、韋、柳之室，而浸淫輞川、襄陽之間，其視白蓮、杼山有過無不及。然山谷所稱"雲中下蔡邑，林際春申君"，此集不載，而惠崇《自定句圖》五字百聯入此集亦不及十之二三。使汲古主人聞之，則欣躍之餘，更當助我浩歎矣。乙未冬初，假滋蘭堂本錄畢，記之。古農余蕭客書。

所謂"據《清波雜志》九僧各冠地里"，只是補出目錄而已；"以《瀛奎律髓》一篇添入宇昭之下"是將《曉發山居》一首附其詩末尾，且注明係補入，並未改變原本面貌。毛扆所爲實未可厚非。是書有清道光十六年（1836）石韞玉刻本《九僧詩》（天津圖書館有藏），目錄首行下刻有小字注："此本前人云假周香嚴藏毛鈔原本錄出。"周香嚴即藏書家周錫瓚。後附刻余蕭客、錢聽默、朱邦衡三跋，知周氏藏本即得自滋蘭堂。

錢聽默跋云：

> 汲古閣影宋寫《九僧詩》，余從虞山席玉照家購得，歸於滋蘭堂朱氏。此本乃余蕭客從滋蘭本鈔出者，爲世名書。壬寅秋，余得廣陵馬氏宋本《江湖小集》，內有《聖宋高僧》前後續四卷，其《前集》即《九僧詩》也。弆而對之，不獨詩數相符，行款亦不異，不知當時汲古主人宋本即此否？或爲書賈所欺，以《高僧詩》殘本作僞者。因爲校正四十餘字，（其）［甚］精。復從《雲門志略》補入簡長詩一首，從《湘山野錄》補入惠崇詩一首，并

錄摘句於後，將來或有所見，再爲補入，使蕭客而在，能不欣躍稱快，爲破百年之疑也？癸卯送春日，聽默齋識。

朱邦衡跋云：

　　汲古影宋鈔《九僧詩》，余從文游季父滋蘭堂所藏本也。季父從席玉照家購得，爲世名書。比年因家道中落，宋元版佳鈔秘本諸書悉歸漪堂周氏，是書亦隨之去。丙午冬初，假周氏本命兒子文藻草錄一冊，暨晤錢君景開，以所得廣陵馬氏宋本《江湖小集》見示，內有《聖宋高僧詩選》前後續四卷，其《前集》即《九僧》也。開卷細玩，不獨詩數相符，即行款亦不異，不知當時汲古主人宋本即此否？衡後公數十年，復得覿真本，豈非幸事哉。遂攜歸比校，惟惠崇詩"忘却戴紗巾"，毛本"紗"誤"河"，據以改正。寒燈課餘，復照毛鈔楷書莊寫，匝月而畢。他日，讀《雲門志略》，得簡長《寄雲水禪師》一首，又從《湘山野錄》得惠崇《池上鷺》一首，又從《青箱雜記》得惠崇《自摘句圖》一篇，皆附錄於後，將來或有所見，再行補入，俾好古之士觀之，更當欣躍稱快。而後之得吾書者，勿易眎之也。秋厓居士朱邦衡識，時乾隆丁未十二月十七日。

"錢君景開"即錢時霽，字景開，號聽默，湖州人。以販書爲業，開萃古齋書肆，過手古籍衆多，洪亮吉《北江詩話》將其歸入藏書家五等之"掠販家"。與江南淮揚各藏書家往來密切，故能爲朱文游買席玉照家藏書。

錢、朱兩跋都自稱讀《雲門志略》《湘山野錄》得補簡長、惠崇佚詩，恐有蹈襲之嫌。錢跋云"校正四十餘字"，而今校宋本《高僧詩選》與毛鈔本並無如此多之異文。朱跋云"惠崇詩'忘却戴紗巾'，毛本'紗'誤'河'"，而檢存世各本毛鈔《九僧詩》，"紗"字並不誤。今國圖藏本《九僧詩》即席玉照插架舊物，書中並無朱文游印記，疑席氏售予朱氏者爲傳鈔本，鈔寫不精，誤字甚多。

民國十年（1921），有李之鼎宜秋館刊本，其刻書跋自稱以家藏明鈔本爲底本，"又以丁君仲祜及某氏所刊別本互相讎校"，所校兩本均出自毛本。宜秋館本後有《補遺》一卷，題"汲古閣輯錄"，輯得希晝等詩句八則，並錄毛扆、余蕭客跋。毛扆並未輯錄逸詩八首，毛本亦無單獨成卷之《補遺》，不知宜秋館本從何得來。《補遺》中《寄雲水禪師》一首李之鼎有按語云："此詩毛氏已補入簡長詩十七首之下，既有《補遺》，應歸於此，以還宋本面目。"而毛本簡長詩十七首之下實並無此詩。

從錢、朱二跋及宜秋館本可以看出，毛本流傳後世，翻刻、轉鈔很多，不斷有人輯錄逸詩，而訛誤也逐漸增多，凡此均當以今存毛鈔本爲正。

十四、十家宮詞

宮詞是描寫宮廷日常生活的小詩，以七言絕句爲主要形式。唐大曆中王建作《宮詞》百首，始以"宮詞"爲題，一般認爲是此種詩體之濫觴。其後後蜀花蕊夫人、宋王珪等十餘家繼之而起，元明以下作者尤繁，均仿此體。

1. 輯刻

本書凡收唐王建，後蜀花蕊夫人，五代和凝，宋王珪、張公庠、王仲修、周彥質、宋白所作《宮詞》各一卷，詩各百首，胡偉《宮詞》集句一卷及宋徽宗宣和御製《宮詞》三卷。王珪《宮詞》後有"臨安府陳道人書籍鋪刊行"刊記一行，知鈔自南宋陳起書棚刻本。陳起之前，王建、花蕊夫人、王珪等諸家宮詞有單行本流傳，[1] 又有

---

[1] 《遂初堂書目》別集類有《王建宮詞》《花蕊夫人宮詞》。《直齋書錄解題》卷十九云："《王建集》十卷。唐陝州司馬王建仲初撰。建長於樂府，與張籍相上下，大曆十年進士也。歷官昭應縣丞，太和中爲陝州司馬。尤長宮詞。""《王建宮詞》一卷。即集中第十卷錄出別行。"〔宋〕陳振孫撰，徐小蠻、顧美華點校《直齋書錄解題》，上海古籍出版社，1987年，第565頁。卷二十又著錄："《王岐公宮詞》一卷，王珪禹玉撰。"第594頁。《郡齋讀書志校證》卷十八著錄："《花蕊夫人詩》一卷，右僞蜀孟昶愛姬也，青城費氏女。幼能屬文，長於詩，宮詞尤有思致。蜀平，以俘輸織室。後有罪，賜死。"《附志》重複著錄，而末多一句："此卷乃王安國寫入館者，毛恕鐫于衡陽。"見第953、1239頁。

《三家宮詞》《五家宮詞》之類合刻本行世。① 今均佚失不傳。

此本並無"十家宮詞"之總題名，實際上是以王建、花蕊夫人、王珪、胡偉爲"四家宮詞"（第一冊），版心分別記"宮詞一、二、三、四"；以和凝、張公庠、王仲修、周彥質爲"四家宮詞"（第二冊），版心分別記"和詞一、張詞二、王詞三、周詞四"；《宣和御製宮詞》版心記"宣和一、二、三"；宋白宮詞版心只記"宋詞"（宣和、宋白合爲第三冊）。卷端也是以"卷一、二、三、四"各標起訖，合爲十家十二卷。

王珪《宮詞》後有嘉定二年己巳（1209）洪伋跋，文云：

> 宮詞古無有，至唐人始爲之，王建所作多至百篇，繼之者有蜀花蕊夫人，本朝有王岐公，客自吳中來，又得胡元邁集句，亦且百篇，宮詞其備矣。予謂建與王守澄遊，故多知掖庭事；花蕊少長偶蜀宮中；岐公久在禁苑，其事皆得於見聞；元邁一布衣，乃能集諸家之善，是固博洽所得。至述清燕之閒、游豫之度，平徹若此，豈"馬周若素宦於朝"之謂歟？因類而刻之，以備好事者觀覽。嘉定己巳九日鄱陽洪伋書。

可據知陳起輯刊來源之一即洪伋所刻王建、花蕊夫人、王珪、胡偉四家《宮詞》，其餘六家除《宋文安公詞》外無序跋，不詳其所據舊本詳情，此十家應是將當時流傳的《三家宮詞》《四家宮詞》《五家宮詞》以及單行本合併重刻而成。

2. 傳本

宋刻書棚本《十家宮詞》可考者有三部：

（1）清初毛氏汲古閣所據以影鈔之本

（2）今國圖所藏殘本

---

① 《直齋書錄解題》卷十五著錄："《三家宮詞》三卷，唐王建、蜀花蕊夫人、本朝丞相王珪三人所著。《五家宮詞》五卷，石晉宰相和凝、本朝學士宋白、中大夫張公庠、直秘閣周彥質及王仲修，共五人。各百首。仲修當是王珪之子。"第447頁。

民國七年（1918），周叔弢在北京廠肆購得殘宋本《十家宮詞》一部，僅存《宣和御製詞》三卷、《張公庠詞》一卷、《王仲修詞》一卷、《周彥質詞》一卷。此殘本無序跋刊記，傅增湘云："以版式行格字體審之，決爲書棚本。昔年曾見錢新甫前輩所藏《棠湖詩稿》正是此式，惟卷末有'臨安府棚北大街陳宅書籍鋪印行'小字二行，此本無之，或刊之他卷末，茲帙以殘缺故不及見耳。"① 以毛鈔本證之，傅氏所言甚確。弢翁曾以《四家宮詞》爲名將其影印行世。

（3）清康熙間倪燦藏本

倪燦（1627—1688），字闇公，號雁園，江蘇上元人。以史才著稱，與修《明史》，撰《明史·藝文志序》，窮流溯源，人稱傑作。著有《補遼金元藝文志》《宋史藝文志補》《雁園集》。

朱彝尊得見倪藏本後錄副，屬胡介祉刊行，是爲康熙二十八年（1689）胡氏貞曜堂刻本，② 人稱胡本或朱本。乾隆八年（1743）史開基又據朱本舊版校補重印。然而無論是胡刻原本還是史開基重印本都流傳稀少，十分罕見。民國時，田中玉取弢翁所藏之宋本四家益以傅增湘所藏朱本中其他六家重新影刻，《十家宮詞》才有流通較廣的版本。

宋刻殘本不見各家書目著錄，亦無收藏印記。傅增湘曾以朱本與之對校，"凡《宣和宮詞》改正二十四字，《張公庠宮詞》改正五字，《王仲修宮詞》改正十一字，《周彥質宮詞》改正十五字，通計改正得五十五字"，"細檢朱刊本空缺之字，如《宣和宮詞》第六十一首'嬌怯畫船推俯'，'俯'下空缺一格，可知闇公本必此處斷爛，故缺文不敢臆補。此本字畫清朗，明明爲'岸'字，則非闇公所藏審矣"。③ 朱本行款格式雖仍宋本之舊，異文竟有數十字之多，可見刊刻時校改較多，且多誤改。各家《宮詞》先後排列順序也與毛鈔本不同。

以汲古閣鈔本與殘宋本相校，有數處異文，如《宣和宮詞》卷

---

① 傅增湘《宋書棚本〈四家宮詞〉跋》，《藏園群書題記》，第888頁。
② 刊行始末見刊本卷首之朱彝尊《十家宮詞序》。
③ 傅增湘《藏園群書題記》第889頁《宋書棚本四家宮詞跋》，又參第887頁《十家宮詞跋》。

一"燧人鑽火應時分",鈔本"鑽"從火旁;卷二"想應曾占惜年春",鈔本"惜"作"昔";卷三"零露瀼瀼夜未睎",鈔本"睎"作"晞";"夜靜綺窗輝絳蟻",鈔本"蟻"作"膭"。《張公庠詞》"更宜疎雨濕欄杆",鈔本"杆"作"竿"。此外宋本"慎""敦""廓""構""徵"等字皆避諱缺末筆,鈔本則"構"字有不缺筆者。可見雖名曰影鈔,與宋刻底本亦難免有差異。《王仲修詞》"魚鑰傳呼鎖禁城",鈔本"禁"字爲空格;《周彥質詞》"故產皇家是吉祥",鈔本"吉"字爲空格;最末一首宋刻獨占一葉,鈔本無此首,恐鈔本所據之本已略有殘損,不如今存宋本完善。雖然鈔本與宋刻原本有小小異同,仍基本保存了底本文字原貌,是唐宋十家《宮詞》最重要的傳本。

毛鈔本書末有光緒元年金嘉采跋,盛稱此本鈔寫之精,文云:

> 右唐宋《十家宮詞》,虞山毛氏影宋摹鈔臨安陳道人刻本也。筆畫謹嚴精雅,妙絶當時,無怪後來有"宋槧第一、毛鈔第二"之目。良由深於斯事者,必無漫語。此書紙質薄韌,絶無簾紋,明潔若卵膜,翻動簌簌有聲。相傳子晉得澄心堂紙而寫之。繙《汲古閣珍藏秘本書目》闕而弗載,知此本又在《秘本目》諸書之上。蓋《秘本目》諸書斧季欲以賤價售之某太史,而此本不在售出之數,其貴重可想也。今爲四明蔡君秋蟾所得,珍秘特甚。以余夙憙天水舊刻,口之弗置,乃啓篋出睎,驚眙神奇,贊嘆無既。往時白隄老書賈錢聽默能説諸家藏書、鈔書故事,凡諸家之書,審其裝訂並跟腳上字,一見即知。然如此奇籍又曷待錢老。譬猶珠光玉輝,自然動人眼目。寶貴寶貴。光緒紀元嘉平月,蘖菴金嘉采題記。

《汲古閣珍藏秘本書目》中未著録,自汲古閣散出後流傳情況不詳。書中鈐有"四明墨海樓蔡氏鈐記""碧玉壺蔡鴻鑑校書讀書之印""四明蔡氏圖書""蔡叔子""蔡秋蟾青箱長物"等印,可知曾經清末藏書家蔡鴻鑑收藏。蔡鴻鑑(1854—1881)即金嘉采跋中提及的"四明蔡君秋蟾",字菉卿,號季白,一號琴笙、秋蟾。浙江寧波人,僑寓上海。於滬西建"墨海樓""二百八十峰草堂"藏書樓,先後蓄書近十萬卷,編撰有《墨海樓書目》四冊。

3. 三家宮詞

國圖另藏有毛鈔本《三家宮詞》一帙,收王建、花蕊夫人、王珪三家,各一卷。曾經清嘉道間藏書家顧沅收藏,書中鈐有"長洲顧氏藏書""湘舟過眼"等印。此本不見於各家書目著錄,較少爲人注意。

以毛鈔《三家宮詞》與毛氏影宋鈔本《十家宮詞》所收此三家相比較,有很大差異:

(1) 三家本卷前均載舊序跋,十家本無序跋

《王建宮詞》序云:

> 唐王建太和中爲陝州司馬,與韓愈、張籍同時,而與籍相友善。工爲樂府歌行,思遠格幽。初爲渭南尉,與宦者王樞密有宗人之分,忽因過飲以相譏戲,樞密憾曰:"吾弟所有宮詞,禁掖深邃,何以知之?"將被奏劾,建因爲詩曰:"先朝行坐鎮相隨,今上春宮見長時。脱下御衣偏得著,進來龍馬每教騎。嘗承密旨還家少,獨奏邊情出殿遲。不是當家頻向説,九重爭遣外人知。"遂免於禍。宮詞凡百絶,天下傳播,如此體者雖有數家,而建爲之祖爾。

此序在討論宮詞起源時屢被引述。

《花蕊夫人宮詞》王安國序云:

> 熙寧五年,奉詔定蜀民、楚民、秦民三家所獻書可入館者,令令史李希顔料理之。其書多剥脱,而得二敝紙所書花蕊夫人詩筆。書乃出於花蕊夫人手而詞甚奇,與王建宮詞無異。建自唐至今誦者不絶口,而此獨遺棄不見取。前受詔定三家書者又斥去之,甚爲可惜也。謹令令史郭祥繕寫入三館,而口誦數篇於左相王安石。明日與中書語及之,而王珪、馮京願傳其本,

於是盛行於時。花蕊者，僞蜀孟昶侍人，事在國史。王安國題。

又有吳革跋云：

> 古者採詩於民，雖出於婦人女子一時之所作，而後世老師宿儒或不能釋，蓋其義深矣。余近得花蕊夫人詩，辭意清典，止乎禮義，郁有古風。嗟乎！夫人當去古之時而能振大雅之餘韻，没其傳不可也，遂刻諸石，俾識者觀之，興一歎云。雒湯吳革跋。

《王岐公宫詞》序云：

> 岐公諱珪，字禹玉，蜀中甲科，以文章事業被遇四朝。自嘉祐初與歐陽永叔、蔡君謨更直北門。熙寧九年拜相，務爲安靖之政，遂膺顧託，有定策之言。平生未嘗遷謫，多代言應制之詞，無放逐感憤之作，故其詩多富貴氣。

各序後無空行，緊接正文，正文不另起新葉，版本學上所謂"不隔流水"；又《花蕊夫人宫詞序》中"熙寧五年奉詔"，詔字提行，都是宋刻本之版式，説明《三家宫詞》全依宋本舊貌鈔寫。明代所刊刻的三家、四家《宫詞》一般都併載以上所引序跋。宋刻書棚本則僅有洪伋跋，疑係洪氏彙刊四家時刪去了舊本序跋。

（2）三家本各家詩互相羼雜，極爲混亂

《王建宫詞》"競渡船頭掉綵旗"以下自"婕好生長帝王家"起至"春天睡起曉妝成"止雜入花蕊夫人十二首，"玉蟬金掌三層插"以下自"金鉦畫角警塲開"起至"十年一住廣寒宫"止雜入王珪二十四首；《花蕊夫人宫詞》"早春楊柳引長條"以下自"内家宣錫生辰宴"起至"東宫降誕挺佳辰"止雜入王珪三十六首，再下自"樹葉初成鳥出窠"起至"銀燭秋光冷畫屏"止雜入王建二十四首；《王岐公宫詞》"紅濕春羅染御袍"以下"每夜停燈熨御衣""因喫櫻桃病放歸"雜入王建兩首，自"小小宫娥到内園"至"舞頭皆著畫羅衣"雜入花蕊夫人三首，自"燈前飛入玉堦蟲"起至"雲駁花驄各試行"止又雜入王建十首，自"春早尋花入內園"起至"御溝春水碧於天"止又雜入花蕊夫人四十三首。顛倒錯亂至極。

經與現存明刻本比較，惟萬曆二十二年（1594）吳氏雲栖館刻本《三體宮詞》顛倒錯亂處與毛鈔《三家宮詞》完全相同，然而二本之間異文也相當多。有些異文二本相同，而與十家本不同，如：王建詩"柘黃新帕御床高"，二本"柘"作"赭"；"四面鉤欄在水中"，二本"欄"作"闌"；"龍煙日暖影瞳瞳"，二本"瞳瞳"作"重重"；《花蕊夫人宮詞》"遇着唱名多不語"，二本"多不語"作"都不應"，等等。二本必同出一源，而其文字孰是孰非則難以斷定。

（3）三家本與十家本相校，異文累累，不可勝數，而互有正誤，大部分難以斷其正誤，只能兩存之

如《王建宮詞》"避熱不歸金殿宿"，三家本作"熱"作"暑"；"爲報諸王侵早入"，三家本"王"作"君"；"菱角雞頭積漸多"，三家本"積漸多"作"漸積多"；"續向街西索牡丹"，三家本"街西"作"西街"；"裏頭宮監當前立"，三家本"當"作"堂"；"因喫櫻桃病放歸"，三家本"病放歸"作"放得歸"；"內人恐要秋衣著"，三家本"秋"作"新"。《花蕊夫人宮詞》："含羞走過御床前"，三家本"走"作"急"；"晚來隨駕上城遊"，三家本"晚"作"曉"；"池心小樣釣魚船"，三家本"心"作"邊"。《王岐公宮詞》："盤龍漸織翠雲裘"，三家本"漸"作"新"；"赭紅羅帕覆金箱"，三家本"紅"作"黃"。等等。

（4）三家本全書有朱筆校改、批注多處，鈔寫時缺字留空也多經朱筆填補，添改之字多與十家本相同

如《王建宮詞》："殿前薄點各依班"，"薄"字改爲"傳"；"真跡進來依字數"，"跡進"二字原空，朱筆填補；"先皇行過不曾過"，上"過"字改爲"處"；"如今池底休鋪錦"，"池"字原只鈔半邊"也"，朱筆填上"土"旁，旁邊又注"池"字，十家本正作"池"；"一樣金盆五千個"，"盆"字改爲"盤"；"春風共雨不應難"，"不"改爲"亦"；"內中從侍來還去"，"從侍"改爲"侍從"。《花蕊夫人宮詞》："上朋等喚近臣名"，"朋"改爲"棚"；

"半夜載船搖内家","載船搖"旁注"船搖載"三字;"先賭紅羅十擔床","擔"旁注"檐"字;"畫樓雲間總新修","新"字改爲"重"。《王岐公宫詞》:"誤等籌花一著低","等籌花"改爲"籌籌先";"遥聞御苑櫻桃熟","御苑"旁注"春御"二字;"青絲飛鞚紫花騮","鞚"旁注"控"字;"餘響度雲無處覺","覺"旁注"覓"字;"祥雲捧入在樓頭","入"旁注"日"字。凡此多爲三家本有誤字,而朱筆批注爲正。

有時三家、十家二本相同,而朱批提供了不少另外的異文。如《王建宫詞》:"回來憶看五絃聲","聲"字旁注"琴"。《花蕊夫人宫詞》:"長似江南好風景","風"字旁注"春";"太平天子住崑山","住"字旁注"坐";"侍宴無非列近臣","宴"字旁注"坐";"太虚高閣臨虚殿",下"虚"字旁注"波";"才人出入每參隨","參"字旁注"相";"先向畫樓排御幄","樓"字旁注"廊"。《王岐公宫詞》:"近賜趙昌花雀障","障"字旁注"陣";"海棠花影數甎移","花"字旁注"光",等等。這類異文提供了豐富的舊本信息,有正有誤,可供分析研究。

分析以上所舉不同類型之異文,可見汲古閣所鈔兩種《宫詞》各有其版本價值。《十家宫詞》雖然影鈔自有名的書棚本,但畢竟是坊刻本,誤字在所難免;《三家宫詞》所據鈔之舊本錯誤不少,但有價值的異文仍俯拾即是。尤其經過毛氏父子校勘,文獻價值更爲突出。

《三家宫詞》與《十家宫詞》行款雖相同,都是半葉十行十八字,但底本來源不一,屬於不同的版本系統,故很多異文不能據此改彼,只能兩存,以備參考。

明天啓五年(1625)毛晉汲古閣彙刊《詩詞雜俎》,其中《三家宫詞》三卷,包括唐王建、後蜀花蕊夫人、宋王珪所作各一卷;《二家宫詞》二卷,包括宋徽宗、楊太后所作各一卷。兩種《宫詞》版心下鎸"緑君亭"三字,一般稱之爲緑君亭本或《詩詞雜俎》本,此本在清代最爲普及,是閱讀各家宫詞的基本讀本。[1] 刊刻底本

---

[1] 清木松堂刻本、同治十二年(1873)淮南書局刻本、光緒五年(1879)受經堂刻本等各家《宫詞》都是據此翻刻的。

據毛晉自云，"歷參古本，百篇具在，他作一一刪去"（《王建宮詞跋》），"多者百篇，少亦幾什，自唐迄宋，始輯三家，仍舊本也。若五家之參錯，千家之汗漫，尚容攷訂，以俟續入"（《王岐公宮詞》），《宣和宮詞》底本是從雲間所得之元本。綠君亭本底本與後來兩種汲古閣鈔本不同，文本又已經過大幅整理校訂，與鈔本相校，有相當多異文，可見汲古閣所鈔、所刻的各家宮詞各有不同的文獻價值，不可偏廢。

十五、存悔齋詩

元龔璛撰。《補遺》一卷，明朱存理輯。明末毛氏汲古閣鈔本。

龔璛（1266—1331）字子敬，鎮江人，寓吳中。曾充和靖、學道兩書院山長，以江浙儒學副提舉致仕。所著《存悔齋詩》著錄於《四庫全書總目》卷一百六十六，《總目》引盛儀《嘉靖維揚志》，稱："璛善屬文，刻意學書，有晉人風度，蓋亦一時知名士。乃篇什所存，寥寥無幾。當已不免散佚。然其詩格伉爽，頗能自出清新。在元人諸集中猶爲獨開生面，正不必以少爲嫌矣。"①

此書從未雕版，向以鈔本流傳。今國圖有元至正五年（1345）俞楨鈔本（國圖04408），《中華再造善本》已影印。俞氏跋云：

> 此詩元係永嘉朱先生鈔本，楨從先生游，故假以錄，寔至正五祀歲乙酉也。時楨年十五，今倏過五載，怳如舊夢，歲月難留，寸陰其可不惜。深愧志不勝氣，不能勇力以學，撫卷輒成浩歎。謹書以深警，毋待他日徒悔焉。至正九年歲己丑五月廿七日，開封俞楨恐悚拜書。

俞楨（1332—1401），字貞木，號立庵，以字行。吳縣人。通經史，工古文辭，以清節著稱。"永嘉朱先生"名右，字伯賢。

明朱存理得俞鈔本後，作《補遺》一卷，輯得佚詩十七首。朱存理（1444—1513），字性甫（一作性夫、信夫），號野航，長洲

---

① 《四庫全書總目》，第1431頁。

人。書畫鑒藏家，著有《珊瑚木難》八卷。俞鈔本在明末爲書畫鑒賞家張丑（1577—1643）所得。

毛氏汲古閣鈔本曾經瞿氏鐵琴銅劍樓收藏，瞿氏云："舊出至正間俞貞木錄本。"① 有崇禎十三年（1640）毛晉跋云：

> 余家藏元人集未逮百家，意欲擇勝授梓。閩中徐興公許以秘本五十種見寄，奈魚雁杳然，怒如也。適馬人伯出龔子敬《存悔齋稿》示余，得未曾有，真入年第一快事。中有殘缺二處，末有朱性夫補遺一十七首。問所從來，迺荻溪王凱度家藏本。卷帙如新，而凱度已爲玉樓作記人矣。掩卷相對，泫然久之。時崇禎十三年閏正月十三日，毛晉識。

馬人伯名弘道，字人伯，號退山，蘇州人，亦以鈔書知名。馬人伯出"荻溪王凱度家藏本"《存悔齋稿》示毛晉，不知是否即俞氏鈔本？茲以毛鈔、俞本對校：俞本卷前附龔璛小傳，出自《蘇州志》，毛鈔本加小標題"郡乘附考"；毛鈔本中誤字多經硃筆圈改同於俞本，仍有不同處，如詩題"姚筠菴之越校湖天作雲山圖送之賦一首"，毛鈔本作"姚筠菴之越教題雲山圖送之"；"記夢二首"毛本有眉批云"俞錄本缺"而俞本實不缺；校語又有"俞本作某"云云，然則毛本並非如瞿氏所説鈔自俞貞木本。且俞本上並無馬人伯、王凱度藏印，則馬氏借給毛晉者爲另一鈔本。靜嘉堂所藏舊鈔本《存悔齋詩》亦有毛晉跋，當爲毛本之傳鈔本。②

毛晉跋後又另有詩七首，乃毛扆從《天平山志》《六研齋筆記》《皇元風雅》等書中所補錄者。有康熙三十四年乙亥（1695）毛扆跋，文云：

> 《存悔齋詩》世不多見，先君從馬師借鈔。讀先君手跋，在崇禎十三年閏正月十三，扆生于是年六月廿六，則跋書之日扆

---

① 《鐵琴銅劍樓藏書目錄》卷二十二，第615頁。
② 《静嘉堂秘籍志》，第1611頁。

尚未生，今犬馬之齒五十有六矣。白首無成，深負父、師之訓。一展閱閱，手澤如新，音容久杳，不禁淚下沾衣也。偶閱《天平山志》載子敬詩二首，集中止有其一；又從《六研齋筆記》得絕句一首，《皇元風雅》得詩五首，並錄於右。康熙乙亥花朝後二日，毛扆識。

清嘉慶間，黃丕烈從張丑後人張庚（字秋塘）處得元鈔本，同時其友顧之逵（字抱沖）藏有毛氏摹寫本，黃氏云："秋塘得諸蔣韻濤，韻濤得諸碧鳳坊顧氏，余閱顧氏《書目》有兩部，一爲抱沖所收，一爲韻濤所得。"① 顧之逵所藏毛鈔本有康熙四十六年（1707）毛扆跋，與上文所引不同，文云：

《存悔齋詩》先君於崇禎庚辰從馬塾師借鈔。馬師本於王凱度，先君跋之詳矣。後扆於沙溪黃氏得吳文定公叢書堂鈔本，已稱快意，茲又從張青甫後人借得（余）[俞]立庵手錄本，即凱度所藏也，託友人影寫一冊。末幅立庵手跋，後有朱性甫手錄遺詩二紙，前有張青甫跋，并王雪庵手錄本傳，悉命第三男綏德摹寫之。前後諸公印記亦令摹而鉤之，與原本無毫末之異。雖不免刻舟之（稍）[誚]，然古香難得，流風可師，用存老成典刑云爾。歲在丁亥孟夏，汲古後人毛扆識。時年六十有八。②

讀此可知，馬人伯本係從王凱度本傳鈔，毛晉從馬本傳鈔；毛扆得到俞楨鈔本後曾"命第三男綏德摹寫"一帙，即顧之逵所藏者，"前後諸公印記，亦令摹而鉤之，與原本無毫末之異"，鈔寫質量想必優於毛晉鈔本，惜顧之逵之後，此本不知下落。俞本中鈐有吳寬印記，則毛扆跋中所謂"吳文定公（即吳寬）叢書堂鈔本"當亦出自俞本，叢書堂鈔本今亦不詳所之。

---

① 〔清〕黃丕烈《蕘圃藏書題識》卷九，《黃丕烈藏書題跋集》，第525頁。
② 同上書，第526頁。

十六、南宋六十家小集

宋陳起輯。明末毛氏汲古閣影宋鈔本。

陳起（生卒年不詳）字宗之，號陳道人。錢塘（今浙江杭州）人。宋寧宗時鄉貢第一，時稱陳解元。開書肆於杭州睦親坊，以刻書、售書爲業，所刻書若《許丁卯集》《周賀詩集》《魚玄機詩》等極爲精湛，有"書棚本"之稱，素爲後世所重。亦能詩文，著有《芸居乙稿》《芸居遺詩》各一卷。

1. 刊刻流傳

寶慶初，陳起編刊南宋詩人小集百餘家爲《江湖集》（分前、後、續、中興諸集），南渡後詩家姓氏不顯者，多賴以傳，因所收詩忤權相史彌遠而遭毀版。《江湖集》後世不傳，清乾隆間修《四庫全書》，四庫館臣從《永樂大典》中輯出《江湖後集》二十卷。宋嘉定至景定六十餘年間，陳起又刊行宋人小集若干家，陳起歿後，其子續芸繼主其事。陳氏父子刊行的宋人小集共多少種已無可考，四庫館臣云："起以刻《江湖集》得名，然其書刻非一時，版非一律，故諸家所藏如黃俞邰、朱彝尊、曹楝、吳焯及花谿徐氏、花山馬氏諸本，少或二十八家，多至六十四家，輾轉傳鈔，真贗錯雜，莫詳孰爲原本。今檢《永樂大典》所載，有《江湖集》，有《江湖前集》，有《江湖後集》，有《江湖續集》，有《中興江湖集》諸名，其接次刊刻之蹟，略可考見。"[1] 各宋人小集分別流傳，後人所得多寡不一，籠統總題爲《江湖小集》《江湖群賢小集》《宋名家小集》《宋人小集》《南宋群賢小集》諸名，皆署爲陳起輯。

明末清初，有兩部宋刻本存世，一爲曹寅藏本，一爲毛氏汲古閣所據以影鈔之本。

2. 曹寅藏本

曹寅（1658—1712）號楝亭，官蘇州織造、兩淮鹽運御史等職。

---

[1] 《四庫全書總目》卷一百八十七《江湖後集》提要，第1071頁。

藏書甚富，總理揚州詩局，校刻《全唐詩》《佩文韻府》《楝亭五種》等書，爲人稱道。李文藻云："楝亭掌織造、鹽政十餘年，竭力以事鉛槧；又交於朱竹垞，曝書亭之書，楝亭皆鈔有副本。"《楝亭書目》卷四"詩集補遺"所著錄之"宋本宋人詩，宋錢塘陳起編，六函四十七冊"即《南宋群賢小集》，同卷"詩集"門下開列錢惟演至文天祥九十多家詩人詩集，亦多見於《南宋群賢小集》中。藏書家吳焯於吳允嘉處得見曹寅所藏宋本之半，鈔出後，又用十餘年時間搜集各家所藏鈔本宋人小集，彙爲六十四家，定名爲《南宋群賢小集》。① 乾嘉間鮑廷博據之作補遺，付顧修讀畫齋刊刻，是書始有通行之本。嘉慶六年（1801）鮑廷博跋述是書流傳彙刻過程甚詳，文云：

> 右南宋陳起編刻《江湖群賢小集》，借鈔於汪氏振綺堂（主人諱憲，字千波，號漁亭，錢塘人），汪本傳自瓶花齋吳氏（主人諱焯，字尺鳧，號繡谷，又號鵝籠生。錢塘人），其傳錄始末繡谷述之詳矣。其云曹楝亭所得宋刻歸之郎溫勤，今見於家石倉書舍者。溫勤爲三韓郎中丞廷極。石倉則錢塘吳允嘉志上也。宋刻最爲溫勤寶愛，常置座右朝夕把玩。郎卒於官署，家人將并其平生服御爐之以殉。時石倉在郎幕，倉卒間手百餘金賄其家僮，出之烈焰中，攜歸秘藏，非至好不得一見也。石倉没，家人不之貴，持以求售。厲徵君（鶚）得之，以歸維揚馬氏小玲瓏山館。乾隆壬辰仲冬，予於吳門錢君景開書肆見之。驚喜，與以百金，不肯售，許借校讎，才及三之一，匆匆索去，以售汪君雪礓。不數年，雪礓客死金閶，平生所藏書畫盡化爲雲煙，而是書遂不可蹤跡矣。宋刻實六十家，裝二十八冊，繡谷云僅得其半，蓋爾時石倉老人不肯全出示之耳。予鈔是書在乾隆辛巳之春，維時亟於成書，友人二嚴昆季（兄果，字敏達；弟誠，字力閽）、姚君竹似（家賢，字官之）、潘君德園（庭筠，字蘭垞）、郁君潛亭

---

① 彭元瑞《知聖道齋讀書跋》："近錢塘吳尺鳧（焯）彙爲六十四家，盡汰北宋人，定名《南宋群賢小集》。"

（禮，字佩先）俱踴躍助予，手鈔錄成。思請善書者入書一卷，重梓以行，事重費煩，時作時輟，因循迄今，汗青未就。彈指遂四十餘年矣。一日石門顧君松泉在予案頭見之，力任開雕，期年蕆事，其鏤刻之工較宋刻爲尤勝。

跋文中提到的藏書家："汪氏振綺堂主人"名汪憲（1721—1771），字千陂，號漁亭，錢塘人，乾隆十年進士，官刑部主事。"瓶花齋吳氏"即吳焯（1676—1733，字尺鳧，號繡谷，著有《瓶花齋書目》《繡谷亭薰習錄》。郎廷極（1663—1715），隸漢軍鑲黃旗，奉天廣寧（今屬遼寧）人。歷官至江西巡撫，督造官窯瓷器，世稱郎窯。卒諡溫勤。吳允嘉（1655—？）字志上，號石倉，錢塘人。有"四古堂"藏書數萬卷，輯有《武林耆舊集》二十卷。小玲瓏山館爲馬曰琯、馬曰璐兄弟藏書樓名。錢景開即著名書賈錢時霽，號聽默，與黃丕烈往來密切。汪雪礓名榿，字中也，一字雪礓，江都人，精於鑒賞字畫瓷器之類。

是書源流可表示爲：

曹寅（宋本）→郎廷極→吳允嘉 ⟨ 厲鶚 → 馬曰琯 → 錢時霽 → 汪雪礓(不可蹤跡)
吳焯(傳鈔) → 汪憲 → 鮑廷博 → 顧修(讀畫齋刊)

鮑廷博云汪雪礓死後"是書遂不可蹤跡矣"，今人多以爲是書已不存世。① 實則是書沉湮一百五十餘年後，民國三十五年（1946）爲上海名肆來青閣書莊收得。來青閣主人名楊壽祺（1894—1971），精於版本鑒定，與傅增湘、鄭振鐸等大藏家都有密切交往。是書經張繼、蔣復璁、徐森玉、鄭振鐸介紹售歸中央圖書館，今藏臺北"國家圖書館"。1972年，臺北藝文印書館曾影印行世，但因兩岸暌隔多年，其書或不爲人了解。祝尚書《宋人總集敘錄》卷七云："臺北'中央圖書館'藏有宋嘉定至景定間臨安書棚本《南宋群賢小集》九十五卷六十冊，未見，根據文獻，似不可能有如此衆多而

---

① 費君清《〈南宋群賢小集〉匯集流傳經過揭秘》甚至質疑宋本之存在。

完整的宋代原槧本，殆即影寫宋本歟。"① 不知此書宋刻宋印，古香襲人，鈐"楝亭曹氏藏書""白堤錢聽默經眼"印，正是曹寅舊藏原本。書末附康熙庚子（1720）朱彝尊跋及手寫目錄，又楊壽祺用"精選明紙"所寫長跋。朱彝尊逝世於康熙四十八年己丑（1709），故楊氏懷疑朱跋爲僞作。

3. 毛氏汲古閣影宋鈔本

毛鈔本子目、詳情見第三章第二節第 88 號。凡五十册九十八卷，裒然鉅觀，爲存世汲古閣影鈔本部頭最大者。三百年間毛鈔本隱晦不彰，罕爲人知，宣統元年（1909）始爲群碧樓主人鄧邦述所得，鄧邦述（1868—1939）字正闇，號孝先，江寧（今南京）人。光緒二十五年（1899）進士，授翰林。曾爲端方幕僚，奉派出國考察。宣統元年任吉林省交涉使，次年晉吉林民政司使。喜藏書，不惜舉債高價搜購善本圖書，鼎盛時有宋本五十餘部。因收得黄丕烈士禮居舊藏宋本《李群玉集》《碧雲集》，自號藏書處爲"群碧樓"；又得到孟郊、賈島兩集的明刻本，取"郊寒島瘦"之意，作藏書樓名"寒瘦山房"。有《群碧樓書目》九卷，《寒瘦山房鬻存善本書目》七卷。藏書即身而散，精善本大部分由"中研院"史語所及"中央圖書館"收購。

此毛鈔本前有鄧邦述跋及手寫目錄，述得書過程云：

> 宣統紀元，余在瀋陽，書友譚篤生貽書告余，勸余收之。余始未見此書，但嫌書價太昂，篤生乃親齎出關，舉以相眎。及余亦既覯止，遂不復問價，唯恐其不爲我有矣。世間尤物，何必南威、西子，然後足以移情而動魄哉？後有覽者，其必不以余爲過分也。辛酉六月初歸吳門，正闇居士鄧邦述。

又舉此本佳處云：

---

① 祝尚書《宋人總集敘錄》，中華書局，2004 年，第 325 頁。

《宋賢小集》傳本至夥，皆由傳鈔，其多寡均不一致，要託始於陳氏。意當時得一家即刻一家，本無定數。刻本既不易得，鈔時每有參差。此五十冊未可遽云完帙，但確從刻本迻寫，不失廬山真面，與宋本只隔一塵，與他家著錄傳鈔之本，不可同年而語矣。余向藏《兩宋小集》十二冊，內亦有鄭清之《安晚堂集》，與此編次大殊。此爲十二卷，而前五卷闕佚，僅存六之十二，凡七卷。彼則編爲六卷，而五卷前所缺之古體諸作無由蹤跡，幾疑《安晚集》中無古體矣。蓋《安晚集》所佚之五卷，後遂不復再見，《四庫》著錄亦用七卷本，則猶賴此不完之宋本以爲據。《安晚》古體佚，而不佚者以此載籍之幸存。其有益於古昔先民，信非細耳。抑余更有言者，宋本之在天壤，固已珍如星鳳，然一本刊成，流布不止數冊，獨鈔本則用功特勤，成功特少。此五十冊海內絕無第二，是孤本也。論其精絕，殆將駕宋本而上之焉。①

鄧氏所得實爲五十八家，當時尚不知有宋本存世，故視此爲孤本，寶愛之至。民國十一年（1922），鄧氏將書借給上海陳琰（字立炎）古書流通處影印出版，此書遂廣爲人知。古書流通處影印時，據別本補鈔《雪巖吟草》《芸居乙稿》各一卷，足成六十家之數，並僞造鮑氏知不足齋輯鈔之《宋集補遺》《南宋八家集》附於其後。② 鄧氏亦曾將原附於《梅屋詩稿》後之《梅屋詩餘》及附於《石屏續集》後之《石屏長短句》借與仁和吳昌綬影刊入《景刊宋金元明本詞》，《梅屋詩餘》卷端並無"宋本""希世之珍""毛晉""汲古主人"四印，吳氏乃據《皇荂曲》摹刻其上，非復原書舊觀。《梅屋詩餘》《石屏長短句》後爲書畫鑒藏大家吳湖帆所得，吳氏將二種合裝一冊，遍請鄧邦述、張元濟、王同愈、張茂烱、王季烈、吳曾源、吳梅、汪東、葉恭綽、夏敬觀、黃孝紓、郭蘭枝、沈尹默諸家題識，

---

① 《寒瘦山房鬻存善本書目》卷一，第283—284頁。
② 《陳乃乾文集·上海書林夢憶錄》。《宋集補遺》不知所蹤，《南宋八家集》今藏黑龍江省圖書館。

後又轉入張珩（蔥玉）之手，《張蔥玉日記》載："六月二十五日，穀翁來，以毛鈔《石屏詞》《盤洲樂府》二種易張伯雨字軸去。二書亦予舊物也。"① "穀翁"即蔣祖詒，則此二種詞集入蔣氏傳書堂插架。最終入藏臺北"中央圖書館"。鄧氏所缺此二種由古書流通處鈔補完全。毛鈔《南宋六十家小集》最終入藏上海圖書館。

4. 宋刻本與毛鈔本之比較

（1）子目異同

毛本五十八家一百卷，② 其中宋本所無者八種：鄭清之《安晚堂詩集》十二卷，岳珂《棠湖詩稿》一卷，周弼《汶陽端平詩雋》四卷，張至龍《雪林刪餘》一卷，羅與之《雪坡小稿》二卷，趙汝鐩《野谷詩稿》六卷，許棐《梅屋詩餘》一卷，戴復古《石屏長短句》一卷。

宋本五十八家九十五卷，③ 其中爲毛本所無者七種：李龏《剪綃集》二卷、《梅花衲》一卷，《林同孝詩》一卷，釋紹嵩《江浙紀行集句詩》七卷，陳起編《聖宋高僧詩選前集》一卷、《後集》三卷、《續集》一卷，陳起《芸居乙稿》一卷，陳起編《前賢小集拾遺》五卷。除《林同孝詩》外，其他六種均有單行的毛氏影鈔本，只是未彙入叢編而已。④

兩本去除重複，合計六十四家。⑤ 其中有陳宅書籍鋪刊記者有：《龍洲道人詩集》《石屏續集》《白石道人詩集》《安晚堂詩集》《棠湖詩稿》《汶陽端平詩雋》《竹溪十一稿詩選》《菊磵小集》《吾竹小稿》《西麓詩稿》《雪林刪餘》《心游摘稿》《適安藏拙餘稿》《端隱吟稿》《剪綃集》《梅花衲》《林同孝詩》，另外《山居存稿》首葉

---

① 《張蔥玉日記·詩稿》，上海書畫出版社，2011年，第42頁。
② 《梅屋詩餘》《石屏長短句》亦算在內。
③ "國立中央圖書館"善本書目中把《朧翁詩稿》後所附《詩評》算作一卷，上圖《南宋六十家小集》未計在總卷數之內。
④ 天津圖書館收藏有宋刻書棚本《棠湖詩稿》，國圖有毛鈔本，亦別出單行的宋人小集之一。
⑤ 李龏算一家。《高僧詩選》《前賢小集拾遺》之類合集各算一家。

爲陳必復序，宋本此葉 B 面有刊記，毛本適缺 B 面，如不缺，想必亦有刊記。如此共十八種（毛本十五種）。版式相同，行款均爲半葉八行十八字。另外四十種無陳氏刊記，但版刻風格與此相同。又《方泉先生詩集》《雲泉詩》《學吟》《學詩初稿》無陳氏刊記，版式行款字體與書棚本亦不同，陳先行先生謂："頗疑此四種書係毛氏汲古閣鈔自別本而非陳宅書籍鋪刻本，則臺灣'央圖'著錄之版本或可再考。"① 楊壽祺跋亦云："（宋本）紙色有白麻紙、黃麻紙、竹紙、粗黃紙等，刻印均非一時，陸續付刊，陸續印刷，十之八九爲陳宅書籍鋪刻本，十之一二則非其所刻也。"陳氏書籍鋪本既隨刻隨印，後世容有好事者將所得書棚本與其他宋刻宋人小集彙爲一編，以便閱讀者。

(2) 文本異同

取宋本與毛本重複各家相比勘：凡宋刻墨釘或模糊不成字處（如《雪蓬稿》末葉），毛鈔皆爲空格；《適安藏拙乙稿》之趙希意序，宋本在卷前，毛本在卷末；《梅屋吟》宋本無序，毛本有蕭泰來後序。除此之外，宋本與毛本毫釐不爽（圖 4-10、圖 4-11），《南宋六十家小集》可稱毛鈔影摹最精本之一。

十七、閑齋琴趣外篇

宋晁元禮撰。清初毛氏汲古閣影宋鈔本。

晁元禮（1046—1113）或作端禮，字次膺。晁補之稱之爲十二叔，常相唱和。熙寧六年（1073）舉進士，歷單州城武主簿、瀛州防禦推官。政和三年（1113）以承事郎爲大晟府協律郎，到京逾月而卒。工於詞，所作與周邦彥相近，自創慢詞之調甚多，胡仔《苕溪漁隱叢話》後集卷三十九評其名作《綠頭鴨·晚雲收淡天一片琉璃》，譽爲詠月不亞於蘇軾《水調歌頭》。事跡詳晁說之《嵩山文集》卷十九《宋故平恩府君晁公墓表》。

其詞集有《直齋書錄解題》卷二十一歌詞類所載長沙劉氏書坊《百家詞》本《閑適集》一卷，題晁端禮次膺撰，饒宗頤疑即其詞

---

① 《中華再造善本總目提要·明清編》，第 960 頁。

集本名；① 《宋史·藝文志》八著錄晁端禮、晁沖之《晁新詞》一卷，均佚不傳。南宋中葉閩中書肆刻《琴趣外篇》詞集，現存有醉翁、山谷、晁氏、閑齋、介庵等數家，唯醉翁、山谷兩家有宋本傳世，藏於臺北"國家圖書館"。

此本即據閩本影鈔，《汲古閣珍藏秘本書目》未著錄。卷端題"濟北晁元禮次膺"。卷六《雨中花》後半以下殘佚二十餘首，實得詞一百十七首。據目錄，卷末尚有"新填徵調"八首，亦已亡佚。所幸目錄完備，可爲輯佚之依據。劉氏嘉業堂曾藏舊鈔本一帙，《嘉業堂藏書志》云："此帙爲毛氏汲古閣傳鈔本，僅五卷，從武進董氏藏毛氏影宋鈔本補目錄及卷六。"後歸國圖（14791），改定爲清鈔本。此本行款與毛氏影宋本同，無格，中縫下書"汲古閣"三字；卷端作"閑齋琴趣外篇卷第幾"，影宋本作"卷之幾"；正文每首詞下闋空一格與上闋連書，影宋本則另起一行；其他僅有異體字、繁簡字的差別。此本蓋即據影宋本傳鈔者。

今傳世尚有明趙輯寧星鳳閣校鈔《五代宋人詞》本，曾經黃丕烈收藏，爲原國立北平圖書館舊藏，今存臺北"故宮博物院"。末有趙輯寧題記云："《閑齋琴趣外篇》五卷，諸本編次不同。有一本題云《晁次膺詞》，分二卷，較此册多二十七闋，今一一補之，但無從編入，因列爲第六卷云。"趙萬里《宋金元名家詞補遺》曾據星鳳閣鈔本補毛鈔所缺者二十一首半。《全宋詞》據毛鈔本及趙輯本入錄，共收詞一百三十八首。②

書中鈐有汲古閣毛氏父子各印。曾經汪士鐘插架，據嘉業堂本，知曾經董康誦芬室收藏，但書中無董氏藏印。民國時袁克文得此書及影宋鈔本《醉翁琴趣外篇》《晁氏琴趣外篇》，以雞血佳石鐫"三琴趣齋"巨印，遍鈐所藏善本，後各書皆歸潘宗周所有，又入趙元方無悔齋。1956年隨趙元方藏書售歸北京圖書館。

---

① 饒宗頤《詞籍考》，第67頁。
② 《全宋詞》，中華書局，1965年。

十八、酒邊集

宋向子諲撰。清初毛氏汲古閣影宋鈔本。

向子諲（1085—1152）字伯恭，自號薌林居士，河南開封人，晚卜居臨江（今屬江西）。宋神宗欽聖憲肅皇后之從侄，元符三年（1100）以蔭補官。建炎間知潭州，值金人入犯，曾率軍民堅守，"力爲巷戰，奮以忘軀"，頗能鼓舞人心，振奮士氣。城陷，坐失守落職。後歷官至户部侍郎，以徽猷閣直學士出知平江府。紹興八年（1138）因反對秦檜議和而致仕，歸隱臨江軍清江，幽游林泉，號所居曰薌林。《宋史》卷三七七有傳。

子諲曾有文集三十卷，久佚，今惟傳其詞集《酒邊集》。此集以靖康南渡爲界，分爲《江南新詞》《江北舊詞》兩部分。《江南新詞》三十八調一百十二首，爲紹興年間所作（附曾端伯、韓叔夏所作各一首）；《江北舊詞》三十一調六十三首，爲政和、宣和年間所作。通爲一百七十五首。其詞前期風格綺麗，南渡後常有傷時憂國、懷戀中原故土之作，集中諸詞多注明寫作年月，寓有紀念中原淪陷之意。退居林下之後追摹東坡詞，風格一變爲平實、疏淡。詞集分爲前後兩部分，頗可見宋代南渡前後詞風之轉變。宋胡寅《酒邊集序》云："詞曲者，古樂府之末造也。……唐人爲之最工。柳耆卿後出，掩衆製而盡其妙。好之者以爲不可復加。及眉山蘇氏，一洗綺羅香澤之態，擺脱綢繆宛轉之度，使人登高望遠，舉首高歌，而逸懷浩氣，超然乎塵垢之外。於是《花間》爲皁隸，而柳氏爲輿臺矣。薌林居士步趨蘇堂而哜其胾者也。"子諲詞雖缺少特別傑出的名篇，但平均藝術水準較高，大多耐讀。

胡寅序又云："觀其退江北所作於後，而進江南所作於前，以枯木之心，幻出葩華；酌玄酒之尊，棄置醇味，非染而不色，安能及此？"玩其詞意，《酒邊集》似子諲所自定。而《減字木蘭花》"斜紅疊翠"一闋注"紹興壬申春，薌林瑞香盛開，賦此詞，是年三月十有六日辛亥公下世，此公詞之絶筆也"云云，其他夾注中亦有稱子諲爲"薌林公"者，皆爲後人校注之語。《直齋書録解題》卷二十一載長沙書坊所刻"百家詞"本《酒邊集》一卷，《文獻通考》

著錄同，並錄有胡寅序。宋本今已不傳，傳世刻本以明正統六年（1441）吳訥編《唐宋名賢百家詞》本爲最早，明末毛晉汲古閣刻《宋名家詞》本據舊本重刊，爲有清一代流通最廣之向詞讀本，清光緒間錢塘汪氏又翻刻汲古閣本，存世尚多。而此毛氏汲古閣影宋鈔本鈔校之精工，遠出舊刻之上。

以汲古閣刻、鈔兩本比勘，刻本有胡寅序，影鈔本無序；《生查子·我愛木中犀》一首，影鈔本"我愛木中犀"下小注云"舊云'天上得靈根'"，刻本正作"天上得靈根"。可見刻、鈔所據之底本不同。又《洞仙歌·碧天如水》"瀉出山河瀉影"句下影鈔本有小注"又云表裏山河見影"；《卜算子·臨鏡笑春風》"生怕梅花妬"句下影鈔本有小注"舊云'不著鉛華污'"，可見刻、鈔所據底本之外別有其他舊本，惜皆不傳。影鈔本可補正汲古閣刻本錯漏之處頗多，即以小序爲例：《虞美人·淮陽堂上》序"別作是詞以送"，影鈔本作"別作是詞以送之，時正之被召"；《虞美人·澄江霽月》序"乃用其韻語答之"，影鈔本"答之"下有"兼示栖隱寧老"六字；《浣溪沙·醉裏驚從月窟來》序"近得爐薰"，影鈔本作"近得海上，方可作爐薰"；《減字木蘭花·幾年不見》刻本無序，影鈔本序"政和癸巳"；凡此均可據影鈔本校刻本之闕。《梅花引·花如頰》一首一百十四字，刻本乃分作五十七字兩闋，謂向合作一闋爲非，可謂强做解事。其餘刻本訛奪而可參照影鈔本改訂者尚多。

此影鈔本宋諱字皆不避，而凡遇"鑾輅""乾""御""詔"等字，皆敬空一格。惜缺第三十四、三十九葉。保存宋刻舊貌，大勝汲古閣刻本之妄爲加減。民國初仁和吳氏雙照樓曾據以影刊。曾爲汪士鐘藝芸書舍插架之物，民國時爲袁克文所得，遍鈐"皕宋書藏主人廿九歲小影（肖像印）""佞宋""人間孤本""與身俱存亡"等袁氏各印，寶愛之至。

十九、虛齋樂府

宋趙以夫撰。清初毛氏汲古閣影宋鈔本。

趙以夫（1189—1256）字用父，號虛齋（用父或誤作用文，虛齋或誤作虛舟），晚號芝山老人。宋宗室子，長樂（今屬福建）人。

嘉定十年（1217）進士。累官至資政殿學士、禮部尚書兼侍讀。與劉克莊同修國史，且以詩詞相唱和。事蹟具劉克莊《虛齋資政趙公神道碑》。①

《虛齋樂府》分上下二卷，詞凡六十八闋，多填長調。傳本有影宋鈔本、明鈔本，皆爲二卷，清代所刊詞選本如康熙二十八年（1689）錫山侯文燦《十名家詞集》等作一卷。各本有自序，題"淳祐己酉中秋芝山老人"。影宋鈔本有毛氏汲古閣、錢氏述古堂兩種。兩本版式行款風格全同，卷末均有"臨安府棚前北睦親坊南陳解元書籍鋪刊行"條記一行，可知同出一源。避諱都不嚴謹，"徵"字缺末筆，"殷"字或缺或不缺，蓋宋刻原本即如是。陳解元書籍鋪刊本已失傳，影鈔本爲傳世最古本。清嘉慶時，黃丕烈從碧鳳坊顧氏得述古堂本，後有書友攜來汲古閣本，乃請顧千里據汲古閣本校於述古堂本之上，朱筆改正誤字十幾處。顧氏謂述古堂本"每有不審"，"如上卷《夜飛鵲》云'竹枕練衾'，《玉篇》糸部已收'練'字，《集韻》曰：'練，綀屬。後漢禰衡著練巾。'《類篇》同於六書假借，亦用'疎'字，此作'練'，誤矣。他皆準是。其下卷《摸魚兒》當於'長隄路'句換頭起，又《荔枝香近》當云'涼館薰風遠'以押韻，毛本訛，與此無異，則似宋槧已如是者也。"② 可見汲古閣本鈔寫之精。毛鈔本中鈐有"竹垞"印，知曾經朱彝尊收藏。後歸袁廷檮，嘉慶十四年（1809）袁氏去世，黃丕烈檢點其遺書，乃復收之。兩影鈔本末皆有黃氏跋尾，述收書始末。

汲古閣刻詞集甚夥，而未刻此集，《四庫全書》亦未收錄，流傳之稀見可知。民國間陶湘曾據此本影刊。

二十、可齋雜稿詞

宋李曾伯撰。清初毛氏汲古閣影宋鈔本。

李曾伯（1198—1268）字長孺，號可齋。覃懷（今屬河南）人，南渡後流寓嘉興。官至觀文殿學士，爲南渡以後名臣。《宋史》

---

① 《後村大全集》卷一百四十二。
② 〔清〕顧廣圻《顧千里集》卷二十三，第382頁。

卷四百二十有傳。

《可齋雜稿》編刻於淳祐十二年（1252），有自序云："與書塾親友偶閱舊作一二，有勸以刊諸梓示兒曹者，姑俾芟次之。"兩年之後，寶祐二年（1254），又成《續稿》八卷，有自序及尤焴序。《續稿後》不著編年，收錄《續稿》成書後之作品。"集中多奏疏表狀之文，大抵深明時勢，究悉物情，多可以見諸施用，惟詩詞才氣縱橫，頗不入格。要亦戛戛異人，不屑拾慧牙後。"① 詞多長調，不作綺豔語，自稱"願學稼軒翁"（《水調歌頭·壽劉舍人》），頗受辛棄疾影響，能反映現實，抒發感慨之情。主帥邊閫有年，感受深切，間有寫及戰事者，每有豪壯語。

其子杓跋云：

> 先公少保觀文《雜》《續》《三》稿，杓侍官荊渚時，竊伏會萃而鋟之梓。繼而庚使介軒劉公鎡又刻之武陵，端明木石先生尤公焴序於篇首。二刻之行乎世也久矣。……歲戊辰（咸淳四年1268），先公棄諸孤。……蕆是不肖，大懼弗能讀，以閟於前人之光，嘗欲手鈔小帙，未果。會書市求為巾笥本，以便致遠，杓曰："是區區之心也。"亟命吏楷書以授之。棗刻告成，用識於後。

據此可知，《可齋》三稿有荊州、武陵、巾笥凡三刊本。四庫館臣云："三稿皆各自為編，《［至元］嘉禾志》始稱為《可齋類稿》，蓋後人合而名之，殊非宋刻之舊。"② 宋代公私書目中未見著錄，明《文淵閣書目》卷九、《內閣書目》卷三、《菉竹堂書目》卷三皆載有十二冊，殆為宋槧舊本，惜俱不存，今所傳皆清鈔本。

此毛鈔本乃自全集中專選其詞影鈔者，含《可齋雜稿》卷三十一至三十四、《續稿》卷七、八、十一，計七卷，共收詞二百零二首。每卷後均有"嗣男杓編次"一行，知即自巾笥本出。此本係汲

---

① 《四庫全書總目》卷一百六十三，第1400頁。
② 同上書，第1400頁。

古閣影鈔佳作之一,《續稿》影摹李曾伯手書原序兩葉尤精。底本有缺字,皆留空待補(如《雜稿》卷三十一《醉蓬萊·乙酉壽蜀帥》下闋、《續稿》第七卷《八聲甘州》之標題),一絲不苟。葉心上有字數,下有"生""仁"等刻工名。《四庫全書》據鮑士恭家藏舊鈔本鈔錄,頗多刪改,據此可以校正。南京圖書館藏毛氏汲古閣鈔本《宋五家詞》十卷,原丁氏八千卷樓舊藏,中有《可齋詞》六卷,《善本書室藏書志》卷四十著錄,謂爲"毛晉未綴跋尾,當屬待梓之本",不知與此本相比鈔寫精粗若何。

曾經汪士鐘、袁克文、趙元方遞藏,1956年入藏北京圖書館。

二十一、稼軒詞

宋辛棄疾撰。清初毛氏汲古閣影宋鈔本。

辛棄疾(1140—1207)字幼安,歷城(今山東濟南)人。少時參加抗金義軍,爲掌書記。後率師歸宋,歷任大理寺少卿,湖南、江西、福建、湖北、浙東安撫使等職,仕至龍圖閣待制。落職閒居信州幾二十年,後雖再起,但不能久於其位,抑鬱以没。善爲詞,"其詞慷慨縱横,有不可一世之概,於倚聲家爲變調;而異軍特起,能於翦紅刻翠之外,屹然別立一宗,迄今不廢"(《四庫全書總目》卷一百九十八),與蘇軾齊名,並稱"蘇辛"。《宋史》卷四百一有傳。

《稼軒詞》自來傳誦極廣,而歷代刻本實不多見。劉克莊《後村先生大全集》卷九十八有《辛稼軒集序》,於稼軒詞備極稱揚,知此集中包括詞集在内;岳珂《桯史》卷三《稼軒論詞》條引及"解道此句,真宰上訴,天應嗔耳"之序文,不見於現行各本之中,爲另一本;元王惲《玉堂嘉話》卷五所載新刊本《稼軒樂府》又爲一本;合其他可考見者約五六種,均已無傳。

現存各本優劣互殊,而究其本源均不出十二卷本及四卷本二者之外。十二卷本以現存元大德三年(1299)廣信書院刻本爲代表,題《稼軒長短句》,《中華再造善本》金元編已影印。陳振孫《直齋書錄解題》卷二十一云"信州本十二卷,視長沙本爲多",或即其所從出。此系統文本流播最廣。四卷本在《直齋書錄解題》《文獻通考》及《宋史·藝文志》均有著録，今傳有明吳訥編刻《唐宋名賢百家詞》本及此毛氏汲古閣影鈔本。南宋人所徵引之稼軒詞與此本率多相合，蓋當時頗爲通行，然在有清近三百年中寂然無聞。汲古閣刻《宋名家詞》本《稼軒詞》亦四卷，最爲清代倚聲家所重，實乃併十二卷爲四卷者，亦源出大德本。

此鈔本分甲乙丙丁四集。甲集前有淳熙戊申（十五年，1188）門人范開序，謂"近時流布於海内者率多贋本"，似此前曾有刻本流播於世。甲集收詞逾百首，大多爲稼軒四十九歲以前之詞，略依年代爲次。雖出范開輯刻，實出稼軒手訂。乙丙丁三集輯非一人，刻非一時，其詳已不可知。乙集《鷓鴣天·送廓之秋試》一首不避宋寧宗諱"廓"字，輯刻當在宋光宗紹熙間（1190—1194）。丙集多收在閩爲官及退居時所作詞，其輯刻約在嘉泰元年（1201）。丁集所收較泛，蓋裒輯前三集未刊之舊稿付梓。四集之中，凡稼軒晚年帥浙東、守京口時作品，概未收録，則各集之刊成當均在宋寧宗嘉泰三年前。此本影鈔之精，詳見涵芬樓影印本所附《校記》，夏敬觀、張元濟跋文以及梁啓超《跋四卷本稼軒詞》、鄧廣銘《書諸家跋四卷本稼軒詞後》等文章。尤可注意者，此本鈔成之後曾經覆校，中多白粉塗改痕跡，提供異文信息不少。"粉塗"乃汲古閣鈔本一大特點。黃丕烈曾請顧千里據此校補大德本之缺葉缺字。

此本四集在流傳中分散，甲乙丙三集爲太倉顧錫麒謏聞齋舊藏，丁集爲趙宗建舊山樓插架之物，涵芬樓分別於光緒末及民國二十八年收得，乃復延津劍合，影印行世。鈐汲古閣毛氏父子印及"舊山樓""涵芬樓"各印。

二十二、**絶妙好詞**

宋周密輯。清初毛氏汲古閣鈔本。朱祖謀跋。

周密（1232—1298），字公謹，號草窗，祖籍濟南（今屬山東），故自署"華不注山人"，南渡後居湖州（今屬浙江），因號蘋洲、弁陽老人、四水潛夫。曾官兩浙運司掾、義烏令，入元後不仕，定居杭州。生平撰述甚多，有《齊東野語》《癸辛雜識》《浩然齋雅談》《志雅堂雜鈔》等，並傳於世。尤工於詞，有《蘋洲漁笛譜》

二卷、《草窗詞》二卷。《宋史翼》卷三四有傳，近人夏承燾有《周草窗年譜》。

此書爲周密晚年所輯南宋人詞集，始於張孝祥，終於仇遠，大體按時代先後排列，凡收錄一百三十一家三百八十一首作品。其選詞標準以婉約清麗爲主，推崇姜夔、吳文英一派詞作，入選自作詞最多，達二十二首。所選少而精，素爲學者所重。清初朱彝尊評曰"雖未全醇，然中多俊語，方諸《草堂》所錄，雅俗殊分"（《書絕妙好詞後》）；厲鶚則推之爲"詞家之準的"（《絕妙好詞箋》）。

是書編於宋末元初，當時已稱罕見，張炎《詞源·雜論》即惜"此板不存，恐墨本亦有好事者藏之"，可知曾經刊刻，但流傳稀少。元明兩代一度湮沒無聞，清初始見記載。《讀書敏求記》卷四著錄錢曾述古堂藏鈔本《弁陽老人絕妙詞選》七卷，云："弁陽老人選此詞，總目後又有目錄，卷中詞人大半予所未曉者。其選錄精允，清言秀句，層見疊出，誠詞家之南、董也。此本又經前輩細勘批閱，姓氏下皆朱標其出處里第，展玩之，心目了然。"康熙二十三年（1684），錢曾族婿柯煜將述古堂藏本過錄一部，於次年刊行，是爲小幔亭本，此書始有刻本流傳。其後清吟堂、小瓶廬諸刻本皆用柯氏書板改頭換面印行。

此毛鈔本後有朱孝臧跋，文云：

> 《絕妙好詞》一書，柯寓匏謂與竹垞選《詞綜》時聞錢遵王藏有寫本，從子煜爲錢氏族壻，因得假歸，傳寫版行。何義門謂竹垞詭得之，非也。今通行諸本皆由之出。己未歲尾，鶴逸先生出示所藏精鈔本，有"毛氏子晉""斧季"諸印，遵王藏書半歸季滄葦，此爲毛氏所得，故《汲古秘本》有其目而《延令書目》無之。卷二"李萊仲鎮"姓字諸刻皆脫去，其《清平樂》"亂雲將雨"一闋遂誤屬李泳；卷七脫簡，趙與仁《好事近》詞後存"浣溪沙"三字，仇遠《生查子》前存"北山南"三字，知爲"玉胡蝶之獨立軟紅"一闋。皆此本勝處。其它字句可謂正諸刻者尤不勝枚舉，然亦不免小有訛異。而卷四施岳缺三十二行，詞六闋，並目亦佚去，蓋目爲後人補編，

非弁陽老人原本也。是書自沈伯時時已惜其版不存，墨本亦有好事者傳之。今墨本不可復睹，此鈔亦珍若星鳳矣。遂假錄一過，擬續采入《彊邨叢書》中，而記其大略以歸之。宣統十二年歲次庚申，孟秋之月，歸安生孝臧跋。（末鈐印：朱祖謀印）

跋文以爲此本即錢曾藏本，其實不然。此本見於《汲古閣珍藏秘本書目》著錄，無錢氏藏印，亦無《讀書敏求記》所謂"前輩細勘批閱"處，① 顯非錢本。與柯煜刊本相校，編次相同，殘缺處亦大多相合，錢、毛兩本當同出一源。此本總目後有細目，殘缺之處此本留空待補；柯本則經過校訂，刪除細目，殘缺處注缺詞數，不留空，調名可補則補。其餘文字異同，詳見朱孝臧跋。可知此本旨在保留底本原貌，且能校正刻本之處不少。錢曾藏鈔本已佚失，傳世《絕妙好詞》推此本爲最早。

書中鈐"平江黃氏圖書""顧雀逸""長州章珏祕篋"等印，知曾經黃丕烈、顧鶴逸、章鈺等遞藏，章氏《四當齋集》卷三有《毛鈔絕妙好詞跋》，述此本來歷云："先友顧鶴逸所藏……鶴逸作古，遺孤乞爲志墓之文。庚午夏，到津步申謝，奉此爲酬。"1957年，章氏哲嗣章元善先生捐贈給北圖。

第三節　毛鈔本之文物價值略述

宋元時期的學者把經過認真校勘、錯字訛文少而接近原書本來面貌且內容完足的本子，稱爲善本，反之則稱爲劣本或惡本。明中葉以後流傳於世的宋元刻本越來越少，其文物價值日益突出，受到清代以來藏書家們的追捧。善本開始同時具有校勘性和文物性兩種屬性。對於收藏而言，藏書家不僅重視藏本的文獻價值，還重視其文物價值，甚至尤重文物價值。汲古閣鈔本，尤其影鈔本，是兩性兼具的，既是校勘性善本，又是文物性善本。

毛鈔本從一產生就以其鈔寫精美的特色受到學者和藏書家贊揚，

---

① 《藏園批注讀書敏求記校證》，第456頁。

從鑒賞的角度而言，由內府組織編修的著錄宮廷善本特藏的《天禄琳琅書目》及其《後編》在這方面起了很大的推動作用。《天禄琳琅書目》借鑒唐人張彦遠《歷代名畫記》、明人張丑《清河書畫舫》等書畫賞鑒目錄的做法，以解題的形式對所收書籍"刊印流傳之時地，鑒賞採擇之源流"以及"藏家生平事略，圖記真僞"等方面的情況進行了全面的考證，尤其在書目中詳細書籍流傳，描摹藏書印之文字種類、形狀、印色及位置諸項，前所未有，純是賞鑒一派，創建了版本鑒賞目錄的基本程式，對當時以及後世的書目編纂、版本著錄都產生了重大影響。名家遞藏源流也成爲衡量書籍文物價值高低的重要參考。

《天禄琳琅書目》重視刊刻精美的宋元版，愛屋及烏，對於能逼真地再現宋元刻本原貌的影鈔本亦非常推崇。《天目前編》凡例云："明影宋鈔，雖非剞氏之舊，然工整精確，亦猶昔人論法書以唐臨晉帖爲貴"；"其宋、金版及影宋鈔，皆函以錦，元版以藍色綈，明版以褐色綈，用示差等"。① 將影宋鈔與珍貴的宋版和金版書一樣裝幀，亦足見其珍重有加。影宋鈔本中，七部有乾隆御題，皇帝贊賞道："影鈔猶識宋，遠矣緬韋編"，"影槧悉毫釐"，"居然影宋似雕鎪"，"唐鉤晉蹟隔一間，明影宋刊非兩歧"，皇帝的賞識，使得影宋鈔本地位迅速上升。《重華宮茶宴詩》注亦附和云："藏書家競貴宋槧，今内府所儲影鈔各種，精好實有遠過雕本者。"② 由皇家引領的善本鑒賞風尚，愈發鼓蕩起民間藏書的佞宋之風。影鈔本名貴不在舊版之下，經此揄揚，更加受到藏書家追捧。其後，各家書目通過設專目或在書名下加注的形式，都增加了影宋鈔本這一新的品類。

乾嘉間藏書大家黄丕烈，是清代私人藏書家中最具代表性的一位。他在讀書、校書過程中撰寫了大量題跋，將得書之掌故、鑒書之心得、校訂之結果以及版本之源流記錄下來。這些題跋既反映了黃氏藏書的特色，也體現了乾嘉時代"佞宋"的風尚。洪亮吉《北江詩話》論藏書家有數等，其中之一是"第求精本，獨嗜宋刻。作

---

① 《天禄琳琅書目》，第10頁。
② 劉薔《天禄琳琅研究》，第209頁。

者之旨意縱未盡窺，而刻書之年月最所深悉，是謂賞鑒家，如吳門黄主事丕烈、鄔鎮鮑處士廷博諸人是也"。① 所謂"賞鑒家"正是從文物角度着眼來看待珍本古籍。黄丕烈對古書版本，首重宋元，自號"佞宋主人"，次貴影鈔、舊鈔，《國朝名臣事略》跋云："取對影鈔補者，纖悉都合，方信前人重書，必得刻本影鈔，方非不知妄作。"②《李群玉詩集》跋云："無宋刻則舊鈔貴矣，舊鈔而出自名家所藏則尤貴矣。"③ 繆荃孫《蕘圃藏書題識序》云："江南藏書之風，創自虞山絳雲樓，汲古閣爲最，後皆萃於泰興季氏。乾嘉以來，推長洲黄蕘圃爲大宗，搜弆不下錢、毛、季三家。先生意欲輯《所見古書録》，將所藏爲正編，所見而未藏者爲附録，一宋槧，二元槧，三毛鈔，四舊鈔，五雜舊刻，並未編定。身後瞿木夫分爲二十卷，稿本亦不知歸何所。"④ 黄氏特地將毛鈔單獨列爲一類，尤可見其對毛鈔之推崇。上海圖書館藏黄丕烈舊藏明鈔本《隸釋》二十七卷，有顧廣圻跋云："按此本十行廿字，行款與元槧《隸續》同，碑文用婁氏《字源》釋之，往往吻合，即周香巖所藏隆慶四年本不若也。蕘圃當勿以其非宋槧、毛鈔，不以驚人秘笈目之。"⑤ 以"宋槧、毛鈔"並列，言下之意，"宋槧、毛鈔"實乃是"驚人秘笈"。因此，經過黄丕烈等人揄揚，毛鈔本更加爲世所重。乾嘉之後，毛氏汲古閣鈔本已有"下真蹟一等"的美譽，名揚書林，舉世稱道之而無異辭。延至民國時期，毛鈔本亦如宋本一樣珍稀名貴。至1949年後，國家從香港陳澄中手中購買其珍籍時，陳氏出具的轉讓清單亦有一條云："毛鈔亦可保證爲真正毛鈔。"⑥ 足見對毛鈔本之重視程度。

當代對於古籍善本的分級保護更加系統而科學。《中國古籍善本書目》編纂時提出"古籍善本"有"三性"標準，即因其年代久遠

---

① 〔清〕洪亮吉撰，姚蓉、劉蕾點校《北江詩話》卷三，張寅彭編纂《清詩話全編·嘉慶朝》第四册，上海古籍出版社，2021年，第1963頁。
② 〔清〕黄丕烈《蕘圃藏書題識》卷二，《黄丕烈藏書跋集》，第96頁。
③ 〔清〕黄丕烈《蕘圃藏書題識》卷七，《黄丕烈藏書跋集》，第425頁。
④ 繆荃孫《蕘圃藏書題識序》，《黄丕烈藏書跋集》，第3頁。
⑤ 《上海圖書館善本題跋選輯·史部（續四）》，《歷史文獻》第四輯，2004年2月。
⑥ 見《海外遺珍·祁陽陳澄中藏書·陳清華先生傳畧》所附"徐伯郊先生受國家委託在陳清華先生家中看書所作的藏書目録筆記手跡"。

而具有"歷史文物性",因其內容有重要參考價值而具有"學術資料性",因其雕版印製或鈔寫考究、插圖精美等而具有"藝術代表性"。毛氏汲古閣鈔本完全符合這"三性"標準。根據《中華人民共和國文物保護法》(2015年修正版)制定的《文物藏品定級標準》所附"一級文物定級標準舉例"第二十則"古籍善本"包括:

  元以前的碑帖、寫本、印本;明清兩代著名學者、藏書家撰寫或整理校訂的、在某一學科領域有重要價值的稿本、鈔本;在圖書內容、版刻水平、紙張、印刷、裝幀等方面有特色的明清印本(包括刻本、活字本、有精美版畫的印本、彩色套印本)、鈔本;有明清時期著名學者、藏書家批校題跋、且批校題跋內容具有重要學術資料價值的印本、鈔本。

毛氏汲古閣鈔本有不少也可以納入一級文物的範圍之內。
又根據《漢文古籍特藏藏品定級 第1部分:古籍》(GB/T31076.1—2014):

  4.1.3 一級丙等古籍:明清時期特別重要的宋元版本的影鈔本(注:原本已佚)
  4.2.1 二級甲等古籍:明清時期重要的宋元版本的影鈔本(注:原本尚存)
  4.3.1 三級甲等古籍:明萬曆元年(1573年)至清順治十八年(1661年)刷印、鈔寫的古籍傳本

毛鈔本大部分可以納入一級丙等和二級甲等珍貴古籍之列。2008年至2020年國務院陸續批准頒布了依據《中國古籍善本書目》提出的古籍善本標準和《漢文古籍特藏藏品定級》標準評審出來的第一至六批《國家珍貴古籍名錄》,入選的毛氏汲古閣鈔本有近三十種,包括:
  名錄號 書名
  1-1270 漢上易傳十一卷漢上先生履歷一卷

1－1393　孝經今文音義一卷論語音義一卷孟子音義二卷
1－1428　集韻十卷
1－1635　石林奏議十五卷
1－1779　農書三卷蠶書一卷於潛令樓公進耕織二圖詩一卷
2－3439　班馬字類補遺五卷
2－3440　字鑑五卷
2－3450　重續千字文二卷
2－4433　小學五書五卷
2－4677　五代名畫補遺一卷
2－4904　全芳備祖前集二十七卷後集三十一卷
2－5115　鮑氏集十卷
2－5561　東坡先生和陶淵明詩四卷
3－8809　清塞詩集二卷
3－8948　剪綃集二卷
3－8955　梅花衲一卷
4－10093　瑟譜十卷
4－10267　東家雜記二卷
4－10654　誠齋集一百三十三卷
5－11805　歷代蒙求一卷
5－11833　謝宣城詩集五卷
5－11856　周賀詩集一卷
5－11888　方是閑居士小稿二卷
5－12051　九僧詩一卷
5－12066　文則一卷
5－12083　絕妙好詞七卷
6－12509　江南野史十卷
6－12767　劍南詩續稿八卷
6－12874　稼軒詞四卷

另外，從古書價格上看，也可見毛鈔本的名貴。毛扆編寫的《汲古閣珍藏秘本書目》就是一本售書目錄，標明了每部書售價幾兩幾錢銀子。毛扆云：

鈔本書看字之工拙、筆貲之貴賤、本之厚薄、其書之秘否，然後定價。就宋元板而言，亦看板之工拙、紙之精粗、印之前後、書之秘否，不可一例。所以有極貴極賤之不同。至于精鈔之書，每本有費四兩之外者，今不敢多開，所謂"裁衣不值緞子價"也。在當年鈔時豈料有今日哉！然余之初心本欲刊刻行世，與天下後世共之。今此心并以託之太史矣。

　　鈔本從書法、鈔費、頁數、珍秘四個方面，刻本則從刻板、紙張、年代、珍秘四個方面綜合考慮定價。從《秘本書目》中統計可以看出，影宋精鈔本與宋元版的定價實際不相上下，可見毛扆對自家鈔本十分自信。當然這是賣書時估的價格，實際交易恐怕還不及此數，但流傳至後世，隨着毛鈔本聲名愈著，價格也隨之提高。舊鈔本《珩璜新論》在《秘本書目》中定價五錢，黃丕烈買入價爲番銀七餅，約合5.03兩白銀，漲幅達十倍，影宋精鈔本的價格可想而知。傅增湘在與張元濟通信時曾提及："今日見毛鈔三種，價仍昂。""毛鈔《聖宋高僧詩選》一册，索五百金，還百金不肯售，然實精美無倫。""如毛鈔《古文苑》（士禮居藏本）二百金尚不肯售。"[1]著錄於《藏園群書經眼錄》的清影寫宋景祐刊本《漢書注》，在傅增湘之前一直被認爲是毛氏汲古閣影宋鈔本，曾經"索高價五千金"，傅增湘謂"袛望洋興歎而已"。[2]

　　二十世紀九十年代古籍拍賣興起之後，名家鈔本和稿本、批校本，素爲藏家看重，偶一出現即拍得善價，如中國嘉德1996年春拍，《陶淵明集》十卷以187000元成交；中國書店2013年秋拍，《南村輟耕錄》三十卷以747500元成交；中國嘉德2014年春拍，《汲古閣鈔宋人詞集》三種（《洛水詞》《克齋詞》《平齋詞》以172500元成交；西泠印社2014年秋拍，《金石錄》三十卷以483000元成交；所拍者是否真毛鈔雖有疑問，但也從一個側面反映了毛鈔本的文物價值。2023年嘉德春拍，毛氏影宋鈔本《古文苑》以4600

---

[1]　《張元濟傅增湘論書尺牘》，第2、5、8頁。
[2]　傅增湘《藏園群書經眼錄》，第166頁。

萬元高價成交，誠可謂驚人秘笈矣。

第四節　小結

從萬曆四十六年（1618）毛晉綠君亭刻《屈子》七卷算起，至其去世（1659），苦心經營四十年；之後，其妻嚴氏又經營二十年；嚴氏之後，汲古閣事業以毛扆爲主要繼承人。毛扆廣搜異本，對汲古閣所刻各書進行認真讎勘，埋首書堆，終身不倦。至其去世（1713），又經營汲古閣近四十年。父子兩代從事文獻典籍的整理事業近百年，保存、傳布文獻之功極爲巨大。汲古閣刻書近 900 種，潘承弼、顧廷龍編《明代版本圖録初編》，盛贊之云："藏書震海內，雕槧布寰宇。經史百家，秘籍琳琅，有功藝林，誠非淺鮮。江左文獻所寄，有明十三朝無出其右者。"① 毛氏汲古閣鈔本近 400 種，所鈔之範圍亦遍及經史子集四部，尤以集部書爲主，且成書較刻本尤艱，亦可謂"秘籍琳琅，有功藝林，誠非淺鮮"。汲古閣刻本大多成爲世之通行本，影響很大。而汲古閣鈔本則多因其爲秘本而爲士林所推重。宋、元舊本賴其影寫而得以不朽，孤本秘籍賴其傳鈔而命存一綫。通過上文的版本對比表、毛鈔本個案分析，可見毛鈔本是古書版本源流中的重要一環，可爲古籍校勘、整理之依據。毛鈔本無論是影鈔還是照寫之本，都從各方面體現出獨特的重要價值。

---

① 潘承弼、顧廷龍《明代版本圖録初編》卷七，文海出版社，1971 年，第 389 頁。

書名索引

説明：此爲第三章毛鈔本各書之書名音序索引，"－"前數字指第幾節（1.2 爲第一節之第二小節），其後之數字指各書之編號，逗號後數字爲本書頁碼。如"2－88，128"指第二節第 88 號第 128 頁。

安晚堂詩集　2－88，128
白蓮集　5－59，259
白石詞　5－89，272
白石道人詩集　2－88，128
白石道人詩説　2－88，128
白玉蟾詞　3－160，220
白猿經　3－47，188
班馬字類　2－16，182
寶晉英光集　5－67，262
抱拙小稿　2－88，129
鮑氏集　2－61，109
北牕詩稿　2－88，129
北户録　2－附録一－2，153
北狩見聞録　5－20，241
北狩録　1.2－22，63
北樂府　3－161，222
骫稿　2－88，130
本草注節文　3－48，188
碧雞漫志　5－92，273
碧雲集　5－52，255
碧雲騢　3－84，195
弁陽老人詞　3－154，217

別本十六國春秋　5－18，240
賓退録　3－78，194，217
博物志　3－95，198
補漢兵志　3－29，180
才調集　5－79，267
采芝集、續稿　2－88，130
蠶書　2－29，94
蒼崖先生金石例　2－附録一－10，160
滄螺集　5－81，270
藏一話腴　2－50，104
艸堂雅集　3－141，214
禪月集　2－66，112
讒書　5－53，256
巢令君阮户部詞　2－附録一－14，163
朝野新聲太平樂府　4－13，232
乘除通變算寶　2－30，95
誠齋尺牘　2－92，132
誠齋集　2－68、69、70，116，117

誠齋雜記　5-38，247
初寮詞　3-161，222
初唐四傑集　3-140，213
楚國文憲公雪樓程先生文集
　3-129，210
春秋繁露　2-8，84
春秋公羊傳　3-8，171
春秋集注　2-7，83
春秋左傳句解　3-6，171
春秋左氏傳事類始末　3-7，
　171
純正蒙求　3-93，197
詞海評林　2-附錄二-3，165
翠微先生南征錄　2-73，119
存悔齋詩　2-81，123
大金集禮　5-30，245
大六壬管氏神書　3-56，189
大唐西域記　3-35，183
澹庵長短句　2-附錄一-14，
　163
澹庵詞　2-附錄一-12，162
道德經河上公注　3-98，198
地理囊金集注　2-37，99
典雅詞　2-附錄一-14，163
丁卯集　3-112，205
東皋錄　3-136，213
東皋子集　3-102，200
東漢會要　2-24，91
東家雜記　3-30，180
東坡先生和陶淵明詩　5-64，
　261

東坡樂府、拾遺　3-150，215
東浦詞　3-161，222
東山詞　3-160，220
東溪詞　2-附錄一-12，161
東齋小集　2-88，130
斗野稿支卷　2-88，130
杜工部集　2-附錄一-9、4-
　9，158，229
杜工部七言律詩　5-47，252
杜荀鶴文集　5-55，256
端隱吟稿　2-88，130
斷腸詞　3-160，220
二妙集　3-139，213
法書考　5-34，246
法書通釋　3-63，190
法帖釋文攷異　3-64，191
方泉先生詩集　2-88，128
方是閒居士小稿　2-72，118
芳芷栖詞　2-附錄一-11，
　161
分門纂類唐歌詩　2-94，134
風騷旨格　5-59，259
風雅遺音　3-160，220
豐干拾得詩　2-附錄一-8，
　157
負暄錄　1.2-27，63
負暄野錄　3-88，196
復古編　3-22，178
干祿字書　2-13，86
高常侍集　3-107，202
葛無懷小集　2-88，130

古本葬經内篇　5－32，246	湖山類稿　3－124，209
古賦辨體　3－134，212	虎鈐經　3－46，187
古山樂府　3－160，220	花間集　3－158，219
古文苑　2－89，131	花曼集　1.2－13，63
鼓枻稿　5－73，265	花蕊夫人宮詞　2－87，128
關氏易傳　3－1，168	環溪詩話　3－145，214
管子弟子職　2－26，93	浣花集　3－117，208
廣成集　5－60，259	皇荂曲　2－88，129
廣客談　3－82，195	皇宋書錄　3－62，190
歸田詩話　3－149，215	皇祐新樂圖記　3－5，170
歸愚集　4－11，231	皇祐樂圖　1.2－10，63
國語　2－附錄一－1，153	篁嶙詞　2－附錄一－14，163
國語補音　5－17，240	灰爐紀聞　1.2－21，63
海野詞　5－90，272	揮麈錄　2－54，105
寒山子詩　2－附錄一－8，157	晦庵詞　3－160，220
韓山人詩集、附集　2－85，127	會要　1.2－32，64
汗簡　3－20，177	檜庭吟稿　2－88，130
漢官儀　2－43，101	緝古算經　2－31，96
漢隸字源　5－12，238	雞肋編　3－72，193
漢泉曹文貞公集　2－82，123	汲古閣集　2－附錄二－1，165
漢上易傳　2－1，79	汲古閣校刻書目　3－39，185
漢書　5－15，239	極玄集　2－91，132
漢制考　5－28，244	集韻　2－17，88
和清真詞　3－160，220	繫辭精義　3－3，170
和石湖詞　3－161，222	家訓　2－28，94
河南邵氏聞見後錄　5－37，247	甲乙經　3－52，188
河南先生集　3－119，208	賈誼新書　3－44，187
河岳英靈集　5－76，267	稼軒長短句　5－83，270
洪範五行傳論　1.2－1，62	稼軒詞　2－103，141
洪文惠公行狀　2－67，113	駱賓王文集　4－10，230
後漢書　5－16，239	剪綃集　2－75、76，121

劍南詩續稿 2-71，117
江南野史 2-20，89
金函經 2-32，97
金壺記 3-61，190
金石錄 5-26，243
金臺集 2-83，124
錦里耆舊傳 3-31，182
近體樂府 2-附錄一-13、5-86，162，271
靖逸小集 2-88，129
靜佳龍尋稿、乙稿 2-88，130
九經三傳沿革例 5-9，236
九經字樣 1.2-11，63
九僧詩 2-100，139
九域志 3-37，184
九章算經 2-31，95
酒邊集 2-102，141
酒經 2-49、2-附錄一-7，103，157
舊聞證誤 2-25，92
居家雜儀 2-26，93
菊澗小集 2-88，129
菊潭詩集 2-88，129
菊軒樂府 3-161，222
橘潭詩稿 2-88，129
句曲外史詩集集外詩 2-84，125
劇談錄 5-42，249
絕妙好詞 2-108，146
勘書樓書目 1.2-18，63
堪輿倒杖訣 2-38，99

堪輿說原 2-39，99
看雲小集 2-88，130
可齋詞 2-附錄一-12，161
可齋雜稿詞、續稿 2-105，142
肯綮錄 3-77，194
空同詞 3-161，222
孔子弟子先儒傳 1.2-5，63
孔子家語 1.2-4、4-5，62，227
暌車志 5-43，249
愧郯錄 3-87，196
孎窟詞 2-附錄一-14，163
琅嬛記 5-72，265
類篇 2-15，87
梨園按試樂府新聲 5-94，273
離騷草木疏 5-46，251
李丞相詩集 5-58，259
李洞詩集 5-56，258
李涪刊誤 3-69，192
李群玉詩集後集 2-64，111
李太白集 3-105，201
李推官披沙集 5-51，254
理法器撮要 5-45，251
禮經葬制 3-54，189
笠澤叢書 3-115，207
歷代兵制 3-28，180
歷代蒙求 2-55、56，106
歷代山陵考 2-23，91
歷代鐘鼎彝器款識 5-27，243
隸釋 3-40，185

書名索引

隸續　3-41，185
連江葉氏書目　1.2-19，63
兩漢詔令　3-27，180
靈臺占　3-59，190
劉賓客外集　3-109，203
劉氏心法　2-35，98
六經正誤　3-18，176
六藝綱目　2-18，88
龍川詞　2-附錄一-14，163
龍龕手鑑　4-4，227
龍洲道人詩集　2-88，128
蘆川詞　3-153，216
露香拾稿　2-88，130
論語　2-9，84
論語集解　3-10，171
論語集說　3-11，172
論語音義　2-12，85
洛陽伽藍記　3-38，185
呂和叔文集　5-48，252
呂吉甫惠卿集　1.2-34，64
呂氏鄉約　2-26，93
毛晉書存　5-74，265
梅詞　3-160，219
梅花衲　2-77、78，122
梅屋詩稿、第三稿、第四稿　2-88，129
梅屋詩餘　2-88、2-106、3-160，142，220
梅屋吟　2-88，129
蒙泉詩稿　2-88，129
孟東野詩集　2-63，111

孟子　1.2-6、2-10，63，84
孟子音義　2-12，85
孟子注　3-13，172
夢溪筆談　1.2-28，63
秘閣閒談　1.2-15，63
鳴鳳記　5-93，273
墨子　3-67，192
默記　3-83，195
木天禁語　3-144，214
穆伯長集　3-118，208
南部新書　3-71，193
南村輟耕錄　5-39，248
南遷錄　5-22，241
南宋六十家小集　2-88，128
難解　5-32，246
能改齋漫錄　3-74，193
寧極齋樂府　2-附錄一-13，162
牛羊日曆　2-19，89
農書　2-29，94
女誡　2-26，93
女科書　3-49，188
鷗渚微吟　2-88，129
盤洲文集　2-67，113
盤洲樂章　2-67，113
裴松之集　1.2-7，63
佩觽　2-14，86
癖齋小集　2-88，129
蘋洲漁笛譜　3-155，217
坡門酬唱　5-82，270
浦江鄭氏家範不分卷　2-27，

94

騎省集　5-61，260

綺川詞　3-162，223

契丹國志　2-21、5-19，89，240

前賢小集拾遺　2-97，137

潛虛、潛虛發微論　3-53，188

錢杲之注離騷　3-99，199

錢起詩集　3-108，202

僑庵詩餘　3-161，222

樵庵詞　3-160，220

樵歌　3-152，215

樵歌詞　3-160，219

樵隱詩餘　5-85，271

切韻指掌圖、檢例　5-14，239

清波雜志　3-73，193

清塞詩集　2-65，112

清逸小集　3-123，209

慶湖遺老集　3-120，208

秋江煙草　2-88，129

臞翁詩集、詩評　2-88，130

全芳備祖　5-44，250

群經音辨　1.2-16、5-8，63，235

群賢梅苑　2-附錄一-15，164

群英書義　2-4，82

認龍天寶經　2-32，97

融春小綴　2-88，129

薩天錫詩集　3-130，211

三家宮詞　2-87，128

三經音義　2-12，85

三禮圖　5-6，234

三曆撮要　2-41，100

三山拙齋林先生尚書全解　2-2，80

三樂圖　1.2-3，62

瑟譜　2-6，83

山居存稿　2-88，130

珊瑚木難　3-60，190

膳夫經手錄　2-46，102

傷寒論、傷寒明理論、論方　3-51，188

神機制敵太白陰經　2-附錄一-4、5，154-156

澠水燕談錄　3-79，195

省齋詩餘　5-88，272

詩經解頤　2-5，82

詩外傳　3-4，170

詩學禁臠　3-148，215

十二先生論語集義　3-12，171

十家宮詞　2-86，127

石林奏議　2-22，90

石屏長短句　2-88、2-107，128，142

石屏續集　2-88，128

石藥爾雅　2-57、58，107，108

事類賦　4-8，228

筮宗　5-4，233

適安藏拙餘稿、乙卷　2-88，130

釋藏目錄　1.2-20，63

書小史　4-6，228

書義主意　2-3，82
疏寮小集　2-88，129
蜀漢本末　3-26，180
蜀鑑　3-25，179
漱玉詞　3-160，220
雙溪詞　2-附錄一-14，163
順適堂吟稿甲集、乙集、丙集、
　丁集、戊集　2-88，130
說郛　3-97，198
說文解字篆韻譜　5-10，236
司空表聖文集　5-50，254
四書管窺　3-15，173
四書箋義　2-11，85
四書通證　5-7，234
松陵集　5-78，268
松雪齋詞　3-160，220
宋朝南渡十將傳　3-32，182
宋詞一百家　3-159，219
宋金人詞　3-161，222
宋人詞　3-162，223
宋氏閨房譜　2-45，102
宋氏文房譜　2-44，102
宋王岐公宮詞　2-87，128
宋五家詞　2-附錄一-12，161
宋遺民廣錄目　3-34，183
宋遺民錄　3-33，183
宋元四家詞　2-附錄一-13，
　162
算法取用本末　2-30，95
算法通變本末　2-30，95
碎錦詞　2-附錄一-12、2-附
　錄一-14，162-164
歲寒堂詩話　5-91，272
歲時雜詠　5-75，267
孫子算經　2-31，95
臺閣集　3-106，201
太和野史　1.2-30，64
太平紀要　1.2-31，64
唐國史補　2-53，104
唐明皇御注孝經　3-9，171
唐僧弘秀集　3-137，213
唐宋諸賢絕妙詞選　2-109，
　147
唐王建宮詞　2-87，128
唐中興間氣集　2-90，132
棠湖詩稿　2-74、2-88，120，
　129
陶淵明集　2-60，108，109
天機撥砂經　2-34，98
天機望龍經　2-33，98
天文精義賦　3-57，189
天下金石志　3-43，187
天下同文　2-111，150
天下同文前甲集　2-110，149
田畝比類乘除捷法　2-30，95
鐵網珊瑚　2-附錄一-6，156
鐵崖遺稿　3-131，211
童溪易傳　5-3，233
宛丘先生集　5-65，261
王黃州小畜集　5-62，260
王建詩集　3-110，204
王盧溪集　3-121，209

王右丞文集　3－104，200

王周士詞　2－附錄一－13，162

渭川居士詞　3－161，222

溫飛卿詩集　3－114，207

文定公詞　3－162，223

文房四譜　3－65，191

文簡詞　2－附錄一－14，163

文山樂府　3－160，220

文則　2－93，75，133

文章善戲　2－附錄一－16，68，164

汶陽端平詩雋　2－88，129

吾竹小稿　2－88，129

吳文正公詞　2－附錄一－13，162

吳文正公詩餘　3－157，218

梧溪集　4－12，56，231

無爲集　5－68，262

五曹算經　2－31，95

五代名畫補遺　2－42，101

五代史補　1.2－25，63

五代史闕文　1.2－26，63

五經文字　1.2－12、3－16，63，175

五色綫　5－40，248

武林舊事　3－36，183

西漢文類　1.2－14，63

西河記　1.2－24，63

西京雜記　3－91，197

西崑酬唱集　2－95，135

西麓繼周詞　2－附錄一－14，163

西麓詩稿　2－88，129

西樵語業　5－87，271

西清詩話　3－146，214

西溪叢語　3－75，194

析城鄭氏家塾重校三禮圖　4－3，227

霞外詩集　3－126，210

夏侯陽算經　2－31，96

夏小正　1.2－2，62

仙源居士惜香樂府　5－84，271

仙苑編珠　2－59，59，108

先天後天理氣心印　2－36，99

閑居錄　2－51，104

閑閑老人滏水文集　5－70，264

閑齋琴趣外篇　2－101，140

鄉儀　2－26，93

詳注周美成片玉集　3－151，216

簫臺公餘詞　3－162，223

小山集　2－88，130

小學五書　2－26，93

孝經今文音義　2－12，85

孝史　3－45，187

謝宣城詩集　2－62，110

心游摘稿　2－88，130

辛巳泣蘄錄　5－21，241

新集古文四聲韻　3－19，176

新加九經字樣　3－17，174

新刊古杭雜記詩集　5－69，263

新刊張小山北曲聯樂府　2－

113、114,150,152
信齋詞　3-160,220
行朝錄　5-23,242
虛窗手鏡　1.2-17,63
虛齋樂府　2-104、3-160,141,220
徐散騎文集　1.2-29,63
續博物志　3-96,198
續古摘奇算法　2-30,95
續會要　1.2-33,64
續世説　3-80,195
玄英先生詩集　3-111,204
玄中記　3-85,196
薛許昌詩集　3-113,206
穴法賦　2-32,97
學古編　3-66,192
學詩初稿　2-88,129
學易記　4-1,226
學吟　2-88,129
學庸發微　1.2-35,64
雪窗小集　2-88,130
雪林删餘　2-88,129
雪樓先生樂府　3-160,220
雪蓬稿　2-88,130
雪坡小稿　2-88,129
雪心賦　2-32,98
雪巖吟草　2-88,129
雪菴字要　5-33,246
訓蒙集解　3-94,198
巽齋小集　2-88、3-122,129,209

雅林小稿　2-88,129
亞愚江浙紀行集句詩　2-80,122
顏氏家訓　3-68,192
硯箋　5-36,247
硯史　2-附錄二-4,167
雁門集　3-160,220
燕喜詞　2-附錄一-14,163
陽春集　3-160,220
楊公騎龍穴詩　2-35,98
楊輝算法　2-30,95
姚少監詩集　5-54,256
野處文集　3-128,210
野谷詩稿　2-88,128
一行神光經　3-55,189
伊川擊壤集　5-63,260
醫論　5-31,245
醫學燈傳　3-50,188
儀禮要義　5-5,234
頤庵居士集　5-66,262
頤堂先生糖霜譜　2-48,102
以介編　3-142,214
易解　3-2,168
易林注　2-40,100
易通變　3-58,190
易小傳　5-2,233
易雅　5-4,233
因話錄　3-70,192
陰鏗何遜集　3-101,199
寅齋聞見　2-52,104
庸齋小集　2-88,129

永嘉集　3－135，212
永嘉四靈詩　2－96，135
永嘉先生三國六朝五代紀年總辨　2－附錄一－3，154
幽蘭居士東京夢華錄　5－25，242
於潛令樓公進耕織二圖詩　2－29，94
娛書堂詩話　3－147，214
虞伯生詩　3－127，210
虞鄉雜志　2－附錄二－2，72，165
漁溪詩稿、乙稿　2－88，130
玉井樵唱　3－125，209
玉泉子　3－86，196
玉山璞稾　3－133，212
玉笥山人集　3－132，212
玉照新志　3－81，195
御題算經　2－31，95
御製孝經　1.2－8，63
元詞二十家　3－160，219
元經薛氏傳　3－24，179
元音　5－80，270
袁宣卿詞　2－附錄一－14，163
樂府補題　2－112，150
樂府古題要解　3－143，214
樂齋詞　3－161，219，222
芸居乙稿　2－79、2－88，122，130
芸隱横舟稿　2－88，129
芸隱勌游　2－88，129

雲林詞　3－161，220
雲林堂飲食製度集　2－47，102
雲麓漫鈔　3－76，194
雲泉詩　2－88，129
雲泉詩集　2－88，128
雲臺編　3－116，207
雲卧詩集　2－88，130
雲煙過眼錄　3－89，197
筠溪牧潛集　5－71，264
葬乘至寶經　2－32，97
葬經翼　5－32，246
增廣聖宋高僧詩選前集後集續集　2－98、99，138
增廣鐘鼎篆韻　3－42，187
增修東萊書説　4－2，226
戰國策　1.2－9、3－23，63，178
章華詞　2－附錄一－14，163
張丘建算經　2－31，95
張説之文集　3－103，200
張司業集　5－49，254
張狀元孟子傳　3－14，173
漳浦吳氏書目　1.2－23，63，231
招山小集　2－88，130
貞觀公私畫史　5－35，246
正始之音　3－92，197
支遁集　3－100，199
知稼翁詞　2－附錄一－14、3－161，163，222
中興館閣錄、續錄　5－29，244

中州樂府　3–156，217
种太尉傳　5–24，242
重續千字文　5–11，237
衆妙集　3–138，213
周髀算經　2–31，95
周賀詩集　5–57，258
周易　5–1，232
周易輯聞　5–4，233
竹所吟稿　2–88，129
竹屋癡語　3–161，222
竹溪十一稿詩選　2–88，129

竹洲詞　3–161，220
竹莊小稿　2–88，130
麈史　5–41，249
追遠録　3–54，189
拙庵詞　2–附録一–12、2–附録一–14，162
自警編　4–7，228
字鑑　5–13，238
字通　3–21，177
醉翁談録　3–90，197

參考文獻

一、古籍文獻

1. 〔唐〕張彥遠著,俞劍華注釋《歷代名畫記》,上海人民美術出版社,1964年。
2. 〔宋〕晁公武撰,孫猛校證《郡齋讀書志校證》,上海古籍出版社,1990年。
3. 〔宋〕陳振孫撰,徐小蠻、顧美華點校《直齋書錄解題》,上海古籍出版社,1987年。
4. 〔宋〕張世南《游宦紀聞》,中華書局,1981年。
5. 〔宋〕辛棄疾撰,鄧廣銘箋注《稼軒詞編年箋注》(增訂本),上海古籍出版社,1993年。
6. 〔明〕胡應麟撰,王嵐、陳曉蘭點校《經籍會通》(外四種),北京燕山出版社,1999年。
7. 〔明〕祁承㸁等撰《藏書記》,廣陵書社,2010年。包括:〔明〕祁承㸁《澹生堂藏書約》、〔清〕曹溶《流通古書約》、〔清〕孫從添《藏書記要》、〔清〕袁昶《尊經閣募捐藏書章程》、〔清〕楊守敬《藏書絕句》、葉德輝《藏書十約》。
8. 〔清〕錢謙益撰,〔清〕錢曾箋注,錢仲聯標校《牧齋有學集》,上海古籍出版社,1996年。
9. 〔清〕黃虞稷撰,瞿鳳起、潘景鄭整理《千頃堂書目》,上海古籍出版社,2001年。
10. 〔清〕黃宗羲《南雷文約》,清刻本。
11. 〔清〕徐釚《南州草堂集》,清康熙三十四年(1695)刻本。
12. 〔清〕蕭士瑋《春浮園集》,清順治間刻本。
13. 〔清〕毛晉《汲古閣集》四卷,江苏省常熟市图书馆藏稿本。
14. 〔清〕毛晉撰,潘景鄭校訂《汲古閣書跋》,古典文學出版社,1958年。
15. 〔清〕陳瑚《確庵文稿》,《四庫禁燬書叢刊》影印清康熙間毛氏汲古閣刻本,北京出版社,1997年。
16. 〔清〕陳瑚《從游集》,民國間崑山趙氏輯《峭帆樓叢書》本。

17.〔清〕吳偉業《吳梅村全集》，上海古籍出版社，1990 年。
18.〔清〕錢曾撰，管庭芬、章鈺校證《讀書敏求記校證》，上海古籍出版社，2007 年。
19.〔清〕錢曾原著，管庭芬、章鈺校證，傅增湘批注《藏園批注讀書敏求記校證》，中華書局，2012 年。
20.〔清〕朱彝尊《曝書亭集》，清康熙五十三年刻本。
21.〔清〕朱彝尊《静志居詩話》，清扶荔山房刻本。
22.〔清〕朱彝尊編，林慶彰等點校《經義考新校》，上海古籍出版社，2010 年。
23.〔清〕陸隴其《三魚堂日記》，《續修四庫全書》史部傳記類，上海古籍出版社，2002 年。
24.〔清〕閻若璩《潛邱札記》，清乾隆間眷西堂刻本。
25.〔清〕王應奎輯《海虞詩苑》，清乾隆二十四年（1759）刻本。
26.〔清〕王士禎《帶經堂詩話》，清乾隆二十七年刻本。
27.〔清〕于敏中、彭元瑞等著，徐德明標點《天禄琳琅書目 天禄琳琅書目後編》，上海古籍出版社，2007 年。
28.〔清〕沈初等撰，杜澤遜、何燦點校《浙江採集遺書總錄》，上海古籍出版社，2010 年。
29.〔清〕翁方綱撰，吳格整理《翁方綱纂四庫提要稿》，上海科學技術文獻出版社，2005 年。
30.〔清〕永瑢等《四庫全書總目》，中華書局，2001 年。
31. 江慶柏等整理《四庫全書薈要總目提要》，人民文學出版社，2009 年。
32.〔清〕彭元瑞撰，寶水勇校點《知聖道齋讀書跋》，遼寧教育出版社，2001 年。
33.〔清〕彭元瑞《知聖道齋讀書跋》，《叢書集成初編》本。
34.〔清〕黃丕烈撰，余鳴鴻、占旭東點校《黃丕烈藏書題跋集》，上海古籍出版社，2013 年。包括：《蕘圃藏書題識》十卷《補遺》一卷，《蕘圃刻書題識》及《補遺》，《蕘圃藏書題識續錄》四卷，《蕘圃雜著》，《蕘圃藏書題識再續錄》三卷，《士禮居藏書題跋補錄》，《百宋一廛賦》《百宋一廛書錄》。
35. 王紹曾、崔國光、杜澤遜等整理訂補《訂補海源閣目五種》，齊魯書社，2002 年。包括：《楹書隅錄》五卷及《續編》四卷、《補遺》四卷，《宋存書室宋本秘本書目》四卷，《海源閣藏書目》一卷，《海源閣宋元秘本書目》四卷、《補遺》一卷，《海源閣書目》不分卷、《補遺》一卷。
36.〔清〕楊紹和編撰，周叔弢批注《周叔弢批注楹書隅錄》，國家圖書館出版社，2009年。

37. 〔清〕孫從添藏並編《上善堂書目》，民國十八年（1929）瑞安陳氏刻《湫漻齋叢書》本。

38. 〔清〕吳騫《拜經樓詩話》，清嘉慶間吳騫刻《愚谷叢書》本。

39. 〔清〕吳壽暘著，郭立暄標點《拜經樓藏書題跋記》，上海古籍出版社，2007年。

40. 〔清〕阮元著，鄧經元點校《揅經室集》，中華書局，1993年。

41. 〔清〕錢泳《履園叢話》，清道光十八年（1838）勾吳錢氏刻本。

42. 〔清〕周星詒《書鈔閣行篋書目》，國圖藏清鈔本。

43. 〔清〕蔣光煦《東湖叢記》，清咸豐六年（1856）刻本。

44. 〔清〕徐康《前塵夢影錄》，清光緒二十三年（1897）元和江標刻本。

45. 〔清〕顧廣圻著，王欣夫輯《顧千里集》，中華書局，2007年。

46. 〔清〕張金吾、柳向春標點《愛日精廬藏書志》，上海古籍出版社，2014年。

47. 〔清〕丁丙《善本書室藏書志》，浙江古籍出版社，2016年。

48. 〔清〕陸心源《皕宋樓藏書志》，浙江古籍出版社，2016年。

49. 〔清〕陸心源著、馮惠民整理《儀顧堂書目題跋彙編》，中華書局，2009年。

50. 〔清〕潘祖蔭《藝芸書舍宋元本書目》，《叢書集成初編》本，中華書局，1985年。

51. 〔清〕陳樹杓編《帶經堂書目》，清宣統間順德鄧氏刊《風雨樓叢書》本。

52. 〔清〕施國祁《禮耕堂叢說》，清道光刊本。

53. 〔清〕朱學勤編《結一廬書目》、《別本結一廬書目》，《觀古堂書目叢刻》本。

54. 〔清〕丁日昌撰《持靜齋書目》，《海王邨古籍書目題跋叢刊》，中國書店，2008年。

55. 〔清〕江標輯《江刻書目三種》，清光緒間元和江標刻本。

56. 〔清〕朱筠、朱錫庚藏並編《椒花吟舫書目》不分卷，國圖藏清鈔本。

57. 〔清〕馬瀛《唫香仙館書目》，上海古籍出版社，2006年。

58. 〔清〕潘祖蔭著，潘宗周編，柳向春標點《滂喜齋藏書記·寶禮堂宋本書錄》，上海古籍出版社，2007年。

59. 〔清〕邵懿辰撰，邵章續錄《增訂四庫簡明目錄標注》，上海古籍出版社，1979年。

60. 〔清〕汪璐《藏書題識》、傅以禮《華延年室題跋》、李希聖《雁影齋題跋》，上海古籍出版社，2009年。

61. 〔清〕趙宗建著《舊山樓書目》，古典文學出版社，1957年。

62. 《國家圖書館藏古籍題跋叢刊》，國家圖書館出版社，2002年。

63. 《宋元明清書目題跋叢刊》，中華書局，2006年。

64. 《周叔弢批校古籍選刊》，國家圖書館出版社，2013年。

二、近現代論著

1. 繆荃孫編《清學部圖書館善本書目》，鄧實等輯《古學彙刊》本，民國三年（1914）上海國粹學報社鉛印本。

2. 《國立南京圖書館善本甲庫書目》，油印本。

3. 上海圖書館編《上海圖書館善本書目》，1957年上海圖書館鉛印本。

4. 《周叔弢先生六十生日紀念論文集》中，香港龍門書店，1967年。

5. 《"國立中央圖書館"善本書目》（增訂本），"國立中央圖書館"特藏組編印，1967年。

6. 《"國立中央圖書館"善本題跋真跡》，"國立中央圖書館"特藏組編印，1982年。

7. 中山大學圖書館編《中山大學圖書館古籍善本書目》，1982年廣州版。

8. 《"國立故宮博物院"善本舊籍總目》，故宮博物院，1983年。

9. 王重民《中國善本書提要》，上海古籍出版社，1983年；《中國善本書提要補編》，書目文獻出版社，1991年。

10. 張元濟、傅增湘撰《張元濟傅增湘論書尺牘》，商務印書館，1983年。

11. 鄭振鐸《西諦書話》，生活·讀書·新知三聯書店，1983年。

12. 魏隱儒、王金雨《古籍版本鑒定叢談》，印刷工業出版社，1984年。

13. 李盛鐸著，張玉範整理《木犀軒藏書題記及書錄》，北京大學出版社，1985年。

14. 瞿良士輯《鐵琴銅劍樓藏書目錄》，上海古籍出版社，1985年。

15. 周采泉編《杜集書錄》，上海古籍出版社，1986年。

16. 雷夢水《書林瑣記》，人民日報出版社，1988年。

17. 袁榮法《剛伐邑齋藏書志》，"國立中央圖書館"編印，1988年。

18. 林申清《明清藏書家印鑑》，上海書店出版社，1989年。

19. 《中國古籍善本書目》，上海古籍出版社，1989年至1998年。

20. 黃裳《前塵夢影新錄》，齊魯書社，1989年。

21. 陳登原《古今典籍聚散考》，《民國叢書》第二編本，1990年。

22. 錢存訓《紙和印刷》，見李約瑟主編《中國科學技術史》第五卷第一分冊，科學出版社、上海古籍出版社，1990年。

23. 徐雁、王雁均主編《中國歷史藏書論著讀本》，四川大學出版社，1990年。

24. 北京圖書館善本組編《1911—1984影印善本書序跋集錄》，中華書局，1995年。

25. 饒宗頤《詞集考》，中華書局，1992年。

26. 林申清《中國藏書家印鑒》，上海書店出版社，1997年。

27. 昌彼得《增訂蟬庵羣書題識》，臺灣商務印書館，1997年。

28. 黃裳《來燕榭書跋》，上海古籍出版社，1999年。

29. 北京大學圖書館編《北京大學圖書館古籍善本書目》，北京大學出版社，1999年。

30. 祝尚書《宋人別集敘錄》，中華書局，1999年。

31. 葉昌熾《藏書紀事詩》、倫明《辛亥以來藏書紀事詩》，上海古籍出版社，1999年。

32. 鄭偉章《文獻家通考》，中華書局，1999年。

33. 《"國家圖書館"善本書志初稿》，"國家圖書館"編印，1999年。

34. 沈津《美國哈佛大學哈佛燕京圖書館中文善本書志》，上海辭書出版社，1999年。

35. 上海圖書館歷史文獻研究所編《歷史文獻》（第1-24輯），上海科學技術文獻出版社，1999—2015年。

36. 《藏書家》（1-23輯），齊魯書社，1999—2015年。

37. 林申清《明清著名藏書家藏書印》，北京圖書館出版社，2000年。

38. 繆荃孫《雲自在龕隨筆》，中華再造善本影印本，2002年。

39. 北京師範大學圖書館古籍部編《北京師範大學圖書館古籍善本書目》，北京圖書館出版社，2002年。

40. 《標點善本題跋集錄》，"國立中央圖書館"編印，2002年。

41. 李燁、吳愷、蘇醒編《常熟藏書印鑒錄》，中國美術學院出版社，2002年。

42. 瞿冕良《中國古籍版刻辭典》（增訂本），蘇州大學出版社，2002年。

43. 潘天禎《潘天禎文集》，北京圖書館出版社、上海科學技術文獻出版社，2002年。

44. 顧廷龍《顧廷龍文集》，北京圖書館出版社、上海科學技術文獻出版社，2002年。

45. 楊守敬撰，張雷點校《日本訪書志》，遼寧教育出版社，2003年。

46. 陳先行《打開金匱石室之門——古籍善本》，上海文藝出版社，2003年。

47. 張元濟著，張人鳳整理《張元濟古籍書目序跋彙編》，商務印書館，2003年。

48. 冀淑英《冀淑英文集》，北京圖書館出版社、上海科學技術文獻出版社，2004年。

49. 吳湖帆《吳湖帆文稿》，中國美術學院出版社，2004年。

50. 祝尚書《宋人總集敘錄》，中華書局，2004年。

51. 施廷鏞編，李雄飛校訂《古籍珍稀版本知見錄》，北京圖書館出版社，2005年。

52. 趙振鐸《集韻研究》，語文出版社，2006年。

53. 潘景鄭《著硯樓書跋》，上海古籍出版社，2006年。

54. 王菊華《中國古代造紙工程技術史》，山西教育出版社，2006年。

55. 沈津《中國珍稀古籍善本書錄》，廣西師範大學出版社，2006年。

56. 沈津《書韻悠悠一脈香》，廣西師範大學出版社，2006年。

57. 鄧子勉《宋金元詞籍文獻研究》，復旦大學，2006年。

58. 周彥文《毛晉汲古閣刻書考》，臺灣花木蘭文化出版社，2006年。

59. 李國慶編著、周景良校定《荛翁藏書題跋附荛翁藏書年譜》，紫禁城出版社，2007年。

60. 黃永年《黃永年古籍序跋述論集》，中華書局，2007年。

61. 嚴紹璗《日藏漢籍善本書錄》，中華書局，2007年。

62. 顧廷龍編《章氏四當齋書目》，北京圖書館出版社，2007年。

63. 王雨《王子霖古籍版本學論文集》，上海古籍出版社，2007年。

64. 王文進著，柳向春標點《文禄堂訪書記》，上海古籍出版社，2007年；中華書局，2019年。

65. 杜澤遜《四庫存目標注》，上海古籍出版社，2007年。

66. 鄧之誠《骨董瑣記全編》，中華書局，2008年。

67. 湯蔓媛《傅斯年圖書館善本古籍題跋輯錄》，"中央研究院"歷史語言研究所，2008年。

68. 張元濟《張元濟全集》（第8、9、10卷），商務印書館，2009—2010年。

69. 傅增湘《藏園群書題記》，上海古籍出版社，2008年。

70. 《天津圖書館古籍善本書目》，北京圖書館出版社，2008年。

71. 劉中朝主編《河南省圖書館古籍善本書目》，吉林文史出版社，2009年。

72. 孟憲鈞、陳品高《紙潤墨香話古籍》，學苑出版社，2009年。

73. 陳先行、石菲《明清稿鈔校本鑒定》，上海古籍出版社，2009年。

74. 傅增湘《藏園群書經眼錄》，中華書局，2009年。

75. 〔清〕莫友芝撰，傅增湘訂補，傅熹年整理《藏園訂補邵亭知見傳本書目》，中華書局，2009年。

76. 傅增湘撰，王菡整理《藏園群書校勘跋識錄》，中華書局，2012年。

77. 陳乃乾《陳乃乾文集》，國家圖書館出版社，2009年。

78. 丁原良等編《第一屆中國古典文獻學國際學術研討會論文集》，臺灣聖環圖書股份有限公司，2010年。

79. 葉德輝撰，楊洪升點校《郋園讀書志》，上海古籍出版社，2010年。

80. 孫毓修、陸費逵等編《四部叢刊書錄》，國家圖書館出版社，2010年。

81. 魏隱儒著，李雄飛整理校訂《書林掇英》，國家圖書館出版社，2010年。

82. 張珩《張葱玉日記·詩稿》，上海書畫出版社，2011年。

83. 胡道靜《胡道靜文集》，上海人民出版社，2011年。

84. 林夕（楊成凱）《閑閑書室讀書記》，廣西師範大學出版社，2011年。

85. 沈津主編《美國哈佛大学哈佛燕京图书馆藏中文善本书志》，廣西師範大學出版社，2011年。

86. 趙萬里撰，冀淑英、張志清、劉波主編《趙萬里文集》，國家圖書館出版社、上海科學技術文獻出版社，2011—2012年。

87. 陶湘《景刊宋金元明本詞敘錄》，見《景刊宋金元明本詞》，上海古籍出版社，2012年。

88. 劉薔《天祿琳琅研究》，北京大學出版社，2012年。

89. 鄒百耐纂，石菲整理《雲間韓氏藏書題識彙錄》，上海古籍出版社，2020年。

90. 謝國楨《謝國楨全集》，北京出版社，2013年。

91. 繆荃孫著，張廷銀、朱玉麒主編《繆荃孫全集·筆記》，鳳凰出版社，2013年。

92. 《中華再造善本總目提要》唐宋編、金元編，國家圖書館出版社，2013年；明代編、清代編，2017年。

93. 傅璇琮、陳尚君、徐俊編《唐人選唐詩新編（增訂本）》，中華書局，2014年。

94. 王國維撰，王亮整理《傳書堂藏書志》，上海古籍出版社，2014年。

95. 徐乃昌撰，柳向春、南江濤整理《積學齋藏書記》，上海古籍出版社，2014年。

96. 鄧邦述撰，金曉東整理《群碧樓善本書錄·寒瘦山房鬻存善本書目》，上海古籍出版社，2014年。

97. 葉啓勛、葉啓發《二葉書錄：拾經樓紬書錄、華鄂堂讀書小識》，上海古籍出版社，2014年。

98. 朱家潛編《蕭山朱氏舊藏目錄》，故宮出版社，2014年。

99. 吳芹芳、謝泉《中國古代的藏書印》，武漢大學出版社，2015年。

100. 郭立暄《中國古籍原刻翻刻與初印後印研究》，中西書局，2015年。

101. 沈津《書海揚舲錄》，廣西師範大學出版社，2016年。

102. 劉薔《天禄琳琅知見書錄》，北京大學出版社，2017年。

103. 陳先行、郭立暄編著《上海圖書館善本題跋輯錄附版本考》，上海辭書出版社，2017年。

104. 上海圖書館編《上海圖書館藏張元濟文獻及研究》，上海古籍出版社，2017年。

105. 蘇州圖書館編著《蘇州圖書館善本題跋》，國家圖書館出版社，2017年。

106. 蘇曉君《汲古閣匯紀》，北京大學出版社，2018年。

107. 李文潔《美國芝加哥大學圖書館藏中文古籍善本書志·集部》，國家圖書館出版社，2019年。

108. 江澄波《古刻名鈔經眼錄》，北京聯合出版公司，2020年。

109. 周叔弢撰，趙嘉、王振偉標注《弢翁古書經眼錄標注》，上海古籍出版社，2021年。

110. 翁以鈞整理《常熟翁氏藏書志》，中華書局，2021年。

111. ［日］田中慶太郎《羽陵餘蟫》，龍文書局，日本昭和二十一年（1945）。

112. ［日］靜嘉堂文庫編《靜嘉堂文庫漢籍分類目錄》，1930年。

113. ［日］河田羆著，杜澤遜等點校《靜嘉堂秘籍志》，上海古籍出版社，2014年。

114. ［日］大木康《明末江南的出版文化》，上海古籍出版社，2014年。

115. ［日］三浦一郎《毛晉交遊研究》，華東師大出版社，2012年。

116. ［日］小沼勝衛等編纂《東洋文化史大系》，東京誠文堂新光社，日本昭和十四年。

三、期刊論文

1. 趙鴻謙《松軒書錄》，見《江蘇省立國學圖書館第四年刊》，1931年。
2. 王重民《辨北平圖書館善本書庫中僞書三種》，《圖書季刊》（新）第005卷004期，民國三十三年（1944）。
3. 錢大成《毛子晉年譜稿》，《國立中央圖書館館刊》第一卷第四號，1947年。
4. 趙元方《談宋紹興刻王原叔本〈杜工部集〉》，《文學遺產增刊》十三輯，1963年。
5. 孔毅《〈清史列傳．毛晉傳〉辯正》，《貴圖學刊》1987年03期。
6. 孔毅《汲古閣刻書目錄補正》，華東師範大學1988年碩士論文。
7. 孔毅《汲古閣刻書人員、組織小考》，《圖書館雜誌》1989年04期。
8. 曹之《宋代鈔書考略》，《黑龍江圖書館》1989年05期。
9. 張瑞君《〈江湖集〉〈江湖前後續集〉的刊行及江湖派的鑒定》，《文獻》1990年01期。
10. 蔣光田《汲古閣影鈔宋刻本〈石林奏議〉》，《圖書情報工作》1990年02期。
11. 趙振鐸《記汲古閣影宋鈔本〈集韻〉》，《四川大學學報（哲學社會科學版）》1993年01期。
12. 劉奉文《汲古後人毛斧季行年事跡考》，《國家圖書館學刊》1993年第Z2期。
13. 吳鷗《誠齋詩集版本述略》，《國學研究》第2卷，1994年。
14. 唱春蓮《吾衍〈閒居錄〉與〈閑中漫編〉考異》，《文獻》1996年03期。
15. 陸音《"影宋鈔本"辨析》，《江蘇圖書館學報》1998年5期。
16. 曹之《陳宅書籍鋪考略》，《圖書情報論壇》1998年05期。
17. 費君清《〈南宋群賢小集〉匯集流傳經過揭秘》，《紹興文理學院學報》1999年04期。
18. 朱恒夫《毛晉和他的出版事業》，《中國典籍與文化》2000年03期。
19. 張雁《〈絕妙好詞〉版本考》，《古籍整理研究學刊》2001年04期。
20. 曹之《毛晉刻書功過談》，《出版科學》，2001年4期。
21. 曹之《毛晉藏書考略》，《山東圖書館季刊》2002年第一期。
22. 郭國慶《〈班馬字類〉的版本源流》，《東南文化》2003年第1期。
23. 胡英《毛晉汲古閣校刻書研究——兼從〈汲古閣書跋〉數跋看毛晉刻

書的文學傾向》，廣西師範大學 2004 年碩士論文。

24. 侯璨敏《毛晉校刻書研究》，湖南師範大學 2005 年碩士論文。

25. 蘇曉君《毛晉與汲古閣刻書考略》，《中國典籍與文化》2006 年 03 期。

26. 吳永勝《季振宜藏書考》，暨南大學 2007 年碩士論文。

27. 史雲《〈花庵詞選〉版本源流考》，《江南大學學報》2008 年 06 期。

28. 楊曼《汲古閣整理詞曲文獻考》，河北大學 2008 年碩士論文。

29. 王愛亭《崑山徐氏所刻通志堂經解版本學研究》，山東大學 2009 年博士論文。

30. 毛文鼇《毛晉汲古閣藏刻書興盛緣由新探》，《常熟理工學院學報》2009 年 01 期。

31. 張倩《趙孟奎〈分門纂類唐歌詩〉版本源流考》，《中國詩歌研究》2009 年 00 期。

32. 丁延峰《〈汲古閣珍藏秘本書目〉的著錄體例及其價值述論》，《圖書館理論與實踐》，2009 年 06 期。

33. 丁延峰《藏園群書經眼錄補正續》，《圖書館雜志》2010 年第 3 期。

34. 丁延峰《汲古閣毛氏影宋鈔本〈鮑氏集〉及其價值》，《圖書館理論與實踐》2010 年 06 期。

35. 丁延峰《汲古閣毛氏刻書的輯佚貢獻述略》，，《版本目錄學研究》第 11 輯，國家圖書館出版社，2020 年。

36. 梁瑶《馬廉藏書聚散考》，《大學圖書館學報》2010 年第 3 期。

37. 康爾琴《毛氏汲古閣刻本特色及其价值考述》，《圖書館學研究》2010 年第 16 期。

38. 孫文杰《清代鈔本圖書價格與分析》，《編輯之友》2010 年第 12 期。

39. 陳心蓉、金曉東《浙江海寧蔣氏家族藏書源流考》，《圖書情報工作》2010 年第 3 期。

40. 李璿《南宋詞人趙以夫〈虛齋樂府〉版本流傳考述》，《才智》2010 年 32 期。

41. 陳佼《明代私人鈔本研究》，河南大學 2010 年碩士論文。

42. ［日］高田時雄《宋刊本〈周易集解〉的再發現》，《國際漢學研究通訊》第 2 期，中華書局，2011 年。

43. 劉暢、魏崇武《趙秉文〈閑閑老人滏水文集〉版本考》，《民俗典籍文字》第 10 輯，2012 年。

44. 趙銀芳《〈酒邊集〉兩種版本比較研究》，《圖書館界》2013 年 04 期。

45. 程傑《〈全芳備祖〉的鈔本問題》，《中國農史》2013 年第 6 期。

46. 侯印國《清怡親王府藏書考論——以新發現的〈影堂陳設書目錄〉爲中心》,《臺大文史哲學報》2014 年 5 月第 80 期。

47. 蘇曉君《日本静嘉堂所藏毛鈔本》,《中國典籍與文化》2015 年。

48. 蘇曉君《毛氏汲古閣藏書印》,《文津學志》第八輯,2015 年。

49. 陳偉文《孫從添〈上善堂宋元板精鈔舊鈔書目〉辨僞》,《古典文獻研究》第 19 輯,2016 年。

50. 徐蜀《談談古籍中影刻本與影鈔本的製作方法》,《新華書目報》,2019 年 5 月 24 日。

51. 高樹偉、張鴻鳴《德國柏林國立圖書館藏宋本〈周易集解〉新考》,《版本目錄學研究》第 12 輯,國家圖書館出版社,2020 年。

52. 張鴻鳴《汲古閣影宋鈔本〈九僧詩〉真僞考辨》,《北京大學中國古文獻研究中心集刊》第 23 輯,2021 年。

53. 丁延峰《覆寫抑或仿寫——以毛氏汲古閣影宋本爲例》,《古籍保護研究》第八輯,2021 年。又見《版本目錄學研究》,復旦大學出版社,2022 年。

54. 沈津《由稿本〈汲古閣集〉而想到影宋鈔本》,《古籍保護研究》第九輯,2022 年。

55. 陳拓《僞書背後的西學知識史:托名利瑪竇之〈理法器撮要〉考》,《國際漢學》2022 年第 1 期。

四、書影圖錄

1. 《盋山書影》,民國十八年(1929)南京江蘇省立國學圖書館影印本。
2. 北京圖書館編《中國版刻圖錄》,文物出版社,1961 年。
3. 潘承弼、顧廷龍編《明代版本圖錄初編》,文海出版社,1971 年。
4. 《"國立中央圖書館"善本題跋真跡》,"中央圖書館"編印,1982 年。
5. 黃永年、賈二強編《清代版本圖錄》,浙江人民出版社,1997 年。
6. 張玉範、沈乃文編《北京大學圖書館藏善本書錄》,北京大學出版社,1998 年。
7. 吴希賢《歷代珍稀版本經眼圖錄》,中國書店,2003 年。
8. 《嘉德十年精品錄·中國古代書畫、古籍善本卷》,文物出版社,2003 年。
9. 《海外遺珍——祁陽陳澄中藏書》,中國嘉德國際拍賣有限公司,2004 年。
10. 《大觀——宋版圖書特展》,國立故宫博物院,2006 年。
11. 中國國家圖書館、上海圖書館、中國嘉德國際拍賣有限公司編《祁陽陳澄中舊藏善本古籍圖錄》，上海古籍出版社，2006年。

12. 劉美玲編《天祿琳琅——乾隆御覽之寶》，臺北"故宮博物院"，2007年。

13. 《石禪藏書：潘重規先生藏書圖錄》，中國嘉德國際拍賣有限公司，2008年。

14. 山東省圖書館編《山東省圖書館藏珍品圖錄》，齊魯書社，2009年。

15. 周一良主編，周景良、程有慶副主編《自莊嚴堪善本書影》，國家圖書館出版社，2010年9月。

16. 李天鳴等編《文藝紹興——南宋藝術與文化特展（圖書卷）》，"國立故宮博物院"，2010年。

17. 第一至六批《國家珍貴古籍名錄圖錄》，國家圖書館出版社，2008—2020年。

18. 上海圖書館編《琅函鴻寶——上海圖書館藏宋本圖錄》，上海古籍出版社，2012年。

19. 蘇州博物館編《蘇州博物館藏古籍善本》，文物出版社，2012年。

20. 崔波、胡志榮主編《鄭州大學圖書館館藏古籍善本圖錄》，2012年。

21. 上海圖書館編《上海圖書館善本題跋真蹟》，上海辭書出版社，2013年。

22. 陳海燕主編《過雲樓藏書書目圖錄》，鳳凰出版社，2013年。

23. 臺北"國家圖書館"特藏文獻組編輯《希古右文——搶救國家珍貴古籍特選八十種圖錄》，"國家圖書館"出版中心，2013年。

24. 王世偉、陳先行編《中國古籍稿鈔校本圖錄》，上海書店出版社，2014年。

25. 《北京大學圖書館藏"大倉文庫"善本圖錄》，中華書局，2014年。

26. 國家古籍保護中心等編《册府千華——民間珍貴典籍收藏展圖錄》，國家圖書館出版社，2015年。

27. 《嘉德二十年精品錄·古籍善本卷》，故宮出版社，2014年。

28. 王雨霖《大連圖書館善本古籍藏書印鑒輯考》，廣西師範大學出版社，2017年。

29. 南京圖書館編《霞暉淵映——南京圖書館藏過雲樓珍本圖錄》，中華書局，2017年。

30. 林聖智主編《群碧樓藏書特展》，"中央研究院"歷史語言研究所，2018年。

31. 《河南省社會科學院圖書館古籍善本圖錄》，河南人民出版社，

2018 年。

32. 國家圖書館宋元善本圖錄編委會編《國家圖書館宋元善本圖錄》，浙江古籍出版社，2019 年。

33. 《中山大學圖書館古籍善本圖錄》，中華書局，2020 年。

附一　各章插圖

圖 1-1　《謝宣城詩集》，北京大學圖書館藏，《中華再造善本》影印本，《第五批國家珍貴古籍名錄》11833 號

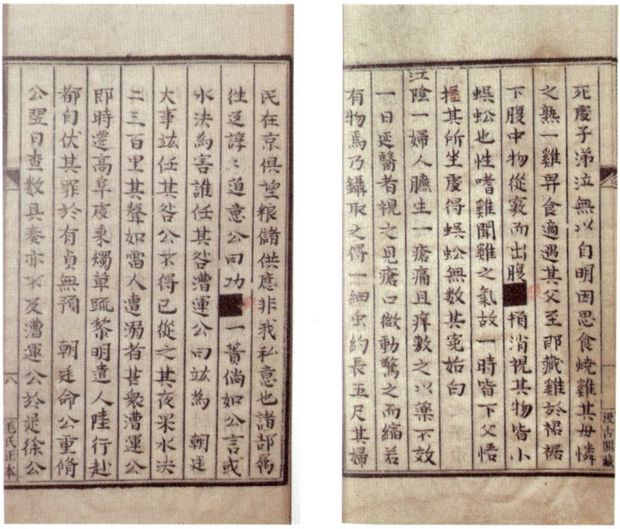

圖 2-1　《寅齋聞見》，毛鈔本，國家圖書館藏（06632）

圖 2-2 《誠齋集》，毛鈔本，上海圖書館藏，《第四批國家珍貴古籍名錄圖錄》10654 號

圖 2-3 《翠微先生南征錄》，毛鈔本，國家圖書館藏（06652）

圖 2-4 《瑟譜》，毛鈔本，見《第一批國家珍貴古籍名錄圖錄》10093 號

圖 2-5 筆船（現代仿製品）

附一　各章插圖　　383

圖 2-6　《劍南詩續稿》，毛鈔本，上海圖書館藏，《第六批國家珍貴古籍名録圖録》12767 號

圖 2-7　《契丹國志》，毛鈔本，國家圖書館藏（15136），板框係描畫而成

圖 2-8　《存悔齋詩》卷端，毛鈔本，國家圖書館藏（04281）

圖 2-9　《存悔齋詩》毛扆補鈔葉，據《天平山志》所補《登天平觀太湖次范天碧韻》一首，國家圖書館藏（04281）

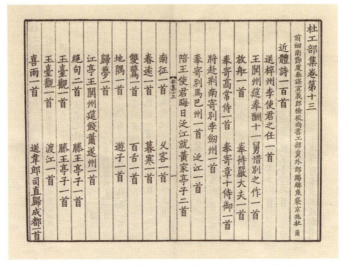

圖 2-10 《杜工部集》，毛鈔本，上海圖書館藏，《中華再造善本》影印本

圖 2-11 《孝經今文音義》，毛鈔本，蘇州圖書館藏，《第一批國家珍貴古籍名錄》01393 號

圖 2-12 《金臺集》，毛鈔本，國家圖書館藏（13323）

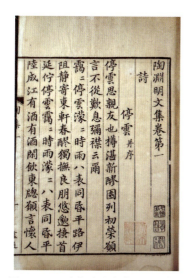

圖 2-13 《陶淵明文集》，清嘉慶十二年（1807）丹徒魯銓刻本，國家圖書館藏（XD6354）

圖 2-14 《陶淵明集》，汲古閣影宋鈔本

圖 2-15 《西崑酬唱集》，毛鈔本，國家圖書館藏（00921）

圖 2-17 《姚少監詩集》，明鈔本，國家圖書館藏（07642），毛晉跋云"印抄宋刻"

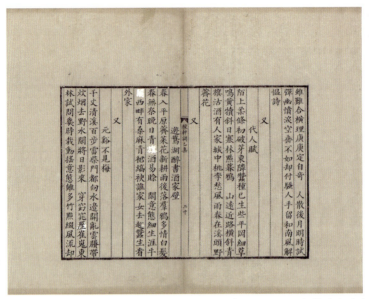

圖 2-16　《稼軒詞》，毛鈔本，國家圖書館藏（07866），白粉爲塗改處

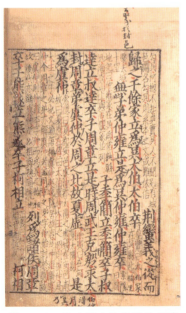

圖 2-18　日本國立民俗博物館藏
　　　　　黄善夫本《史記》

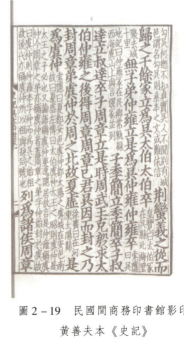

圖 2-19　民國間商務印書館影印
　　　　　黄善夫本《史記》

古文苑卷第一

文

石鼓文

避車既工避馬既同避車既好避馬既駘君子員員邋邋員斿麀鹿速速君子之求酋弓兹吕寺避敺其孫其來趩趩㚇即避即時麀鹿趍趍敺其樸來射其來亯既避其豵蜀汧殹沔沔烝烝叚淖淵鰋鯉處之君子漁之濿濿又鯊其斿趱趱帛魚皪皪其藍氏鮮黃帛其鯾又鮊又鱄其豆孔庶罟之𩫖𩫖（田若切 如大人賦）汪

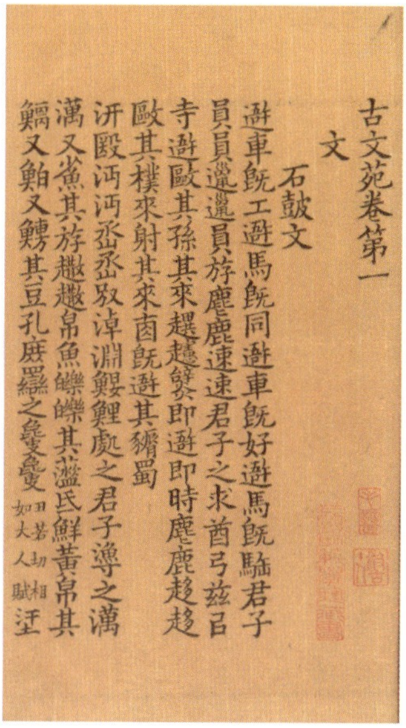

圖 2－20　《古文苑》，影宋鈔本，上海師範大學圖書館藏，《第一批國家珍貴古籍名録》01290 號

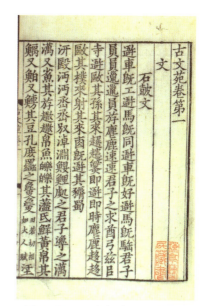

圖 2－21　《古文苑》，宋刻本，國家圖書館藏（07134），《中華再造善本》影印本

茅亭客話

味江山人

唐末蜀州青城縣味江山人唐求至性純慤篤好雅道放曠疏逸幾乎方外之士也每入市騎一青牛至暮醺酣而歸非其類不與之交或吟或詠有所得則將藁撚爲丸内於大瓢中二十餘年莫知其數亦不復吟詠其贈送寄别之詩布於人口暮年因卧病索瓢致于江中曰斯文苟不沉没于水後之人得者方知我苦心尔漂至新渠江口有識者云唐山人詩瓢也探得之已遭漂潤損壞十得其二三凡三十餘篇行於世題鄭處士隱居云聞說最清曠又來愁已空數點石泉雨一溪霜葉風業在有山處道成無事中酌盡一罇酒病夫顔亦紅贈行如上人云不知名利苦念佛老岷峨衲補雲千片香焚篆一窠戀山人事少怜客道心多日日齋鐘後高懸濾水羅題青城山范賢觀云數里緣山不猒難爲尋真訣問黃冠苔鋪翠點仙橋滑松織香

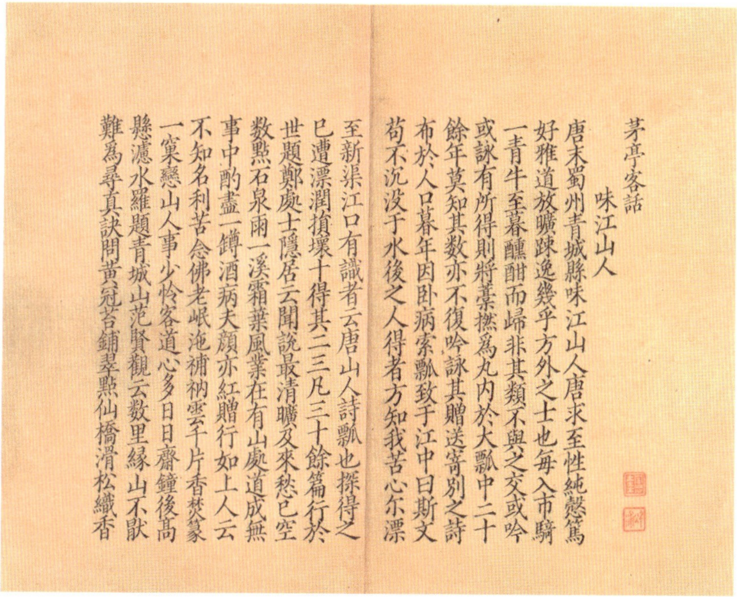

圖 2－22　《茅亭客話》，清黄丕烈影宋鈔本，有"味江山人"論唐求事一條附於宋本《唐求詩集》後。《中華再造善本》影印本

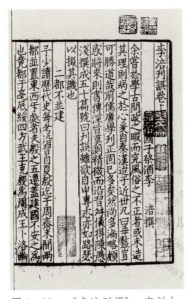

圖 2-23 《李涪刊誤》，宋刻本，臺灣傅斯年圖書館藏（A071/161）

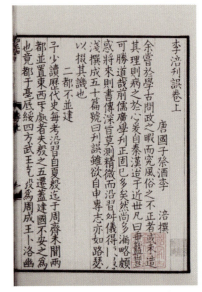

圖 2-24 《李涪刊誤》，吳慈培影鈔本，國家圖書館藏（00152）

圖 2-25 《三曆撮要》，毛鈔本，臺北"國家圖書館"藏（06264）

圖 2-26 《三曆撮要》，宋刻本，國家圖書館藏（04232），《中華再造善本》影印本

附一 各章插圖 389

圖 2-27 《歷代蒙求》，
國家圖書館藏（07568）

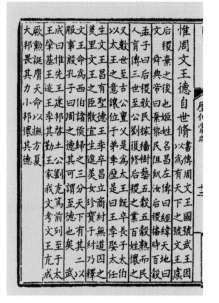

圖 2-28 《歷代蒙求》，
上海圖書館藏，《續修
四庫全書》影印本

圖 3-1 《田畝比類乘除捷法》，
毛鈔本，日本靜嘉堂文庫藏

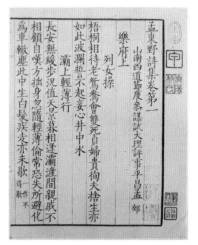

圖 3-2 《孟東野詩集》，毛鈔本，
日本靜嘉堂文庫藏

圖3-3、圖3-4　《永嘉四靈詩》，毛鈔本，日本靜嘉堂文庫藏

圖3-5　《九僧詩》，偽毛鈔本，國家圖書館藏（FGPG 79908）

圖3-6　《析城鄭氏家塾重校三禮圖》，宋刻本，毛氏汲古閣鈔配，國家圖書館藏（07277）

附一 各章插圖　391

圖 3-7　《字鑑》，僞毛鈔本，
國家圖書館藏（07983）

圖 3-8　《後漢書》，清初鈔本，
僞毛晉跋，國家圖書館藏（18136）

圖 3-9　《全芳備祖》，清初毛氏汲古閣鈔本（存疑），
上海辭書出版社圖書館藏，《第二批國家
珍貴古籍名錄》第 4904 號

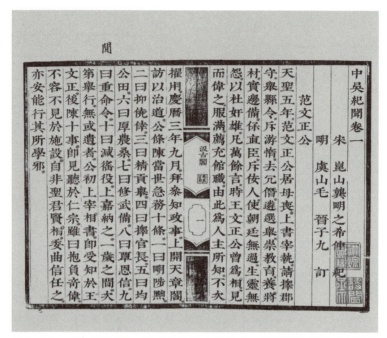

圖 3-10 《中吳紀聞》，明末毛氏汲古閣刻本，國家圖書館藏（13764）

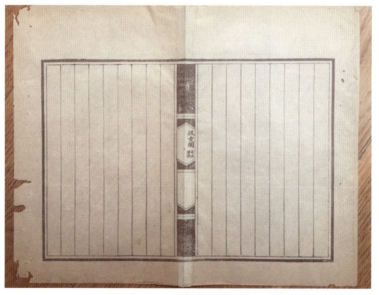

圖 3-11 "汲古閣鈔書紙"，北京德寶 2012 年 9 月夏季拍賣會上拍
（此圖承潘建國老師惠賜）

爲太陽胡名曰巨勝生上黨川澤青蘘巨勝苗也處處有之皆園圃所種苗梗如麻而葉圓銳光澤嫩時可作蔬道家多食之　廣雅

○紀要

劉晨阮肇入天台採藥失道食盡見桃實食之覺身輕行數里至溪澗持杯取水見一杯流出有胡麻飯溪邊二女子笑曰劉阮二郎捉向所失流杯來便迎歸作食既出無復相識至家子孫已七世矣　天台志

賦詠祖

五言古詩散聯

勉力向藥物曲畦聊自蒔胡麻養氣血種以督兒曹　梅聖俞

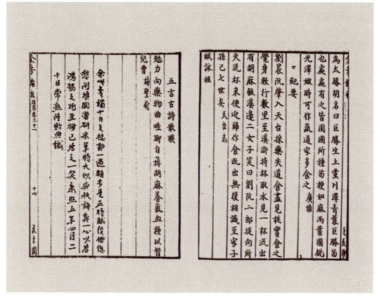

圖 3－12　《全芳備祖》，舊鈔本，臺北“國家圖書館”藏（07886）

五峰胡氏曰封建之法始於黃帝成於堯舜黃帝堯舜安天下非封建一事也然封建其大法也禹湯文武安天下亦非封建一事也然封建其大法也齊桓晉文之不王非一事也然不能封建其大失也秦二世而亡非一事也然掃滅封建其大繆也故封建也者帝王之所以順天理承天心公天下之大端大本也　毛晉

圖 3－13　《毛晉書存》，明末毛晉鈔本（存疑），《祁陽陳澄中舊藏善本古籍圖録》三七二號

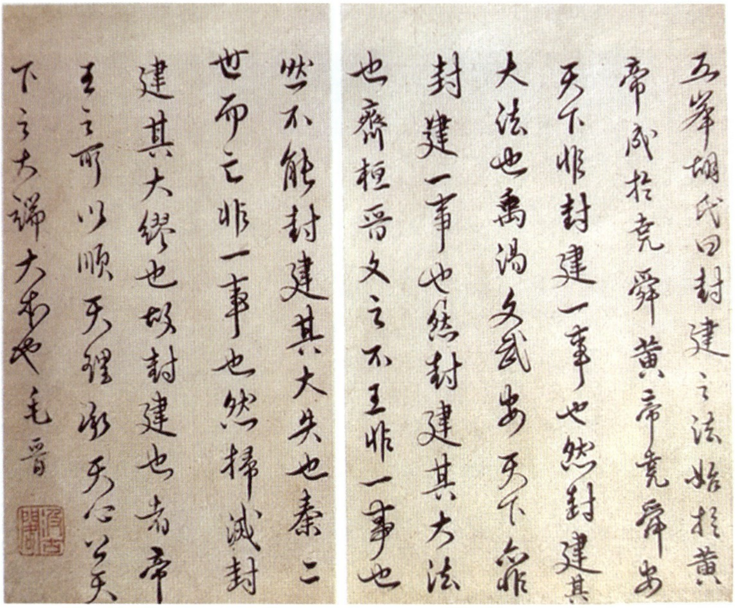

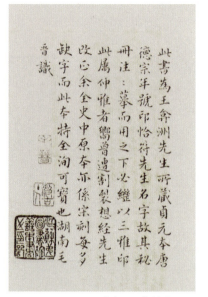

圖3-14　《清塞詩集》，毛鈔本毛晉跋，國家圖書館藏（A00537）

圖3-15　《晉書》，宋刻本毛晉跋，見《盋山書影》

圖4-1　《六藝綱目》，毛鈔本，國家圖書館藏（07997）

附一 各章插圖 395

圖 4-2 《東京夢華錄》，元刻本，國家圖書館藏，《中華再造善本》影印本

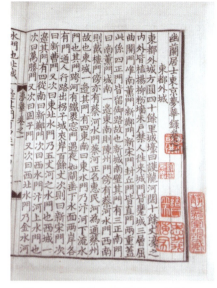

圖 4-3 《東京夢華錄》，元刻本，靜嘉堂文庫藏，日本昭和十六年（1941）靜嘉堂影印本

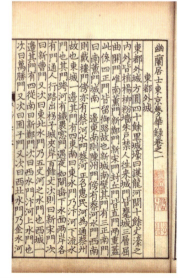

圖 4-4 《東京夢華錄》，影元鈔本，國家圖書館藏（FGPG 53715）

圖 4-5 《東京夢華錄》，毛氏汲古閣影元鈔本（僞），臺北"國家圖書館"藏

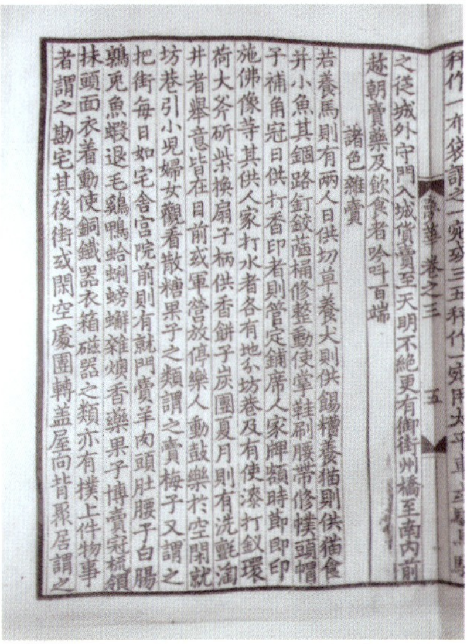

圖4-6 "諸色雜賣條"（靜嘉堂本）

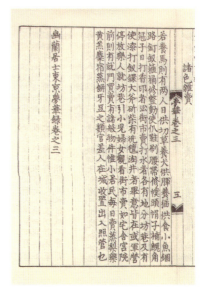

圖4-7 "諸色雜賣"條鈔配葉
（國圖藏元本）

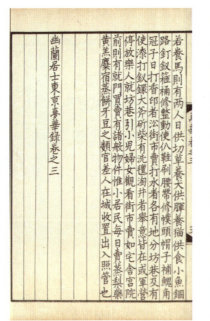

圖4-8 "諸色雜賣"條
（臺圖藏影鈔本）

圖4-9 "諸色雜賣"條
（國圖藏影鈔本）

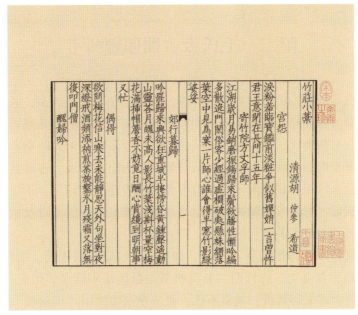

圖 4-10 《竹莊小稿》，《南宋六十家小集》毛鈔本，《中華再造善本》影印本

圖 4-11 《竹莊小稿》，《南宋群賢小集》宋刻本，臺北"國家圖書館"藏，1972 年臺北藝文印書館影印本

附二　毛氏汲古閣印鑒輯考

在珍藏的古籍上鈐蓋藏書印鑒，宣示物權，垂之久遠，並在方寸之間表情達意，使得善本佳槧朱墨相映，燦然增色，是藏書雅趣之一。早在唐代，公私藏書就已開始使用鑒藏印，宋元時期蔚然成風，下至明清，藏書家輩出，同時篆刻藝術空前發展，古籍舊本進一步受人珍視，藏書用印成爲普遍現象。古籍上的印記，不僅具有觀賞價值，對於考察藏書家的生平事跡、鑒定古籍版本以及梳理遞藏源流都助益良多。

藏書家用印習慣各有不同，如項元汴、海源閣楊氏、張蓉鏡、蔡廷鑑、袁克文、許博明、吴湖帆等，插架珍本既多，印記亦夥，藏書之上常朱跡雜沓，累累不休；而陳揆則僅使用"稽瑞樓"一方小印而已；民國間潘宗周寶禮堂先後獲得宋本百餘部，却從不在書上留下任何印記。毛氏父子頗喜鈐印，用印之多，在明清藏書家中可列前茅。傅增湘曾經眼汲古閣舊藏明嘉靖間翻刻宋淳熙三年（1176）閩山阮仲猷種德堂本《春秋經傳集解》一部，毛氏誤以爲是淳熙原刻，"鈐印至五十餘方"。① 國家圖書館藏宋紹興十八年（1148）荆湖北路安撫使司刻遞修本《建康實録》、北京大學圖書館藏南宋建刻本《史記》及日本静嘉堂文庫所藏元元統二年（1334）吴尚等刻本《禮記纂言》等汲古閣舊藏善本書上，也都有二十餘方印記，可見寶愛之至。

藏書名家都會延請篆刻高手治印，毛氏印記有些是出自明末篆刻家汪關之手。汪關，字尹子，安徽歙縣人，定居婁東（今江蘇太倉）。治印刀法工整穩實，布局匀稱圓活，深得漢印神韻。著有印譜《寶印齋印式》二卷，其中收有"子晉父"等六方毛氏印。根據現存汲古閣舊藏古籍中輯録毛氏曾用印記，總共有二百餘方，以姓名字號印爲主，軒堂齋號印及其他雅趣閒章有十幾方，應該是不同時

---

① 傅增湘《藏園群書經眼録》，第59頁。

期請不同的篆刻家所鐫，精粗不一，款式多樣。越是精槧名鈔鈐印越多，鐫刻上乘，印泥亦佳，賞心悅目。最常用的有十餘方，經常搭配使用，是追尋其藏書、鑒別其鈔本的重要標記。若某書僅鈐有"汲古閣"一印，或僅一兩方名號印，或一兩方不常用的印記，則很有作僞的嫌疑，須仔細比對。個別印章有特殊的用途。《萬卷精華樓藏書記》"《天禄琳琅書目》條"云："琴川毛晉藏書，類以甲乙爲次，是書於'宋本'印記之下，復加'甲'字印，乃宋槧之最佳者。"① 清藏書家蔣光煦《東湖叢記》卷六"藏書印記"條亦云："毛氏於宋元刊本之精者，以'宋本''元本'橢環式印別之，又以'甲'字印鈐於首。'子晉''斧季'諸名印，篆文俱極精美。"不止宋元刊本，汲古閣據宋元刊本所鈔各書也會以"甲""宋本""元本"印作區分。以印章標記古籍珍貴程度的做法，大氣別致，後世藏家紛紛仿效。毛晉又有筷子頭大小的"晉"字朱文小圓印，有時用來斷句；朱文小方印"毛晉之印"、朱文小圓印"子晉"、朱文方印"晉"曾用來選詩、選篇。

現存汲古閣舊藏及鈔本各書中，常同時鈐蓋毛氏父子名印，但並不能完全據之確定此書是經毛晉收藏而傳給其子者。據毛鈔本《西崑酬唱集》毛扆跋可知，《西崑酬唱集》毛晉生前並未寓目，而此本卷前却有其名印，當係毛扆補鈐。《文禄堂訪書記》卷三著録"清毛斧季校鈔本《南部新書》"，乃康熙三年（1664）毛扆命童子從李開先家藏本鈔録者，時毛晉已去世，而書中亦鈐有毛晉印記，亦當是毛扆補鈐。又如"汲古閣""汲古閣世寶""汲古主人""叔鄭後裔"等，有時也出現在僅有毛表、毛扆印記的古籍上。② 蓋毛晉身後，藏書印亦由諸子繼承，單憑書中的印記，不能斷定毛晉曾經收藏。

判斷一書是否汲古閣所鈔，必須從著録、鈐印、鈔書字體及水平等多方面綜合考察。影鈔本葉心下無"汲古閣"字樣，今存各影

---

① 《萬卷精華樓藏書記》卷六十七，《山右叢書初編》第十册，上海古籍出版社，2014年，第251—252頁。
② 如"汲古主人"是毛晉最常用的印記之一，清鈔本《南部新書》（國圖藏17316）毛扆跋之末却鈐有此印。

鈔本又多不見於《秘本書目》之著錄，且無鈔書題跋，毛氏諸印鑒幾乎成爲斷定其爲毛鈔本的唯一可靠的客觀依據。若僅憑影鈔之精美程度而遽定爲毛鈔，則並不完全可靠。如清初影宋鈔本《兩漢書》，傳聞爲毛鈔，影寫雖工，但無毛氏印記，李盛鐸、傅增湘皆質疑之。①

對汲古閣藏書印記的統計，前人做過不少工作。葉昌熾《藏書紀事詩》卷三"毛晉"條，葉德輝《書林清話》卷七"明毛晉汲古閣刻書之二"條，徐珂《清稗類鈔・鑒賞類五》之"毛子晉藏書於汲古閣"條，梁戰、郭群一《歷代藏書家辭典》"毛晉""毛褒""毛表""毛扆"條各著錄若干方，劉喜海舊藏清黃氏士禮居刻本《汲古閣珍藏秘本書目》一帙（國圖02843），書前釘入劉氏鈔書紙八葉（版心下有"東武劉氏味經書屋藏書"十字，框外有"燕庭校鈔"四字），摹寫毛氏父子藏書印記三十七方，其中有五六方是不常使用的，可見劉氏曾用心搜集過。②林申清《中國藏書家印鑒》《明清著名藏書家・藏書印》《明清藏書家印鑒》等書蒐集毛氏父子藏書印計七十九方。近年蘇曉君發表《毛氏汲古閣藏書印》一文，③統計毛晉名號印四十八方，毛褒十三方，毛表四十二方，毛扆十四方，毛綏福三方，毛綏和二方，毛琛十方，"汲古閣藏書印"九十二方，但僅限於文字描述，如"朱方""朱橢"之類，同名印章不易區分（汲古閣同名印相當多），真偽更未能涉及。前人所輯，難免有個別遺漏及錯誤。兹從所見古籍書影中截圖輯錄，將毛氏父子印記做一匯總整理（各印出處一般僅舉一二例；毛晉諸孫從略）。④

以下分爲四個表格：一、毛晉之印；二、毛褒之印；三、毛表之印；四、毛扆之印。其次分組輯考疑僞各印。

---

① 詳見傅增湘《藏園群書經眼錄》，第165—166頁。
② 其中"子孫世昌"一印當是華亭朱大韶印記，劉氏誤屬毛氏。
③ 蘇曉君《毛氏汲古閣藏書印》，《文津學志》第八輯，2015年，第161頁。
④ 印章尺寸並非如圖所示，俟後詳考；有些無法獲得清晰圖片，姑從略，待後訪求。

附二　毛氏汲古閣印鑒輯考　　401

一、毛晉之印

表 4-1　毛晉之印

序號	印文	印章	備註
		1. 姓名印	
1	毛		見宋刻本《晉書》，上海圖書館藏。① 鈐於卷一卷端首行版框之上。僅此一見，未見他書鈐蓋此印。
2	晉		此二印見明萬曆四十六年（1618）趙崡刻本《石墨鐫華》，國圖藏（09598）。此書輯錄陝西古刻舊碑，目錄上方有多條分別鈐有圖2、圖3及圖71"西河"三印，用以選篇。"晉"小圓印又見明正德劉成德刻本《唐王建詩集》，國圖藏（10397）。黃丕烈曾收藏毛晉、毛扆父子校本《白氏文集》，"卷中句讀有'晉'字小圓印"，② 當即此印。
3	晉		
4	晉		《周易》晉卦，用作毛晉名印。見元至元二十四年（1287）詹光祖月崖書堂刻本《黃氏補千家註紀年杜工部詩史》，國圖藏（08706）；宋嘉定五年（1212）鮮于申之蜀刻本《周易集解》，波蘭雅蓋隆大學圖書館藏。
5	毛晉		此印最常見，見宋刻本《周易》（國圖03337）等書。宋開禧元年（1205）建安劉日新宅三桂堂刻本《童溪王先生易傳》卷十四末僅鈐一"晉"字印，國圖藏（09582）。
6	毛晉		見明刻本《刊謬正俗》，國圖藏（13699），與圖48"子晉"印搭配使用。僅此一見。

① 《第二批國家珍貴古籍名錄》2696號。
② 《蕘圃藏書題識》卷七，《黃丕烈藏書題跋集》，第415頁。

續表

序號	印文	印章	備注
7	毛晉		見明末鈔本《石林居士建康集》，國圖藏（12211）。書中別無其他毛氏印記，但有季振宜題識云："康熙六年初夏，得於常熟毛氏汲古閣。"然則此印雖鐫刻殊嫌不佳，卻似非偽作。
8	毛晉印		見明鈔本《三國文章類鈔》（國圖09454）等書，不常見，有偽作之者。
9	臣晉		見宋刻元修本《說文解字》，國圖藏（09588）。
10	臣晉		見宋紹興江南東路轉運司刻宋元明初遞修本《漢書》，上海圖書館藏（863256-312）。此印少見。
11	毛晉之印		見毛鈔本《干祿字書》，國圖藏（07971），是毛氏最常用印之一。
12	毛晉之印		見毛鈔本《小學五書》，國圖藏（18142），常與圖17"毛氏子晉"搭配使用。
13	毛晉之印		見蒙古晦明軒刻本《增節標目音注精議資治通鑑》，國圖藏（08013）。

續表

序號	印文	印章	備注
14	毛晉之印		見宋刻本《梁溪先生文集》,① 上海圖書館藏（754358-77）。較少見。
15	毛晉之印		見毛鈔本《劍南詩續稿》,上海圖書館藏（T02153-54）。② 凡刻入《放翁逸稿》者,均在該詩之上鈐蓋此印,用以選篇。又見毛鈔本《誠齋集》,國圖藏（12196）,與圖50"子晉"印搭配使用。
16	毛氏子晉		見毛鈔本《瑟譜》,國圖藏（07947）,是毛氏最常用印之一。
17	毛氏子晉		見毛鈔本《小學五書》,國圖藏（18142）,常與圖12"毛晉之印"搭配使用。
18	毛氏子晉		見宋蜀刻本《杜荀鶴文集》,上海圖書館藏（828718-21）。僅此一見。
19	毛晉私印		見毛鈔本《金臺集》,國圖藏（13323）,是毛氏最常用印之一。
20	毛晉私印		見宋刻本《駱賓王文集》,國圖藏（00881）。

① 《中華再造善本》影印本。
② 《第六批國家珍貴古籍名錄》12767號。

續表

序號	印文	印章	備注
21	毛晉私印		見蒙古晦明軒刻本《增節標目音注精議資治通鑑》，國圖藏（08013）。
22	毛晉私印		見宋刻本《新刊監本冊府元龜》，國圖藏（03514）。
23	毛晉私印		見宋景定元年（1260）陳仁玉刻元明遞修本《趙清獻公文集》，國圖藏（08443）。
24	毛晉私印		見明鈔本《張光弼詩集》，國圖藏（02722），與圖60"一字子九"搭配使用。
25	虞山毛晉		見宋淳熙七年（1180）筠州公使庫蘇詡刻本《詩集傳》，國圖藏（19605）。較常用。
26	虞山毛晉		見宋贛州州學刻宋元遞修本《文選》，靜嘉堂文庫藏。較少見。
27	東吳毛晉		見宋紹興十八年（1148）荊湖北路安撫使司刻遞修本《建康實錄》，國圖藏（08028）。

續表

序號	印文	印章	備注
28	戊戌毛晉		見宋刻本《離騷集傳》，國圖藏（04290）。
29	臣毛晉印		見舊鈔本《陵陽先生詩》，臺北"國家圖書館"藏（10415）。
30	毛晉字子晉一名鳳苞字子九		此三印見宋紹興十八年（1148）荆湖北路安撫使司刻遞修本《建康實錄》，國圖藏（08028）；元元統二年（1334）吴尚等刻本《禮記纂言》，日本靜嘉堂文庫藏。圖30爲汪關所刻，見《汪關印譜》。
31	毛鳳苞		
32	毛鳳苞印		
33	毛晉一名鳳苞		見宋贛州州學刻宋元遞修本《文選》，靜嘉堂文庫藏。

續表

序號	印文	印章	備注
34	毛鳳苞印		見明正德劉成德刻本《唐王建詩集》，國圖藏（10397），與圖46"子晉"印搭配使用。
35	毛鳳苞印		見明末鈔本《詞海評林》，國圖藏（18149）。
36	毛鳳苞印		見明鈔本《姚少監詩集》，國圖藏（07642）。
37	毛鳳苞印		汪關所刻，見《汪關印譜》。暫未見用例。
38	毛鳳苞印		見明鈔本《巴西鄧先生文集》，國圖藏（04279），與圖56"子晉氏"印搭配使用。
39	一名鳳苞		見宋刻本《離騷集傳》，國圖藏（04290）。
40	鳳苞		見毛鈔本《碧雲集》，國圖藏（19919）。

續表

序號	印文	印章	備注
41	臣苞		見明鈔本《忠義集》，國圖藏（A01801）。汪關所刻，見《汪關印譜》。
		2. 字號印	
42	子晉		常用印之一。見毛鈔本《唐中興閒氣集》，國圖藏（08585）。
43	子晉		此二方皆常用印。見宋刻本《駱賓王文集》，國圖藏（00881）。
44	子晉		
45	子晉		見汲古閣刻本《臺閣集》，國圖藏（11373），此本有毛晉校，天頭詩題上方多鈐此印，蓋用以選詩。又傅增湘跋《毛晉書存》云："余家藏有《唐風集》，爲汲古閣初刻手校樣本，每詩均加'子晉'小印。"① 當即此印。

---

① 《毛晉書存》見第三章第五節74號。

續表

序號	印文	印章	備注
46	子晉		見明正德劉成德刻本《唐王建詩集》，國圖藏（10397），與圖34"毛鳳苞印"印搭配使用。
47	子晉		汪關所刻，見《汪關印譜》。
48	子晉		見明刻本《刊謬正俗》，國圖藏（13699）。與圖6"毛晉"印搭配使用。
48	子晉		見毛鈔本《存悔齋詩》，國圖藏（04281）。鈐於毛晉跋之後。
50	子晉		見毛鈔本《誠齋集》，國圖藏（12196）。
51	字子晉		
52	字子晉		此二印見蒙古晦明軒刻本《增節標目音注精議資治通鑑》，國圖藏（08013）。

續表

序號	印文	印章	備注
53	字子晉		見宋贛州州學刻宋元遞修本《文選》，靜嘉堂文庫藏。
54	字子晉		見宋景定元年（1260）陳仁玉刻元明遞修本《趙清獻公文集》，國圖藏（08443）。
55	子晉氏		此二印見蒙古晦明軒刻本《增節標目音注精議資治通鑑》，國圖藏（08013）。
56	子晉氏		
57	子晉父		汪關所刻，見《汪關印譜》。
58	子晉父		見明鈔本《姚少監詩集》，國圖藏（07642）。鈐於毛晉跋之末。
59	毛子晉印		見明吳繼良刻本《竹洲文集》，國圖藏（16552）。僅此一見。
60	一字子九		見明鈔本《張光弼詩集》，國圖藏（02722）。

續表

序號	印文	印章	備注
61	字子九		見宋刻本《離騷集傳》，國圖藏（04290）。
62	毛氏子九		見舊鈔本《南爐紀聞錄》，臺北"國家圖書館"藏（02160）。僅見於此。
63	一字潛在		見宋嘉定五年（1212）鮮于申之蜀刻本《周易集解》，波蘭雅蓋隆大學圖書館藏。僅見於此。
64	汲古主人		毛氏最常用印之一，見毛鈔本《酒邊集》（國圖08622）等書。
65	汲古主人		見蒙古晦明軒刻本《增節標目音注精議資治通鑑》，國圖藏（08013）。
66	琴雀主人		見明鈔本《碧雞漫志》，國圖藏（18097）。

續表

序號	印文	印章	備注
67	二泉主人		見宋刻本《王摩詰文集》，國圖藏（08384）。
68	隱湖		見明鈔本《姚少監詩集》，國圖藏（07642），鈐於毛晉題跋之首。
69	隱湖小隱		見明鈔本《呂和叔文集》，臺北"國家圖書館"藏（09773）。
70	隱湖書隱		見明正德劉成德刻本《唐王建詩集》，國圖藏（10397）。
71	西河		見明萬曆四十六年（1618）趙𡽁刻本《石墨鐫華》，國圖藏（09598）。
72	西河生		見明鈔本《張光弼詩集》，國圖藏（02722）。僅此一見。

續表

序號	印文	印章	備注
73	叔鄭後裔		見宋刻本《離騷集傳》，國圖藏（04290）。
74	小毛公		見明鈔本《忠義集》，國圖藏（A01801）。書中別無他人印記，僅鈐毛氏印，疑此亦爲毛氏所有。
3. 堂號印			
75	汲古閣		常用印之一。見毛鈔本《家訓》，國圖藏（07492）。
76	汲古閣		常用印之一。見毛鈔本《虛齋樂府》，國圖藏（13324）。
77	汲古閣		見明鈔本《宛丘先生文集》，上海圖書館藏（綫善786798-802）。

續表

序號	印文	印章	備註
78	汲古閣		見明鈔本《呂和叔文集》，臺北"國家圖書館"藏（09773）。
79	汲古閣		見北宋刻遞修本《漢書》，國圖藏（09592）。
80	汲古閣		見宋贛州州學刻宋元遞修本《文選》，靜嘉堂文庫藏。汪關所刻，見《汪關印譜》。
81	汲古閣		見明鈔本《玄英先生詩集》，國圖藏（A00539）。
82	汲古閣		見元刻本《禮記纂言》，日本靜嘉堂文庫藏。

續表

序號	印文	印章	備注
83	汲古閣		見南宋紹興二十八年（1158）明州刻修補本《文選》，臺北故宮博物院藏。
84	汲古閣		見明吳繼良刻本《竹洲文集》，國圖藏（16552）。
85	汲古閣印		見宋王叔邊刻本《後漢書》，國圖藏（00846）。
86	載德堂		見毛鈔本《集韻》，天一閣博物館藏（善0400）。
87	弦歌艸堂		見宋刻宋元遞修本《沖虛至德真經》，國圖藏（09617）。
88	續古艸廬		見明鈔本《張光弼詩集》，國圖藏（02722）。

續表

序號	印文	印章	備註
4. 鑒藏印			
89	甲		三印皆汲古閣常用印。見毛鈔本《三經音義》，蘇州圖書館藏。三印聯用者僅此一見，一般僅"甲""宋本"或"宋本""希世之珍"兩印聯用而已。 清初席氏釀華草堂影宋鈔本《五經文字》（國圖07973）鈐有"希世之珍"印，爲席鑑所有，與毛氏印一模一樣，疑得自毛家。
90	希世之珍		
91	宋本		
附	宋本 甲		宋元善本中此印數見，常鈐蓋於古籍首卷卷端第一行上欄外，與毛氏習慣鈐蓋於版框右側不同，字形也略有不同。此印最常與汪士鐘諸印同時出現，但在宋嘉泰四年（1204）江右計臺本《春秋繁露》（國圖12348）、宋紹興刻本《廣韻》（國圖11277）、宋書棚本《李群玉詩集》（傅斯年圖書館藏）、宋書棚本《碧雲集》（傅斯年圖書館藏）等書上，却與泰興季振宜諸印同時出現，而別無汪氏印鑑。《群碧樓藏書特展》圖録即認爲係季氏印。① 在個別書上鈐蓋在卷端首行標題之下，或標題右側框外，剞劂不正，不似行家裏手所爲。疑各本皆係後人補鈐，印主不詳。《春秋繁露》爲天禄琳琅舊藏，《天禄琳琅書目後編》云："曾藏皇甫沖、毛晉、徐乾學、季

---

① 林聖智主編《群碧樓藏書特展》圖録，"中研院"歷史語言研究所，2018年，第22頁。

續表

序號	印文	印章	備注
			振宜家。"① 蓋即以此印爲毛晉所有，恐非。又見於宋孝宗乾道間建陽刻本《周易》（國圖03337），與毛氏"甲"字印相連，而無毛氏常用的"宋本"印，頗爲奇怪。此外又見於宋刻本《監本纂圖重言重意互注點校毛詩》（國圖07916）、元刻本《周禮》（國圖07923）、宋淳熙四年（1177）撫州公使庫刻本《禮記》（國圖00843）、宋蜀大字本《周禮》（日本静嘉堂文庫藏）等書。
92	元本		汲古閣常用印。常與"甲"或"希世之珍"聯用。三印聯用者，僅見於《天下同文前甲集》，臺北"國家圖書館"藏（14246）。
93	元本		見毛鈔本《碧雲集》，國圖藏（19919）。不常見。又見於明鈔本《增廣音註唐郢州刺史丁卯詩集》（國圖藏12284）、元至正二十年（1361）屏山書院刻本《方是閒居士小稿》（上海圖書館藏，綫善828956-57）、元刻本《韓魯齊三家詩考》（國圖00854），疑係毛晉早年所用。
94	海虞毛晉子晉圖書記		常用印之一。見明嘉靖三十七年（1558）楊氏七檜山房鈔本《珩璜新論》，國圖藏（06903）。

① 《天禄琳琅書目後編》，第433頁。

續表

序號	印文	印章	備註
95	毛晉祕匧		常用印之一。見北宋刻遞修本《漢書》，國圖藏（09592）。王文進《明毛氏寫本書目》云有"子晉秘本"印，當即此印，誤"祕匧"作"秘本"。
96	子晉書印		常用印之一。見明末鈔本《稽神録》，國圖藏（08280）。
97	虞山汲古閣毛子晉圖書		見明成化七年至十六年（1471—1480）朱英刻本《宋史》，北京師範大學圖書館藏（善992.5101/301-04）。此印真跡稀見。
98	東吳毛氏圖書		常用印之一。見明東吳徐氏鈔本《北堂書鈔》，國圖藏（12858）。

續表

序號	印文	印章	備注
附	東吳毛氏圖書		此爲清初人毛文蔚（字仲章）之印。《雲間韓氏藏書題識彙録》集類載《李群玉詩集》等明影宋鈔本十餘部，① 皆鈐有"東吳毛氏圖書""毛仲章氏""玉室圖書""玉瑞花仙"等印，而别無汲古閣印記，知此"東吳毛氏圖書"並非毛扆所有。 此數印又見明鈔本《姚少監詩集》，國圖藏（07642）。書末有毛扆跋云："迨崇禎壬午（1642）秋，忽從錫籠中獲此本，凡十卷，蓋吾宗圖記，印鈔宋刻。"所謂"蓋吾宗圖記"即鈐蓋此數方印，毛扆稱毛文蔚爲同宗。此"東吳毛氏圖書"與毛扆所用者極相似。毛扆此印角上有缺口，是與毛文蔚印及其他僞印的明顯區别。頗疑是毛文蔚之印爲毛扆所得，刻意殘邊，充作己用。
99	毛氏圖史子孫永保之		見毛鈔本《集韻》，天一閣博物館藏。
100	毛姓祕翫		見宋紹興淮南路轉運司刻宋元明初遞修本《史記》，國圖藏（08654）。

---

① 鄒百耐《雲間韓氏藏書題識彙録》，第139—141頁。

續表

序號	印文	印章	備注
101	毛氏藏書子孫所寶		常用印之一。見明鈔本《忠義集》,國圖藏(A01801)。
102	毛氏正本		見明正德劉成德刻本《唐王建詩集》,國圖藏(10397)。
103	琴川毛氏珍藏		見元至元二十四年(1287)詹光祖月崖書堂刻本《黃氏補千家註紀年杜工部詩史》,國圖藏(08706)。
104	虞先毛氏珍藏圖書		見明吳繼良刻本《竹洲文集》,國圖藏(16552)。

續表

序號	印文	印章	備注
105	毛氏收藏子孫永保		宋乾道三年（1167）紹興府刻宋元明遞修本《論衡》，國圖藏（06897）。
106	虞山毛氏汲古閣收藏		見宋刻本《荀子》，國圖藏（07891）。此印後當傳予毛表。
107	汲古閣藏書圖記		見明鈔本《三國志》，國圖藏（11281）。
108	汲古閣藏書記		見宋刻本《晉書》，上海圖書館藏。
109	汲古閣藏		見明末鈔本《詞海評林》，國圖藏（18149）。

續表

序號	印文	印章	備注
110	汲古閣藏		此二印見宋贛州州學刻宋元遞修本《文選》，靜嘉堂文庫藏。
111	汲古閣世寶		
112	汲古閣鑒定本		見元至正元年（1341）集慶路儒學刻本《樂府詩集》，國圖藏（07138）。
113	汲古閣主人正本		見明鈔本《巴西鄧先生文集》，國圖藏（04279）。
114	汲古得脩綆		此印爲汲古閣最常用印之一。取自唐韓愈詩句"歸愚識夷塗，汲古得脩綆"（《秋懷》之五），有"整齊舊聞汲放失"之意。"汲古閣"亦得名於此。見於宋刻本《大易集義》（國圖12387）等書。

續表

序號	印文	印章	備註
附	汲古得修綆		此爲汪士鐘印記，易被誤認爲是毛氏印。見於元刻明修本《監本附釋音春秋公羊注疏》（國圖03289）、元至順間刻本《運使復齋郭公言行錄》（國圖03754）、元鈔本《簡齋詩外集》（國圖08471）等，《國家圖書館宋元善本圖錄》據此印稱《公羊》《運使》兩本"曾爲明末毛氏汲古閣舊藏"，① 非是。
115	在在處處有神物護持		此印較常用，見北宋刻本《漢書》（國圖09592）等書。
116	審定真蹟		見明嘉靖四十三年（1564）錢穀鈔本《南唐書》，國圖藏（07425）。羅振常《善本書所見錄》卷二著錄此本，誤作"審定真本"。②
117	審定真蹟		見宋紹興淮南路轉運司刻宋元明初遞修本《史記》，國圖藏（08654）。

---

① 《國家圖書館宋元善本圖錄》第2冊，第708頁、第6冊，第2644頁。
② 羅振常《善本書所見錄》，第55頁。

續表

序號	印文	印章	備注
118	子子孫孫永寶		此二印見宋刻本《王摩詰文集》，國圖藏（08384）；毛鈔本《集韻》，天一閣博物館藏。
119	子孫寶之		
120	鬻及借人爲不孝		見宋贛州州學刻宋元遞修本《文選》，靜嘉堂文庫藏。
121	趙文敏公書卷末云吾家業儒辛勤置書以遺子孫其志何如後人不讀將至于鬻頹其家聲不如禽犢苟歸他室當念斯言取非其有尤寧舍旃		見毛鈔本《酒邊集》，國圖藏（08622）。"尤寧舍旃"，"尤"字或釋爲"無"，或釋爲"毋""无"，皆非。

續表

序號	印文	印章	備註
122	毛子九讀書記		見毛鈔本《誠齋集》,國圖藏(12196)。
123	毛子晉讀書記		見明末毛氏汲古閣刻《唐人八家詩》本《李文山文集》,國圖藏(11383)。
124	毛子晉讀書記		見舊鈔本《陵陽先生詩》,臺北"國家圖書館"藏(10415)。
125	寶晉		見毛鈔本《存悔齋詩》,國圖藏(04281)。
5. 閒章及其他			
126	開卷一樂		常用印之一。見明鈔本《倪雲林先生詩集》,國圖藏(08544)。

續表

序號	印文	印章	備注
附	開卷一樂		此爲汪士鐘印記，易被誤認爲是毛氏印。見於宋刻本《張先生校正楊寶學易傳》（國圖06675），《國家圖書館宋元善本圖錄》稱"明萬曆進士馮夢禎舊藏，明末爲毛氏所得。清代經汪士鋐、汪文琛、汪士鐘父子、瞿氏遞藏"，① 實非，此書毛氏不曾收藏。又見於宋紹興四年（1134）刻本《吳郡圖經續記》，臺北"國家圖書館"藏（03243）。
127	筆研精良人生一樂		常用印之一。見毛鈔本《絶妙好詞》，國圖藏（12276）。
128	仲雕故國人家		此二印見明鈔本《新編醉翁談録》，國圖藏（10395）。
129	半在魚家半在農		

① 《國家圖書館宋元善本圖録》第1册，第133頁。

續表

序號	印文	印章	備注
130	傳詩家學		見元至正七年（1347）建安書林劉錦文刻本《詩經疑問》，國圖藏（06687）。
131	書香千載		見元刻本《梨園按試樂府新聲》，國圖藏（07179）。
附	書香千載		此爲席鑑之印，見宋刻本《重雕改正湘山野録》（國圖08693），與毛氏印有細微差別。
132	繁花塢		此二印見宋乾道三年（1167）紹興府刻宋元明遞修本《論衡》，國圖藏（06897）。
133	聽松風處		
134	卓爲霜下傑		見毛鈔本《宋氏閨房譜》，國圖藏（12098）。

續表

序號	印文	印章	備註
135	進德修業		見毛鈔本《小學五書》，國圖藏（18142）。
136	毛晉		汲古閣"刻印上版"之印。見明萬曆四十六年（1618）毛氏綠君亭刻本《屈子》，國圖藏（15515）。印於卷末綠君亭主人（毛晉）跋後。
137	子晉父		
138	汲古閣		此二印見明末汲古閣刻本《松陵集》，國圖藏（16759）。常鈐於汲古閣刻本之書名頁，當是申明刻書版權之用。
139	毛氏正本		
140	汲古閣		此二印見毛氏汲古閣刻本《宋名家詞》①，鈐蓋於書名頁上，亦用來申明刻書版權。"汲古閣"一印又見於宋刻本《國語補音》，臺北故宮博物院藏（贈善003123-003125）。
141	毛氏正本		

---

① 天津圖書館藏，書影見《天津圖書館古籍善本圖錄·定級圖錄》圖版599。

續表

序號	印文	印章	備注
142	七星橋		轉引自林申清《中國藏書家印鑒》，① 未見用例，暫附於此。

此外，王文進云宋乾道刻本《史記》有"會稽毛鳳苞"印，②今國圖所藏宋乾道七年（1171）蔡夢弼東塾刻本《史記》爲汲古閣舊藏，檢書中未見此印。

傅增湘《藏園群書經眼錄》載明翻宋本《春秋經傳集解》有"汲古閣書印（朱長方）"，③ 此書不詳今藏何處。王國維《傳書堂藏書志》卷二載明鈔本《春秋左氏傳事類始末》有"虞山毛氏汲古閣""查氏真賞圖書"二印，④ 此本亦不知今藏何處。皆待訪求。

二、毛褒之印

表 4-2　毛褒之印

序號	印文	印章	備注
1	毛褒字華伯號質庵		此三印見宋乾道四年（1168）隆興府刻慶元五年（1199）黄汝嘉重修本《春秋傳》，北京大學圖書館藏。⑤
2	毛褒之印		

---

① 林申清《中國藏書家印鑒》，第 58 頁。
② 王文進《文禄堂訪書記》，第 69 頁。
③ 《藏園群書經眼錄》，第 59 頁。
④ 王國維《傳書堂藏書志》，第 203 頁。
⑤ 《中華再造善本》影印本。

續表

序號	印文	印章	備注
3	華伯氏		
4	毛襃		
5	華伯		圖4、圖5二印見宋開禧元年（1205）建安劉日新宅三桂堂刻本《童溪王先生易傳》，國圖藏（09582）。 此三印又見明成化八年（1472）李果刻本《事物紀原集類》，國圖藏（08286）。
6	叔鄭後人		
7	毛表華伯		
8	華白		此三印見宋淳熙三年（1176）張杅桐川郡齋刻八年耿秉重修本《史記》，國圖藏（07998）。
9	臣襃		

續表

序號	印文	印章	備註
10	毛褒印信		此二印見舊鈔本《文房四譜》，臺北"國家圖書館"藏（06827）。他處未見。
11	華伯		

三、毛表之印

毛表頗喜在藏書上鈐印，其印記絶大多數爲名號印，僅有個別閒章，兹不再分類。

表4-3　毛表之印

序號	印文	印章	備註
1	毛表		此二印見元刻本《禮記纂言》，日本静嘉堂文庫藏。
2	毛表		
3	毛表		此二印見南宋紹興二十八年（1158）明州刻修補本《文選》，臺北故宫博物院藏。
4	毛表		

續表

序號	印文	印章	備註
5	毛表之印		
6	毛表之印		圖5—圖10見元刻本《禮記纂言》，日本靜嘉堂文庫藏。
7	毛表之印		
8	毛表之印		
9	毛表之印		
10	毛表之印		
11	毛表之印		見宋紹興淮南路轉運司刻宋元明初遞修本《史記》，國圖藏（08654）。
12	毛表之印		見宋紹興十八年（1148）荆湖北路安撫使司刻遞修本《建康實錄》，國圖藏（08028）。

續表

序號	印文	印章	備注
13	毛表之印		見明萬曆四十六年（1618）毛氏緑君亭刻本《屈子》，國圖藏（15515）。
14	毛表私印		見元刻本《禮記纂言》，日本静嘉堂文庫藏。
15	毛表私印		見宋紹興淮南路轉運司刻宋元明初遞修本《史記》，國圖藏（08654）。
16	東吴毛表		此二印見元刻本《禮記纂言》，日本静嘉堂文庫藏。
17	東吴毛表圖書		
18	奏末		
19	奏末		圖18—圖21見元刻本《禮記纂言》，日本静嘉堂文庫藏。
20	奏末		

續表

序號	印文	印章	備注
21	奏未		
22	奏未		此二印見南宋紹興二十八年（1158）明州刻修補本《文選》，臺北故宮博物院藏。
23	奏未		
24	奏未		圖24—圖26見宋紹興淮南路轉運司刻宋元明初遞修本《史記》，國圖藏（08654）。
25	奏叔		
26	奏未氏		
27	奏未氏		見宋紹興十八年（1148）荊湖北路安撫使司刻遞修本《建康實錄》，國圖藏（08028）。
28	字奏叔		此二印見元刻本《禮記纂言》，日本靜嘉堂文庫藏。
29	字奏叔		

續表

序號	印文	印章	備註
30	字奏未		見南宋紹興二十八年（1158）明州刻修補本《文選》，臺北故宮博物院藏。
31	毛表奏叔		此二印見元刻本《禮記纂言》，日本靜嘉堂文庫藏。
32	毛奏叔氏		
33	毛氏奏未		圖33—圖35 見宋紹興淮南路轉運司刻宋元明初遞修本《史記》，國圖藏（08654）。
34	毛表奏未		
35	奏未父		
36	毛奏叔		見元至順間刻本《永類鈐方》，上海圖書館藏。

續表

序號	印文	印章	備注
37	虞山毛表奏叔家圖書		圖37—圖43 見元刻本《禮記纂言》，日本静嘉堂文庫藏。
38	中吳毛奏叔收藏書畫印		
39	海虞毛表奏叔圖書記		
40	古虞毛氏奏叔圖書記		
41	毛奏叔讀書記		

續表

序號	印文	印章	備註
42	叔鄭後裔		
43	毛表印信		
44	毛表印信		
45	隱湖毛表圖書		圖44—圖47見宋紹興淮南路轉運司刻宋元明初遞修本《史記》，國圖藏（08654）。
46	毛表藏書		
47	毛表鑒定		

附二　毛氏汲古閣印鑒輯考　437

續表

序號	印文	印章	備注
48	臣表		此二印見宋紹興十八年（1148）荊湖北路安撫使司刻遞修本《建康實録》，國圖藏（08028）。
49	毛奏朱收藏記		
50	隱湖毛表奏叔		圖50—圖52見南宋紹興二十八年（1158）明州刻修補本《文選》，臺北"故宫博物院"藏。
51	臣表		
52	朱子		
53	汲古閣		此二印見宋紹興淮南路轉運司刻宋元明初遞修本《史記》，國圖藏（08654）。
54	汲古閣世寶		

續表

序號	印文	印章	備注
55	汲古閣		此二印見蒙古晦明軒刻本《增節標目音註精議資治通鑑》，國圖藏（08013）。
56	汲古閣圖書記		
57	汲古后人		見元至順二年（1331）刻本《永類鈐方》，上海圖書館藏，《中華再造善本》影印。
58	人生行樂爾		見南宋紹興二十八年（1158）明州刻修補本《文選》，臺北故宮博物院藏。
59	別號正庵		見宋紹興三十一年（1161）建陽崇化書坊陳八郎宅刻本《文選》，臺北"國家圖書館"藏（13573）。
60	毛氏藏書		見明萬曆四十六年（1618）毛氏綠君亭刻本《屈子》，國圖藏（15515）。

此外,《四庫全書總目》卷一四八著錄內府藏本《楚辭補注》十七卷,提要云:"此本每卷之末,有'汲古后人毛表字奏叔依古本是正'印記。"① 《天禄琳琅書目後編》卷六著錄一帙,無此印記,提要所云內府藏本不知仍存世與否。

四、毛扆之印

表 4-4　毛扆之印

序號	印文	印章	備註
1	毛扆之印		此二印是毛扆最常用的印記,存世毛扆舊藏各書大多鈐有此二印。見毛鈔本《稼軒詞》(國圖 07866)等書。
2	斧季		
3	毛扆印		此二印見清初鈔本《永嘉四靈詩》,國圖藏(03738)。搭配使用。
4	斧季		
5	毛扆		見宋刻本《史記》,北京大學圖書館藏。頗稀見。
6	毛扆之印		見宋元明刻元明遞修本《附釋音春秋左傳注疏》,國家博物館藏。

---

① 《四庫全書總目》,第 1268 頁。

續表

序號	印文	印章	備注
7	扆印		此二印見明末鈔本《詞海評林》，國圖藏（18149）。
8	汲古閣		
9	海虞毛扆斧季圖書記		見清初鈔本《永嘉四靈詩》，國圖藏（03738）。
10	虞山毛扆手校		見明末毛氏汲古閣刻本《洛陽伽藍記》，國圖藏（02738）。凡毛扆曾經校勘之書常鈐此印。
11	毛扆		圖11—圖17 此七印見宋王叔邊刻本《後漢書》，國圖藏（00846）。圖11、圖12搭配使用，圖13、圖14搭配使用。
12	斧季		

附二　毛氏汲古閣印鑒輯考　　441

續表

序號	印文	印章	備注
13	毛扆之印		
14	斧季		
15	毛斧季收藏印		
16	汲古閣		
17	中吳毛斧季圖書記		

续表

序號	印文	印章	備註
18	西河季子之印		見毛鈔本《分門纂類唐歌詩》，國圖藏（08590）。
19	叔鄭後人		見宋刻本《育德堂奏議》，國圖藏（01049）。
20	在水一方		見毛鈔本《三經音義》，蘇州圖書館藏。鈐於毛扆跋之首。
21	毛扆之印		此二印轉引自林申清《明清藏書家印鑑》，① 未見用例，附此待訪。
22	毛斧季氏		

此外，臺北"國家圖書館"藏宋刊本《育德堂外制》（10557）鈐有"毛扆字斧季別號省庵"白文方印，附此待訪。

---

① 《明清藏書家印鑑》，第28頁。

五、疑偽印

古籍舊本一經名家收藏，身價倍增。偽造印記，冒充名家舊物以牟利，是坊賈最常用的手段。唐弢回憶："一九四五、四八年間，一部極普通的明刻，如果有個'陶陶室'鈐記，幾行'復翁'題跋，要價馬上高到黃金幾十兩"，"北京琉璃廠的舊書鋪里，過去哪家沒有幾顆名收藏家、名校勘家的印章的仿製品呢？"① 在琉璃廠經營書肆多年的雷夢水有《記書估古書作偽》一文，所舉作偽方法之一即"仿刻和盜用名人藏章"："如會文齋主人何厚甫先生以壽山石曾仿刻明毛氏汲古閣常用各種藏章十餘方，其他尚有清季滄葦、黃丕烈、汪士鐘、顧廣圻、劉喜海等名人藏書章數十方，以備平日遇有善本或舊鈔本即鈐一印章。印色則以乾隆舊色。其作偽法，即取薄棉紙（即河南棉）包以香灰敷於章上，隔日印色即顯之更舊，出售時則價增數倍。"② 陳乃乾回憶，上海陳立炎開設古書流通處，"嘗偽刻抱經樓等藏印，且僱鈔胥三人，每日以舊棉紙桃花紙等傳鈔各書，鈐印其上，悉售善價。其所影印毛鈔本《宋人小集》，後另附八種所謂知不足齋鈔本者，即鈔胥從讀畫齋刻本傳鈔之贋本也。其底本亦爲某藏書家購去。《緣督廬日記》嘗言及其書，而未能辨白，亦可見作偽手段之高妙矣。各書店之嘗造偽鈔本及擁有偽藏書印者甚多，余不願發其覆"。③ 沈津也曾説："一般來説，越是著名收藏家的印，越是有人要仿刻。就像明毛晉的'汲古閣''汲古得脩綆''毛晉'等，清黃丕烈的'士禮居''百宋一廛''蕘圃''復翁'等印，也不知爲書估們摹刻多少次了。書上的鈐印，作偽者所掌握的名家收藏印根本不真，都是仿刻的，解放前，蘇州專門經營古舊書的文學山房江杏溪、杭州抱經堂朱遂翔等都是專門偽造名人藏書印的老手，假印一抽斗，都是數十方以上，什麼惠定宇、顧廣圻、莫友芝等等應有盡有，想用誰的就順手鈐上。潘師景鄭先生曾告訴

---

① 唐弢《藏書家》，見唐弢《晦庵書話》，第481頁。
② 雷夢水《記書估古書作偽》，《書林瑣記》，第115頁。
③ 陳乃乾《海上書林夢憶錄》，《陳乃乾文集》，第14頁。

我，這些都是他親眼所見。"① 這是民國時期北平、上海、蘇杭等地古舊書店的普遍情況。上推至清代，《天祿琳琅書目》中就曾指出多部書上的書估偽造藏書印，②作偽歷史亦可謂源遠流長。

　　汲古閣藏書之富、鈔書之精名滿天下，時代又較早，故而汲古閣毛氏也是被偽造藏印最多的名家。用舊紙鈔書鈐蓋偽印，冒充毛鈔本或明鈔本，在當時可以獲取厚利，時過境遷之後，有些至今仍在混淆視聽；有些書本身原是極好的本子（如明鈔本《翰苑群書》），仍被鈐蓋偽印，可見坊估之無識。版本目錄學著作中對汲古偽印已多有揭示。如《四庫全書總目》卷一七四著錄《斜川集》，提要指出："此集乃近時坊閒所刊，其本但有邊闌，而不界每行之烏絲。此本染紙作古色，每頁補畫烏絲，而偽鎸'虞山汲古閣毛子晉圖書'一印，印於卷末，蓋欲以宋版炫俗。"③清李希聖《雁影齋題跋》卷四著錄影鈔本《朝野僉載》十卷，"有'士禮居藏'及'黃丕烈''復翁'等印，其'甲'字、'毛晉私印''汲古主人'諸印，則書賈所偽造也。"④陳乃乾《善本書經眼錄》載《上海縣志》八卷，有"汲古閣"朱方偽印。⑤傅增湘曾收得清影寫洪武刊本《蛻庵詩集》，謂"卷首毛氏一印爲市估所加"。⑥趙萬里致夏承燾信中曾云："謂影宋鈔本《白石詩集》實出清初人，近人鈐以汲古閣藏印，以充毛鈔，實非是。"⑦美國國會圖書館藏有清曹炎鈔本《南部新書》，有"毛扆之印""斧季""錢謙益印"三印，王重民懷疑是書估偽作。⑧沈津《藏書印及藏書印的鑒定》一文指出："中山大學圖書館藏清鈔本《遵巖先生文集》四十一卷，第一冊上僅有'秀水莊氏蘭味軒收藏印'一方，從第二冊開始，即卷四到四十一卷，每冊都鈐有'汲古閣'印，偽印也，甚粗糙。又見有《節孝先生文

---

① 沈津《説藏書印的鑒定》，見"書叢老蠹魚"博客。
② 詳參吳芹芳、謝泉《中國古代的藏書印》，第230頁。
③ 《四庫全書總目》，第1539頁。
④ 李希聖《雁影齋題跋》，上海古籍出版社，2009年，第374頁。
⑤ 陳乃乾《陳乃乾文集》，第413頁。
⑥ 傅增湘《藏園群書題記》，第813頁。
⑦ 夏承燾《天風閣學詞日記》1955年2月12日，《夏承燾集》第7冊，第441頁。
⑧ 王重民《中國善本書提要》，第117頁。

集》三十卷,宋徐積撰,明刻本。此本有'子晉''汲古主人'兩印,皆僞。原著録爲元大德十年修刻本。此本目録末之次頁後,有割裂,補以它紙,割裂處應爲牌記或記載此本刊刻之年之依據。還見過一部清鈔本《內閣藏書目録》八卷,上面的毛晉印也是假的。"① 沈氏《關於版本鑒定的幾個問題》也曾指出:"封建時代的藏書家,尤其是明清兩代,都非常喜歡鈔書,以補已缺,或是從別人處借來手鈔,或僱人代鈔。像明代的姚咨茶夢齋,范大澈臥雲山房,楊夢羽七檜山房,清代的黃丕烈士禮居,汪閬源藝芸書舍等都是鈔書中之著名者。而明清兩代最著名的是明末常熟毛晉汲古閣鈔本。正因爲毛鈔太著名了,所以清代和解放前的書賈也在這方面下了功夫,他們利用舊紙鈔書,鈐上僞印,由於手段較高明,有的確實欺騙了不少藏書家。這次南片巡檢中,在中南區也發現了僞造的毛鈔。又如宋米芾撰的《寶晉山林集拾遺》八卷四册,潘氏《滂喜齋藏書記》卷三著録,書中多毛晉、席鑑、惠棟藏印,此書在上圖曾作爲毛氏汲古閣鈔本而進入善本,這次校片時和其他毛鈔比對,則發現圖章從頭到尾都是假的。"② 國家圖書館近年編纂出版《國家圖書館宋元善本圖録》,詳載藏書印記,指出疑僞印頗多,這都是趙萬里、冀淑英以及國圖其他前輩館員們的鑒定成果。茲將所知所見汲古閣疑僞印記作一匯總整理,計有一百八十餘方,其數量之多,稱得上是蔚爲大觀,在明清名家僞印中恐無出其右者。很多書之所以定爲清初鈔本、明鈔本或毛鈔本,是因爲其上鈐有汲古閣印記,若其印不真,則鈔本之時代宜再做查考,很有可能是清代甚至民國時期僞造的。

---

① 沈津《書海揚舲録》,第 216 頁。
② 沈津《書韻悠悠一脈香》,第 136 頁。

表 4–5　毛氏汲古閣僞印表

序號	印文	印章	備注
1	宋本		圖1—圖4 四方印見元至正七年（1347）福州路儒學刻明修本《禮書》，國圖藏（00860），《國家圖書館宋元善本圖錄》謂"疑僞"。① 又見明抄本《翰苑群書》，國圖藏（10083）。又見宋淳熙紹熙間福建刻遞修本《晦庵朱先生大全文集》，臺北故宮博物院藏（贈善003366-003377），四僞印僅鈐於目錄首葉。《晦庵朱先生大全文集》爲内府舊藏，《天禄琳琅書目後編》卷七著録，云常熟毛氏藏，② 可知這是至遲在乾隆末年出現的僞印。 圖4 又見清抄本《松陵集》，國圖藏（05958）。民國二十年（1931）武進陶湘據以覆刻行世，稱之爲毛抄本，實非。僅《松陵集序》首葉鈐有此印，書中亦未見其他毛氏印記。
2	甲		
3	汲古主人		
4	毛晉		
5	毛晉之印		圖5—圖8 四方印見元刻本《四書通證》，國圖藏（10504），《國家圖書館宋元善本圖錄》謂"疑僞"。③
6	毛氏子晉		

---

① 《國家圖書館宋元善本圖錄》第2册，598頁。
② 《天禄琳琅書目後編》，第545頁。
③ 《國家圖書館宋元善本圖錄》第2册，第908頁。

附二　毛氏汲古閣印鑒輯考　447

續表

序號	印文	印章	備注
7	汲古主人		
8	甲		
9	宋本		圖9—圖13 五方印見元刻本《程朱二先生周易傳義》，國圖藏（09310），《國家圖書館宋元善本圖錄》謂皆僞，書中另有"張印月霄""愛日精廬藏書""愛"（見附圖）等僞印。① 此毛氏、張氏僞印又見元天曆元年（1328）范氏褒賢世家家塾刻本《范文正公集》，國圖藏（07023）。②
10	甲		圖9、圖13—圖16 又見元刻本《四書章句集注標題》，國圖藏（06712），書中另有琴川席氏之"席鑑之印""席氏玉照"二印以及黃丕烈之"士禮居藏""黃丕烈印""復翁""平江黃氏圖書"四印，均係偽作，《國家圖書館宋元善本圖錄》皆以真印著錄，③ 非是。
11	毛晉私印		圖11—圖13 又見清影宋抄本《重續千字文》，國圖藏（19459），書中另鈐"席氏玉照""席鑑之印"（見下附圖），亦不真。
12	子晉		圖13 又見明刻本《寓簡》，國圖藏（11338），湖南省圖書館藏所謂"毛氏汲古閣影元抄本"《重續千字文》，兩書中亦鈐有席氏二僞印。

---

① 《國家圖書館宋元善本圖錄》第1冊，第78頁。
② 《國家圖書館宋元善本圖錄》第13冊，第5324頁。
③ 《國家圖書館宋元善本圖錄》第2冊，第891—893頁。

續表

序號	印文	印章	備注
13	開卷一樂		
14	毛氏圖史子孫永寶之		圖14見湖南省圖書館藏所謂"毛氏汲古閣影元抄本"《重續千字文》，書中亦鈐有席氏二僞印。 又見元刻明修本《附釋音春秋左傳注疏》，國圖藏（03288），《國家圖書館宋元善本圖錄》謂"疑僞"。① 國圖所藏元瑞州路儒學刻本《隋書》（07357），鈐有"葉氏菉竹堂藏書""季振宜藏書""席鑑之印""席氏玉照"各印，《國家圖書館宋元善本圖錄》謂皆僞；另鈐圖9、圖13、圖14三印及附圖"席氏玉照""季振宜藏書"二印，《圖錄》據之謂曾經"明清之際常熟毛氏汲古閣、清愛日精廬張金吾先後收藏"，非是，各印皆係僞作。②
15	毛扆之印		
16	斧季		圖14又見北京大學圖書館藏《儀禮要義》，書中另鈐有"張月霄印""愛日精廬藏書"二僞印。此本被定爲汲古閣抄本，實屬僞作。
17	海虞毛晉子晉圖書記		圖14、圖17又見於明抄本《續墨客揮犀》，國圖藏（05380），書中另鈐有"愛日精廬藏書"僞印。 圖15、圖16見元刻本《四書章句集注標題》，國圖藏（06712）。 圖17又見元建安余氏勤有堂刻明修本《分類補註李太白詩》，國圖藏（13369）。

① 《國家圖書館宋元善本圖錄》第2冊，第681頁。
② 《國家圖書館宋元善本圖錄》第5冊，第1951頁。

續表

附其他偽印					
印文	葉氏菉竹堂藏書	席鑑之印	席氏玉照	季振宜藏書	張月霄印
印章					
印文	愛日精廬藏書	復翁	黃丕烈印	平江黃氏圖書	士禮居藏
印章					
以上毛、葉、席、季、黃、張各家印記殆出自同一家偽造。					

序號	印文	印章	備注
18	汲古閣		圖18—圖19 二方印見清抄本《離騷草木疏》，美國哈佛大學哈佛燕京圖書館藏（T5242/2321）。沈津據此二印定此本為毛抄本，非是。
19	毛氏圖史子孫永保之		

續表

序號	印文	印章	備注
20	毛氏家藏		圖20—圖21 二方印見元元統二年（1334）范氏褒賢世家歲寒堂刻本《范文正公政府奏議》，國圖藏（07654），張元濟《涵芬樓燼餘書録》謂"皆僞造"，《國家圖書館宋元善本圖録》亦云"皆僞"。① 上海圖書館藏明嘉靖二十八年（1549）洪楩刻後印本《六臣注文選》，書賈將目録第四行"明太子詹事府主簿洪楩校"一行割補爲"古越阮氏校刊"，染紙作舊，加蓋"汲古閣""毛氏家藏"等印，並於函套外僞題"宋本文選"，② "汲古閣""毛氏家藏"二印與此同，益證其僞。
21	汲古閣		
圖22	毛晉之印		此二印見清影宋抄本《棠湖詩稿》，國圖藏（15052）。鄧邦述跋定此本爲毛抄本，國圖編目審定係僞作。書中"士禮居藏""平江黃氏圖書"二印及黃丕烈跋皆係僞作。二印又見過雲樓藏明抄本《談苑》，③ 此本是否明抄，令人生疑。
圖23	毛氏子晉		

附其他僞印

印文	士禮居藏	平江黃氏圖書	黃丕烈印
印章			

毛氏、黃氏各印當出於同一家僞造。

---

① 張元濟《涵芬樓燼餘書録》，《張元濟古籍書目序跋彙編》中册第676頁；《國家圖書館宋元善本圖録》第6册，2580頁。
② 郭立暄《中國古籍原刻翻刻與初印後印研究》第47頁、圖1－025－2。
③ 見《過雲樓藏書書目圖録》，第66頁。

續表

序號	印文	印章	備註
24	毛晉之印		此二方印見清抄本《廣客談》，國圖藏（10568）。
25	子晉		
26	毛晉私印		見宋刻元修本《孟子註疏解經》（08649），《國家圖書館宋元善本圖錄》謂"疑偽"。①
27	子晉		此二方印見元至正元年（1341）集慶路儒學刻本《樂府詩集》，紹興圖書館藏；② 又見明天順六年（1462）葉氏南山書堂刻本《新增說文韻府羣玉》，上海圖書館藏。③
28	汲古閣		
29	毛晉之印		圖29—圖30 見遼寧省圖書館藏明抄本《太平御覽》④、西泠印社藏明崇禎六年（1633）鈐印本《學山堂印譜》。⑤ 國圖所藏元抄本《直齋書錄解題》有圖30 "汲古閣"印及 "朱彝尊印" "曝書亭珍藏" "季振宜藏書"等印，《國家圖書館宋元善本圖
30	汲古閣		

① 《國家圖書館宋元善本圖錄》第3冊第988頁、第4冊，第1524頁。
② 《第一批國家珍貴古籍名錄》1201號。
③ 書影見郭立暄《中國古籍原刻翻刻與初印後印研究》圖2－034－4。
④ 《第二批國家珍貴古籍名錄》4879號。
⑤ 《第二批國家珍貴古籍名錄》4698號。

續表

序號	印文	印章	備註
31	子晉		錄》斷定皆爲僞印。① 然則遼圖所鈐"毛晉之印"亦不真。 圖30—圖32 又見臺北"國家圖書館"所藏舊抄本《史記法語》（01329）及"曾藏汪閬源家"印，趙萬里謂皆僞。②
32	毛扆之印		
33	毛氏子晉		二方印見宋刻本《分門集註杜工部詩》，國圖藏（08707），書中另鈐有"廣圻審定"印，《國家圖書館宋元善本圖錄》斷定皆係僞印。③
34	子晉		

附其他僞印

印文	朱彝尊印	曝書亭珍藏	季振宜藏書	廣圻審定
印章				

---

① 《國家圖書館宋元善本圖錄》第 7 册，第 2954 頁。
② 趙萬里《海源閣遺書經眼錄》，《趙萬里文集》第三卷，第 117 頁。
③ 《國家圖書館宋元善本圖錄》第 12 册，4963 頁。

續表

序號	印文	印章	備註
35	宋本		
36	甲		
37	希世之珍		
38	毛晉私印		圖35—圖49 十五方印見清抄本《九僧詩》，國圖藏（FGPG 79906），書中鈐印累累，另有"席氏玉照""席鑑之印""黃山珍本""惠棟之印""定宇"等席氏、惠氏印記，皆不真。《清學部圖書館善本書目》（《古學彙刊》本）著錄此本，云："僞印甚多，不錄。"已揭破其僞。
39	子晉		
40	汲古主人		
41	毛扆之印		
42	斧季		

續表

序號	印文	印章	備注
43	毛氏子晉		
44	汲古閣		
45	毛氏鳳苞		
46	汲古得修綆		
47	海虞毛氏汲古閣藏書印		
48	子晉秘笈		
49	開卷一樂		

附二 毛氏汲古閣印鑒輯考　455

續表

附其他僞印			
印文	席鑒之印	席氏玉照	静爲躁君
印章			
印文	萸山珍本	惠棟之印	定宇
印章			

序號	印文	印章	備注
50	宋本		圖50—圖56七方印見所謂"清初毛氏汲古閣"《九僧詩》，北京大學圖書館藏，張鴻鳴已指出其僞。① 書中所鈐"席鑒之印""席氏玉照"亦係僞作。
51	希世之珍		

---

① 張鴻鳴《汲古閣影宋抄本〈九僧詩〉真僞考辨》，《北京大學中國古文獻研究中心集刊》第23輯，2021年。

續表

序號	印文	印章	備注
52	毛晉私印		圖53、圖54 二印又見於清影元抄本《字鑑》，國圖藏（07983），書中所鈐"席鑑之印""席氏玉照"與《九僧詩》僞印同，另有席氏"黄山珍本"印，亦不真。此本曾經汪氏藝芸書舍、楊氏海源閣收藏，民國間歸周叔弢自莊嚴堪。可見至遲是清道光年間的僞印。楊氏、弢翁皆被騙過，認爲此係汲古閣精抄本，沿訛襲謬已久，國圖編目仍作毛抄著録，非是。 圖55-圖57 三印又見過雲樓舊藏明嘉靖間刻本《元氏長慶集》。① 圖57 又見天津圖書館藏明刻本《童蒙訓》②、上海師範大學圖書館藏明正德十三年（1518）建陽劉氏慎獨齋刻本《十七史詳節》。③ 這幾部書上亦皆鈐有"項元汴印""子京父印"，俱不真。又見明嘉靖二年（1523）王俸括蒼刊本《埤雅》，臺北"國家圖書館"藏（00887），書中另鈐有"季印振宜""滄葦"二印，亦係僞作。
53	子晉		
54	汲古主人		
55	毛扆之印		
56	斧季		
57	毛氏子晉		

附其他僞印

印文	項元汴印	子京父印	席鑑之印
印章			

① 書影見《過雲樓藏書書目圖録》，第221頁。
② 《第四批國家珍貴古籍名録》10390號。
③ 《第二批國家珍貴古籍名録》04018號。

續表

印文	席氏玉照	葂山珍本	
印章			

以上毛氏八枚并項氏、席氏印記蓋皆出於同一家僞造。

序號	印文	印章	備注
58	毛晉之印		此印見清抄本《磠溪集》，國圖藏（00418）。
59	毛晉之印		此四方印見明抄本《黃帝三部針灸甲乙經》，上海圖書館藏，《明清稿抄校本鑒定》審定爲僞印。[①]
60	毛氏子晉		
61	汲古主人		
62	汲古得脩綆		

[①] 陳先行、石菲《明清稿抄校本鑒定》，第72頁。

續表

序號	印文	印章	備註
63	毛晉之印		圖63—圖67 五方印見明洪武二十七年（1394）蜀藩刻明代抄補本《自警編》，臺北"國家圖書館"藏（07568）。①
64	子晉		圖63—圖64、圖66—圖68 五方印又見於臺圖所藏《復古編》（00984）。
65	子晉氏		圖68 又見元建安宗文書堂鄭天澤刻本《太平惠民和劑局方》，國圖藏（03469），書中另鈐有"趙氏子昂""季印振宜""季振宜字詵兮號滄葦""滄葦"諸印，《國家圖書館宋元善本圖錄》斷定"皆僞"。② 又見清抄本《醫論》，上海圖書館藏，原據此印定此本爲毛抄本，恐非。《醫論》《復古編》又皆鈐有圖69"筆精墨妙"一印，蓋亦係僞作。此印又見於清抄本《愧郯錄》，上海圖書館藏（785784），書中所鈐朱彝尊之"秀水朱氏潛采堂圖書""秀水朱彝尊錫鬯氏"二印亦不真。③
66	毛扆之印		
67	斧季		
68	虞山汲古閣毛子晉圖書		圖68 又見於民國間涵芬樓藏明抄本《謝宣城集》，《四部叢刊》據以影印。《四部叢刊書錄》云："明初抄本，源出於宋。有毛子晉、季滄葦、徐健庵印記。"④ 檢影印本，所鈐三家印記爲：虞山汲古閣毛子晉圖書、季印振宜、滄葦、健庵、乾學之印、崑山徐氏家藏。按季、徐二家印記皆係僞作。傅增湘曾校此本，校出文字差誤處頗多，云："考毛、季兩家皆藏有宋本，而此影抄乃率略如是，不可解也。"⑤ 今知此本乃坊估僞造之名家舊藏本，可釋藏園老人之惑。此本是否明抄本，大可存疑。
69	筆精墨妙		

① 臺圖定爲宋端平元年九江郡齋刊，誤。
② 《國家圖書館宋元善本圖錄》第8冊，第3444頁。
③ 書影見《上海圖書館善本題跋真跡》第9冊，第204頁。
④ 孫毓修《四部叢刊書錄》，第26頁。
⑤ 傅增湘《藏園群書題記》，第554頁。

續表

附其他僞印				
印文	季振宜字 詵兮號滄葦	季振宜印	滄葦	乾學之印
印章				
印文	健菴	秀水朱氏 潛采堂圖書	秀水朱彝尊錫鬯氏	
印章				

以上汲古閣各印及季振宜、徐乾學的印記蓋出自同一家書估僞造。

序號	印文	印章	備注
70	汲古主人		此二印見明抄本《永樂大典》，大連圖書館藏。① 此本是否明鈔，可存疑。
71	毛氏子晉		
72	毛氏子晉		此印見清抄本《元豐金石略》，《明清稿抄校本鑒定》審定爲僞印。②

① 書影見《大連圖書館善本古籍藏書印鑒輯考》，第42頁。
② 《明清稿抄校本鑒定》，第73頁。

續表

附其他僞印			
73	毛氏子晉		此印見清影宋抄本《韻補》，國圖藏（01039）。
74	毛晉之印		圖74—圖83 十方印見明刻本《唐陸宣公集》，國圖藏（08388）。其中圖80—圖83四方係僞作，因推知其他毛氏各印皆不真。羅振常《善本書所見錄》卷四著錄此本。① 羅氏跋毛晉藏舊抄本《陵陽先生詩》云："子晉藏書，初不甚精，其後乃專收秘册，藏書印記亦然。嘗見黑口本《陸宣公集），捺印甚多，絕少佳製，尤以'毛氏藏書子孫永寶'一記，闊邊直類地方官印，今復於此書見之，令人失笑。"② 即指此書，但書中未見"毛氏藏書子孫永寶"一記。圖81—圖83 三印又見明初刻本《纂圖互註南華真經》，國圖藏（18049）。又見《契丹國志》，國圖藏（A01179），是書被定爲毛氏汲古閣抄本，今審印章不真，知其乃係僞造的毛抄本。書中鈐有"席鑒""別字黄山"二印，與影宋抄本《東家雜記》之席氏跋末所鈐者相同，是真跡。席氏與毛氏父子有交誼，可見此二僞印出現甚早。圖81、圖83 又見北京大學圖書館藏《仙源居士惜香樂府》，《北京大學圖書館善本書目》著錄爲汲古閣抄本，非是。圖82—圖85 四方印又見國圖藏《南遷錄》，亦著錄爲汲古閣抄本，非是；又見明抄本《廣成集》，國圖藏（07016）。
75	子晉父		
76	古虞毛鳳苞字子九章		
77	汲古閣主人毛晉之印		
78	臣毛晉印		
79	毛鳳苞印		
80	汲古閣		

① 羅振常《善本書所見錄》，第137頁。
② 《標點善本題跋集錄》，第535頁。

續表

序號	印文	印章	備注
81	汲古后人		
82	東吳毛氏圖書		
83	西河季子之印		
84	毛晉之印		
85	字子晉		
86	子晉		此二印見明抄本《江淮異人録》，國圖藏（06637），書中另有文徵明跋，鈐"文徵明印"回文印，疑不真。又見美國哈佛大學哈佛燕京圖書館藏明刻本《節孝先生文集》（T5343. 9/2928），《美國哈佛大學哈佛燕京圖書館藏中文善本書志》審爲僞印。[1] 又見臺北"國家圖書館"藏明抄本《娛書堂詩話》（14752）、明抄本《歲寒堂詩話》（11725）。
87	汲古主人		

---

[1] 《美國哈佛大學哈佛燕京圖書館藏中文善本書志》集部上，第1421頁。

續表

序號	印文	印章	備注
88	子晉		
89	汲古閣		此五方印見明抄本《花間集》，臺北"國家圖書館"藏（14900）。圖88、圖89、圖92又見中科院文獻情報中心藏宋刻本《春秋名號歸一圖》，① 此本另鈐法式善之"梧門"、天禄琳琅之"乾隆御覽之寶""古稀天子之寶"等僞印，天禄二印已被裁去版框外部分。
90	斧季		
91	毛扆之印		
92	西河季子之印		
93	毛晉之印		此五方印見清抄本《易小傳》，國圖藏（12373）。《天禄琳琅書目後編》卷八著録爲"琴川毛氏影宋抄本"，② 可知這是至遲在乾隆末年就出現的僞印。
94	子晉		
95	汲古主人		
96	宋本		
97	甲		

① 《第一批國家珍貴古籍名録》294號。
② 《天禄琳琅書目》，第564頁。

附二　毛氏汲古閣印鑒輯考　　463

續表

序號	印文	印章	備註
98	毛晉		
99	汲古主人		此四印見河南省社科院圖書館藏清抄宋嘉定刻本《友林乙稿》，蓋欲以僞充毛抄本。書影見《河南省社會科學院圖書館古籍善本圖録》。
100	宋本		
101	甲		
102	毛晉		
103	汲古主人		此三印見明抄本《墉城集仙録》，國圖藏（04248），常熟瞿氏舊藏，《鐵琴銅劍樓藏書目録》云："舊爲汲古毛氏、泰興季氏藏書。"① 印記不真，當非毛氏舊藏。
104	甲		

---

① 《鐵琴銅劍樓藏書目録》，第476頁。

續表

序號	印文	印章	備註
105	毛晉祕匧		圖105—圖110見宋嘉泰四年（1204）新安郡齋刻本《皇朝文鑑》，國圖藏（06664），書中另鈐"吳寬""原博""清閟閣印""日華鑑藏""竹嬾""葉盛""與中""張丑""米盦""項元汴印"等明代名家印，皆係僞作。
106	汲古閣		圖105、圖106、圖111三印又見元至正九年（1349）蘇天爵刻明修本《兩漢詔令》，上海圖書館藏（849993-98）。沈津云："我曾見有一部《兩漢詔令》，封面題'宋板兩漢詔令'，有清姚畹真、方若蘅跋，并劉世珩跋。此本鈐有'停雲''毛晉秘匧''汲古閣'印，此外又有張蓉鏡鈐印。按'停雲'爲明文徵明印，後二方爲毛晉印，三印均僞。"即此上圖藏本。沈氏又云："潘師景鄭先生告我，僞印乃張蓉鏡所爲。……潘師景鄭先生還曾告我，明萬曆間姚宗儀纂修的《常熟私志》二十八卷，稿本，存卷一至五，書上鈐有項元汴、毛晉的僞印。又如明初刻本《壽親養老新書》四卷，有黃丕烈跋，但書中的黃氏印卻是僞印。再如哈佛燕京藏舊抄本《廣成集》十二卷，書中有佚名錄清黃丕烈跋，黃跋後鈐有'蕘夫'小印，又有'汲古閣收藏'，皆僞印也。此書另有張氏'曾藏張蓉鏡家''小琅嬛福地秘笈'等印。三種書上的僞印，皆爲張蓉鏡所鈐。究其原因，是由於書估或個別藏家處有前代著名藏書家的各種僞印，卻又生怕別人不知道某書之珍貴，於是在所得的珍本上遍鈐名家僞印。"① 按：《常熟私志》今藏常熟市圖書館。②
107	汲古主人		
108	子子孫孫永寶		
109	汲古閣收藏		

---

① 沈津《書海揚舲錄》，第225頁。
② 《第二批國家珍貴古籍名錄》4149號。

續表

序號	印文	印章	備註
110	毛晉		
111	甲		圖106、圖108、圖114、圖115 四印又見明刻本《九靈山房集》，國圖藏（09644）。圖112、圖116 見元抄本《宋策選》，國圖藏（19905）；又見清抄本《重刊增廣分門類林雜説》，國家圖書館藏（09614）；明嘉靖間汪一元刻本《文心雕龍》，臺北"國家圖書館"藏（14814）。《重刊增廣分門類林雜説》上另鈐有圖106及"原博""沈度""席氏玉照"等名家僞印。圖113、圖116 見宋刻本《忠經篆註》，臺北"國家圖書館"藏（05440），書中另鈐有"天水趙氏""趙孟頫印""葉盛""與中"等僞印。圖116 又見元刻本《標題句解孔子家語》，臺北"國家圖書館"藏（05421），書中另鈐"項元汴印""子京父""子京父印""項氏家藏"等項元汴印，與《皇朝文鑑》上所鈐之僞作相同。圖114、圖115 二印見清抄本《揭文安公文粹》，國圖藏（18128），書中另鈐項元汴各印，與《皇朝文鑑》上所鈐之僞作相同；另有"文從簡印"等名家僞印。上舉各書均爲張蓉鏡舊藏。
112	子晉書印		
113	汲古閣		
114	海虞毛晉子晉圖書記		
115	毛氏圖史子孫永保之		
116	毛晉過眼		

續表

序號	印文	印章	備注
117	毛晉之印		
118	毛氏子晉		此四印見中山大學圖書館藏清抄本《太平寰宇記》。書影見《中山大學圖書館古籍善本圖錄》。
119	毛扆之印		
120	斧季		
121	子晉		此二印見明刻本《戰國策校註》，國圖藏（15560）。又見元刻本《書集傳》，北京師範大學圖書館藏（093.252/562-17）。
122	汲古主人		
123	毛晉之印		此二印見静嘉堂文庫藏所謂毛氏汲古閣影宋抄本《羣經音辨》。圖片截自《四部叢刊》影印本。印章不真，則此書並非毛抄本。書中另有"希世之珍"印，① 亦係僞作。
124	子晉		

---

① 影印本圖不夠清晰，故不再截圖示意。

續表

序號	印文	印章	備注
125	汲古主人		國圖藏明抄本《東坡先生物類相感志》（10705）二册，每册末鈐蓋此印。書末有佚名跋云："此抄本爲天一閣庚戌年散出者，購自申江來青閣書坊。後有汲古閣二章，乃坊間僞印之耳。"
126	子晉		此二印見葛思德東方圖書館藏明萬曆八年（1580）揚州知府虞德燁刻本《墨池編》，沈津云："原著錄作'四庫全書底本'，鈐有毛晉'子晉'、'汲古主人'、毛扆'毛扆之印'、'斧季'印，又鈐有'翰林院印'。五方印記均贗作。"①
127	汲古主人		
128	子晉		此二印見南宋紹興間刻本《文選》，今藏地不詳，吴希賢曾經眼。②
129	汲古主人		
130	毛子晉		此二印見明建邑書林劉氏刊本《新刊京本校正增廣聯新事備詩學大全》，臺北"國家圖書館"藏（07947）。書中另鈐"絳雲樓"印，亦不真。
131	汲古主人		

---

① 沈津《書海揚舲錄》，第 223 頁。
② 書影見吴希賢《歷代珍稀版本經眼圖錄》，第 83 頁。

續表

序號	印文	印章	備注
132	毛晉印		
133	海虞毛表奏叔圖書記		此五方印見鄭州大學圖書館藏明嘉靖十五年（1536）玉几山人刻本《集千家註杜工部詩集》，書中另鈐"三晉提刑""蘭揮""商丘宋氏收藏圖書"等商丘宋氏印記，皆不真。書影見《鄭州大學圖書館館藏古籍善本圖錄》。
134	毛鳳苞字子九一名晉字子晉		
135	毛晉私印		
136	汲古主人		

附二　毛氏汲古閣印鑒輯考　　469

續表

序號	印文	印章	備注
137	毛晉印		
138	宋本		此三印見宋刻本《分章標題南華真經》，國圖藏（08351），《國家圖書館宋元善本圖錄》謂"曾爲明末毛晉收藏"，① 非是。
139	甲		
140	虞山毛氏汲古閣收藏		此印見明弘治九年（1496）張習刻書牘紙印本《僑吳集》，國圖藏（09642）。
141	虞山毛氏汲古閣收藏		此印見明萬曆間刻本《梁江文通集》，美國哈佛大學哈佛燕京圖書館藏（T5272/4237）。

---

① 《國家圖書館宋元善本圖錄》第 11 冊，第 4755 頁。

續表

序號	印文	印章	備注
142	子晉珍藏		此印見元至正間休甯商山義塾刻《春秋屬辭》，臺北"國家圖書館"藏（00539）。
143	子晉汲古		此二印見清仿宋抄本《酒經》①，北京師範大學圖書館藏（善627.4/828），《北京師範大學圖書館古籍善本書目》著錄云："鈐'汲古閣''子晉汲古''绛雲樓藏書印'（疑偽）等印。"②
144	汲古閣		圖143又見於清嘉慶十九年（1814）蘭陵孫氏刻本《尚書考異》（國圖藏，FGPG 64600）、明嘉靖刻本《殿閣詞林記》（美國哈佛大學哈佛燕京圖書館藏，T2259.7/0234）等書。《美國哈佛大學哈佛燕京圖書館藏中文善本書志》云："是書殘存卷三至四、卷六至一二。書賈割裂首行書名，并鈐有'王印士禎''阮亭''蕘圃''善本''汪印士鐘''子晉汲古''小玲瓏山館珍藏圖記'等偽印。又偽撰葉德輝跋於後。"③

附其他偽印				
印文	绛雲樓藏書印	王士禎印	阮亭	蕘圃
印章				

---

① 參見本書第三章第二節49號。
② 《北京師範大學圖書館古籍善本書目》，第145頁。
③ 《美國哈佛大學哈佛燕京圖書館藏中文善本書志》史部，第480頁。

附二 毛氏汲古閣印鑒輯考　471

續表

印文	善本	小玲瓏山館珍藏圖記	汪士鐘印	
印章				

序號	印文	印章	備注
145	毛晉之印		此印見明嘉靖十五年（1536）歷城王詔開封刊本《稼軒長短句》，臺北"國家圖書館"藏（15582）。
146	汲古閣		
147	汲古閣		圖146見清鈔本《毛晉書存》，圖147、148見《毛晉書法》、毛晉《行書書論》立軸（見本書第三章第五節74號），"汲古閣"印當爲同一方印。毛晉字跡不真，此二印亦頗拙劣，疑僞。①
148	毛晉之印		
149	虞山汲古閣圖書		此印見"毛抄本"《金石録》，天一閣博物館藏，篆法拙劣，恐不真。書中別無其他毛氏印記。

① 書影見《祁陽陳澄中舊藏善本古籍圖録》第三七二。

續表

序號	印文	印章	備注
150	汲古閣毛氏祕鈔本印		轉引自古吳山人編《著目樓叢書初編》所附《汲古閣毛氏藏書印》,問書堂自印本。出處不詳,篆法粗惡,疑偽。
151	汲古閣		此印見明銅活字印本《錢考功集》,上海圖書館藏。①
152	毛褒		此二印見元刻本《增修互註禮部韻略》,國圖藏(06725),《國家圖書館宋元善本圖錄》謂"疑偽"。②
153	華伯		
154	毛奏未收藏記		此印見宋刻本《古今合璧事類備要增集》,上海圖書館藏。全書經割補,挖補處鈐有"毛奏未收藏記""滄葦""振宜家藏""震鱗家藏""博爾濟吉特氏瑞誥藏書印""瑞誥經眼""良玉堂沈渝九川印""良玉堂沈九川收藏圖籍印章"諸偽印。③

① 書影見《祁陽陳澄中舊藏善本古籍圖錄》第三四九。
② 《國家圖書館宋元善本圖錄》第3冊,1365頁。
③ 見《中華再造善本總目提要·唐宋編》,第456頁。

續表

序號	印文	印章	備注
155	毛晉		
156	毛扆之印		此二印見明初刻本《聖朝混一方輿勝覽》，復旦大學圖書館藏，① 書中另鈐"季滄葦藏書印"，亦不真。
附	季滄葦藏書印		
157	毛晉		此印見清抄本《雲莊劉文簡公文集》，國圖藏（03937）。
158	毛晉私印		此二印見明鈔本《西京雜記》，《第六批國家珍貴古籍名錄》第 12697 號，上海圖書館藏。
159	毛晉		

---

① 《第二批國家珍貴古籍名錄》4102 號。

續表

序號	印文	印章	備注
160	虞山毛晉		此印轉引自《明清稿抄校本鑒定》，① 恐不真。
161	汲古閣		此三印見元刻本《集千家註分類杜工部詩》，國圖藏（15797），書中另鈐"王印鴻緒""黃丕烈印""百宋一廛""燕山主人"諸印，《國家圖書館宋元善本圖録》斷定皆僞。② 臺北"國家圖書館"藏所謂"清康熙二十三年（1684）虞山毛扆影元手抄本"《伊川擊壤集》亦鈐此三印。
162	毛扆之印		
163	斧季		

附其他僞印

印文	黃丕烈印	百宋一廛	
印章			

---

① 陳先行、石菲《明清稿抄校本鑒定》，第 111 頁。
② 《國家圖書館宋元善本圖録》第 12 册，4998 頁。

續表

序號	印文	印章	備註
164	毛扆之印		此三印見明初刻本《麟溪集》，國圖藏（10404），此書係潘祖蔭舊藏，潘氏《滂喜齋藏書記》卷三著錄，謂"汲古毛氏、愛日張氏、藝芸汪氏皆經收藏"，① 非是，毛氏不曾收藏。潘氏作元刻本，國圖編目改訂爲明初刻本。圖 163 又見元刻本《書集傳》，南京圖書館藏，《霞暉淵映——南京圖書館藏過雲樓珍本圖錄》收錄，解題據書中鈐印云經毛氏汲古閣及顧氏過雲樓遞藏，而此印乃僞作，知并非汲古閣舊藏。此本首冊墨筆題籤"宋版尚書 汲古閣珍藏本"，疑係作僞者所題，南圖已改訂爲元刻本。②
165	斧季		
166	汲古主人		
167	毛扆之印		此二印見清抄本《劉賓客文集》，國圖藏（05392）。
168	斧季		
169	毛扆之印		此印見清法氏存素堂抄本《古逸民先生集》，國圖藏（11410）。繆荃孫《藝風藏書記》卷六著錄此本，云"毛扆之印"係僞作。③ 按書中所鈐"歙西長塘鮑氏知不足齋藏書印"亦不真。
170	毛扆之印		此二印見明抄本《李群玉詩集》，國圖藏（10240）。
171	斧季		

① 《滂喜齋藏書志》，第 109 頁。
② 《霞暉淵映——南京圖書館藏過雲樓珍本圖錄》，第 57 頁。
③ 繆荃孫《藝風藏書記》，第 162 頁。

續表

序號	印文	印章	備注
172	毛表		
173	小字阿苓		此四印見明天啓間清稿本《詩經闡秘》，臺北"國家圖書館"藏（00289），有毛表、毛扆等跋，跋末各鈐二印。潘天禎考證此二跋皆不真，① 則印亦是僞作。
174	毛扆印信		
175	別號省庵		
176	西河季子之印		此印見上海圖書館藏明鈐印本《嚴髻珠先生印譜》（844104），書中又有毛扆跋，並非常見毛扆字體，疑其跋不真。②
177	毛扆之印		此二印轉引自《明清稿抄校本鑒定》，疑不真。③
178	斧季		

① 潘天禎《毛表、毛扆師事魏沖質疑》，《潘天禎文集》，第277頁。
② 書影見《上海圖書館善本題跋真跡》第8冊第411冊。
③ 陳先行、石菲《明清稿抄校本鑒定》，第135頁。

附二　毛氏汲古閣印鑒輯考　477

續表

序號	印文	印章	備注
179	毛扆之印		此二印見湖南省圖書館藏宋刻元修本《説文解字》（《第一批國家珍貴古籍名録》346號），鈐於標目卷端首行及全書卷末。標目卷端之首四行被書賈挖去，重新鈔補，并鈐蓋僞印。①
180	斧季		
181	子孫世昌		劉喜海在所藏《汲古閣珍藏秘本書目》（國圖藏02843）上摹寫"子孫世昌"印，認爲是毛氏印記。蔣光煦《東湖叢記》亦載汲古閣印記有"子孫世昌""旅騰"印。按此三印實爲明華亭朱恩之印，非毛氏所有。見於宋刻本《春秋傳》（國圖藏06705）、宋嘉定六年（1213）鮑澣之汀州刻本《孫子筭經》（上海圖書館藏②）、宋刻本《劉子》（上海圖書館藏，《中華再造善本》影印）、宋刻本《記纂淵海》（國圖藏03517）等。朱氏另有"旅騰後樂園得閒堂印"等印。
182	旅騰		
183	旅騰艸堂		

附録：以下各印真僞暫難判定，姑附此待考。

序號	印文	印章	備注

---

① 董婧宸已指出其僞，見董婧宸《宋元遞修小字本〈説文解字〉版本考述——兼考元代西湖書院的兩次版片修補》，《勵耘語言學刊》2019年第1期。
② 見《琅函鴻寶——上海圖書館藏宋本圖録》，第248、252頁。

續表

序號	印文	印章	備注
1	毛晉		
2	子晉氏		此三印見明抄本羅壁《識遺》，國圖藏（08251）。
3	琴川毛晉正本		
4	乙		此印見宋刻本《監本纂圖重言重意互注禮記》，上海圖書公司藏。此本係毛晉舊藏。有楊守敬跋云："有毛子晉印、'玉蘭堂'印、季振宜印，欄外有橢圓'宋本'印，又有'乙'字方印，蓋汲古閣藏宋本爲中駟者也。"是楊氏認爲"乙"是毛氏印記。但此印未見他書有用例，僅見於此，暫存疑。
5	毛氏汲古閣藏書印		此印見明萬曆間刻本《韓非子》，國圖藏（XD652）；又見明萬曆錢塘胡文煥刊《格致叢書》本《新刻事物紀原》，臺北"國家圖書館"藏（07843）。書中僅鈐此印，無其他毛氏印記，不能斷其必真。

續表

序號	印文	印章	備註
6	毛氏珍藏		此二印見宋寶祐五年（1257）刻元明遞修本《通鑑紀事本末》，北京大學圖書館藏。僅此一見，真僞莫辨，暫附於此。
7	汲古閣印		
8	汲古得脩綆		此印轉引自《常熟藏書印鑒録》，① 未見用例。

---

① 《常熟藏書印鑒録》，第9葉。

後　　記

　　本書是在我的博士論文基礎上修改而成的。博士論文完成於2016年，覺得没什麽水平，就扔在一邊了，直到如今才着手修改。撰寫博論的時候，因爲知道關注汲古閣的人不少，所以先匆促發表了《存世毛氏汲古閣鈔本知見録》一文，是想先把這個題目占住，否則博論寫起來就太被動了。那篇文章錯誤百出，令人汗顏，所以到現在手裏還有幾個抽印本，都不好意思送人了。後來從博論中摘出部分内容發表了《毛氏汲古閣鈔工考》和《〈東京夢華録〉的元刻本與影鈔本》兩篇論文，之後就懶得再看了，一放就是六年。汲古閣的藏書、刻書、鈔書的成就都很高，時代又比較早，所以一直是做古文獻研究比較關注的對象，研究者不少，成果在不斷刊布。本書修改時也參考了近幾年的一些論著，覺得有些問題仍需要指出或澄清，博論中討論的一些内容還是有參考價值的，因此不揣譾陋，修訂出版。

　　全書主要内容在第二、三、四章，第四章是參與撰寫《中華再造善本》提要時順帶完成的，精力所聚是在第二、三兩章，書末所附《毛氏汲古閣印鑒輯考》原是第二章的一個小節，遵從編輯老師的意見，放在了最後。原計劃另開一章，探討一下汲古閣刻本與鈔本的關係，未能完成。所以本書無非鈔撮資料而已，卑之無甚高論，能夠鈔撮成書，得益於國家圖書館的豐富館藏，讀者可以看到文中不斷提到"國圖藏"。因此，在寫作過程中，對苦心搜集文獻來充實館藏的前輩以及慷慨贈書的藏書家們常充滿敬意。我參與館裏的古籍採訪也好幾年了，很能體會趙斐雲先生"把什麽都弄到北京去"的心情。我很懶，從未到外地訪書，看不到的就不看，好在國圖的館藏就夠看了。

　　上學的時候雖然學的是古典文獻專業，但那時胡亂看書，也没什麽專業方向，對版本目録學僅有些基礎知識而已，入職國圖後，心想既然到國家的總書庫從事古籍工作，當然要深入學習版本目録學,否則不是入寶山而空回麼?於是結合工作實踐,努力學習相關業務知識,到現在才稍微有點開竅,有了點入門的感覺。這幾年的成長和進步,要感謝我的領導陳紅彥主任的提攜和督促。她到國圖從事古籍工作快四十年了,對這寶藏充滿了感情和責任感,這種情懷也在日常工作的一點一滴之中不斷感染着我們。她對於勤奮好學的年輕人,總是不斷創造機會,予以培養。只是,十來年了,我只有一點點菲薄的成績,不免慚愧。

這幾年,我組織本組的同人編纂國圖普通古籍總目,我們修訂了大量以前的著錄錯誤,也得到了很大的鍛煉。每天的一大樂趣是把每部書的版本信息弄準確,收獲很多。但過手的書多了,就有些淺嘗輒止,發現的問題、可做的題目很多,還沒來得及深入研究,就核對另一部書去了,做的都是"書皮學"。本書討論的很多内容,都是這種淺嘗輒止的淺見,純係基礎工作,没有任何書籍史、文化史的闡發。毋庸諱言,以前的古籍書目和現在的編目著錄,無論是宋元還是明清版本,都存在不少錯誤。這並不是説我們比前輩高明,而是因爲條件大大優越了,點幾下鼠標,就能把不同單位收藏的珍本放在一起比對,這是見多識廣如復翁、羱翁、藏園老人等也都完全夢想不到的便利條件,所以"書皮學"仍然大有用武之地。

一晃讀博都是十年前的事了。那時一邊工作一邊學習,又想要正常畢業,很辛苦。因爲是"走讀",學校的各項活動也都没怎麼參與,到未名湖邊溜達的次數也有限。現在最值得回憶的是每次課間、飯後跟師姐丁之涵的討論,我們對版本目録學有相同的濃厚興趣,也面臨共同的煩惱。

博論寫作以及修訂成書過程中得到了很多師友的指教,在此一併拜謝。蒙陳主任向馬辛民老師推薦,馬老師慨然同意在北大出版社出版,十分榮幸和感謝。感謝編輯王應老師的指教。承史睿老師賜題書名,殊增光寵。有些有用的資料還没見到,仍待訪求;書中涉及的頭緒繁多,武斷以及錯誤在所難免,敬請讀者指正。